Das Buch

Erich Mühsams Tagebücher, jahrzehntelang unter Verschluß gehalten, zeigen den anarchistischen Schriftsteller, Bohemien und Revolutionär erstmals von seiner privatesten Seite. Zwischen 1910 und 1925 hielt Mühsam die kulturellen und politischen Umbrüche einer bewegten Zeit fest, die er in vielfältiger Weise mitgestaltete. Mühsams Aufzeichnungen sind eine illustre Chronik der Münchner Boheme; sie schildern seine Affären, Begegnungen, Aktionen, seine Erfolge und Niederlagen, sein Wirken als Dichter und Agitator, seine Konflikte mit der Staatsgewalt. Die Tagebücher begleiten Mühsam durch den ersten Weltkrieg und dokumentieren seine Wandlung vom aktiven Kriegsgegner zum Revolutionär, seine Verhaftung und Verurteilung als Leitfigur der Münchner Rätebewegung, den Kampf ums Überleben in der bayerischen Festungshaft – und sind eine bewegte Biographie, die eng mit den Turbulenzen dieses Jahrhunderts verknüpft ist.

Der Autor

Erich Mühsam, eine der farbigsten Gestalten der deutschen Kultur- und Literaturgeschichte, wurde am 6. April 1878 in Berlin geboren, wuchs in Lübeck auf und bildete sich in der Berliner Boheme der Jahrhundertwende zum anarchistischen Schriftsteller aus. Als Lyriker, Essayist und Dramatiker forderte er mit scharfer Satire die Staatsgewalt heraus. Ab 1909 lebte er in München als Stammgast der Schwabinger Boheme-Kneipen, gab seine eigene Zeitschrift ›Kain‹ heraus und beteiligte sich 1919 an der Gründung der Münchner Räterepublik. Verurteilt zu 15 Jahren Festungshaft, wurde er 1924 amnestiert. Am 10. Juli 1934 wurde Erich Mühsam im KZ Oranienburg ermordet.

studio dtv

Erich Mühsam
Tagebücher (1910–1924)

Herausgegeben und
mit einem Nachwort von
Chris Hirte

Deutscher
Taschenbuch
Verlag

September 1994
Deutscher Taschenbuch Verlag GmbH & Co. KG,
München
Originalausgabe
© Erich-Mühsam-Gesellschaft e.V., Lübeck
© Für das Autorenporträt: Erich-Mühsam-Gesellschaft e.V.,
Lübeck
Umschlaggestaltung: Christoph Krämer
Gesamtherstellung: C. H. Beck'sche Buchdruckerei,
Nördlingen
Printed in Germany · ISBN 3-423-19030-2

Inhalt

1910

Château d'Oex la Soldanelle, 22. August 1910, Montag.
Bei strömendem Regen war ich eben unten im Dorf, um mir
dies Heft zu kaufen. Es soll mein Tagebuch sein. Ich glaube
kaum, daß ich es in der Art führen werde wie damals im Gefängnis.[1] Dazu gibt's hier bei aller Beschäftigungslosigkeit und
bei aller Langeweile zuviel zu tun; dazu habe ich auch hier bei
aller Zeitbindung und bei aller Willensbeschränkung noch immer zuviel Freiheit. Ich werde schwerlich jeden Tag zu Eintragungen kommen – und jedenfalls kaum je zu ausführlichen. So
werde ich mich also einrichten müssen.

Daß ich hier bin, ist merkwürdig genug. Eine Sanatoriumskur
hielt ich schon während des Prozesses (22. bis 25. Juni) und
vorher für nötig. Im Juli mußte ich noch erst für die zweite
Monatshälfte nach Frankfurt ans Cabaret; nach acht Tagen mit
Krach fort. Dann Berlin, wo ich sämtliche Geschwister traf.
Unterzeichnung eines ärgerlichen Familienkontraktes in der
großväterlichen Erbschaftsangelegenheit. (Ich sage zu allem
»Ja«, bis sich eines Tages die Achse dreht.) Papa,[2] der im April
einen schweren Herzschwächeanfall hatte und zur Rekonvales-
zenz nach Kudowa[3] geschickt war, kam über Berlin zurück.
Mehrere Tage dort mit ihm zusammen. Für beide Teile gleich
qualvoll. Immer wieder die gleiche Taktik: Wir vermeiden An-
stößiges, wir vermeiden, miteinander allein zu sein, wir gehen
vorsichtig umeinander herum. Er sucht manchmal Gelegenheit
zu spitzen Anzüglichkeiten. Ich halte das Maul.

Nach seiner Abreise untersuchten mich Hans und Julius,[4]
stellten Herzerweiterung fest und angehende Arterienverkal-
kung. Sanatorium: dringendes Erfordernis. Ich wollte statt dessen nach Aeschi zu Johannes.[5] Nein: Geld gibt's nur für reguläres Sanatorium. Nach langen Schwierigkeiten setze ich durch,
daß ich in die Schweiz kann, suche Château d'Oex aus dem
Bäderalmanach heraus. Meine Geschwister haben ganze 300
Mark bewilligt (mit was für Opfergeschrei!). Reise usw. – alles
auf eigene Kosten. Leider habe ich mich in der Wahl des Ortes,
wo ich seit Freitagabend bin, anscheinend geirrt. Erstens ist er

noch so weit von Aeschi, daß an häufiges Beisammensein mit dem Freund nicht zu denken ist, dann sind die übrigen Kurgäste (fast lauter französisch sprechende Damen) ganz unzugänglich und ich fortgesetzt allein, und schließlich langweilt mich auch die Landschaft. Hohe Berge, Triften, Matten – Ansichtskartenschönheit. Und kein bißchen Wasser! – Ich glaube nicht, daß ich länger als eine Woche hier bleiben werde.

Auf der Herreise besuchte ich Johannes in Aeschi, traf ihn riesig wohl an, kaum verändert gegen früher, aber gesünder und weniger romantisch überspannt. Iza (seine Frau! – daß ich nicht lache!) ist verreist. Er liebt sie wirklich, und ich freue mich sehr, daß diese furchtbare Not von ihm genommen scheint.[6] Eben schicke ich ihm das Reisegeld hierher. Käme er doch rasch! [...]

Johannes gab mir drei Bände der Tagebücher Varnhagens von Ense[7] mit, die ich gierig lese. Damals lohnte es noch, Tagebücher zu schreiben. Trotz der Armseligkeit der vormärzlichen Politiker – welche bewegte Zeit! Welche Beziehung zwischen Geistigkeit und Öffentlichkeit! Welche Teilnahme der großen Geister (Varnhagen, Humboldt, Tieck, Bettina v. Arnim usw.) an den Geschehnissen des Tages! – Und heute? Unsere Zeit ist bei Gott nicht minder armselig, unsere Regierungen nicht minder jämmerlich, unsere Politik nicht minder schikanös, knechtschaffen und vormärzlich. Nur eins unterscheidet unsere Tage von Varnhagens: heut ist auch das Volk interesselos, und die Geistigkeit nimmt schon gar nicht teil an allem, was vorgeht! – Ich werde in dies Tagebuch nicht viel Zeitprophetisches zu vermerken haben.

Château d'Oex, Dienstag, 23. August 1910
[...] Während des Essens war allgemeiner Aufstand, da plötzlich Alpenglühen sichtbar wurde. Ich war recht enttäuscht davon. Die Bergspitzen waren hell erleuchtet, was ohne Eindruck auf mich blieb. Wahrscheinlich hätte dasselbe Phänomen viel stärker gewirkt, wenn die Gipfel beschneit gewesen wären. Es ist seltsam, daß ich zu den Bergen bei all ihren einzelnen Reizen keine wärmere Fühlung gewinnen kann. Sie verbauen mir den Ausblick. Ich finde sie patzig und frech und sehne mich nach Meer oder Heide.

Varnhagens Tagebücher halten mich in großer Spannung. Ich

erlebe alle Erregungen des Jahres 1844 mit. Gewiß: die Zeit war kläglich genug. Und doch – wie beneide ich die Menschen, die in ihr lebten. Denn inmitten aller Kläglichkeit war doch die große und allgemeine revolutionäre Sehnsucht, das Wissen um ein nahe bevorstehendes Ereignis, vor allem die Teilnahme aller an allem Geschehen und an allen neuen Ideen. Und heute? Die gleiche Kläglichkeit und Jämmerlichkeit – nur ohne jeden Pfad, der hinausführt. Gleichgültigster Stumpfsinn in allen Schichten des Volkes. Und was das Schlimmste ist, alles was neu ist und zukunftsträchtig, wird vertuscht, unterdrückt, totgeschwiegen oder zur Unkenntlichkeit gefälscht. Das ist der Triumph der Preßfreiheit, die damals erkämpft wurde, daß die Presse selbst über alles, was geistiger Wert heißt, eine Zensur übt, die viel ärger ist als die schlimmste Polizeizensur. Über mein Bestreben, dem fünften Stand[8] sozialistische Ahnung einzuflößen, das doch durch den Geheimbundprozeß wahrlich den stärksten Anspruch auf Öffentlichkeit erhielt, ist kein Mensch orientiert worden. Die gesamte Presse – ausnahmslos! – hat es vorgezogen, die Prozeßberichte so zu fälschen und zu entstellen, daß ich lächerlich dastehe, ohne meine Absicht auch nur irgendwo wiedergegeben zu sehen. Der ›Sozialist‹,[9] das bestgeschriebene und bestgeleitete Blatt, das zur Zeit in Deutschland erscheint, wird nie und nirgends erwähnt. Alles trottet im alten Stumpfsinn weiter. Und die Sozialdemokratie hütet ihre Lämmer am bravsten, auf daß sie nicht etwa auf die Idee kommen mögen, es gäbe außer dem allgemeinen Wahlrecht in Preußen noch Dinge, die eines Kampfes wert sind. [...]

Château d'Oex, Freitag, d. 26. August 1910
Der Doktor hat mich gestern von neuem untersucht und gewogen. Es ergab sich, daß ich in den sechs Tagen meines Aufenthaltes hier zwei Kilo zugenommen habe (ich wiege jetzt 59,4 Kilo). Die Harnuntersuchung hatte ein günstiges Resultat: weder Eiweiß noch Zucker. Die Nieren sind also gesund. Alles in allem fühle ich mich schon viel kräftiger und besser als bei meiner Ankunft. Ich habe nach Rücksprache mit dem Arzt vorläufig beschlossen, bis zum 5. September hierzubleiben. Dann gehe ich für acht bis vierzehn Tage zu Johannes nach Aeschi zur Nachkur – dann nach München. Ich habe große

Furcht, daß dort der alte Dalles[10] wieder einsetzen wird und denke daran, in diesen Tagen an Roda Roda[11] zu schreiben, ob er nicht etwa etwas zur Einrenkung meiner Beziehungen zur ›Jugend‹[12] tun will. Dort ist Uli,[13] dem geholfen sein will. Sehr möglich, daß Hardy[14] mir Emmy[15] übergibt. Lotte[16] will mal durch kleine Geschenke erfreut sein, und das Peterle[17] möchte ich dort auch nicht ganz vernachlässigen müssen, zumal er nun auch noch ein Schwesterchen kriegen soll. Dabei ist Cilla noch in München, ich soll mich um die Wiederbelebung der Gruppe Tat kümmern, muß monatlich die 40 Mark an Johannes schikken und will doch auch selbst leben und jeden Abend das Geld für die Torggelstube übrig haben. Gestern erhielt ich eine Reihe von Briefen. Landauer[18] gab mir in einem ausführlichen Brief Ratschläge für mein Verhalten. Er sieht meine Hypochondrie, die aus dem letzten Brief an ihn sprach, für unbegründet an. Freilich war die taube Stimmung der ersten Tage wohl hauptsächlich eine Folge der plötzlichen Zigarrenenthaltsamkeit. Dann wiederholt er den Wunsch des Herrn Berndl in Bern, mich kennenzulernen. Er sei ein junger Philosoph, der sich direkt an ihn – Landauer – gewendet habe, weil er sich mit Margret[19] überworfen hat. Merkwürdig, daß die Frau mit keinem Menschen auf die Dauer auskommt!

[...] Das Konzertbüro Guttmann, das für den Herbst eine Vortragstournee durch Deutschland für mich arrangieren wollte, teilt mir mit, daß es ihm vorläufig nicht gelungen sei, die Sache zu machen. Es werde sich aber weiterhin anstrengen und mir Bescheid geben. Ich begrabe diese Hoffnung. Zugleich schreibt mir der Rechtsanwalt Dr. Böhm, dem ich die Klage gegen den Kgl. Operninspizienten in München, Reichmann, übergeben hatte, weil er von den 120 Mark, die ich für drei Chansons kriegen sollte, nach langem Würgen und Zögern erst 50 herausgerückt hatte, daß mein Schuldner mit noch viel mehr Verpflichtungen nach Ostende verschwunden sei. Dabei mahnt mich der Anwalt gleich um 20 Mark, die er mir persönlich gepumpt hatte und mir von den einzutreibenden 70 Mark abziehen wollte. Ich werde ihm nun noch einmal schreiben und ihn anfragen, ob man nicht der kleinen Tochter Reichmanns, wenn sie die Chansons öffentlich in Deutschland singe, die 70 Mark von der Gage pfänden kann. (Da das Mädel mit 1000

Mark monatlich in Hamburg Kontrakte hat – Reichmann hat's mir seinerzeit selbst gezeigt –, wird's ihr ja nicht so schmerzlich sein.) Andernfalls möchte ich das Singen der Lieder bis zur Bezahlung einfach verbieten, und zwar deswegen, weil ich wenigstens eins davon noch anderweitig gut verwenden kann. Ich erhielt anfangs Juli in München von einer Baronin v. Ruthenberg den Auftrag, ihr für 500 Mark fünf Chansons zu machen. Soviel Geld habe ich mein Lebtag noch nicht gehabt. Aber die Sache macht mir große Kopfschmerzen. Denn zwei habe ich erst fertig, und die Zeit drängt. Könnt ich jetzt eins der kleinen Reichmann wieder abnehmen, so wäre das immerhin schon eine erhebliche Erleichterung.

Aber es ist doch toll, wie mir alles schiefgeht. Guttmann hatte mir in der Vertragssache soviel Hoffnungen gemacht, und in der Reichmann-Angelegenheit habe ich nun statt Geld neue Schulden. Von Ehberk, der mir in zwei bis drei Tagen Antwort geben wollte, wie er sich wegen der Herausgabe meiner ›Elf Moritaten‹ mit Zeichnungen von H. Zille entschließen könnte, ist jetzt, über eine Woche nach dieser Zusage, noch kein Bescheid da. Es wird wohl auch nichts werden. Die verschiedenen Bühnen, die meine ›Freivermählten‹[20] angeblich lasen, schweigen trotz aller Mahnungen anhaltend. Kurz, ich kann anfassen, was ich will – nichts will mir glücken! Es ist, als ob an meiner Hand von Natur aus Pech klebte. Ich muß geradezu mit dem linken Fuß zuerst aus dem Mutterleib gestiegen sein. Denn am Ende habe ich doch alles: Talent, Fleiß, Intelligenz und bin ein leidlich netter Mensch. Aber trotzdem! – Und ebenso mit den Frauen! Jede hat mich gern, aber keine liebt mich! – Wenn ich an den lieben Gott glaubte, – wie müßte ich ihn hassen!

Château d'Oex, Sonntag, 28. August 1910
Vorgestern beim Mittagessen wurde mir ein Telegramm gebracht, in dem sich Johannes Nohl anmeldete. Ich holte ihn um halb fünf von der Bahn, und bis gestern nachmittag war er hier. Wir hatten unendlich viel miteinander zu sprechen. Über Literatur, Philosophie, Religion und besonders Persönliches. Auch der Prozeß wurde noch einmal durchgesprochen und die unangenehme Situation, in der sich der Freund befindet, da der Steckbrief gegen ihn noch nicht aufgehoben ist und zu befürch-

ten steht, daß, wenn auch die Geheimbundsache endgiltig aus der Welt ist, doch gleich ein neues Verfahren nach § 175 gegen ihn in Gang gesetzt wird. Es scheinen da einige von den Prozeßzeugen belastende Aussagen gegen ihn getan zu haben. Ich werde ihm heute einen Brief an den Staatsanwalt aufsetzen, damit er erfährt, ob und wieweit er noch gefährdet ist. Während unseres Gespräches über Landauer merkte ich, daß die Stellung dieses Freundes in meinem Innern nicht mehr die ist, die sie fast zehn Jahre lang war. Ich habe Landauer stets als Mentor und väterlichen Freund verehrt. Sein Tarnowska-Artikel[21] im ›Sozialist‹, der mit großer Engherzigkeit die sexuelle »Zuchtlosigkeit« bekämpfte und der sich zum Teil gegen Johannes wandte (Landauer scheint die tatsächlichen Vorgänge, die ihm durch Carosche[22] Indiskretionen aus den Gerichtsakten bekannt geworden sind, öffentlich kritisiert zu haben), dieser Artikel, in dem ich auch mich selbst verletzt fühlte, gab dem Verhältnis zu ihm den ersten Stoß. Nach dem Prozeß gingen wir mit Lotte und Strich[23] zusammen von Kochel aus zum Herzogstand hinauf. Dabei bemerkte ich, wie unfrei Landauer der ironischen und freien Art Lottes gegenüber sich benahm. Während er den Berg hinaufstieg, all in seiner unheimlichen Länge, vornüber gebeugt, sich auf den Bergstock stützend und den Rucksack auf dem Rücken, entfuhr mir Lotte gegenüber die erste unehrerbietige Bemerkung über ihn: Ich machte sie auf das »Bergkamel« aufmerksam. Darin lag gewiß nichts Verächtliches, aber ich hätte doch früher nie so respektlos über ihn geredet, trotz der unglaublichen Treffsicherheit des Vergleichs, den ich im Hinblick auf sein groteskes Aussehen zog. Lotte spricht seitdem von Landauer bloß noch als Bergkamel. Auch ärgerte mich damals vorher Landauers schulmeisterliches Benehmen gegen Margarete Faas, die er vor soundsoviel Menschen, die er eben erst kennenlernte, ganz pedantisch über die Tonart zurechtwies, in der sie mit ihm zu reden habe. [...]

Den Varnhagen habe ich nun – soweit ich ihn hier habe – ausgelesen und bin schon seit vorgestern beim Exzerpieren. (Landauer schrieb mir, daß er Exzerpte im ›Sozialist‹ bringen möchte). Im dritten Band fand ich eine Stelle, bei der ich sehr frappiert war. Varnhagen berichtet dort über ein Buch ›Berlin‹, das eben (1846) erschienen sei. Er selbst komme darin schlecht weg. Man nenne ihn darin einen »Leisetreter«. »Tut nichts!« fügt er dem hinzu. Aber merkwürdig! Im Augenblick stand der Mann in total anderem Licht vor mir, als ich ihn bisher gesehen hatte. Er war wirklich ein Leisetreter. Diese scharfe Kritik, die er im stillen Kämmerlein in sein Tagebuch zu schreiben wußte und dabei immer die Ausflüchte und Entschuldigungen vor sich selbst, daß er nicht selbst eingriff, nichts aber auch gar nichts tat, was die Zustände der Regierung hätte bessern oder den Ausbruch der Revolution hätte beschleunigen können! [...]

Hans[24] brachte mir zwei Bücher als neue Lektüre mit: Hermann Hesses Roman ›Unterm Rad‹ und einen Band der Schriften von Ludwig Tieck. Hesses Roman habe ich schon durchgelesen: die Tragödie eines Kindes, eines begabten Knaben, der durch unsinnige Erziehung durch Vater und Lehrer zu Tode gemartert wird. Das Buch enthält manches Schöne. Aber ich liebe diesen Hermann Hesse nicht. Schon sein Stil ist mir unerträglich. Er sucht Kühnheiten. Er schleimt. Er salbadert. Und ganz grauenhaft ist es mir, daß er mitten in der Erzählung anfängt, seine persönliche Meinung über die Probleme, die da angeschnitten werden, kundzutun. Wie häßlich! Wie unkünstlerisch! – Dabei hat seine Prosa überall diesen verdächtigen Erdgeruch, vielmehr Erdparfüm der Heimatkünstler. – Ich erinnere mich mit wahrem Wohlbehagen einer Szene mit Hardekopf. Ich hatte ihn mit einer Äußerung geärgert. Er wies mich heftigst zurück und wünschte seiner ärgerlichen Rede noch ein Ausrufungszeichen in Gestalt eines Schimpfworts anzuhängen. Ich erwartete schon ein »Idiot«, »Rindvieh«, »Schweinehund« oder ähnliches. Hardy wurde aber noch viel gröber. Er würgte nämlich erst in voller Wut, und stieß dann heraus: »Du – du – du – Heimatkünstler!« – was ich mir dann aber doch verbat. [...]

Der Wunsch der Frau Dr. Delachaux, meine Gedichte kennenzulernen (ich brachte sie ihr gestern abend), regte mich an, mir heute selbst noch einmal fast den ganzen ›Krater‹[25] durchzulesen. Ich glaube nicht größenwahnsinnig zu sein, wenn ich behaupte, daß es nicht viel Gedichtbücher gibt, in denen schönere Verse, und auch nur wenige, in denen mehr schöne Verse stehen. Es ist ein wahrer Skandal, daß ich nicht viel mehr anerkannt werde. – Hier habe ich noch nicht ein einziges lyrisches

Gedicht gemacht. Ich glaube, daß das an der plötzlichen und völligen Zigarrenentwöhnung liegt.

Château d'Oex, Dienstag, d. 30. August 1910

[...] Im ›Matin‹²⁶ (das ›Berliner Tageblatt‹ ist bei der Zeitungs-frau am Bahnhof immer noch nicht eingetroffen) las ich von einer neuen Rede Wilhelms II. über sein Gottesgnadentum, die er in Königsberg gehalten hat. Im November 1908 versprach er fortan nicht mehr Reden, sondern das Maul zu halten, es ist ihm aber doch auf die Dauer zu schwergefallen. Nun ist er gleich wieder ganz üppig geworden. Wenn er übrigens in der Rede sagt, er sei das Instrument des Herrn und weder Parlamenten noch Volksbeschlüssen, sondern nur dem lieben Gott verant-wortlich, so hat er von seinem Standpunkt aus völlig recht. Sein Titel ist: »Von Gottes Gnaden Deutscher Kaiser, König von Preußen« usw. Wer solchen Titel führt, müßte von seinem Be-ruf eine verdammt schlechte Meinung haben, wenn er sich nicht über das konstitutionelle Gesindel, das tagaus, tagein auf dem Arsch um ihn herumrutscht, tausendmal überlegen fühlte. Was die liberalen Blätter zirpen (der ›Matin‹ bringt große Auszüge aus sehr vielen deutschen Blättern), der Standpunkt des Kaisers sei unhistorisch, er sei ein konstitutioneller Fürst etc., ist alles Unsinn. Eine konstitutionelle Monarchie ist eine contradictio in adjecto. Daß das letzte Jahrhundert diese Einrichtung ge-schaffen hat, beweist nur wieder den unlogischen feigen Geist unserer Zeiten, der jede radikale Konsequenz fürchtet. Daß Wilhelm selbst noch die alte historische Idee von seinem Ge-werbe hat, spricht für ihn. Mir ist der Mann aus anderen Grün-den unsympathisch, gerade deshalb, weil in seiner Natur so gar nichts Majestätisches ist. Er ist ein nationalliberaler Schwätzer im Grunde seiner Seele, ein geschmackloser Banause und ein beschränkter Wichtigtuer. In seinem Munde wird die Gottes-gnadenfanfare einfach komisch. – Die deutschen Zeitungen ha-ben nun wieder mal für eine Weile Gelegenheit, oppositionellen Mut zu markieren. Spuckt Wilhelm aber deswegen vor ihnen aus, so prügeln sie sich um die Ehre, seinen Speichel auflecken zu dürfen.

Château d'Oex, Mittwoch, 31. August 1910
Über meinen Plan, die im ›Krater‹ enthaltenen ›schlichten Ge-
sänge‹ mit den inzwischen entstandenen Bänkelromanzen von
Zille illustriert als ›Elf Moritaten‹ erscheinen zu lassen, ist jetzt,
wie es scheint, endgiltig der Sargdeckel zugeschnappt. Zille
schreibt mir nämlich, was ich schon wußte, daß Ehberk, in
Firma ›Concordia, Deutsche Verlagsanstalt‹, »abgewinkt« habe. Aber er fügt hinzu, daß er jetzt so eilige Arbeiten vorhabe,
daß er sich, selbst wenn ich noch einen anderen Verlag bereit
finden sollte, nicht mit unserer Sache befassen kann. Heut
kriegte ich denn auch die teuer abgetippten Manuskripte von
ihm wieder. Als Trost schickte er mir seine traurige Mitteilung
auf einer prächtigen und für mich extra signierten Zille-Post-
karte. [...]

Château d'Oex, Freitag, 2. September 1910
Meines Vaters 72. Geburtstag. Das Datum weckt in mir Gefühle, die fernab sind von kindlicher Freude und fröhlicher Mitfei-
er. Bei allen guten Gefühlen, die ich mir noch für meinen Vater
erhalten habe, bei allem Respekt vor vielen Zügen seines Cha-
rakters, bei aller Sympathie, die wohl im Blut liegt, bei allem
Mitleid an den mancherlei Nöten, die er trägt, an denen selbst,
zu denen ich Ursache bin – das Gefühl der Dankbarkeit, das
doch im Empfinden der Kinder gegen die Eltern als das natür-
lichste gilt, ist mir völlig verlorengegangen. Wenn ich mich
frage, wofür soll ich ihm danken?, so fällt mir in der Tat nichts
ein außer der Tatsache, daß er mich gezeugt hat, und die Gedanken, die sich hieran anschließen, sind so bitter, daß sie mir
Franz Mohrsche Betrachtungen nahelegen. Wahrhaftig! Daß er
mich ernährt hat, erhebt ihn, der es ohne Not konnte, nicht
über andere Menschen, nicht über arme Tagelöhner, die viele
Kinder vor Hunger schützen und liebend betreuen. Daß er mir
einige Schulbildung ermöglichte, so lange, bis ich selbst mich
voll Ekel aus der Schule davonmachte, das ist kein Grund zu
Dankgesängen. Tat er es doch gewiß nicht, um mich zu dem zu
machen, was ich werden wollte und mußte, zu dem, was ich
ward. Für seine Erziehung? Es steigt etwas wie Haß in mir auf,
wenn ich daran zurückdenke, wenn ich mir die unsagbaren
Prügel vergegenwärtige, mit denen alles, was an natürlicher Re-

gung in mir war, herausgeprügelt werden sollte. Man kannte meine Neigung, Bücher zu lesen. Nie erhielt ich welche geschenkt, und als man dahinterkam, daß ich nachts heimlich aufstand, an den Bücherschrank der Eltern ging und mir die Werke Kleists, Goethes, Wielands, Jean Pauls herausholte, da verschloß man den Schrank und nahm mir auch die einzige Möglichkeit, meine heiße Sehnsucht zu befriedigen. Geld bekam ich nie in die Hand. Als ich es mir dadurch erschwindelte, daß ich vorgab, hier und da Schreibhefte, Bleistifte usw. zu gebrauchen, da wurde ich in der grauenhaftesten Weise geschlagen. Ich denke mit wahrem Grauen an die Tage, wo ich herumschlich, angstvoll auf die versprochenen Keile zu warten. Denn mir war für ein so schreckliches Verbrechen, daß ich zwanzig, dreißig Pfennige »unterschlagen« hatte (denn mein Vater drückte sich in solchen Fällen gern möglichst juristisch aus), eine dreifache Auflage von Prügeln zudiktiert worden, das heißt, ich hatte an drei Tagen hintereinander mich zum Empfang der Strafe zu melden. Etwas Haarsträuberenderes an viehischer Grausamkeit ist wohl nie ausgesonnen worden, und ich war wohl zwölf, dreizehn Jahre alt, voll kindlicher erwachender Sehnsucht und tiefer empfindend als andere Jungen. In der Schule war ich faul wie die Sünde. Nie kam jemand auf den Gedanken, daß ich, dessen Gewecktheit und leichte Auffassung jeder bemerken mußte, falsch angefaßt wurde. Hätte ich verständnisvolle Lehrer – womöglich Privatlehrer – gehabt, ich hätte gern und mit Hingebung gelernt. So wurde ich immer nur gehauen und gestraft, gestraft auch seelisch damit, daß ich nie teilnehmen durfte an Ausfahrten oder anderen Vergnügungen der Geschwister, gestraft durch geringschätzige Behandlung und wahrhaft raffinierte Mittel, ein kindliches Gemüt zu kränken. Und dabei stets der Stolz des Vaters auf seine Erziehungsmethode, der Stolz dieses Mannes, der nicht erkennen konnte, daß seine Kinder nicht alle gleichgeartet waren, daß drei so waren, wie er sie haben wollte, brav, fleißig, gehorsam, und nur ich aus der Art schlug. Alles immer in der besten Absicht, in wahrhaft gutem Bestreben für mich. Und ich ging hinaus und hielt mich schadlos für alles durch ausgelassene Streiche, durch alle möglichen Erfindungen des Unfugs, und immer wieder gab es Strafen und Tadel, und das Lernen wurde mir zum Ekel und das Leben so früh schon zum Überdruß. Und immer wußte ich doch dabei, wer ich war. Stets fühlte ich den Erlesenen in mir, den, dem unter allen Großes vorbehalten war. Einmal – da mag ich wohl an fünfzehn Jahre gewesen sein, vertraute ich – nur in Andeutungen – meiner Mutter,[27] wie ehrgeizig ich sei, und mir schien damals, als verstände sie mich und glaubte mir. Aber sie war eine schwache Frau, und der Vater führte unbedingtes Regiment im Hause und war ihr selbst absolute Autorität. So ließ sie es geschehen, daß er mich mit seiner fürchterlichen Erziehungsmethode nach Schema F mißhandelte. Als ich Quartaner war, sollte ich Musikunterricht haben. Das Instrument durfte ich selbst wählen und wählte das Cello. Ein Vierteljahr hatte ich Stunden, dann aber brachte ich ein schlechtes Zeugnis heim, und es hieß, die Musik halte mich von den Schularbeiten zurück. So wurden die Celli-Stunden eingestellt, und ich kann bis zum heutigen Tag kein Instrument spielen. So strafte mich mein Vater für ein schlechtes Zeugnis fürs ganze Leben. Dann machte ich den dummen Streich, der meine Relegation aus der Untersekunda zur Folge hatte. Herrgott, waren das Tage zu Hause! Wie ein Verfemter wurde ich angesehen. Und als ich dann einmal in den Ferien zu Hause war und kam von einem Lachswehrkonzert[28] erst um viertel nach zehn zurück, da machte mein Vater selbst die Korridortür auf und empfing mich – den achtzehnjährigen Menschen, weil ich eine Viertelstunde zu lange ausgeblieben war, mit einer schallenden Ohrfeige! Die brennt mir heut noch im Gesicht, wenn ich daran denke. Ach, und später! Ich wollte Schriftsteller werden, beichtete ich meiner Mutter, als ich glaubte, ich würde es in der Apothekerlehre nicht mehr aushalten. Tränen, Begütigungen, Aufregungen. Schließlich hieß es: Gut, mach dein Gehilfenexamen, dann darfst du Schriftsteller werden. Die Mutter starb. Um den Vater in seinem Gram nicht zu kränken, gab ich meiner Schwester Margarethe[29] das heilige Versprechen, bis zum Examen würde ich mich von aller Literatur und allen Interessen, die mich bewegten, fernhalten, bis zum Gehilfenexamen. Ich hielt das Versprechen. Was es mich gekostet hat, kann kein Mensch ermessen. Ich machte auch das Examen. Dreiviertel Jahre darauf tat ich, was ich tun wollte und mußte. Ich ging nach Berlin als Gehilfe und sprang von dort heraus – in die Neue Gemeinschaft.[30] Jetzt war ich Schriftsteller. Mein Vater in Verzweiflung. Er wollte mich aushungern. Gott sei Dank war ich stärker. Bis jetzt – zehn Jahre lang – bin ich Sieger geblieben in dem Kampf. Hundert Mark gibt er mir monatlich. Gibt er mir? Ach, nachdem er mir das Fünf- bis Sechsfache genommen hat. Als ich mündig wurde, ließ er mich den Verzicht auf die Zinsen des großväterlichen Erbes unterschreiben, weil es unrecht sei, daß dem Vater diese Erbschaft zugunsten der Kinder entzogen sei. Konnte ich, als ich das unterschrieb, ahnen, in welche Not ich dadurch kommen würde? Gewiß, mich trifft an vielem selbst die Schuld. Wäre ich wie andere Leute ohne Sentiment für den Vater, ich hätte längst prozessiert, wäre längst zu meinem Erbteil gekommen. Müßte ich mich später auch aus dem väterlichen Reichtum mit dem Pflichtteil begnügen – das wird immer noch mehr sein, als alle meine Freunde haben –, meine besten Jugendjahre wären nicht verkümmert und versauert worden. Nun sitze ich da, mit 32 Jahren, immer noch von heute auf morgen in Angst, wovon leben? Immer noch ohne eigene Wohnung, ohne Aussicht, daß es bald besser wird. Soll ich dem Vater den Tod wünschen? Ich weiß nicht. Ich habe keine Sentimentalitäten, die mich daran hinderten. Am Ende bin ich jung und habe zwar nicht mehr das Leben (das ist verpfuscht), hoffentlich aber doch noch wertvolle Strecken des Lebens vor mir – und viele Arbeiten, zu denen ich Muße und Freiheit von Not und Entbehrung brauche. Er aber hat alles hinter sich. Schon hat sich das Alter bei ihm mit einer gefährlichen Herzschwäche gemeldet. Davon ist er wieder gesund geworden. Was ich ihm heute wünsche, ist ein heiterer Beschluß des Lebens, aber kein langes Verweilen mehr. Einmal aber vor dem Ende möge er noch in einem klaren Moment einsehen, wieviel Vorwurf und Strafe, die er mich hat kosten lassen, ihm für seine Erziehungsmethode gebührt. [...]

Château d'Oex, Montag, d. 5. September 1910
[...] Den Sozialistenkongreß in Kopenhagen[31] verfolgte ich in diesen Tagen in den spärlichen Auslassungen des ›Matin‹ mit großem Interesse. Es ist doch schmachvoll, wie diese deutschen Sozialdemokraten ihren Beruf als Volksführer auffassen, mit was für Mätzchen und Kniffen sie sich um die selbstverständ-

lichsten Pflichten herumdrücken. Von den Engländern (das ist sehr bedeutsam, denn die spielen noch gar nicht lange mit!) war der Antrag gestellt worden, jeder drohenden Kriegserklärung sei von den Arbeitern der betroffenen Länder mit dem General-streik[32] zu begegnen. Da es in den auch von den Deutschen Sozis akzeptierten internationalen Beschlüssen heißt, Kriege seien mit *allen* Mitteln zu verhindern, wäre es ganz selbstver-ständlich, daß das wirksame Mittel des Generalstreiks in sol-chem Falle angewandt würde. Der Antrag wurde von den Fran-zosen nachdrücklich unterstützt. Er fiel aber, geworfen von den »Dreibund«-Mächten: Deutschland, Österreich und Italien. Die Italiener haben leicht reden. Was in Italien Turati[33] und den Marxisten folgt, dies Bäckerdutzend Kolonialwarenhändler und Büroschreiber, hat so wenig Macht, daß sein Kopenhage-ner Votum von denen, die eventuell einen Generalstreik ma-chen können, doch nur verhöhnt wird. Aber Deutschland und Österreich! Die Herren Ledebour[34] und Renner[35] haben be-weglich gestöhnt, daß ein solcher Beschluß höchst bittere Re-pressalien der Regierung gegen die Sozialdemokratie hervorru-fen würde. So weit ist es nun also glücklich gekommen, daß die »revolutionäre« deutsche Arbeiterschaft selbst bei ihrer Ab-stimmung über die Dinge, die die internationale Sache des soge-nannten Proletariats betreffen, nach dem Eindruck schielt, der »oben« – in der Wilhelmstraße[36] – erweckt wird. Es ist eine wahre Affenschande! – Aber die Ablehnung energischer Maß-regeln gegen androhende Kriege muß eine Wirkung ausüben, für die jeder, der an dieser Ablehnung mitgewirkt hat, geköpft zu werden verdient. Das Votum der deutschen Sozialdemokra-ten kann bei der Regierung gar nicht anders verstanden werden als: »Wenn ihr Krieg führen wollt – auf uns, auf die deutsche Arbeiterschaft, könnt ihr euch verlassen!« – Die Zustimmung zu dem englischen Antrag wäre allein ein unendlich kräftiges Palliativmittel gegen den Krieg gewesen. Die Ablehnung und ihre Begründung muß alles imperialistische und kapitalistische Kriegsgelüste ermutigen und bestärken. – Die Preise der Nah-rungsmittel in Deutschland stehen unglaublich hoch, die neuen Steuern sind, bis sie sich mit dem Geldkurs einigermaßen aus-geglichen haben werden, ein schandbarer Druck auf die Lei-stungskraft des Volkes (alles für Heer und Flotte!), und in diesem Jahre ist die Ernte allenthalben so schlecht ausgefallen, daß eine schreckliche Teuerung selbst in den allerwichtigsten Produkten wie Kartoffeln und Gemüse zu erwarten ist. Jetzt hätte ein radikaler Beschluß ihrer Mandatare sicher viel Verständnis und Zustimmung bei den Arbeitern gefunden. Aber man will sich vor den Wahlen der »Mitläufer« versichern, man ist diplomatisch um des Ehrgeizes willen, im Reichstag das Maul aufreißen zu dürfen. Pfui Deibel!

Jetzt geh ich ans Packen.

Aeschi, Sonntag, d. 11. September 1910

[...] Wäre ich fromm und brav, ich wäre gewiß nicht in der furchtbaren äußeren Lage, die mich vorzeitig zugrunde richtet. Ich brauchte nicht davor zu zittern, daß ich wahrscheinlich sterben muß, ehe ich in der Lage war, recht zu leben. Gestern habe ich vor Johannes geweint, als mir die Trostlosigkeit meiner Situation klar wurde. Ich soll regelmäßig und gut leben – das sagt jeder Arzt –, will ich mein Leben erhalten. Jetzt habe ich noch 100 Franken – davon soll ich hier meine Rechnung bezahlen, die Reise nach München, und dort bis zum 1. Oktober auskommen, – und gut und regelmäßig leben! Daß meine Familie etwas Anständiges und Wirksames für mich tun wird und in einer Form, die mir die Annahme möglich macht, glaube ich nicht. Erst wenn es wirklich zu spät ist, werden sie aufhören, sparsam zu sein. Es ist widerlich, aber es ist Tatsache: die einzige Möglichkeit, daß ich leben könnte, wäre, wenn mein Vater stürbe. Dann könnte ich die Notwendigkeiten erfüllen, eine eigene Wohnung haben, die es mir ermöglichte, abends zu Hause zu sein, gut und regelmäßig essen, mich anständig und warm kleiden, stets die Luft atmen, die ich brauche – und dabei noch die Freunde in den Stand setzen, daß ich ihre Freundschaft verdienen würde. Gar nicht davon zu reden, daß ich für meine Arbeiten selbst etwas tun könnte, während ich so sicher auch nach meinem Tode noch von der deutschen Presse an die Wand gedrückt werde. Ich sehe schon meine Nekrologe: tausend »Boheme«-Anekdoten, Anarchist in Anführungsstrichen und »im übrigen nicht talentlos«. [...]

Aeschi, Donnerstag, d. 15. September 1910

Ein plötzlicher Entschluß am Dienstag führte uns nachmittags nach Bern. Johannes, Cecha und mich – und Madame Arnaud schloß sich uns am Bahnhof Heustrich an. [...] Im Hotel zum Bären aßen wir auf Kosten von Madame Arnaud und holten dann aus dem Rathause, wo Rudolf Steiner einen Vortrag über ›Das Wesen des menschlichen Schicksals‹ hielt, Berndl und Lewin ab. Bis der Vortrag zu Ende war, mußten wir vor der Saaltür antichambrieren, und ich hörte dumpf von außen die hohle, dröhnende Stimme des hohlen, dröhnenden Steiners, den ich seit fünf, sechs Jahren nicht mehr gesehen habe. Aber ich sehe ihn förmlich vor mir stehen, wie ich ihn im Jahre 1901 zuerst bei den ›Kommenden‹[37] gesehen hatte: mit von unten ausholenden, unendlich langen Gesten seine leeren Worte über die Menge schwenkend. Ich wollte ihn noch abwarten und ihm guten Abend wünschen – aber, nachdem die Herren Berndl und seine Freunde herausgekommen waren, dauerte es mir zu lange, und so wichtig war es mir nicht. Ich hörte dann von allen, die beim Vortrage waren, daß er ganz inhaltsleer und dürftig gewesen sei und das Geschmuse von der Gnosis nur auf hysterische Seelenweibchen Eindruck machen konnte. Ich habe in der Tat Steiner von jeher im Verdacht, daß er das theosophische Fähnlein nach dem Winde gehängt hat, daß er nämlich mit diesem Köder reist und geile Weiber in seine Netze fischt. [...]

Aeschi, Freitag, d. 16. September 1910

[...] Zeppelins Luftschiff Nr. 6 ist in der Halle verbrannt. Unter sieben Ballons der fünfte, der zerstört ist: Aber die guten Deutschen sind so zeppelinbegeistert wie nur je. Die Apparate der Herren Gross und Parseval[38] funktionieren tadellos, aber das Volk schert sich darum nicht. Die werden ignoriert. Ein sonderbares Volk, das sich immer an der verkehrten Stelle begeistert. Als Nr. 4 bei Echterdingen ruiniert war und man in ganz Deutschland Riesensammlungen für Zeppelin machte, geriet ich bei der Überfahrt über den Bodensee – auf der Reise von Ascona nach Deutschland – einer Sammlergesellschaft in die Finger, die mit einem Teller Beiträge für eine Zeppelin-Spende schnorrte. Jeder gab etwas. Ich lehnte ab mit der Begründung, ich gäbe für militärische Zwecke kein Geld aus. Ich sehe noch die verächtlichen Mienen, mit denen ich betrachtet wurde. Die Millionen, die damals zusammenkamen – und natürlich nur, weil es einer neuen Waffe fürs »Vaterland« galt – sind inzwischen längst explodiert, verbrannt, zerschlagen und davongeflogen. Ich denke auch noch mit Empörung daran, wie Singer[39] namens der Sozialdemokraten im Reichstag erklärte, die Fraktion werde für die Luftschiffausgaben im Militäretat stimmen, weil es sich um eine kulturelle Tat handle. Die Neuerung, im Kriegsfalle eine Waffe zu stellen, die zu grauenvollsten Mordkatastrophen von oben herab dient, eine kulturelle Tat! – Die Herrschaften haben ja auch jetzt in Kopenhagen wieder gezeigt, was sie unter »Antimilitarismus« verstehen. [...]

München, Donnerstag, d. 22. September 1910
Ich wohne in der Pension, in der ich mit Olden[40] vor einigen Monaten den ›Haifischtee‹ verfaßte, Akademiestraße 9. Olden bewohnt das Zimmer neben dem, in dem ich dies schreibe und das man mir für heute provisorisch gegeben hat. Morgen kriege ich ein besseres. Ganze Pension 130 Mark. Teuer genug. Gott sei Dank zieht Olden in diesen Tagen aus. Es ist nicht angenehm, Bekannte, die einem nicht recht nahe stehen, so auf dem Halse wohnen zu haben. [...]

München, Sonnabend, d. 24. September 1910
[...] Frau v. Ruthersheim will doch noch ein drittes Chanson haben und gibt mir selbst das Thema vor, das sie behandelt wissen möchte. Albern, aber sicher geeignet für die Wirkung, die beim Wiener Cabaret-Publikum damit erzielt werden soll. Die 150 Mark, die ich wenigstens nominell dafür kriegen soll, werden mich schon zu dem nötigen Tiefstand des Geistes und Gemütes bringen, um den Schmarrn herzustellen. Schweinerei, was der Dalles geistigen Menschen für Prostitution aufzwingt! Und dabei bilde ich mir noch was drauf ein, von diesem Hurentume verhältnismäßig wenig erfaßt zu sein. – Aber meine gute, ehrliche Arbeit will man nicht. Drei Bücher harren des Druk-kes; für meine Stücke finden sich keine Verleger und keine Bühnen, für meine Moritaten, selbst wenn Zille sie illustriert, keine Abnehmer, und somit für die vielen schönen Pläne, die ich habe, bei mir selbst keine Courage. Laufe ich an den Buch-

handlungen vorbei, dann suche ich jedesmal ganz unwillkürlich unter all dem Mist, der in den Fenstern liegt, nach meinem Namen, obwohl ich doch weiß, daß ich ja seit mehr als eineinhalb Jahren nichts mehr publiziert habe – und dann packt mich Wut und Bitterkeit. [...]

München, Donnerstag, d. 29. September 1910
Es ist etwas Erfreuliches aus der Zeitgeschichte zu vermerken. In Berlin haben große Zusammenrottungen von Arbeitern und Frauen stattgefunden, die mit den Streikbrechern bei einem Moabiter Kohlenarbeiteraufstand[41] Händel gesucht haben. Es ist zu Schießereien gekommen, die Menge hat das große Polizeiaufgebot angegriffen. – Eben fährt, wie zur Illustration der freudigen Gefühle, die mich angesichts der Volksenergie beseelen, unter großem Gepränge, an der Spitze laut blasend, eine berittene Musikkapelle, eine Batterie Artillerie unter meinem Fenster vorbei, ein endloser Zug von Kanonen und Pferden, deren Rasseln und Trappeln meinen Schreibtisch erschüttert. Das Volk bleibt gaffend stehen. Es scheint sich wenig Gedanken darüber zu machen, mit wessen Geld, zu wessen Schaden und auf wessen Knochen diese Mordinstrumente entladen werden könnten. Gott sei Dank, der ekle Zug ist vorbei ... Also in Berlin hat es richtige Straßenrevolten gegeben, eine Kirche wurde von der Menge gestürmt, es wurde aus den Fenstern geschossen, Frauen haben in ihre Häuser eindringende Polizisten – die unter persönlichem Kommando des bemerkenswerten Polizeipräsidenten v. Jagow (»ich warne Neugierige«) stehen – angegriffen, eine warf solchen Burschen eine brennende Petroleumlampe an den Kopf – kurzum: einmal ein deutlicher Beweis, daß sich auch deutsche Proletarier nicht mehr alles bieten lassen. Grauenhaft ist der Gedanke an die Strafprozesse, die den Exzessen folgen werden. Es wird viele Jahre Zuchthaus geben, und natürlich macht die »liberale« Lumpenpresse vom Schlage der ›Münchner Neuesten Nachrichten‹ schon jetzt scharf. Aber trotzdem: Man kann von solchen Vorfällen ermutigt werden, wieder Vertrauen fassen zu den guten freiheitlichen Instinkten des Volkes. Besonders beglückend ist die Lehre, die sich aus der Tatsache ergibt, daß die Arbeiter so hoch über ihre Führer hinausgewachsen sind, daß sie es wagen, ihren

jämmerlichen sozialdemokratischen Leithammeln diese Unannehmlichkeit zu bereiten. Wieder bestätigt sich mir, was ich immer wußte: daß die Berliner Arbeiterschaft die beste, männlichste, selbständigste und freiheitlichste in Deutschland ist. [...]

Momentan besitze ich noch 30 Pfennige und weiß vorläufig gar nicht, wie ich's heute machen soll, daß ich in den Ausstellungspark hineinkomme, um die Aufführung des ›König Ödipus‹ zu sehn. Diese Not ist zu widerlich, ich kenne sie jetzt seit zehn Jahren fast, aber niemals werde ich mich daran gewöhnen.

München, Freitag, d. 30. September 1910

[...] Die ›Ödipus‹-Aufführung war einzig großartig. Die Riesenfesthalle, deren Zuschauerplätze sich amphitheatralisch aufbauen – es mögen gut 3000 Personen Platz finden, war völlig besetzt. Das Drama spielte sich auf den Stufen zum Palast des Königs ab. Die Bühnenbegrenzung waren vier mächtige ionische Säulen, flankiert von Kübeln mit freien Opferflammen. Die Volksmenge – Reinhardt[42] hatte Hunderte Mitwirkende zusammengebracht – strömte aus allen Türen in die Festhalle, ergoß sich in die Gänge vor den Stufen und agierte unglaublich wirksam zwischen den Tribünen des Publikums. Dadurch wurde das bildhafte Mitwirken der Zuschauer erreicht und der Gesamteindruck gewaltig erhöht. Wegener als Ödipus war mächtig und von riesiger Kraft. Die breite, starkknochige Figur, das knorrige Gesicht, die starken Armbewegungen, die dröhnende und dabei so überlegt temperierte Stimme mit dem etwas zischenden S-Laut – das war ein majestätischer, großer Eindruck. Wegener war in dem von Ernst Stern entworfenen Kostüm das richtige Gefäß der ungeheuren sophokleischen Tragik. Tilla Durieux, die geniale Partnerin Paul Wegeners in vielen Dramen, war für die Rolle der Jokaste vielleicht zu jung. Ich hätte da lieber die Sandrock mit ihrem einseitigen Medea-Talent gesehen. Hier hätte sie hingepaßt. Winterstein als Kreon war stark, ohne genial zu sein. Er trat – und das war recht so – neben Wegener ganz zurück. Sehr zu loben ist Kühne, im Privatleben ein Gemisch von Schmierenkomödianten und Jesuitenkaplan, auf der Bühne in den Rollen, zu denen es gehört, eine sehr schätzbare Kraft. Er gab den Wortführer des Volks mit sehr schönem Pathos und sehr wirksamen Gesten. Moissi spielte den greisen Seher Theiresias, eine herrliche Leistung. Dieses unsagbare weiche, biegsame, einschmeichelnde und in der Leidenschaft doch so gewaltige Organ! Dieser Ausdruck der Worte, der Gesten, des ganzen Wesens! Im Gegenspiel gegen Wegeners knorrige Kraftfigur bot sich eine unvergeßliche, namenlos schöne und große Szene. Max Reinhardts Regieleistung war das Genialste, was ihm bisher überhaupt gelungen ist. Was dieser Mann dem Theater unserer Zeit bedeutet, wird eine künftige Zeit einzusehen und zu benutzen haben. – Hier in München kam ihm natürlich der vortreffliche Raum der Musikfesthalle sehr zugute. Für Berlin ist er in einigem Dilemma. Wegener möchte die Aufführung dort im Zirkus vornehmen. Ich schlug vor, lieber die Ausstellungshalle des Zoologischen Gartens zu benutzen.[43] Dieser Vorschlag soll Reinhardt von einigen, die ich sprach, unterbreitet werden. Nach Schluß der Vorstellung traf ich am Ausstellungsparktor laut Verabredung Wegener und Käte Richter, und wir fuhren mit Winterstein und mit der schönen rumänischen Elisabeth Weihrauch ins Hoftheaterrestaurant, wo sich an unserem Tisch noch Bernhard v. Jacobi mit Frau, Diegelmann,[44] ferner ein Schulfreund Wegeners, Arzt in Karlsbad, und schließlich Frank Wedekind[45] einfanden. Ich aß zum Abendbrot einen Rettich, weil mein Geld zu Größerem nicht reichte. – Es ist seltsam. Es hätte mich eine Andeutung gekostet, und ich hätte von Winterstein, Wegener und Jacobi ohne weiteres ein Goldstück haben können. Ich mochte nicht. Diese Leichtigkeit, von der ich so viele Jahre gelebt habe, habe ich ganz eingebüßt. [...]

Winterstein erzählte eine hübsche Geschichte aus der Vorbereitung der Ödipus-Aufführung. Ein Herr Kühler oder Dr. Kühler (glaub ich), Mitglied des Münchner Ausstellungskomitees, hatte sich heftig gegen die Hergabe der Musikfesthalle gewendet und gefragt, wer denn dieser Sophokles eigentlich sei, ein Moderner oder was sonst? Man klärte ihn darüber auf, daß Sophokles schon vor einigen tausend Jahren gelebt und das Stück geschrieben habe. »Na sehn Sie«, meinte der kluge Herr, »da wäre in der langen Zeit gewiß schon jemand anders drauf verfallen, wenn mit dem Geschäfte zu machen wären.« – Wegener war sehr lustig, er ermahnte mich wiederholt aufs ernstlichste, auch so schöne Stücke zu schreiben, bei denen man soviel schreien kann. Ich sagte aber, auf so komplizierte Verwandt-schaftsverhältnisse, wie sie in der Familie Ödipus obwalten, käme ich nicht so leicht. – Vielleicht spielt mein lieber Wegener doch noch einmal eine Rolle von mir! – Als ich mit Olden heimfuhr – Steinrück[46] brachte uns mit der Droschke bis zur Ecke der Akademiestraße –, erzählte er mir, daß er mein Zimmernachbar geworden sei und gleich mir von dieser Nacht ab im dritten Stock wohne. Ich erklärte ihm darauf unverhüllt, daß das für mich ein Grund sein würde, ganz aus der Pension her-auszuziehen. Heut früh teilte ich dies gleich der Wirtin mit, die mich nun von morgen ab in die erste Etage quartieren wird. Das ist um so erfreulicher, als ich gleich nachher mit dem Stubenmä-del, einer reizenden Brünetten, ein Techtelmechtel anfing und auf meine Frage erfuhr, daß sie gleichfalls im ersten Stock woh-ne. Ich bin erotisch schrecklich ausgehungert. Es wäre ein Glück für mich, wenn darin endlich Regelmäßigkeit und Be-friedigung einträten. Ich habe seit undenklichen Zeiten nicht mehr so viel und so gern geküßt wie heute.

München, Sonnabend, d. 1. Oktober 1910
[...] Die Redaktion von ›Licht und Schatten‹ schickte mir mei-ne fünf erlesen guten lyrischen Gedichte mit einem geschäfts-mäßigen Wisch als »ungeeignet« zurück. Natürlich! Bessere Beiträge bekommt Gumppenberg[47] von keinem seiner Mitar-beiter! Aber er hat politische Gründe, mich zu boykottieren. Er hat dazumal, als mich die ›Jugend‹ auf das leere Gerücht hin, ich sei homosexuell, aufs Pflaster setzte und als Wedekind in gro-ßer Anständigkeit Sinsheimer[48] darüber seine Meinung derart klar machte, daß der seitdem nicht mehr in die Torggelstube kam, damals – während ich hilflos im Gefängnis saß – hat Herr Hanns von Gumppenberg für Sinsheimer gegen mich Partei genommen und gefunden, daß so ein Mensch nicht in einem literarischen Blatt arbeiten dürfe. Er ist also konsequent. Wir kennen uns, sitzen wir auch allabendlich noch so friedlich bei-einander am Weintisch. Aber wartet nur, ihr Herren Sinsheimer und Gumppenberg. Die Rache behalte ich mir vor! Wenn ich nicht mehr abhängig und gedrückt in euren Kreisen sitze, dann werdet ihr eigenartige Dinge von mir erleben: Alle die, die mich

heute büßen lassen, daß ich – denn darauf läuft alles hinaus – mich vermesse, eine Gesinnung zu haben, alle die sollen es bereuen! Wartet, ihr Hunde! Ich werde noch einmal zeigen, daß ich einer vom Alten Testament bin. [...]

München, Sonntag, d. 2. Oktober 1910

[...] Landauers Artikel im neuen ›Sozialist‹[49] befriedigt mich sehr, wenn ich ihn auch nicht überall unterschreiben möchte. Er konzediert meinen Ansichten über die Freiheit in Sexualdingen mehr, als ich je erwartet hätte, und schränkt die maßlosen Schimpfereien des Tarnowska-Artikels sehr ein. Seine Verteidigung der Ehe präzisiert er dabei, daß unter Ehe auch Vielehe oder Gemeindeehe verstanden werden könne. Ferner gibt er die Einwirkung der Geschlechtlichkeit auf alles seelische Erleben zu, mithin auch in den Freundschaften von Mann zu Mann, von Frau zu Frau. Was er aber noch gegen meine Auffassung aufrecht hält, faßt er in die versöhnlichste Form, z. B. in die Frage, ob wir denn die Freiheit der »verantwortungslosen« Lust überhaupt vertragen würden. Kurzum, ein sehr lieber, verständiger Artikel, in dem fast etwas wie Reue über den früheren durchklingt. Ich bin sehr froh, keinen Groll mehr gegen diesen Freund tragen zu brauchen. [...]

München, Montag, d. 3. Oktober 1910

Sollen diese Tagesaufzeichnungen für mich selbst als Erinnerungsstützen Wert haben, so müssen sie ehrlich sein, die notierten Ereignisse niemals fälschen und für mein gegenwärtiges Erleben wichtige Vorgänge nicht verschweigen. Die Rücksicht darauf, daß die Notizen einmal publiziert werden könnten, darf nichts entscheiden. Steht schon manches in diesem Heft, was die Veröffentlichung in den nächsten Jahrzehnten sowieso ausschließt, so werde ich mich auch nicht abschrecken lassen, Sachen einzutragen, die die Drucklegung zu meinen Lebzeiten – und vielleicht noch lange drüber hinaus – überhaupt verbieten. Ob sich in 80 oder 100 Jahren mal jemand findet, der meine Tagebücher der öffentlichen Mitteilung für wert halten und herausgeben wird, kann ich nicht wissen. Niemand, der aus dem Tagesgeschehen und -erleben heraus Notizen schreibt, kann deren Kulturdauer ermessen. Über den Wert von Tagebüchern entscheidet nicht das Talent des Verfassers – denn die Zusammenhanglosigkeit der Bemerkungen hindert doch die Entstehung eines literarischen Meisterwerks –, sondern der Rhythmus der allgemeinen und persönlichen Ereignisse, die registriert werden. Also, ich will ehrlich sein, soweit ich es vor mir selbst nur kann, und ich will auch nicht vor einer Entblößung meiner Geschlechtlichkeit haltmachen. – Mit dem Stubenmädel hier habe ich seit heute nacht ein richtiges Verhältnis. Bisher hatten wir uns nur geküßt. Gestern hatte sie Ausgang, und ich führte sie auf die Oktoberwiese, die heute geschlossen wurde, und nachts kam sie zu mir ins Zimmer. Es stellte sich die überraschende und merkwürdige Tatsache heraus, daß das zwanzigjährige Mädchen noch unberührt war, und so habe ich nun zum ersten Mal in meinem Leben eine Deflorierung vorgenommen. Und nicht minder merkwürdig ist, daß das gute Kind rasend in mich verliebt ist, ja, sich, wie sie mir beichtete, auf den ersten Blick in mich verliebt hat. Bei mir – ich glaube darin sicher zu sein – ist von Verliebtheit gar nicht die Spur vorhanden. Das Mädelchen rührt mich mit ihrer wilden Zärtlichkeit – ich bin darin so wenig verwöhnt. Es rührt mich um so mehr, als ich doch wirklich bei Frauen dieser Art ganz abfalle und mir immer eingebildet habe, es gehöre schon eine ungeheure Differenziertheit dazu, wenn eine Frau zu mir in zärtlichen Empfindungen aufglühen kann. Die Kleine ist niedlich, aber keineswegs schön. Sie küßt prachtvoll und drückt sich alle Augenblick zu mir ins Zimmer, um es tun zu können. Für mich hat dies Verhältnis den Reiz der Neuheit – und noch manchen andern Reiz. Nur daß sie Frieda heißt, ist greulich. Dieser Name hat in meinem Leben eine zu köstliche Bedeutung,[50] als daß ich ihn für ein neues Erlebnis anwenden könnte. Ich werde für die Kleine schon einen Namen erfinden müssen. – Aber froh bin ich, daß ich endlich einmal – und doch hoffentlich für längere Wochen – sexuell versorgt bin. [...]

München, Mittwoch, d. 5. Oktober 1910
[...] Mit Hardy war ich viel zusammen. Gestern las ich ihm einige Artikel von mir aus dem ›Sozialist‹, auch den Landauerschen ›Von der Ehe‹ vor. Er gab mir zu, daß so leicht kein anderes Blatt eine so ausgezeichnete Polemik enthalten könnte.

Er will Abonnent werden. Dann schimpften wir gemeinsam auf die Niederträchtigkeit, daß ich bei meiner Begabung als Dichter und Essayist nicht die Möglichkeit habe, etwas an einer Stelle zu publizieren, wo es gelesen würde. Ich müßte mir schon geradezu einen andern Namen beilegen, aber das tue ich nicht. Ich werde die Bande schon zwingen, mich zu lesen und meinen Namen anzuerkennen, obwohl er eine Überzeugung bezeichnet. Hadwiger⁵¹ sagte mir einmal vor Jahren schon: »Ein anständiger Mensch hat keine Gesinnung.« – Ich hielt das damals für einen Witz. Heut weiß ich, daß er in Deutschland allgemeine Geltung hat und daß man den, der unanständig genug ist, doch eine zu haben, mit dem Hungertode bestraft. [...]⁵²

Der elende Tripper! Ununterbrochen macht er sich bemerkbar,
stört mich in meinen Absichten, lähmt meine Aktionen, vergiftet meine Laune. Nun laboriere ich seit drei Wochen daran, und
noch merke ich fast gar keine Besserung. Morgen will ich noch
einmal zu Hauschild. Ich muß der Schweinerei endlich energisch zu Leibe gehen. – Gestern abend war es wieder gräßlich.
Emmy war im Café – ich hatte vorher im Luitpold Eduard Joël
und Frau getroffen –; sie war sichtlich geil auf mich und bat
mich, ich möchte sie, ehe ich in die Torggelstube gehe, heimbe-
gleiten. Ich tat das, ging mit hinauf zu ihr ins Atelier und regte
mich an ihren Küssen furchtbar auf. Dann zog sie sich um, und
ich sah sie nackt, was mich so toll machte, daß ich vor Schmerz
und Wollust hätte schreien mögen. Das enge Suspensorium
wäre unter dem Druck des mächtig gestrafften Gliedes beinahe
gerissen. Wir waren beide sehr betrübt, daß wir nicht tun konnten, worauf wir beide brannten. – Genau dieselbe Geschichte
wie vor fünf Jahren in Wien, wo ich nackt neben der ebenfalls
geschlechtskranken Irma Karczewska[1] lag. Wir küßten uns wie
wahnsinnig und mühten uns, wenigstens mit Mund und Fingern einander Genüge zu tun, aber schließlich war der Widerstand des Schmerzes doch immer noch größer als der Antrieb
der Lust. Das war damals die Tragik: daß wir uns erst kennengelernt hatten und dann bald auseinandergingen, so daß wir nie
dazu kamen, einen richtigen Koitus miteinander zu vollziehen.
    Schon nachmittags war ich bei Emmy gewesen. Morax[2] und
Frl. Vital waren da, und ich zeichnete einen Bilderbogen zu der
Schauerballade, die Emmy und Morax zusammen bei Kathi[3]
vortragen wollen. Es sind sehr lustige Bilder geworden, die
Emmy sehr primitiv und dadurch um so wirksamer antuschte. –
Eduard Joël ist ein netter Kerl. Aber unsere Interessen gehen
doch allmählich weit auseinander, und ich kann nicht leugnen,
daß ich seine Gesellschaft um so mehr schätze, je deutlicher mir
die Möglichkeit scheint, von ihm Geld für den ›Kain‹[4] heraus-
zuschinden. Angebohrt habe ich schon. Heute nachmittag wer-

de ich wieder mit dem Ehepaar beisammen sein. Ob etwas herausschauen wird?

Nach dem Intermezzo in Emmys Atelier begleitete ich sie bis vor den Simpl. Das süße Ding trug auf dem ganzen Wege Leuchter und Kerzen in der Hand, damit sie auf dem Heimweg die Treppen hinauffinde, zumal sie die Nacht Engert[5] versprochen hatte. Sie erzählte mir das ganz arglos und mit vielem Bedauern darüber, daß ich nicht imstande bin, meine Pflicht zu tun. Sie könne unmöglich so lange allein schlafen. Daß es gerade Engert sein sollte, war mir sehr fatal. Aber wer will den Weibern ihren Geschmack vorschreiben?

Dann also Torggelstube: Im Residenztheater war die Premiere der ›Ratten‹ von Hauptmann gewesen, dazu Sonnabend, wo die Halbe-Gesellschaft[6] erschien. So saß also eine lange Tafelrunde versammelt: Halbe und Frau, Waldau,[7] Mi von Hagen,[8] Steinrück, Dr. Mannheimer, das Mockerl,[9] Lina Woiwode,[10] Basil,[11] Dr. Kutscher,[12] Rößler[13] usw., wozu dann noch Wedekind und schließlich Feuchtwanger und Dr. Uhde-Basmeir kamen. Es wurde reichlich Bowle getrunken. Ich hatte das Zusehen und mußte allerlei schlechte Witze deswegen ertragen. – Wir schrieben eine Glückwunschkarte zu dem Erfolg der ›Ratten‹ an Gerhart Hauptmann. Die Terwin war wieder sehr lieb. Der Rest der Gesellschaft blieb bis nach halb vier Uhr nachts. Dann trennten wir uns. Gustl Waldau und besonders Steinrück waren stockbesoffen. [...]

Von Papa kam eine Ansichtskarte mit dem Holstentor drauf, in der er mir für die Gratulation zu seinem Examenstag und für die Zusendung der »Drucksache« dankt und über seinen (recht günstigen) Gesundheitszustand berichtet. Meine Andeutungen, daß ich zur Fortführung des ›Kain‹ Geld brauche, hat er nicht verstanden. Außer anderen Briefen einer von einem anonymen »Freund«, der die erste Nummer »passabel« fand, über die zweite schimpft und mich warnt, das Publikum zu ignorieren. Ob der Mann recht hat? Lion Feuchtwanger erklärte mir gestern genau das Gegenteil: Die zweite Nummer habe ihm in jeder Hinsicht besser gefallen als die erste. Er lehnte das Programmgedicht ›Kain‹[14] entschieden ab. [...]

[...] Nach dem Theater Simplicissimus. Emmy hat ein Verhältnis mit dem kleinen Keller angefangen. Ich Esel habe die tolerantesten Prinzipien, dazu noch einen Tripper und war doch eifersüchtig. Natürlich ließ ich mir nicht das mindeste merken. Aber es ist doch eigentümlich, wie lieb ich das kleine Hurenweib habe. Sie trug mit Morax zusammen die schöne Ballade vom Räuber vor, der seinen Bruder abmurksen will und an seiner »blassen Brust« das Bild der Mutter findet. Der große Bilderbogen, den ich dazu gezeichnet habe, wirkte sehr lustig zu dem Leierkastenlied. Eine peinliche Überraschung wurde uns dadurch zuteil, daß die Ichenhaeuser[15] plötzlich mit Else Lasker-Schüler[16] das Lokal betrat. Die eifersüchtige Megäre, die komplett wahnsinnig ist, hat Emmy in Berlin mit Schimpfreden und Drohungen nachgestellt. Nun war das arme Kind ganz verängstigt. Ich hoffe, sie fährt bald wieder ab. Es wäre recht widerwärtig, wenn Emmy wieder keine Ruhe vor ihr hätte. Ich bin aber entschlossen, trotz aller Freundlichkeiten der törichten Frau gegen mich und trotz meiner Verehrung für manche ihrer Gedichte, Emmy sehr energisch gegen sie zu verteidigen. – Heut nachmittag war Emmy bei mir. Sie erzählte, daß Keller bei ihr geschlafen habe. Wir gingen in den Englischen Garten, wo wir uns viel küßten, dann aß sie bei mir Mittag. – Danach ging ich zu Hauschild, der sich meinen armen Schwanz besah. Er verulkte mich, daß ich in meinen Jahren noch solche »Kinderkrankheiten« bekäme. Aber er fand, daß sich der Zustand wesentlich gebessert habe, empfahl mir, die bisherige Behandlung energisch fortzusetzen und riet wieder sehr von Spritzen ab. Er stellte mir in Aussicht, daß ich in vierzehn Tagen gesund sein könne. Noch vierzehn Tage! Aber wenn nur dann die Geschichte vorüber ist!

München, Dienstag, d. 9. Mai 1911

Pfemfert[17] schickt mir die beiden letzten Nummern der ›Aktion‹, in denen die Enquete über Kerr[18] fortgesetzt wird. Dehmel[19] schreibt ganz dumm, Else Lasker-Schüler macht mindere Knittelverse, Kurtz[20] spreizt sich, und die übrigen sind ziemlich belanglos. Ob Kerr viel Nutzen von der Umfrage haben wird? – Erfreulich war mir, daß das Blatt unaufgefordert eine ganz gut redigierte und ziemlich auffällige Annonce des ›Kain‹ bringt. Wüßte ich nur erst, wie Nr. 3 bezahlt werden soll! [...]

Nach dem Abendbrot traf ich im Bauer Emmy mit Morax und Ida, Keller und Engert. Emmy war sehr aufgeregt, da gleichzeitig mit der Ichenhaeuser die Else Lasker-Schüler in einer Ecke des Lokals saß. Das verängstigte Kind fürchtete Revolver und Vitriol. Mir fiel mal wieder die angenehme Aufgabe zu, zu parlamentieren. So setzte ich mich zu der Lasker und kam auf Umwegen zu dem Thema Emmy. Ich erreichte das Versprechen, sie werde während der Zeit ihres Münchner Aufenthalts nicht mehr den Simpl betreten noch Emmy im mindesten nahetreten. Als ich zu Emmys Tisch zurückkam, war sie gerade dabei, einen Zustand zu kriegen. Ich begleitete sie mit Keller zusammen nach Hause, und sie stieß schreckliche Drohungen gegen Elschen aus. Auch noch solche Geschichten!

Abends Torggelstube. [...]

München, Mittwoch, d. 10. Mai 1911
Die Angelegenheit Else Lasker-Schüler – Emmy spitzt sich dramatisch zu. Ich erhielt einen langen Brief von Elschen, in dem sie Emmy als »geiles kleines Nähmädchen« beschimpft, in deren Mund ihr »erlauchter« Name (an einer anderen Stelle »die Majestät meines Namens« – immer dick unterstrichen) nichts zu tun habe, und worin sie schließlich erklärt, sie lasse sich das Betreten öffentlicher Lokale nicht verbieten. Ich hielt es für ratsam, diplomatisch zu sein und schrieb einen langen vorsichtigen Antwortbrief, von dem ich auch noch eine Abschrift nahm, so daß mir wieder die Zeit, wo ich hätte arbeiten mögen, zum Teufel ging. Ich bat die Lasker, mir persönlich den Gefallen zu tun, den Simpl zu meiden. Abends im Café kriegte ich dann einen weiteren albernen Brief, in dem unter anderem stand, sie (Tino von Bagdad) habe in Berlin nur Emmy aus dem Café entfernt wissen wollen, um den einzigen Ort, wo man sich aufhalten könne, nicht verflachen und verhuren zu lassen. Im übrigen: »Bei Philippi sehen wir uns wieder.« – Ich ging also mit in den Simpl, um bei eventuellem Krach Emmys Partei nehmen zu können. Aber Elschen kam nicht. Jedenfalls vermute ich, daß ihre Hysterie sie nicht ruhen lassen wird, bis nicht der Krach da war. Und wenn sie ihn nicht provoziert – Emmy ist auch nicht die Zahmste.

Nachmittags kam Rößler ins Café und dann zu mir zum Abendbrot. Auch Emmy erschien. Die beiden geilten sich aneinander auf, und nach dem Essen legte sich Rößler auf den Diwan und es begann ein Piacere, zu dem ich sittsam das Gaslicht ausdrehte. Da ich merkte, daß Emmy sich ganz auszog, und so schon wie auf Kohlen stand, da die Gruppe Tat auf mich wartete, ließ ich die beiden bald allein. – Es ist seltsam, daß ich auf den alten Rößler nicht eine Spur eifersüchtig bin. Die ganze Geschichte gestern machte mir einen diebischen Spaß. Ich mußte über Emmys unbefangene Selbstverständlichkeit sehr lachen. Sie ist schon ein erotisches Genie. Sie will immer und jeden Mann, und jede Situation ist ihr recht. [...]

München, Donnerstag, d. 11. Mai 1911

Gestern abend, als ich mit Halbe und Genossen von der Kegelbahn aus zu Kathi Kobus kam, saß Elschen Lasker mit der Ichenhaeuser richtig im Lokal. Emmy hatte sie vorher nicht bemerkt, bekam jetzt aber, als sie die Frau sah, wieder richtige Zustände der Todesangst, so daß wir schleunigst aufbrachen und in ziemlich großer Gesellschaft ins Stefanie gingen. Ich schrieb der Lasker von dort aus einen Brief, in dem ich ihr erklärte, ich sehe in ihrem Verhalten einen Akt der Geringschätzigkeit gegen mich und betrachte daher unsere freundschaftliche Beziehung als erledigt. [...]

München, Sonntag, d. 14. Mai 1911

[...] Die Lasker-Geschichte nimmt allmählich die Formen einer komischen Groteske an. Meinen Brief, in dem ich ihr die Freundschaft kündigte, schickte sie mir zerrissen zurück, mit der Aufschrift, sie verbitte sich strengstens (dick unterstrichen) jede weitere Belästigung. Morax übergab mir die Fetzen und bestellte mir zugleich die spätere Mitteilung der Dame an mich, sie habe es nicht so gemeint. Und nun beteiligt sich auch die Ichenhaeuser – Emmy nennt sie unhöflich Frl. Siechenhäuser – an der Korrespondenz. Gestern bekam ich einen total verstiegenen Brief von ihr. Wenn ihr Diener Jehovah ermittle, daß ich ein Hurenvieh sei, so müsse ich Millionen Meilen weit von ihrem Lande fortgehen. Scheißtrommel! – Inzwischen hat Emmy selbständig Schritte unternommen, um die Dichterin Tino loszuwerden. Sie hat veranlaßt, daß ihr von Berlin aus ein Telegramm ins Café Bauer geschickt wurde, wonach sie sofort nach Hause zurückkommen möge. Natürlich ist sie darauf nicht reingefallen und hat angeblich das ganze Material der Polizei übergeben. Wenn das wahr ist, wäre sie als Käsehändlerin entlarvt. Die Zeit ihres Münchner Aufenthalts kann immerhin noch recht unterhaltende Intermezzi bringen.

München, Mittwoch, d. 17. Mai 1911
Vor genau einem Monat kam die Gonorrhöe zum Ausbruch. Heute kann ich sagen, daß es etwas besser geht. Aber noch ist Ausfluß da, und der kleinste alkoholische oder sexuelle Exzeß kann mich wieder ganz herunterbringen. Dabei sehne ich mich maßlos nach Umarmungen. Es ist so viel Kraft aufgespeichert, dabei das ganze Interesse so auf den Genuß konzentriert, daß ich mich mitunter vor Geilheit kaum zu lassen weiß. Gestern nachmittag kam ich zu Emmy. Sie stand splitternackt in ihrem Atelier und wusch sich. Trotz meines Zustands küßte ich sie wie ein Rasender. Das gute Kind freut sich auch auf die erste Nacht, wo es wieder gehen wird. [...]
Der Maler Oppenheimer[21] ist wieder in München. Er stellt bei Tannhauser aus. Der Kerl hat eine unverschämte Schnauze. Das Urbild eines Prager Judenbengels. Aber sachverständige Leute erklären ihn für sehr talentiert, und Heinrich Mann ist anscheinend immer noch mit ihm befreundet. Kokoschka[22] behauptet allerdings, als ich ihn hier zuletzt sprach, Oppenheimer plagiiere ihn. – Er kam abends ins Café Bauer. Wir gingen dann in die Torggelstube, wo die Herren Rößler, Strauß,[23] Meßthaler[24] und noch einer, dessen Name mir nicht einfällt, pokerten. Ich kibitzte bei Rößler, der mir aus jedem größeren Pott, den er zog, eine Mark abgab. Ich kam um sechs Mark bereichert heim. Rößler wohnt jetzt hier in der Pension. Heute früh hatte ich schon seinen Besuch.

München, Freitag, d. 19. Mai 1911
[...] Mit dem ›Kain‹ bin ich noch immer völlig im Rückstand. Ich muß endlich mal mit Steinebach[25] sprechen, um zu erfahren, ob die nächste Nummer überhaupt sicher herauskommen kann. An Julius Muhr[26] in Wien habe ich geschrieben und ihn

um eine Unterstützung für das Blatt gebeten. Aber es scheint sehr fraglich, ob er schicken wird. Vielleicht gibt Steinebach selbst Kredit, so daß es weitergehen kann. Jedenfalls bin ich sehr in Sorge. – Daß Papa sich nicht rührt, ärgert mich schwer. Ich habe es ihm wirklich nahe genug gelegt, mir zu helfen, und er brauchte sich, wenn er mir schon 3000 Mark vorstreckte, deshalb auch nicht einen Schnaps entgehen zu lassen. Ich begreife den alten Mann nicht. Er muß sich doch sagen, daß der Wunsch, er möchte sterben, nachgerade Leidenschaft in mir werden muß. Ich habe keinen Anzug am Leibe, mit dem ich mich in einträglicherer Gesellschaft sehen lassen kann. Ich trage zerrissene Stiefel, weil mich die 4 Mark 50 reuen, die das Besohlen kostet. Ich habe viel zu wenig Wäsche, und überall hapert's und fehlt's. Sobald der Vater stirbt, bin ich ein begüterter Mann. Warum macht er mir das so fühlbar? Sehr merkwürdig!

München, Montag, d. 22. Mai 1911
Donnerwetter, der 22.! – Von der neuen ›Kain‹-Nummer ist noch gar nichts da. Ich muß wirklich diese Blätter etwas vernachlässigen, will ich das Meinige für das Blatt tun. Ich weiß noch nicht einmal, was alles hineinkommt. Über den Hauptartikel bin ich noch ganz im unklaren. Gestern, als ich an die Arbeit wollte, rief mich Emmy aus dem Café Bauer an, ich möchte hinkommen. Dort kam nach einiger Zeit Wilhelm Michel[27] und Frau, und wir gingen ins Stefanie, wo ich mit Michel Billard spielte. Nachts zu Emmy aufs Atelier. Das ist eine wüste Bude. Ein mächtiger Raum, dessen ganzes Mobiliar in einem dürftigen Lager, einem Ecktisch, einer primitiven Waschvorrichtung, ein paar unterschiedlichen Sitzgelegenheiten und einer Staffelei besteht. Alles unglaublich verschmiert, ein wüstes Durcheinander von Abfällen, Papier, kleiderähnlichen Stoffen und Malgerätschaften. An den Wänden Zeichnungen von allen Bekannten und Heiligenbilder, Kreuze und ähnliches. Denn Emmy ist katholisch-fromm und trägt sich mit der Absicht, zum Katholizismus überzutreten. Morax und Ida und Engert lagerten in dem Atelier, in dem Emmy, angetan oberhalb mit einem verschlissenen Herrengehrock, unten mit feinen batistenen Höschen, herumsprang und den schmierigen Engert karessierte. Morax besaß eine Familienkarte für die Blumensäle, und

wir beschlossen, allesamt dorthin zu gehen. Wir nahmen vor dem Café Bauer eine Droschke, aus dem Café kamen noch Keller und Otten,[28] die sich mit Morax in eine zweite Droschke setzten, und nun fuhr die ganze groteske Kavalkade unter dem erstaunten Grinsen des zusammengelaufenen Publikums davon. Wir sahen wüst genug aus. Ich auf dem Rücksitz, nach vorn Engert, dessen Abgeschabtheit nachgerade beängstigend wirkt und der in seiner unerhörten Länge, mit dem gewaltigen Maul, der schwarzgeränderten Brille, den wilden Haaren und den dürren Bewegungen unerhört auffällig wirkt. Neben ihm die kleine, verhutzelte, proletarische, kränkliche, unsagbar häßliche Ida Weber und dann Emmy mit dem goldigen kurzen Jungenhaar und dem schwarzen Käppi drauf, dem verschlissenen Gehrock, den sie jetzt als Paletot trug und dem grünseidenen Fetzen, den sie zur Verdeckung des weißglänzenden Kragens darüber gewickelt hatte, und den violetten Strümpfen, die sie leger auf die gegenüberliegende Bank legte, damit ich ihre Beine streicheln konnte. So fuhren wir durch alle Hauptstraßen, was an dem schönen Sonntagnachmittag erhebliches Aufsehen machte, zumal ich oft erkannt wurde.

In den Blumensälen selbst war es ziemlich fad. Am besten gefiel mir eine Kinematographen-Nummer, wo ich zum ersten Mal einen bewegten Film auf dem Film dargestellt sah, der von den Zuschauern (in effigie) zertrümmert wurde. Emmy juchzte wie ein kleines Kind und klatschte bei jedem Reklamelichtbild in die Hände. Wir haben allesamt all unser Geld ausgegeben und fuhren nachher mit den letzten Groschen per Straßenbahn zurück. Auch die Fahrt war noch recht fidel.

Dann begleitete ich Emmy und Morax bis vor den Simpl und ging ins Stefanie, wo ich Schach spielte. Nach kurzer Zeit rief Emmy mich telefonisch an. Ich solle sofort hinkommen, es sei etwas Dringendes. Morax hatte mich rufen lassen, weil vier Kriminaler, darunter die, die ihn seinerzeit verhaftet hatten, da waren. Nun fürchtete er, daß die Polizei etwas gegen ihn im Schilde führe. Da die unsympathischen Gäste bald gingen, ging ich ins Stefanie zurück, wo ich Heinrich Mann und Oppenheimer traf. Mann scheint mit der Benatzky[29] auseinander zu sein.

Er erzählte, daß die Lasker-Schüler – sie treibt sich noch immer in München herum – ihm aus heiler Haut Krach gemacht habe, weil er angeblich ihren Mann – Herwarth Walden[30] ausgerechnet! – einmal nicht ehrerbietig genug gegrüßt habe. Sie beschimpfte ihn ganz unglaublich: Das Bild, das Oppenheimer von ihm gemalt habe, sei viel zu bedeutend. Er sei nur der Text zu Oppenheimers Musik etc. Mann sagte, er habe sie dabei die ganze Zeit freundlich angelächelt, denn er glaube, sie sei irrsinnig. Das glaube ich auch. [...]

München, Sonnabend, d. 27. Mai 1911
Von vorgestern ist einiges zu notieren, vor allem eine arge Sünde. Emmy verführte mich zum Koitus. Ich warnte sie, ich sträubte mich, ich kämpfte gegen mich, aber ich war schwach. Nun werde ich sie wohl angesteckt haben, und Kätchens Tripper wird die Runde durch München machen. Gestern ging, wie mir schien, Emmy mit Bolz[31] nach Hause, – und auch auf Oppenheimer scheint sie es abgesehen zu haben. – An mir rächte sich die Überanstrengung sehr unangenehm. Nachmittags saß ich mit Emmy im Café und spielte gerade mit Morax Schach. Da kam Engert herein, die gewaltige Mähne bis auf die Haut weggeschoren. Er sah scheußlich aus, und ich machte eine entsprechende Bemerkung. Da schlug er mir – ganz ohne feindliche Absicht – seinen Hut auf den Kopf und muß dabei eine sehr empfindliche Stelle, wohl das Ende des Rückenmarks, getroffen haben. Ich glaubte, ich müsse sterben. Das Blut schlug erst in den Kopf, dann zum Herzen, ich tastete umher, und Emmy erzählte, ich hätte furchtbar ausgesehen, mit verdrehten Augen und grünen Lippen. Wer weiß, was für ein bedenkliches Symptom das ist. Ich will doch für alle Fälle meine Bestimmungen für den Todesfall treffen. Eines Tages sterbe ich, und dann fällt womöglich der Ertrag meiner Arbeiten statt Johannes Nohl meiner Familie zu. Und das will ich wahrhaftig nicht verantworten. –

Mit dem ›Kain‹ geht es langsam vorwärts. Am 3. Juni soll die dritte Nummer erscheinen. Ich denke, morgen werde ich das ganze Heft fertig haben. Aber der Dalles ist scheußlich. Ich bin ganz und gar abgebrannt. Doch fand ich eben ganz zufällig in den Abgründen einer zerrissenen Westentasche, tief im Futter vergraben, ein 50-Pfennig-Stück. Es ist doch etwas mit den Unterteufeleien. Ich habe nicht etwa nach der Münze gesucht, aber ich bin überzeugt, wenn ich's nicht ganz nötig gebraucht hätte, hätte ich sie auch nicht gefunden. Jetzt wieder an die Arbeit!

München, Mittwoch, d. 7. Juni 1911

[...] Gestern traf ich im Hofgarten Heinrich Mann mit Herzog[32] und Oppenheimer. Ich ging mit ihnen noch einmal in die Ausstellung der Oppenheimerschen Gemälde bei Tannhauser. Er hat ein neues Porträt von H. Mann fertiggestellt, das in vielem besser ist als das erste, doch aber auch stark karikaturistisch wirkt. Im Ganzen hatte ich von der Ausstellung einen noch stärkeren Eindruck als beim ersten Besuch. In den oberen Räumen sind Kollektivausstellungen von Hodler und Uhde. Zu Uhde habe ich wenig Beziehung. Hodler ist für mein Gefühl der tiefste aller lebenden Maler. Er ist der einzige, der Ekstasen gestalten kann.

Im Stefanie sitzt jetzt täglich ein wunderschönes Mädchen, in das ich mich beim ersten Sehen verliebt habe. Ich habe mich erkundigt: Es ist eine Fräulein von Bach, eine Schülerin von Weisgerber.[33] Emmy erzählte mir neulich, daß mich einige Damen der Weisgerber-Schule gern malen möchten. Wenn ich diese prachtvolle Blondine dadurch kennenlernen könnte, täte ich's. Nur muß ich erst gesund sein, ehe ich mich wieder auf irgendwelche erotischen Ausflüge begebe. [...]

München, Dienstag, d. 4. Juli 1911

[...] Ich war die meiste Zeit meines Züricher Aufenthalts mit Gross[34] beisammen, und wir vertrugen uns sehr gut. Zwar war das erste, daß er mir das Versprechen abpreßte, ich müsse für eine Zeitschrift, die er gründen wolle, 100 Franken hergeben. Auch war er zuerst etwas argwöhnisch und wollte vor allen Dingen nichts von meinem Vorschlag wissen, er müsse Johannes Nohl zur Mitarbeit heranziehen. Dem nimmt er den Artikel über Landauers Buch übel, worin er seinen Gottbegriff erläutert. Aber allmählich gewann ich ihn, und wir wurden wirklich Freunde. – Sofie Benz' Tod[35] frißt furchtbar an dem armen Menschen. Er hat alles verloren mit ihr, was ein Mensch überhaupt verlieren kann, und oft sah ich ihn in diesen Tagen um die Geliebte weinen. Schrecklich ist auch die Kokainsüchtigkeit bei ihm. Ewig auf dem Sprung zur Apotheke, ewig mit der Schachtel in der Hand und mit dem Kiel in der Nase, die immer verletzt und mit Salbe verschmiert ist. Dabei halluziniert er neuerdings viel, hört Beschimpfungen gegen sich, er sei ein Feigling etc. Ich ging sehr auf seine Art ein und bemühte mich, seine psychoanalytische Methode an ihm selbst unmerklich anzuwenden. Es gelang mir auch allmählich, die Selbstvorwürfe, die er sich wegen Sofie macht, zu entkräften. Jedenfalls bin ich jetzt darüber sicher orientiert, daß er nicht bloß nicht die Anregung zu dem Selbstmord gegeben hat, sondern seit langer Zeit bei Sofie gegen die Tendenz gearbeitet hat, ihn zu begehen. Sehr lange Gespräche – ich antizipiere hier schon die folgenden Tage – hatte ich mit ihm über Frick.[36] Der hat zuletzt noch mit Sofie Verhältnis gehabt. Er hat dann nach ihrem Tode Gross, der von Schmerz völlig zerrissen war, die Schuld gegeben, und Gross hat infolgedessen eine sehr abweisende Stimmung jetzt gegen Frick. Auch über Frieda sprachen wir viel, die – ich Pechvogel – zwei Tage vor meiner Ankunft in Zürich gewesen war. Ich ließ Gross recht tief in mich hineinschauen und habe die Gewißheit, daß er im günstigen Sinne über mich an Frieda berichten wird. Das muß mir um so wichtiger sein, als doch vielleicht damals, als ich die Geliebte verlor, seine Gehässigkeiten auf ihre Stellung zu mir eingewirkt haben mögen. Er hat mich beim Abschied vorgestern wegen all dieser Dinge sehr um Verzeihung gebeten. Dieses häufige Erinnern an Frieda in dieser Zeit des Zusammenseins mit Gross hat mich furchtbar ergriffen, gerade weil er seinerzeit die glücklichste Periode meines armen Lebens so nah mitangesehen hatte und da er der war, der nachher am hitzigsten gegen mich bei Frieda gewütet hat. [...]

Sonnabend hatte Gross einen sehr schlechten Tag. Reitze[37] und ich zwangen ihn, sich völlig umzuziehen. Er hatte seit vierzehn Tagen das Hemd nicht vom Leibe gezogen gehabt. Er hatte viel Halluzinationen und war sehr unglücklich und gedrückt. Abends vorher wollte er nicht schlafen gehen, und so blieb ich mit ihm bis halb zehn Uhr morgens beisammen. Wir hatten sehr ernste und gute Gespräche, und diese Nacht war es eigentlich, die uns zur Freundschaft zusammenführte. Morgens um halb acht erschien zu meiner Freude im Bahnhofsrestaurant, wo wir Café tranken, Gustl Waldau. Merkwürdigerweise duzten wir beide uns, als ob es so sein mußte. Das Auftauchen dieses charmanten Kerls tat mir sehr wohl, da ich von den schwierigen Gedankengängen, in die das Gespräch mit Gross fortwährend zwingt, sehr angegriffen war. Man hielt mich dann doch, eigentlich gegen meinen Willen, den ganzen Sonnabend und Sonntag in Zürich fest. Als ich Sonntagabend, begleitet von Reitze, Gross und noch einem alten braven Genossen zur Bahn ging und dann abfuhr, stand Gross vor dem Zug und weinte. [...]

München, Mittwoch, d. 5. Juli 1911
[...] Gestern abend kam ein galizisch-jüdischer Student zu mir, dem es schlecht ging. Dr. Ludwig hatte ihn mir rekommandiert. Ich half ihm mit ein paar Groschen aus und lud ihn zum Abendbrot ein. Der Kerl interessierte mich erst nachträglich wegen seiner Äußerung. Er meinte, Juden mit progressiven Ansichten müßten ihre Meinung unterdrücken, weil sie sonst dem Judentum insgesamt schadeten. Ich antwortete ihm, ich würde meine Meinung stets offen heraus sagen, auf die Gefahr hin, daß ich sogar mir selbst damit schadete. Er verstand den Komparativ nicht. – Heut wurde ich schon wieder angeschnorrt, was zwei Mark kostete. Wenn die Menschen wenigstens nicht so demütig dabei wären! Wie Hunde, die geprügelt werden. Widerlich. [...]

München, Freitag, d. 14. Juli 1911
[...] Emmy wird heute in der Ludwigskirche getauft. Ihr ist das eine prächtige Sensation – und es ist allerliebst zu sehen, wie sich bei ihr der Entschluß, katholisch zu werden, so durchaus deutlich aus Neugier, Sentimentalität und Geilheit zusammensetzt. [...]

München, Sonnabend, d. 15. Juli 1911
Der Diwan in meiner Stube kann endlich wieder eine Liebesgeschichte erzählen: das Puma war die erste – und wir liebten uns auf das süßeste. Nachmittags schon hatte sie mich ins Stefanie antelefoniert, ich möchte sie abholen. Ich kam zu ihr, und wir wollten wieder Einkäufe machen. Vorher – in ihrem Zimmer – küßte sie mich mehrmals zärtlich auf den Mund, indem sie

43

sorgfältig den Schnurrbart dazu zurückbog. Ich kaufte ihr einen sehr schönen lilaseidenen Shawl und nahm auch gleich für Uli einen geblümten mit (30 Mark gab ich aus – dabei habe ich erst vor einigen Tagen 100 Mark von der Deutschen Bank geholt und muß mir notwendigst einen Anzug kaufen. Das Puma findet, ich sehe in meinem weißleinenen Waschanzug aus wie ein Ostergruß). – Dann fuhr ich also mit Lotte zu mir. Als wir beim Ankleiden waren, kam Rößler und lud uns zu sich zum Abendbrot ein. Was geschehen war, konnten wir ihm nicht verheimlichen, da unsere dürftige Kleidung uns deutlich verriet. Nachher gingen wir drei in Eckels Weinstuben, dann fuhr ich mit dem Puma ins Café Odeon. Sie erzählte, sie habe mit Rößler eine Reise verabredet, während Strich mit seinen Eltern reise, und als ich sie fragte, ob sie nicht auch mit mir kommen würde, war sie sehr einverstanden. Erst meinte sie, sie werde nach der Reise mit Rößler mit mir eine machen, nachher fiel ihr ein, sie wolle doch lieber Rößler ganz schießen lassen und bloß mit mir reisen. Ich war sehr glücklich darüber. Wir verabredeten Weimar. Ihre Adresse wird inzwischen Berlin sein, da ihre Mutter in solchen Dinge gern eingeweiht werden kann und jeden Schutz übernimmt. So kann sie getrost die Korrespondenz mit Strich pflegen, ohne daß er eine Ahnung hat, daß Lotte nicht bei ihrer Mutter in Wilmersdorf, sondern beim Mühsam in Weimar ist. Wenn nur Strichs Abreise zustande kommt! Es wäre herrlich – über alles Maß herrlich! Eine richtige Hochzeitsreise mit Lotte, wie ich dereinst – selige Zeit! – mit Frieda die Hochzeitsreise nach Augsburg machte. Daß es doch zustande käme! Wie reich wäre der Berner Pump[38] verzinst!

Wir gingen nachher noch ins Luitpold, wo wir Sörgel und Strich trafen, dann in die Torggelstube. Da der Separatraum schon geschlossen war, mußten wir an einem Holztisch im großen Lokal Platz nehmen. Wedekind saß einsam in unserer Nähe, kaute Bleistift und schrieb. Ein merkwürdiger Mensch, der nicht anders arbeiten kann als im Kneipenlärm und zwischen Kellnerinnen. [...]

Die »Familie Mühsam« schickt mir eine neue Einladung zum Familientag mit der »Tagesordnung«, die sich aus einem Festmahl und einer »Geschäftssitzung« zusammensetzen soll.

Der Zusammenschluß der Familie soll danach eine dauernde Einrichtung werden. Ein hanebüchener Blödsinn. [...]

München, Dienstag, d. 18. Juli 1911
[...] Sonntag traf ich im Café Emmy. Ihre Taufe hat sie überstanden, und nun redet sie ernstlich vom Kloster. Ich sagte ihr, ins Kloster hineinkommen sei leichter als wieder herauskommen, und als ich sie schließlich fragte, wer denn im Kloster ihr Gärtchen bestellen soll, wurde sie böse und ging. Heute früh, als ich sie im Stefanie begrüßen wollte, schnitt sie mich. Zu dumm! Sie wird kaum einen Freund finden, der es so uneigennützig gut mit ihr meint wie ich. [...]

München, Donnerstag, d. 20. Juli 1911
[...] Mit Emmy scheine ich es jetzt endgiltig verschüttet zu haben. Heut vormittag traf ich sie im Stefanie mit Bolz. Ich begrüßte sie, hielt ihr die Hand hin und sagte: »Na Emmy, wir wollen uns wieder vertragen.« Erst lächelte sie, dann meinte sie aber – und verweigerte mir die Hand: »Geh mir vom Leibe!« – Ich sagte, was mir im Augenblick in den Sinn kam: »Ich bin ja noch gar nicht drauf.« – Doch kaum war ihm das Wort entfahren, möcht er's im Busen wieder wahren. Zu spät. Tiefe Entrüstung. Nach einer Weile wilder Aufbruch von Bolzens Tisch, der mir berichtete, Emmy habe es ihm übelgenommen, daß er mir nicht gleich an die Gurgel gefahren sei. Nun habe ich womöglich von Hardy Attacken zu gewärtigen. Es ist recht übel. [...]

München, Freitag, d. 21. Juli 1911
Eben geht Bolz fort. Er erzählt Schauergeschichten von Emmys Zustand, die anscheinend in kompletten religiösen Wahnsinn verfallen ist. Sie verflucht mich und fast alle übrigen Freunde als Ketzer, halluziniert den Teufel, der sie an den Beinen zieht, und in ihrer kleinen armen Psyche scheint es wild herzugehen. Dabei ist sie geil wie nur je, und Bolz hat nach jedem Koitus, den sie zuerst verlangt, die furchtbarsten Flüche und Anklagen gegen ihn und gegen sich selbst anzuhören. Er ist schon ganz verzagt. Das schlimmste ist, daß man das Mädel jetzt jeder Gewalttätigkeit für fähig halten muß. Bolz hat sie schon auf der

Straße attackiert, als er mit einer andern Frau ging. Ich muß gewärtigen, daß sie mir mit Revolvern oder Rasiermessern entgegentritt. Das beste wäre schon, sie ginge ins Kloster. Das wird für ihre verwirrte Seele vielleicht besser sein als das Irrenhaus, wo sie den Zwang spüren müßte. Das arme Mädelchen! – und die dreimal gottverfluchten Pfaffen, die ihr wohl obendrein noch die Hölle heiß machen! –

Heut früh – jetzt ist's abends – kam Lotte und holte mich ab, als ich gerade baden gehen wollte. Ich ging natürlich mit ihr ins Café. Ich habe sie sehr, sehr lieb, und jedesmal, wenn sie mir mit sündigem Lächeln von der bevorstehenden Reise spricht, möchte ich sie vor seliger Freude zerfleischen. – Ich habe diese Tage viel an diese Liebe und an die zu Frieda gedacht. Wie ungeheuer töricht sind die Menschen, die da meinen, ein Herz könne nicht gleichzeitig nach mehreren Seiten gezogen werden. Meine Liebe zu Frieda leidet gar nichts durch diese Aufwallung. Denke ich Friedels, dann füllt sich alles Herz mit Sehnsucht und Zärtlichkeit, und doch zweifle ich nicht einen Moment an der Richtigkeit und dem Wert des Gefühls, das mich dem Puma verbündet. Ich kann neben dem Puma sitzen, sie leidenschaftlich zu küssen wünschen, und gleichzeitig an Frieda denken, sie herbeisehnen und in die Luft greifen in der Illusion, ich erfaßte ihre Hand. Und wieder kann ich durch ein Wort, eine Bewegung, einen Blick von Uli zu glühender Liebe hingerissen werden, und dann, fünf Minuten später, wenn ich etwa die Vallière[39] sehe, deren Hände in Küssen ertränken, kann mit der Uhr in der Hand ihren Atem aufzufangen suchen, bis zu dem Moment, wo ich stürmisch aufbreche, um Lotte zu treffen. Vielleicht ist es dumm und unpraktisch von mir, all das nicht zu verbergen. Aber ich kann nicht anders. Ich könnte mit Lotte im Bett liegen, sie rasend lieben, und ihr gleichzeitig vom Moggerl vorschwärmen. Wie ist es bloß denkbar, daß ich, da ich – das bilde ich mir doch ein – ein Erotiker bin, wie nicht viele herumlaufen, daß ich so maßlos wenig Glück bei den Frauen habe? Die Natur ist gar zu talentlos. Irgendein Kommis bekommt's und weiß nichts damit anzufangen.

Gestern abend in der Torggelstube poussierte ich die Frau Mewes, ehemalige Grete Gräf. Sie ließ sich sogar auf den Mund küssen von mir. Der Vallière und nachher der Frau Weigert küßte ich die Hände – beide sind mit sehr schönen Händen ausgestattet –, und nachher liefen alle drei mit ihren Ehemännern nach Hause. Es ist ganz verrückt. Daß ich mehr oder weniger aufs Onanieren angewiesen bin, das kommt mir wie der infamste Witz vor, den das Schicksal je ausgeheckt hat. – Wäre Strich nur erst fort! Dann geht's mit dem Puma auf Reisen, und der Gedanke daran ist so wohltuend wie die himmlischen täglichen Schwimmbäder im Ungererbad draußen. Puma, süßes Puma! Weiber, süße Weiber! Liebe, süße Liebe!

München, Montag, d. 31. Juli 1911
Wenn der Tag so weitergeht, wie er bis jetzt – es ist Dreiviertel acht Uhr abends – verlaufen ist, dann werde ich ihn als einen der guten Tage meines Lebens buchen können. Morgens holte mich Rößler zum Baden ab. Vorher gingen wir noch ins Café Stefanie. Vor der Tür begegneten wir Emmy. Wir grüßten beide, und Emmy dankte still, so daß ich mich freute, daß sie kein Krampftheater aufführte. Als ich zwei Schritte gegangen war, fühlte ich mich plötzlich von hinten umgefaßt. Emmys Kopf lag an meiner Schulter, und auf der Straße gaben wir uns den Versöhnungskuß. Im Café erzählte sie mir dann, ihr habe geträumt, ich sei gestorben, und als ich dann in meinem grauen Anzug so vor ihr lag, sei es ihr schrecklich gewesen, daß sie sich nicht mit mir ausgesöhnt habe. Übrigens seltsam: Ich habe in der letzten Zeit – wohl, weil ich an das Glück mit dem Puma nicht glauben kann – so oft Todesgedanken gehabt, daß ich gestern für alle Fälle mein Testament gemacht habe. So habe ich doch die Sicherheit, daß mein literarischer Nachlaß nicht einmal in die Fänge meiner Mischpoche fällt. Nach dem Baden Mittagessen in der Torggelstube. Die Vallière war reizend, ich durfte graziös mit ihr zoten. Nachher saßen wir miteinander auf dem Sofa in der Nische des Cafés Orlando und spielten mit einem entzückenden weißen Zwergboxl. Ob Zufall, ob Absicht – ich weiß es nicht, bin aber eitel genug, eher an Absicht zu glauben: ihre Hand fuhr mir dabei in einer Weise zwischen die Schenkel und blieb so lange dort, daß ich meinte, mir müßten alle Hosenknöpfe abspringen. Als ich dann – wie unwillkürlich – mit meiner Hand in die Gegend ihrer engeren Weiblichkeit kam, fühlte ich deutlich die korrespondierende Bewegung

ihres Unterleibes. – Trotzdem: daß aus uns zweien einmal – wenn auch nur ein einziges Mal – ein Paar würde, glaube ich nicht. Um die Frau zu kriegen, muß man Gelegenheiten schaffen, die sehr viel Geld kosten. – Im Hofgarten wartete ich vergeblich aufs Puma und ging dann zur Druckerei, wo ich Korrekturen und Revisionen der Nr. 5 las. [...]

München, Donnerstag, d. 3. August 1911
Also heute soll die Reise losgehen – ob nachmittags oder abends, steht noch nicht fest. Darüber entscheidet das Puma. – Gestern war ich sehr viel mit ihr beisammen. Abends waren wir im Cabaret Benz. Mein alter Cabaret-Kollege von München und Wien, Karl N[...],[40] leitete die Conférence und sang mit seiner mächtigen Baßstimme einiges. Ein paar schlechte Diseusen traten auf, eine ganz nette Ungarin sang Parodien. Mehrere Tanzstücke wurden aufgeführt, darunter sind zwei sehr schöne graziöse Engländerinnen zu erwähnen. Endlich produzierte sich ein Russe namens Andréjé als telepathisches Medium. Die Leistungen selbst – nach dem Willen des anderen handeln – waren gewiß ganz interessant, der Kerl hielt dabei aber so prätentiöse und dumme Reden, daß mir ganz schlecht wurde. Nachher fuhren wir in die Torggelstube, wo an einem Tisch die üblichen Pokerasten – mit Mimi Marlow – wirkten, am Haupttisch die Vallière mit Mann, Egon Friedell,[41] Feuchtwanger und Weigert[42] saßen. Friedell verliebte sich, als die Vallière gegangen war, prompt in Lotte, die schon etwas beschwipst war, und fingerte ihr mit seinen Fettpfoten fortwährend im Gesicht herum. Das Puma interessierte sich indessen mehr um den sehr pedantischen Feuchtwanger. Mir war nicht sonderlich wohl bei dem allen. Nachher waren wir alle noch im Orlando di Lasso, und dort wurde mir leider mein schöner Panamahut verwechselt – ich vermute von Friedell. Ich habe dafür einen alten, dreckigen und fettigen Hut bekommen und bin sehr ärgerlich, da ich nun die ganze Reise in verminderter Eleganz machen muß. – Heut habe ich noch allerlei zu tun. Briefe, Zuschriften zu erledigen (Nr. 5 ist heraus und wird morgen plakatiert und vertrieben). – Und nun soll dies Tagebuch auch eine kleine Weile Ruhe haben. Ich will es nicht auf die Reise mitnehmen, damit es nicht etwa aus Versehen dem Puma in die Hände fällt.

Auch hoffe ich, daß mir das Zusammensein mit Lotte nicht allzu viel Zeit zum Einschreiben lassen wird. Adjö, München!

München, Dienstag, d. 15. August 1911
In Berlin erhielt ich einen nachgesandten Brief von Wedekind. Darin beglückwünscht er mich zur Entwicklung des ›Kain‹, den er speziell stilistisch außerordentlich gut findet, und schickt mir ein »Memorandum«, betitelt ›Der Zensurbeirat‹,[43] das ich als Material für mein Blatt verarbeiten soll. Es greift zwei Professoren wegen ihrer Gutachten über seinen ›Totentanz‹[44] an. Ich habe ihm geschrieben, daß ich das Manuskript am liebsten in seiner eigenen Fassung brächte und erwarte nun seine Einladung zum Rendezvous. – In der Torggelstube war es sehr lustig gestern. Egon Friedell war ganz auf der Höhe, und wir amüsierten uns – auch Rößler und Feuchtwanger nahmen daran teil, indem wir Dramentitel erfanden und den Autor dafür ermittelten bzw. für gewisse Autoren Titel ersannen. Nachher deklamierte Friedell den Tasso, wie er lauten würde, wenn er von Shakespeare wäre. Seine Fähigkeit, die Shakespearesche Sprache aus dem Stegreif auf bekannte Verse zu okulieren, ist fabelhaft. Ich erinnere mich aus der Wiener Zeit, wie er alle möglichen Zitate und lange Dramenstellen variierte, indem er die Sprache anderer Dichter darauf anwandte. Später kam Weigert und Frau, dann – an einem anderen Tisch – die beiden Damen, die mittags bei mir gewesen waren, in Begleitung einer schauderhaft häßlichen Person namens Trenk, die Friedell zu poussieren begann. Nachdem sie gegangen waren, drückte ich mich auch bald und ging zeitig schlafen.

München, Donnerstag, d. 28. September 1911
Vorgestern abend war ich mit Strich in der Torggelstube. Sehr angeregte Gespräche mit Wedekind, der allerdings immer schrulliger wird. Seine etymologischen Spekulationen sind fabelhaft. »Kitsch« leitet er kühn von Kunst ab. Ich erklärte es mit der reinen Klanglichkeit des Wortes wie Klatsch, Ramsch ... Pipifax will er mit Pontifex in Zusammenhang bringen. Meine Erklärung »pipi facere«, der Pipimacher, läßt er nicht gelten. Über Wert und Wesen der Frau kämpfte ich an Wedekinds Seite gegen Strich, der alle Emanzipation perhorres-

ziert. Wir vertraten gemeinsam die Auffassung, daß die Frauen nur deshalb nirgends produktive Werte schaffen, weil sie durch die Verbildung der Kultur des Publikums ausgeschaltet sind. Alle Kunst, alle Wissenschaft, alle Technik, alle Arbeit ist Kultur für Männer. Die Emanzipation des Weibes wird das Bedürfnis nach einer Kultur wecken, die das Wesen der Frau mit berücksichtigt. Dadurch werden die Frauen selbst produktiv werden und alle Kultur wird um eine Hälfte bereichert werden, von der wir heute noch gar nichts kennen. Eine Weltgeschichte, von einer Frau geschrieben: was für Perspektiven! ...

Auf dem Heimwege setzte ich mit Strich das Gespräch fort und entsetzte ihn durch mein Geständnis, daß mir bisher keine Kunst so tiefe Eindrücke gegeben hat wie die Schauspielerei, die er überhaupt nicht als produktive Kunst anerkennen will. Wo eine Eysoldt[45] lebt!

München, Sonnabend, d. 30. September 1911
Italien hat der Türkei den Krieg erklärt. Seit drei oder vier Tagen erst hörte man von der Tripolis-Affäre,[46] die freilich schon seit einer Reihe von Jahren in der Luft hängt. Nun ist die ungeheure Tatsache akut. Schon liest man von zerstörten Schiffen, natürlich auch vom Jubel der italienischen Bevölkerung. Man muß es der italienischen Regierung zugestehen: Sie hat unglaublich schnell gearbeitet. Die Vorbereitungen waren ganz im Stillen getroffen. So hat auch der Generalstreik, der von der revolutionären Arbeiterschaft inszeniert werden sollte, versagt. Er konnte nicht präpariert werden. Zehntausende und Aberzehntausende junge zeugungsfähige Menschen werden gemordet werden um kapitalistischer Spekulationen willen, und die Kulturwerte beider Länder werden unwiederbringlichen Schaden leiden. – Aber die Begeisterung für den Krieg, der bei aller Schauerlichkeit so sehr nach Kinderspiel aussieht, wird nun gefacht werden, und das groteske Schauspiel, daß sich ganze Völkerteile zu Automaten dressieren lassen und auf Kommando marschieren und schießen und sich totschießen lassen, wird sich immer wieder erneuern. – Dem jetzigen Krieg, ganz real betrachtet, möchte ich doch einen für die Türken günstigen Ausgang wünschen. Nur eine besiegte europäische Großmacht wäre imstande, den imperialistischen Unfug aufzuhalten. Trotz

der numerischen und armatorischen Überlegenheit Italiens ist der Sieg der Türken leicht möglich, dann nämlich, wenn genügend revolutionäre Kräfte im italienischen Heer wirksam sind und ganze Truppenteile durch Desertion, Offiziersmorde und Sabotage gegen den Irrsinn ihrer Gängler vorgehen, wenn in den Großstädten Italiens energisch mit wirtschaftlichen Kämpfen gestört wird und wenn die Türken aus dem Kriege eine moslemitische Angelegenheit machen. Die Eingeborenen in Tripolis werden ohnehin auf seiten der Türken kämpfen, so daß die Italiener wenigstens im Landkriege sehr großen Schwierigkeiten gegenüberstehen werden. 1877 siegte die Türkei über das große Rußland. Vielleicht gelingt's ihr 1911, Italien zu schlagen. Den Preis ihres Sieges werden ihr die Mächte wie damals ja doch rauben, aber das geht unsereinen am Ende wenig an. Wenn nur der Horror vor dem Kriege ganz Europa ins Gebein fährt. Dann braucht uns auch die widerliche Marokko-Politisiererei[47] nicht mehr als ewige Gefahr auf den Nerven zu liegen. [...]

München, Freitag, d. 6. Oktober 1911
Heut abend schon muß ich im Kleinen Theater auftreten, da Madame Hanako, die zur Zeit dort spielt, plötzlich erkrankt ist. Seit mehr als einem Jahre (Frankfurt) habe ich auf keiner Cabaret-Bühne mehr gestanden, und ich bin recht neugierig, wie ich wirken werde. Gestern abend noch holte ich mir 50 Mark Vorschuß und kaufte mir heute vormittag für 34 Mark einen neuen Anzug bei Isidor Bach. Jetzt gehe ich an die Versendung des ›Kain‹ Nr. 7, der heut erschienen ist. [...]

München, Sonnabend, d. 7. Oktober 1911
Lulu Strauß gab mir gestern den Brief von Onkel Leopold[48] an ihn, und der sieht hoffnungslos aus. Er hält die Rentabilität des Blattes für ausgeschlossen und beruft sich auf seine Sachkenntnis, da er Mitbesitzer einer Zeitung sei. Das Ding heißt, glaube ich, ›Waidmannsluster Anzeiger‹ und besorgt die Geschäfte der in Waidmannslust, Hermsdorf, Lübars und benachbarten Dörfern wohnhaften Grundstückspekulanten. Aber weil dieses Blatt schlecht rentiert, ist der ›Kain‹ ein hoffnungsloses Unternehmen! – Das grauenvolle bei solchen Lächerlichkeiten ist,

daß sie mich mit meinem ganzen Sein und Wollen hemmen. – Natürlich folgen in dem Briefe dann noch die üblichen Drohungen. Wenn ich weiter größere Schulden mache, würde mich mein Vater auf Pflichtteil mit Zinsgenuß setzen und der Zuschuß der Geschwister – die monatlichen 150 Mark – würden aufhören. Also die Familie versagt mal wieder, da es ja um Dinge geht, die mein Lebensinteresse engstens berühren. Das Geld, das wissen sie, ist ihnen späterhin absolut sicher. Die Zinsen garantiert ihnen Steinebach: ganz gleich. Man will recht haben, man will mir mit Gewalt beweisen, daß die Schriftstellerei ein brotloses Beginnen ist, man will mich am Arbeiten hindern, um mir Faulheit vorwerfen zu können. Die Erbitterung, die sie in mir immer neu schüren, hat in ihren Zahlentabellen keinen Platz. Darüber geht man hinweg. Das legt sich wieder. Wartet! Und wenn ich mich anders nicht rächen kann als durch die Hinterlassung dieser Aufzeichnungen – eure Kinder und Kindeskinder werden sich für euch schämen müssen!

Abends trat ich nun also auf. Ich »arbeitete« nur zehn Minuten und hatte einen Kanonenerfolg. Das freut mich, da ich im Sommer des vorigen Jahres in Frankfurt am Main glatt abstank. Es ist mir eine Bestätigung, daß ich immer mal wieder auf die Cabaret-Tätigkeit zurückgreifen kann, wenn die Geldnot sehr groß ist. Nach Wien würde ich bei annehmbarer Gage ohne weiteres wieder gehen. Sehr amüsant waren die Plakate abgefaßt. Auf denen stand: »Wegen Unpäßlichkeit der Mme. Hanako einmaliges Auftreten von Erich Mühsam.« Es klang, als ob ich für die japanische Künstlerin ihre Rolle spielen sollte. Das Theater war nur sehr mäßig besucht. Aus dem Applaus hörte ich deutlich das kindlich jubelnde Händeklatschen und das helle Gelächter Emmys heraus. [...]

München, Montag, d. 16. Oktober 1911
Gestern bin ich von Zürich zurückgekommen, und nun habe ich nachzutragen, was sich von Johannes' Aufenthalt her bis jetzt – also vom Elften an zutrug. Das ist nicht wenig. Ich hatte, um Johannes Gelegenheit zu schaffen, einige seiner früheren Freunde wiederzusehen, Strich, Kanders[49] und Wolfskehl[50] zum Nachmittag zu mir bestellt. Ich las Johannes gerade aus diesen Heften vor (auch Iza war dabei), als Strich und Kanders

eintraten. Höfliche, keineswegs sehr warme Begrüßung. Die beiden nehmen Platz. Keiner spricht ein Wort. Ich frage, ob ich etwas anbieten darf und lasse eine Flasche Wein kommen. Endlose Pause. Ich äußere: »Im Theater wäre solche Pause unmöglich.« – Man grinst. Die Situation wurde peinlich, aber keiner fand die Anknüpfung. Endlich kam Wolfskehl, und nun entspann sich ein recht trockenes Gespräch über Baader,[51] Ritter[52] und andere ältere bibliographische Herren.[53] Zum Abendbrot blieben wir allein. Abends hatten wir uns zu Kathi Kobus mit Wolfskehl verabredet. Nachher noch einmal Stefanie. Ich hatte mit Wolfskehl eine lange Diskussion über die revolutionäre Tendenz alles Theaterspielens. Er sagte kluge Dinge. Verständigen konnten wir uns aber nicht. Mit Johannes war ich auch am nächsten Tage wenig allein. Er war sehr lieb. Von Iza habe ich den Eindruck, daß sie auf mich in die Vergangenheit hinein schwer eifersüchtig ist. Am Freitag wollte ich nun in der Frühe nach Zürich fahren, Johannes und Iza mittags nach Wien. Dieser Freitag der dreizehnte wird mir im Gedächtnis bleiben. Eine solche Häufung von Pech und Ärger ist mir lange nicht vorgekommen. Ich ließ mich sehr früh wecken, frühstückte in Johannes' Zimmer und las ihm noch aus dem Tagebuch vor. Um 10 Uhr 20 sollte der Zug gehen. Wir fuhren mit der Elektrischen zur Bahn und erfuhren, daß der Zug seit dem 1. Oktober schon um 10 Uhr 10 fährt. Es war 10 Uhr 15. Der nächste Zug fahre 12 Uhr 50 und sei 8 Uhr 55 in Zürich. Ich telegrafierte sofort an Trindler, und wir gingen nun langsam ins Café Orlando di Lasso. Dort hatten wir uns kaum hingesetzt, als Johannes erklärte, er wolle noch einmal hinausgehen und komme gleich wieder. Er ließ seinen Überzieher zurück, kam aber nicht wieder. Ich war furchtbar ärgerlich, da ich keine Erklärung wußte als die, er habe mal wieder an den Lokalen seiner alten Sünden entlang bummeln wollen und darüber Freundschaft, Verabredung und Eisenbahn vergessen. Um viertel nach zwölf ging ich, schickte einen Dienstmann mit dem Überzieher und einem Brief zu Iza und fuhr um 12 Uhr 50 pünktlich nach Zürich ab, sehr verärgert und übellaunig, daß der Freund ohne ein Wort des Abschieds mich einfach sitzenließ. Jedenfalls beruhigte mich die Tatsache, daß ich ihm 50 Mark gegeben hatte, so daß er nicht in unmittelbare Verlegenheit kommen konnte.

Erst auf der Fahrt kam mir der Gedanke, er könnte vielleicht verhaftet sein. So verlief der Rest der Reise recht schlimm; ich war in fortwährenden Zweifeln und Sorgen, und Ärger, Angst, Selbstvorwürfe und alle möglichen Überlegungen ließen mir zu keinem klaren Nachdenken über den Vortrag Ruhe, den ich abends halten sollte. Die Reise schien mir endlos zu dauern. Merkwürdigerweise machte ich unterwegs bei aller Unruhe doch ein recht nettes Gedicht: ›Küsse mich. Gib mir die lüsternen Lippen –‹. Vor Winterthur an einer kleinen Station ging der Zug plötzlich nicht weiter. Mehrmals hörte ich, wie das Abfahrtszeichen gegeben wurde, dann merkte man, wie die Lokomotive anzog. Es gab ein merkwürdiges Geräusch und Gerüttel im Wagen, aber er fuhr nicht los. »Aussteigen!« wurde gerufen, und man erfuhr, daß die Bremse des Wagens, in dem ich saß, nicht funktionierte. Der Wagen wurde also ausrangiert und mit einer Verspätung von drei viertel Stunden ging die Reise weiter. Um dreiviertel zehn kam ich in Zürich an, von zwei Genossen an der Bahn erwartet. Im Sturmschritt in ein Auto und blitzschnell zum Volkshaus, wo ich im großen Saal sprechen sollte. Cilla stand vor der Tür des Hauses und berichtete, schadenfroh lachend, daß schon ein anderer rede. Ich lief die Treppen hinauf und wurde vom Vorstand des Freidenker-Kreises mit Vorwürfen empfangen, die sogleich auch andeuteten, daß ich das ausgemachte Honorar nicht bekommen könne, da die Hälfte der Zuhörer schon weggelaufen seien und ihnen das Eintrittsgeld zurückgezahlt sei. Ich ließ mich auf keine langen Debatten ein und ging in den Saal, wo ein Sozialdemokrat schrecklich trocken und unverständlich von Religionslosigkeit und ähnlichem redete. Offenbar, um mich zu ärgern, zog er die Rede, als ich gekommen war, noch in die Länge. Als er fertig war, verlangte die Versammlung doch noch, mich zu hören, und ich hielt nun einen ganzstündigen Vortrag über Ferrer, der mit sehr starkem Beifall aufgenommen wurde. In der Diskussion sprach nur der Vorredner einiges dummes Zeug, worin er die Notwendigkeit des öffentlichen Zwanges dartun wollte. Ich fertigte ihn leicht ab. Nun war ich total abgespannt und hatte, da ich während der ganzen Reise nichts gegessen hatte, Mordshunger. Aber statt nun gleich ihren Verpflichtungen nachzukommen, debattierten die Herren Oberfreidenker unaufhörlich, ob sie mir zahlen sollten oder nicht. Mich wollte man nötigen, auf der Straße zu warten, bis sie zu einem Entschluß gekommen seien. Ich war wütend und ging dann mit Reitze und noch einigen Kameraden ins Café Laus. Dort kriegte ich nur ein paar Eier zu essen. Während ich mich daran sättigte, erschien ein Mann, trat auf mich zu und stellte sich als Polizeibeamten vor. Er habe den Auftrag, 20 Franken von mir einzuziehen, die ich als Gerichtsstrafe schon seit 1905 schulde. Andernfalls habe er mich zu verhaften, und ich habe sofort vier Tage Gefängnis abzusitzen. Ich hatte das Geld nicht, und Reitze legte es aus. Ich muß das nun an Steinebach als Teilzahlung für verkaufte ›Kains‹ abführen. Die 20 Franken, die man nach mehr als sechs Jahren nun plötzlich von mir erpreßte, sind die Strafe für den »Diebstahl«, den ich damals an den Herren Münzer und Feigel begangen haben sollte. Der Fall sei hier erzählt, damit er in meinen Erinnerungen nicht fehlt. Ich habe damals mit Johannes Nohl in Zürich oben auf dem Zürichberg gewohnt, in der Rütistraße, wenn ich nicht irre. Etwas weiter hinauf, schon am Waldrand, wohnte der jetzige Schriftsteller Kurt Münzer mit dem früheren Inspizienten Feigel in homosexuell-flagellantistischer Gemeinschaft. Die beiden hatten mit uns Verkehr gesucht, den wir auch oberflächlich pflegten, obwohl Johannes sowohl wie ich gegen Feigel von Anfang an die stärkste Antipathie hatten. Wir pumpten die Nachbarn mitunter an, sie uns auch. Nun ging es uns einmal wieder sehr schlecht, wir hatten schon alle Bücher verkauft und hatten nichts zu essen. Johannes bekam einen Schwächeanfall vor Hunger. Ich stürzte zu den Nachbarn, um sie um ein paar Franken anzupumpen, traf sie aber nicht zu Hause. Aber auf dem Tisch bei ihnen lag der ganze fünfbändige ›Cicerone‹ von Burckhardt.[54] Ich nahm die Bücher, trug sie zum Antiquar und verkaufte sie für zehn Franken unter der Bedingung, daß ich das Recht behalte, sie binnen acht Tagen zum selben Preis wieder auszulösen. Den beiden hinterließ ich schriftlichen Bescheid über den Verbleib der Bücher. Nun kamen sie aber an und erklärten, sie müßten die Bücher unbedingt sofort wiederhaben, da kompromittierende Photographien darin lägen. Als ich die holen wollte, war der Buchhändler inzwischen verreist, und die andern Leute im Haus wußten nicht, wohin er sie gelegt hatte. Inzwischen wurde der Feigel immer zudringlicher und unverschämter. Wir boten ihm die zehn Franken in bar, um die Bücher wiederzuholen. Es half nichts. Er behauptete, die Bücher, in denen Münzers Name stand, gehörten jetzt ihm, und er bestehe auf ihrer sofortigen Herbeischaffung. Da er bei mir hierbei sehr freche Bemerkungen über Nohl machte, schmiß ich ihn hinaus. Er ging zur Polizei und verklagte mich wegen Diebstahls. Inzwischen hatten wir Bücher und Bilder wiederbeschafft, auf denen die beiden Herren allerdings in recht gewagten Stellungen getypt waren. Bei der Verhandlung erklärte ich, mein Vorgehen sei nach allen Gepflogenheiten einer weniger bürgerlichen Boheme-Moral absolut selbstverständlich und korrekt gewesen, und ich würde, wenn ich einem hungrigen Freunde nicht anders helfen könnte, in ähnlichen Fällen wieder genauso handeln. Der Richter erklärte, auch er würde in diesem Prozeß lieber die Rolle des Angeklagten als die des Klägers spielen, mußte mich aber verurteilen. Feigel wurde kurze Zeit danach wegen einer an Benedict Friedlaender[55] begangenen Erpressung zu einem Jahr Gefängnis verurteilt. – Also diese 20 Franken Strafgeld hat die sorgsame Züricher Polizei jetzt nach sechs Jahren eingezogen, indem sie mich bespitzeln ließ, wohin ich nach meinem Vortrag ginge, und mich dann im Caféhaus überfiel. – Dann ging ich mit in Reitzes Wohnung, wo ich von diesem Unglückstag ausschlief. – Am nächsten Morgen ließ ich in einer Bank ein paar Mark in Franken umwechseln. Dabei sah ich ein junges Mädchen, das sich einen deutschen Zwanzigmarkschein kaufte. Ein reizendes Geschöpf, jung, zierlich, lebendig. Als ich mit Reitze wieder auf der Straße war, wollte ich sie an uns herankommen lassen. Sie merkte es aber und blieb vor jedem Schaufenster sehr lange stehen, um nicht an uns vorbeigehen zu müssen. Sehr langsam bewegten wir uns zum Café Laus. Noch langsamer folgte das Mädel. Ich ging vor die Tür des Cafés und beobachtete sie. Als sie am Hause davor angelangt war und dort Ansichtskarten betrachtete, nahm ich meinen Hut und ging auf die Straße. Ich sprach sie an. Nach längerem Zögern und Sträuben ließ sie sich auf eine Unterhaltung ein und kam dann auch mit ins Café hinein. Es stellte sich heraus, daß sie am Theater, und zwar an der Oper in Zürich engagiert ist. Ich schlug ihr vor, sie solle nach München kommen, ich würde mich bei einem Cabaret für sie interessieren. Sie war sehr enchantiert von der Idee und schrieb mir ihren Namen auf: Charlotte Gillèt. Sie ließ sich willig von mir Beine und Schenkel abtasten, und wir verabredeten um zehn Uhr abends im Züricher Hof ein Rendezvous (dort hat sie mich leider versetzt). Ich will jedenfalls abwarten, ob sie sich nicht noch bei mir meldet und will versuchen, sie hier irgendwo anzubringen. Denn das kleine frische Balg hat mir ausnehmend gut gefallen. Und in Zürich ein hübsches Mädchen finden, das ist gewiß noch nicht vielen Menschen gelungen. – Reitze und ich gingen dann zum Dr. Brupbacher.[56] Ich ließ mir von ihm ein Rezept gegen den Bandwurm aufschreiben, der sich in der letzten Zeit wieder sehr unangenehm fühlbar macht, und verabredete mich zum Nachmittag mit ihm in dem neuen Café Odeon. Dort hatten wir sehr gute Gespräche. Er ist viel klarer und in seinen Ansichten ernster geworden als früher und tendiert jetzt stark zum Sozialistischen Bunde. Über Friedeberg[57] urteilt er jetzt ebenso abfällig wie ich. Nachher kam Reitze und berichtete mir, die Herren Freidenker hätten Dienstag eine Vorstandssitzung, in der sie sich schlüssig werden wollen, ob und wieviel sie mir bezahlen wollen. Da lassen sie mich also erst die Reise machen, hören auch mein Referat und prellen mich nachher um die Kosten. Ein ekelhaftes Gesindel – diese freien Menschen! – Ich sprach noch in verschiedenen Cafés verschiedene Bekannte und schlief diese Nacht – leider allein – im Hotel zum Bären.

Gestern kam ich nun von der unerquicklichen Reise zurück. Die Fahrt über den Bodensee in der herbstlichen Mittagssonne war herrlich schön. Im übrigen dichtete ich auf der Fahrt die zwölf Monatssprüche für den Kalender.[58] – Ich fand hier die Gastspielkontrakte des Kleinen Theaters vor, die ich heute dort unterzeichnete. Heut abend muß ich antreten. Außerdem waren Drucksachen da, unter anderem der ›Pan‹, in dem Kerr (der Herzog hinausgeekelt hat) Harden[59] wegen einer sexuellen Kleinigkeit frech anpöbelt und in dem ein Nachruf auf Victor Hadwiger steht, von dessen Tod ich dadurch erst erfuhr. Er war erst 32 Jahre alt und ist am Herzschlag gestorben. Obgleich er ein alter Duzfreund von mir war, hatte ich keine allzugroßen Sympathien für ihn. Immerhin ein sehr interessanter Typus und ein großer Sonderling, – dabei ein starkes, wenn auch verwirrtes Talent.

Rößler lud mich telefonisch zu Eckel ein, und da ich inzwischen hier schon Abendbrot gegessen hatte, ging ich nur zu einem Schluck Wein hin. Der Konsul[60] war auch da, und ich erfuhr zu meinem Erstaunen, daß es nun zwischen den beiden wirklich zu Ende ist. Sie hat ihn mit einem Architekten Lutz betrogen, und er nimmt das schwer übel. Sie haben hier beide die Pension gekündigt, und Rößler will vorläufig ganz von München fort, was ich unendlich bedauern würde. Dann kam noch Heinrich Mann und Brantl,[61] und schließlich ging ich mit H. Mann noch zu Benz, wo wir bis zwei Uhr nachts blieben. Sofie Stöckl ist leider noch krank. Ich will sie morgen besuchen.

Heut war der Konsul bei mir zu Tisch. Wir küßten uns sehr reichlich, und das weitere wird nun wohl auch nicht mehr lange auf sich warten lassen. – In einigen Tagen wird zudem das Puma wieder hier sein, und dann hoffe ich, manchmal recht glücklich sein zu dürfen.

München, Dienstag, d. 17. Oktober 1911

Der ›Komet‹[62] hat – mit auf meine Anregung hin – regelmäßige Redaktionssitzungen eingeführt, an denen die Hauptmitarbeiter teilnehmen. Gestern fand, da Fuhrmann aus Rußland zurück ist, die erste statt, an der außer den Redakteuren Fuhrmann und Diro Meier, Velrich als Drucker, die Zeichner Lutz-Ehrenberger, Bolz und Aller und ich teilnahmen. Die Veranstaltung erwies sich als recht fruchtbar. Ich halte es für möglich, daß das Blatt sich allmählich noch recht tüchtig entwickeln kann, so daß die Mitarbeit daran nicht blamabel sein wird. Meier deutete mir kürzlich an, man denke daran, mich voll mit festem Gehalt als Redaktionsbeirat anzustellen. Ich werde 200 Mark monatlich verlangen. Wenn daraus etwas wird, miete ich das Nebenzimmer, das 40 Mark kosten soll, und werde dann, zum ersten Mal im Leben, getrenntes Schlaf- und Wohnzimmer haben. Ich machte während der Sitzung für 30 Mark Witze, die ich ausgezahlt bekam.

Abends mußte ich im Kleinen Theater auftreten, wo ich bis zum 23. inklusive Kontrakt habe. Ich werde als große Kanone ganz am Schluß abgeschossen. Das Programm vorher war, abgesehen von einer Französin, die ich von Benz her kannte, unsagbar scheußlich. Ich hatte viel Erfolg, zumal mit den kräftigen Sachen, die mir die Zensur erstaunlicherweise sämtlich freigegeben hat (darunter ›Der Komet‹ und ›Thekla‹).[63] [...]

Heut früh brachte der Geldbriefträger eine Postanweisung aus Zürich. Der Kassierer des Freidenker-Vereins sendet mir »laut Beschluß des Vorstands« ganze acht Mark (zehn Franken). Das Billett allein hat mich 21 Mark 20 gekostet, Auto, Hotel, drei versäumte Tage – ein nettes Geschäft. Vielleicht werde ich die Schweinerei doch noch öffentlich bloßstellen ... [...]

München, Mittwoch, d. 18. Oktober 1911

[...] Von Johannes kommt eine sehr betrübende Karte aus Wien. Er und Iza wurden, da sie keine Anzahlung leisten konnten, nirgends aufgenommen und mußten im Freien kampieren. Julius Muhr, an den ich ihm einen Empfehlungsbrief mitgegeben hatte, war sehr unfreundlich und gab ihnen nicht einmal die Hand. Nun will er die Adresse von Rudolf Grossmann.[64] Ich werde ihn außerdem an Hermann Bahr[65] rekommandieren. Schade, daß Kraus, der in Gelddingen einer der anständigsten Menschen ist, die ich kennengelernt habe, für Freundschaftsdienste nicht mehr in Frage kommt. Er hat sich doch in seinen Polemiken gegen mich[66] zu schäbig gezeigt. Hoffentlich nützen die 20 Kronen, die ich gestern sandte, bis aufs erste. Ich kann sonst gar nichts mehr tun. Von den Honoraren des Kleinen Theaters habe ich noch Schulden und alles mögliche zu zahlen, und wenn ich daran denke, daß ich von dem wenigen, worüber ich selbst verfüge, in diesem Monat schon über 100 Mark an Johannes weggegeben habe – die Pensionsrechnung zähle ich dabei gar nicht – so kommt mir immer vor, als ob ich doch auch gewisse Rechte selbst auf meine Einnahmen habe. Ich ärgere mich sehr darüber, daß Johannes die 50 Mark, die ich ihm gab, verjuxt hat und daß ich sie jetzt wieder ersetzen soll. Er müßte doch einsehen, daß nur die allerintimste Gemeinschaft zwischen zwei Menschen solche Anforderungen an einen, der selbst arm ist, rechtfertigen kann. Gab ich ihm früher alles und behielt selbst nicht das mindeste, so war das natürlich und in der Ordnung, da ich außer ihm keine Welt hatte. Jetzt hat er seine Frau, ich hundert andere Beziehungen, da muß er mir schon auch einiges Eigenleben zubilligen. [...]

München, Freitag, d. 27. Oktober 1911
[...] Eben kommt ein Brief von Onkel Leopold, der mir mitteilt, daß wider sein Erwarten meine Geschwister den ›Kain‹
nicht finanzieren werden. Eine unglaubliche Bande. Es wirkt
wie Hohn auf mich, daß gleichzeitig die offizielle Einladung zu
dem famosen Familientag eintrifft, zu dem ich mich am 12. November einfinden soll. Es wird darin mitgeteilt, daß meines
Vetters – Kurt Mühsam[67] – Drama ›Sonnenbursch‹ am 13. im
Friedrich-Wilhelmstädtischen Schauspielhaus aufgeführt wird.
Der versteht sich aufs Geschäft und auf Reklame. Pfui Teufel! [...]

München, Dienstag, d. 31. Oktober 1911
Vor einer Reihe von Monaten verkaufte ich für zwölf Mark
diverse Briefe von Dehmel, Wedekind, Scheerbart[68] usw. an
den russischen Gauner Glasberg. Jetzt erfahre ich durch den
kleinen Hoerschelmann[69] folgendes: Glasberg hat hier irgendwen um eine große Summe betrogen und ist ausgekniffen. Die
Briefe hat er für zwanzig Mark an einen Händler verramscht,
mit dem Hoerschelmann wegen Ankaufs unterhandelte. Hätte
Hoerschelmann die Sachen nicht entdeckt, so hätte der Mann
sie in einem Katalog angezeigt, und ich hätte mir wahrscheinlich große Ungelegenheiten zugezogen, da Dehmel und Wedekind sehr empfindliche Leute sind. Der kleine Hoerschelmann
hat es nun freundlich übernommen, die Sache einzurenken und
hat den Händler überredet, mir den ganzen Kram zum eigenen
Preise zur Verfügung zu stellen. So sehr mich die zwanzig Mark
schmerzen werden, so werde ich es natürlich doch tun, zumal
der sammelwütige Zwerg mir diesen Preis gewiß gern zahlen
wird und ich bei ihm sicher bin, daß mir weiter keine Unan-
nehmlichkeiten drohen. Auch könnte ich bei ihm die Briefe
immer einsehen, wenn ich sie brauchen sollte. Und an den
Handschriften liegt mir nichts. [...]

München, Donnerstag, d. 2. November 1911
[...] Der neue ›Pan‹ kam an, in dem Kerr seine unmöglichen
Angriffe gegen Harden fortsetzt. Der ist einmal in einem kleinen Nordseebad beobachtet worden, wie er bei offenem Fenster in einem Parterre-Zimmer einer Hure, die er sich von Ber-

lin mitgenommen haben soll, Minett machte. Da die eingeborenen Bauern sich darüber entrüsteten, bot ihm Paul Cassirer,[70] der zugleich in dem Badeort war, seine Wohnung zu derartigen Zwecken an. Cassirer hat die Geschichte schnell herumerzählt (ich kenne sie seit Monaten durch Heinrich Mann). Wedekind wußte auch davon, und nun beschimpft Kerr seit zwei Monaten Harden in jeder ›Pan‹-Nummer deswegen. »Kleine Unappetitlichkeiten perverser Schwäche«. Saudumm und hundsgemein! Kerr hat wohl nie einem Mädel Minett gemacht? Ich leugne nicht, daß ich es sehr gern tue. Denn der höchste sexuelle Genuß liegt in der Beobachtung des Genusses, den die Partnerin von unseren Bemühungen hat, und die Frauen spüren nun einmal da unten am liebsten die Zunge der Männer (die übrigens auch selbst ein sehr empfindsames Geschlechtsorgan ist). – Hoffentlich ist Harden gescheit genug, sich durch die Schweinerei Kerrs nicht kompromittiert zu fühlen. Ein Vergleich des Verhaltens Kerrs mit dem Hardens (Kerr beruft sich natürlich auf die Priorität Hardens, gegen den daher jede Rücksicht falle) ist ganz verfehlt. Harden hatte ganz verdeckte Andeutungen gegen Eulenburg und Genossen[71] gemacht, hatte sie in ausgesprochen politischem Interesse gemacht und hatte sie durchaus ohne moralischen Vorwurf gemacht. Kerr ist ganz deutlich und zeigt sich moralisch entrüstet. Er macht sich dadurch lächerlich und unter gesitteten Menschen unmöglich. Ich werde wohl im ›Kain‹ diese ganzen Literatengezänke ignorieren. Sie sind zu widerlich. [...]

Charlottenburg, Sonnabend, d. 17. November 1911
[...] Sonntag war dann der Familientag. Er verlief weniger peinlich, als ich erwartet hatte. Von Bekannten traf ich dabei nur wenige, außer meinen Geschwistern den üblen Vetter Kurt, Laura Rosenthal und Mann, Kantorowicz und Frau, Paul Mühsam,[72] Görlitz, und einen Herrn Max Mühsam, der mich schon verschiedentlich in Caféhäusern peinlich an unsere Namensvetterschaft erinnert hat. Ich lernte die übrige Mischpoche hinlänglich kennen. Denn 93 Mühsams gibt es im Ganzen nur, und 51 Personen waren anwesend. Bei der geschäftlichen Sitzung am Vormittag führte Papa durch dreieinhalb Stunden den Vorsitz. Verhandelt wurde nicht viel: bloß Formalitäten, und cha-

rakteristisch ist, daß sich die lebhafteste Debatte daran knüpfte, ob der Familientag photographiert werden solle oder nicht. Etlichen Herrschaften waren die Zeitungsnotizen (die Herr Georg Bernhard, Plutus, auf dem Gewissen hat, seine Frau ist eine Mühsam) arg in die Nase gestiegen, und sie fürchteten, natürlich wohl hauptsächlich meinetwegen, erst recht kompromittiert zu werden, wenn da noch ein Gruppenbild entstände. So wurde hitzig pro und contra gekämpft. Ich brachte zum Schluß die Aufnahme dadurch zu Fall, daß ich erklärte, ein Bild sei wertlos, zu dem nicht alle, die drauf seien, gerne posierten. Es war das einzige Mal, daß ich das Wort nahm. Zwischen der Geschäftssitzung und dem Diner sah ich mir zur Erholung einen Kientopp an. Das Essen nachher war sehr gut. Ich führte – im geliehenen Smoking – Frau Eva Kantorowicz zu Tisch. Man blieb bis gegen zwei Uhr nachts beisammen, und ich ging dann noch mit besagtem Max und einem Herrn Franz Mühsam ins Theatercafé des Westens. – Im Ganzen war ich von der Veranstaltung angenehm enttäuscht. Es waren ganz nette Menschen dabei. Auch interessierten mich die Physiognomien, und ich konnte feststellen, daß die Mühsams durchweg einen intelligenten Typus darstellen. Merkwürdig ist, daß ein unverkennbarer Familienzug überall – auch, wo seit Generationen Rassenmischung erfolgt ist – erhalten ist. Übrigens stellte Frau Dr. Kantorowicz in Übereinstimmung mit mir fest, daß die Mitglieder aus Mischehen sämtlich gegen die anderen minderwertig aussahen. (Gestern erfuhr ich, daß Ella[73] Jüdin ist: die erste, die ich je geliebt habe. Wer weiß, ob wir nicht einmal legitime Nachkommen haben werden?)

Mit Papa hatte ich ein Gespräch über den ›Kain‹ – kurz vor seiner Abreise (am Dienstag). Er erklärte, nicht viel von den geschäftlichen Aussichten zu halten, forderte aber vom Drukker einen Überschlag ein und scheint eventuell geneigt, die nötigen 3000 Mark herzugeben. Dann könnte ich der Ehe mit Ella fast ohne materielle Angst entgegensehen. – Jedenfalls konnte ich noch nie so mit dem Alten sprechen. [...]

München, Dienstag, d. 28. November 1911
Donnerstagabend findet nun endgültig die Versammlung statt,
und zwar in der Schwabinger Brauerei. Thema: ›Staat, Kirche,
Polizei und Abhilfe‹. Ob die besonders geladenen Künstler
kommen werden? Ich habe große Zweifel. Leider zweifle ich
diesmal auch an meiner Geschicklichkeit. Man muß abwarten:
Vielleicht gelingt's, obwohl ich noch nicht weiß, wie ich einleuchtend machen soll, daß sich die Künstlerschaft wegen der
Villany-Affäre[74] für den tripolitanischen Krieg interessieren
muß. Vielleicht findet aber mein richtiges Gefühl im Moment,
wo es nötig ist, doch die richtigen Worte. Herr v. Krobshofer[75]
schreibt mir, daß von Berlin die Drucksachen gekommen sind.
Jetzt erwarte ich seinen telefonischen Anruf.

Gestern zeigte mir Steinebach den Brief, den er an Papa geschrieben hat. Sehr sachlich und einleuchtend. Ich habe einen
langen Brief ebenfalls abgesandt, in dem ich Papa auseinandersetzte, daß die Abgabe von 80 Mark monatlich meine Hoffnung, endlich eine eigene Wohnung haben zu können, wieder
zerstören würde. Ich denke, mein Brief wird ihn bewegen, die
3000 Mark herauszurücken. Es wäre unglaublich, bliebe er danach verstockt.

München, Mittwoch, d. 29. November 1911
Die Niederschrift gestern mittag unterbrach das Erscheinen
Krobshofers, mit dem ich dann zu Steinebach ging. Heut hängen nun überall große gelbe Plakate, auch sind Handzettel genügend zur Stelle, um die Tatsache der Versammlung weithin
bekanntzugeben. – Ich freue mich sehr darauf, endlich mal wieder vor den Münchnern stehen zu können und ihnen Dinge zu
sagen, die sie von anderen nicht hören. Die ›Münchner Neuesten Nachrichten‹ und die ›Münchner Zeitung‹ hatte ich gebeten, einen beigelegten Waschzettel abzudrucken, der auf die
Veranstaltung hinwies. Beide haben es nicht getan. Diese Burschen, die das Maul mit freiheitlichen Redensarten zum Speien
voll haben, machen sich die Hosen voll, wenn sie einmal eine
wirklich freiheitliche Aktion auch nur ankündigen sollen. Der
›Münchner Post‹[76] habe ich natürlich schon gar nicht die Bitte
gestellt.

[...] Simplicissimus. Kathi hat – was vorläufig geheim bleiben soll – das Lokal verkauft. Damit wird es wohl endgültig mit dem Simpl vorbei sein. Denn man ging doch letzten Endes nur der Wirtin wegen hin. – Eine kleine Überraschung muß ich aufschreiben, die mir dort bevorstand. Mary Irber[77] war dort. Wir saßen an verschiedenen Tischen. Als sie ging und mir adjö sagte, konnte ich nicht umhin, ihr einen Kuß zu geben, und sie hielt, was ich nicht erwartet hätte, ganz brav den Mund dazu hin. Seit Wien, also seit fünf Jahren, der erste Kuß von ihr.

Als ich nach Hause kam heute nachmittag, fand ich einen Brief aus Lübeck vor von Papa. Die Antwort auf meine Bitte um die 3000 Mark. Er schlägt mir das Geld wirklich ab. Zwar redet er sich erst darauf hinaus, daß er momentan kein flüssiges Kapital habe. Die Häuser bringen nicht viel, da fortwährend Reparaturen nötig seien, sein übriges Geld sei in Hypotheken fest, und die Reichsbank ziehe ihm wegen Charlottes[78] Mitgift sechs Prozent von den Zinsen ab – wenn ich ihn recht verstehe. Die beiden Mitgiften für meine Schwestern in Höhe von je 60000 Mark hat er also seinerzeit aufgebracht, Hans' Laboratorium, das gewiß einige Tausende gekostet hat, hat er bezahlt. Die Hochzeiten meiner Geschwister, deren jede einen großen Batzen verschlungen hat, konnte er auch bestreiten – aber mir gegen gute Verzinsung 3000 Mark zur Sicherung meiner Arbeit zu geben, ist ihm nicht möglich. Nachher kommt dann freilich der wahre Grund: »Alle Deine Unternehmungen trugen den Stempel der Unreife und brachten mir bittere Stunden. Nun, ich will die Geschichte von der Untergrabung meiner Gesundheit nicht noch einmal aufrollen. Ich will mit dem Anfang Deiner Einsicht, daß auch wir es gut mit Dir meinen, mich heute freuen. Von dem Unternehmen mit dem ›Kain‹ halte ich gar nichts. Ebensowenig halten Hans, Grethe, Charlotte, Julius und Leo etwas davon. Es ist ein ganz untergeordnetes Machwerk, das niemals sich Eingang verschaffen wird oder kann.« Und so weiter. Dann natürlich die alte Geschichte: Ich muß »eine feste Anstellung mit festem Gehalt in einem angesehenen Geschäft« finden. Was kann man da machen? Daß ich vom ›Komet‹ Geld im Fixum kriege, erfreut ihn sehr. Sehr schön. Aber er läßt es zu – denn er weiß, seinen Willen, ich soll mein Blatt eingehen lassen, werde ich nicht tun –, daß ich von diesem Gehalt den größten Teil wieder in meine Arbeit hineinstecken muß. Von seiner Gesundheit, die ich untergraben habe, will er nicht reden – und tut's mit diesen Worten schon. Was hilft das? Er ist mit dieser durch mich untergrabenen Gesundheit 73 Jahre alt geworden und ist rüstiger als ich. Wer hat meine Gesundheit untergraben? Wer hat mir »unsagbaren Kummer« gemacht? »Du warst bisher nicht auf dem richtigen Wege.« Aber er war auf dem richtigen Wege, da er ohne Eingehen auf Charakter und Sonderheit des von ihm gezeugten Menschen immer wieder, immer und ewig Dinge verlangte, die diesem Charakter, dieser Sonderheit stracks zuwider sind. Ich hatte von meinem Wunsch geschrieben, endlich aus dem möblierten Zimmer, in dem ich schlafen, essen und arbeiten muß, herauszukommen und eine eigene Häuslichkeit zu haben. Ja, die gönnt er mir von Herzen. Aber die Hilfe, die ich dazu brauchte, gibt er mir nicht. »Vielleicht erlebe ich doch noch Freude, und dann will ich alles vergessen.« Ja, ja. Aber ich werde, solange dieser Vater lebt, keine Freude erleben. Und wenn ich immer – nachher – alles vergessen wollte, wäre das nicht Hohn? – Wie ist es möglich? Wie kann ein Vater so verbohrt sein? Jetzt hätte er Gelegenheit gehabt, ein gutes, mögliches, menschliches Verhältnis zwischen uns herzustellen. Nein! Er weiß genau, ich muß jetzt warten, daß er stirbt, ich muß hoffen, daß er bald stirbt, damit ich, der jüngere, der seinen Ehrgeiz, seinen Stolz, sein Wertbewußtsein hat, leben kann. Er zwingt mich, seinen Tod meine Hoffnung sein zu lassen. Ob er das gar nicht weiß? Ich würde ihn so gern lieben. Aber sein Verhalten zwingt mich, ihn zu hassen. Denn auch in seinem Verhalten sehe ich kein Fünkchen Liebe zu mir; nur das Prinzip: Ich, der Vater, will recht behalten! Es wird also weitergehen müssen, wie es bisher ging. Noch ein paar Jahre Kummer, Entbehrungen, Einschränkungen, Unbequemlichkeiten, Alleinsein, Verbitterung, Lähmung, Unzufriedenheit, Eintrocknung, bis er stirbt oder bis ich kaputtgehe.

München, Sonnabend, d. 2. Dezember 1911
Die Versammlung am Donnerstagabend verlief ganz gut. Der große Saal der Schwabinger Brauerei war zu meiner Überraschung überfüllt. Ich hatte zuerst nur den kleinen, etwa 300 Personen fassenden Galeriesaal bestellt und nur für den Eventualfall den großen. Es kamen aber über tausend Personen. Die

Zusammensetzung des Auditoriums war ganz ungewöhnlich. Sehr viele Literaten – unter anderen die Beutler,[79] Freksa,[80] Halbe, Schaumberger,[81] Scharf[82] usw. –, Künstler, Anarchisten aller Schattierungen und das übrige Studenten. Ich sprach einein-halb Stunden, aber meine Rede stellt mich selbst wenig zu-frieden. Sie war gar zu zerrissen. Immerhin sprach ich fließend, und wenn ich aus den vielfachen Unterbrechungen durch Bei-fall und Jubel schließen darf, wohl auch temperamentvoll und mitreißend. Der Schluß, in dem ich über »Abhilfe« hätte spre-chen sollen, kam ganz zu kurz. Ich konnte nur vage Andeutun-gen dessen geben, was der Sozialistische Bund will.[83] In der Diskussion sprachen ein paar Studenten, deren Nüchternheit und Müdigkeit mich ärgerte. Am besten sprach Sirch, der Holzarbeiter, der etwas besoffen war, aber sehr leidenschaftlich redete. Recht widerlich war, daß die Studenten ihn seiner unbe-holfenen Ausdrucksweise wegen auslachten. Am Schluß meines Referats war großer Beifall gewesen, untermischt mit Johlen und Pfeifen. Während der Diskussion wurde der Lärm der Stu-denten immer größer. Sie hatten nur noch ihren Bierulk an der Versammlung. Es war sehr deprimierend, so nahe zu sehen, wie leer diese jungen Menschen aller Herzhaftigkeit und alles lei-denschaftlichen Temperaments sind. Ich mußte sie erst »dum-me Jungen« nennen, um das Klavierspiel, dem sie sich während der Rede eines jungen Mannes hingaben, zu verhindern. Im Schlußwort sprach ich dann auch nur noch gegen diese Her-zenskälte der satten Söhne reicher Leute. – Ich war arg ver-stimmt von dem Benehmen der Burschen. Viele Leute hatten sich während der Versammlung an mich herangepirscht. Herr Otto Borngiehr hatte mir geschrieben und dann mich auch noch mündlich ersucht, auf das Verbot seiner ›Ersten Men-schen‹ einzugehen. (Ich tat ihm den Gefallen.) Ein alter Prager Genosse Vrba, ein feiner Revolutionärstyp mit einem Kopf, gemischt aus Hermann Bahr und Michael Bakunin,[84] stellte sich vor. (Ich lud ihn gestern zum Essen zu mir. Ein armer Teufel, der als Modell lebt und dem ich einen Anzug, Stiefel, Mütze und bares Geld gab.) Dann viele Studenten, darunter einer, der mir jüngst einen sehr jugendlichen Artikel ›Kritik‹ geschickt hatte mit der Bemerkung, vielleicht könne ich mit seiner Arbeit oder mit ihm selbst etwas anfangen. Brand heißt der Jüngling.

Ich hatte erst Spitzelei auf Homosexualität gewittert und ihm daher erst nach langem Zögern geantwortet, er möge in die Versammlung kommen. Ein weicher blonder Junge. Vielleicht kann das Puma von ihm Gebrauch machen. Die Münchner Zeitungen – die ›Münchner Neuesten Nachrichten‹ und die ›Münchner Zeitung‹ hatte ich vorher eigenhändig eingeladen und gebeten, sie möchten die Versammlung anzeigen, was sie nicht getan haben – brachten keinen einzigen Bericht darüber. Es ist wieder einmal echt. Ich habe noch Platz in der Nr. 9 des ›Kain‹. Wartet, Burschen!

Ich hatte mich in der Erregung so überschrien, daß ich gestern ganz heiser war. Gleichwohl mußte ich bei Kutscher lesen. Ich zog vor, nur Gedichte vorzutragen. Der Beifall war groß und, wie mir schien, wie auch Kutscher mir bestätigte, spontan und ehrlich. Das erfreut. Ich blieb mit einer Anzahl der Studenten und mit Kutscher noch lange beisammen und ging schließlich ins Café Stefanie und dann mit Strich, Lotte, Seewald und Uli zu Kathi Kobus (die den Simplicissimus tatsächlich verkauft hat). Dort hatte ich eine große Freude. Ich saß neben Uli, die mir wieder ganz entzückend schien. Einmal fragte ich sie, ob ich ihr von dem Brezelmann etwas kaufen solle. Sie lehnte ab, nahm mich aber plötzlich beim Kopf und küßte mich. Wie liebe ich das Mädchen um solcher plötzlichen Eingebungen willen. Ich hätte fast geweint vor Freude. – Heut war ich bei Lotte, um ihr einige Schmucksachen zu bringen, die beim Goldarbeiter repariert worden sind. Sie zeigte mir ihre neuen Puppenarbeiten. Sie ist eine große Künstlerin. Persönlich geht's ihr gar nicht gut. Ihre Liebe zu Strich scheint ganz verflogen. Sie ist deprimiert und offenbar unglücklich, was sich auch in ihrem Benehmen gegen mich äußert. Sie kommt nie mehr zu mir zum Essen, und an das andere darf ich schon kaum mehr denken. Daß ich ihr den Hals küßte, schien ihr schon zu viel. [...]

München, Dienstag, d. 5. Dezember 1911
[...] Nachher ging ich ins Luitpold. Oppenheimer hatte mir im Café gesagt, daß Heinrich Mann dort sein werde. Er belobte mich wegen des ›Kains‹ und meinte, ich dürfe das Blatt unter keiner Bedingung eingehen lassen. Ich klopfte an, ob nicht etwa

sein Bruder Thomas, der ja reich ist, die nötigen 3000 Mark herausrücken werde. Mann aber meinte, soviel werde er wohl nicht geben, einiges aber bestimmt. Da Thomas Mann Freitag bei Kutscher liest, werde ich wieder hingehen. Wir kennen uns ja noch gar nicht persönlich.

Im Stefanie stieg wieder der Poker, der diesmal etwa vier Mark Gewinn brachte. Doch ging das Geld drauf, da ich zwei Mark davon dem Puma Schulden zahlen mußte und das übrige – und noch einiges – später mit ihr bei Kathi Kobus ausgab. Wie sollen die Finanzsorgen nur in diesem Monat ausgehen? Schikke ich Ella das Reisegeld, so bleibt fast nichts übrig. Und doch: Dürfte ich's ihr nur erst schicken!

München, Sonnabend, d. 9. Dezember 1911

[...] Wir gingen ins Stefanie, wo wir Meyrink[85] trafen. Der hatte mit Roda Roda sich einen künstlichen Kropf patentieren lassen. Er erklärte ihn mir so: Der Kropf ist aus Leder, wird mit rosaseidenem Bändchen umgebunden und hat die Inschrift: »Dulce et decorum est pro patria mori.« Damit soll eine Serie von Verhöhnungen gegen die Alpenkunst eingeleitet werden. Der Einfall ist jedenfalls sehr niedlich. – Meyrink erkundigte sich dann bei Albert nach den Bedingungen, wie man Schweizer Bürger wird. Er hat einen vierjährigen Sohn, und damit der einmal nicht Soldat zu werden braucht, will Meyrink ihn Schweizer werden lassen. Da er in Deutschland leben wird, kann ihn auch die Schweiz nicht zur Miliz heranziehen. Ein sehr kluges Verfahren, dem Militär Soldaten zu entziehen, das man unter der Hand kräftig empfehlen sollte. [...]

Abends war ich wieder bei den Kutscher-Studenten, wo Thomas Mann aus seinem neuen unvollendeten Roman ›Memoiren des Hochstaplers Felix Krull‹[86] vorlas. Ich lernte ihn bei dieser Gelegenheit zum ersten Mal persönlich kennen. Wir hatten nur einmal – vor einem Jahr, als es sich um meinen Protest in der ›Zukunft‹[87] handelte, korrespondiert. Gesehen hatten wir uns oft, und ich erinnere mich seiner sogar noch vom Schulhof des Lübecker Katharineums her. Er gefällt mir sehr gut, wenn er auch im Exterieur keineswegs den distinguierten Eindruck macht wie Heinrich Mann. Aber er ist klug, differenziert, sehr geschmackvoll in Reden und Gesten und liest sehr gut, wenn auch ein wenig geziert lübeckisch. Was er las, ist überaus fein und klug. Zwei kurze Abschnitte aus den Jugenderinnerungen des Hochstaplers. Sein erster Theaterbesuch und die exakte Schilderung, wie er sich, um die Stunde schwänzen zu können, krank stellt. Beide Abschnitte brillant stilisiert, voll feiner Ironie und doch wieder voll starker Leidenskonfession. [...]

Eine Menge Studenten wenden sich an mich wegen Einladungen zu den Zusammenkünften der Gruppe Tat. Erst eben war ich mit einem beisammen: Alfred Henschke,[88] der Gedichte schreibt – ich kenne sie noch nicht – und einen etwas kindlichen, aber ganz netten Eindruck macht. Ich freue mich, doch hier und da Spuren eines echten Idealismus zu finden. Vielleicht läßt er sich konservieren, wenn die junge Begeisterung rechtzeitig revolutionäre Nahrung erhält.

München, Sonnabend, d. 16. Dezember 1911
Nachtragen möchte ich noch von Mittwoch ein Gespräch mit dem jungen Grafen Keyserling, dem Neffen des Schriftstellers,[89] der mit uns im Simpl saß. Ich sprach mit ihm über Tolstoi,[90] Turgenjew, Andrejew[91] und andere revolutionäre Russen. Er zeigte lebhafte Sympathie für die Revolution und erzählte mir von mehreren Attentaten auf den Zaren, die ungeheuer kühn unternommen waren, aber durch vage Zufälle vereitelt wurden. Einmal war eine Auster vergiftet worden. Als sie ihm serviert wurde, ließ er scherzhafterweise den ihm bestimmten ersten Austernteller einer kleinen jungen Prinzessin reichen. Sie starb. Ein ganz ähnlicher Versuch wie seinerzeit bei Alexander II. soll auch gegen Nikolaus gemacht sein, daß nämlich sein Zimmer unterminiert wurde. Die Explosion sei auch erfolgt. Doch hatte der Zar, da ein Prinz sich verspätete und die ganze Hofgesellschaft warten ließ, den betreffenden Raum noch nicht betreten. Keyserling behauptete, diese Dinge absolut sicher zu wissen.[92] Sie würden aber sehr verheimlicht. Wir sprachen lange über das russische Volk und die revolutionären Hoffnungen in Rußland. Ich hatte den Eindruck, der junge Graf kokettiere etwas mit den revolutionären Ideen. Aber schließlich ist ja in jeder Pose ein echter Antrieb, und mir ist die Pose nach dieser Richtung immerhin weitaus sympathischer als die umgekehrte, für die als Beispiel mein alter Hardy mal wieder in München

eingerückt ist. Ich war vorgestern mit ihm und Emmy im Stefanie beisammen, und er erklärte, er halte es jetzt mit der Reaktion und gegen die Humanität. Er trug auch ein bezügliches
Buch bei sich. Ich sprach ihm von Überzeugungen und daß er
davon nichts verstehe. Aber wir blieben friedlich. Ich habe ihn
ja doch sehr, sehr gern. [...]

München, Sonnabend, d. 30. Dezember 1911
Ich habe heute nicht 300, sondern 500 Mark vom Dreimasken-
Verlag[93] bekommen und bin nun für die nächsten Tage und
Wochen aus allen Nöten. Johannes soll heute geschickt bekommen (Bing[94] berichtete mir von einem Pumpbrief, den er von
ihm bekommen habe), Ella[95] soll kriegen. Der ›Kain‹ ist wieder
für den Januar gedeckt, und ich werde sogar noch nach der
Zahlung meiner Schulden an Uli und Lotte Geld genug übrig
behalten. [...]
Ein merkwürdiger Zwischenfall stellte im letzten Moment
noch in Frage, ob ich überhaupt zum Verlag gehen könnte. Ich
stand erst um zwölf Uhr mittags auf und fand meine Schuhe
nicht vor der Tür. Das Mädel behauptete, auch keine zum Putzen gefunden zu haben. Kurz und gut: Die Schuhe waren gestohlen. Die anderen sind beim Schuster in Reparatur, und meine alten Stiefel habe ich neulich verschenkt. Ich konnte also
nicht fortgehen und tobte. Endlich lieh mir ein Herr Stöhr,
Vortragskünstler vom Serenissimus, ein Paar gelbe Stiefel, die
halbwegs paßten. Nur war der linke für ihn eigens gebaut, da er
an dem Fuß sechs Zehen hat, und so mußte ich mich sehr
quälen, bis ich, reich vom Dreimasken-Verlag zurückkehrend,
mir auf dem Wege schon ein Paar neue Schuhe für 18,50 Mark
kaufte.
Gestern abend war endlich mal wieder eine Gruppenzusammenkunft im Gambrinus. Wir waren nur sehr wenige, mit Morax und mir etwa zwölf Personen, da die eingeladenen Studenten, die wohl alle zu den Ferien fort sind, nicht gekommen
waren. Ich sprach, obwohl wir so wenige waren, eine ganze
Stunde über die Wahlen, da vier neue Leute dabei waren, die
Morax aus der Volksküche herangeschleppt hatte. Wir haben
beschlossen, vorläufig wieder alle Freitage im Gambrinus zusammenzukommen. Vielleicht kommt doch noch eine neue an-

sehnliche Gruppe Tat zustande. – Am sechsten Januar soll ich bei der Freien Vereinigung der Holzarbeiter über die Reichstagswahlen sprechen.

München, Sonntag, d. 31. Dezember 1911
Der ›Kain-Kalender für das Jahr 1912‹ ist heraus. Gott sei Dank. Seit drei Jahren meine erste Buchpublikation. ›Der Krater‹ war die letzte. Der Kalender sieht sauber und hübsch aus. Auch der Inhalt erfreut mich jetzt, da ich das Ganze endlich gedruckt vor mir sehe. Vorne mein Porträt auf gelblichem Kunstdruckpapier (die Photographie der Hänse Herrmann, stehend, mit dem Hut in der Hand), mit Faksimile-Namenszug. Das Büchelchen ist fünf Bogen stark. Ich hoffe, daß die Buchhandlungen es ordentlich absetzen werden, damit Steinebach Mut faßt, weiter zu drucken und weiter zu kreditieren.
Auf meinen Reichtum hin mußte ich schon gehörig bluten, so daß ich heute meinen dritten Hundertmarkschein wechseln ließ. 30 Mark verpumpte ich an Thesing, 20 an Bolz, 10 an den Grafen Keyserling. An Johannes schickte ich 80 Kronen statt 50, an Ella 20 Mark. Uli versprach ich 10 Mark, und ebenfalls 10 Mark schenkte ich eben Frieda Wiegand, die mich diesen Moment verließ – ich hatte das Einschreiben hier bei ihrem Kommen abgebrochen –, und mit der ich das alte Jahr mit einem schön verlaufenen und durch kein Korsett und keinen Klingellärm gestörten Koitus verabschiedete. [...]

München, Donnerstag, d. 18. Januar 1912
Endlich ist die Januar-Nummer des ›Kain‹ heraus, und ich habe
wieder kurze Zeit Ruhe mit dieser Arbeit. Der ›Komet‹ bean-
sprucht indessen viel von meiner Zeit. Eigentlich wächst mir
meine Oaha-Tätigkeit[1] doch schon sehr zum Halse heraus. Andererseits kann ich aber auf die sicheren 200 Mark im Monat
absolut nicht verzichten, und der Gedanke, daß die Pleite doch
vielleicht in naher Zeit akut sein wird, ängstigt mich beträcht-
lich. Fuhrmann ist zwar noch gutes Muts. Er behauptet, jetzt
eine sichere große Finanzierung in Aussicht zu haben. Aber
was sind Aussichten? Mein ganzes Leben hat sich bis jetzt auf
Aussichten aufgebaut, und der Ertrag ist minimal bei Licht
besehen. Augenblicklich ist's mal wieder die Aussicht auf den
Tod des Vaters, die mich beschäftigt. Zwar schreibt Hans, daß
die nervöse Depression sich zu legen scheine, aber ein Greis
von 73 Jahren, glaube ich, ist dann dem Ende am nächsten,
wenn ihn der Lebensmut verläßt. Ich gestehe, daß mich der
Anblick jedes Depeschenboten erschreckt. Immer ahne ich das
Eintreffen der Nachricht von einer plötzlichen Wendung meiner Geschicke. Es ist sehr schlimm für einen Menschen in meinem Alter, das ganze Dasein auf diese Hilfe von außen aufbau-
en zu müssen. Aber ich weiß zu genau, daß ich die finanzielle
Sicherheit brauche, um Rechtes schaffen zu können. Dieser
ewige Kleinkampf denerviert und entkräftet mich ganz. Ich
kann mich auch nicht zu dem Bürgerglauben entschließen, daß
erst dann eine Persönlichkeit gelte, wenn sie die äußeren Nöte
des Lebens selbst überwindet. Nahrung, Kleidung, Wohnung
und ein gewisser Luxus der Lebenshaltung muß eo ipso garantiert sein, dann wird ein tüchtiger Geist Tüchtiges zeugen können. Ich bin von alledem noch weit ab. Mein Anzug ist schon
ganz schäbig, einen neuen kann ich mir nicht kaufen. Mein
Geld ist fast ganz zu Ende, zumal ich heut eine Schusterrech-
nung von 5 Mark 40 bezahlen mußte. Der Gedanke, wieder
fortwährend an allen Kanten herumpumpen zu müssen, quält
mich entsetzlich. Dabei noch die ewige Wurzerei[2] von allen

Seiten. Kein Tag vergeht, an dem ich nicht Geld verschenke. Bis auf die Straße verfolgen mich die Leute, die von mir Hilfe aus ihren Nöten ersehnen, und jedesmal wieder verführt mich die Vorstellung, daß es den Armen ja viel schlechter geht als mir, herzugeben und mich dadurch in weitere Ungelegenheiten zu bringen. Johannes, Ella, Lotte, Uli, alle die Leute, die mich mehr angehen, bekommen infolgedessen viel weniger von mir, als ich geben möchte, und der undelikate Brief Fricks an Uli, der wieder aus einzelnen Wendungen im ›Kain-Kalender‹ (›Der kleine Himmel meiner Liebe‹; ›Das verbogene Wasserrohr‹) zotige Symbole herausgedeutet hat, tat mir nachhaltig weh, da ich daraus sehe, wie selbst Friedas, meiner einzigen Frieda Zuneigung wankt, wenn mich Geldmangel gegen Peterle unaufmerksam macht. Die 80 Mark monatlich für den ›Kain‹ sind ein höllisches Stück Geld. 40 Mark – eigentlich 43 – für Johannes sind in ihrer Regelmäßigkeit eine schwer drückende Belastung meines Budgets, – und doch nimmt mir keiner diese Lasten ab, hilft mir keiner sie auch nur wenig erleichtern. Gestern traf ich Wolfskehl. Ich erzählte ihm von Johannes' Not und deutete merklich an, daß ich ihn zu ständiger Unterstützung bewegen möchte. Er versprach, mir zu schreiben. Das war alles. Was wird herauskommen dabei? Eine einmalige kleine Summe, die nicht hin und nicht her langt, sicher nichts nachhaltig Wirksames. […]

München, Freitag, (Sonnabend), d. 26. (27.) Januar 1912
nach drei Uhr nachts

[…] Um zwei Uhr ging ich dann noch in die Blüte, wo der Simplicissimus-Hausball stattfand. Ich kam in eine schon sehr ausgelassene Stimmung hinein. Alle waren schon reichlich angeheitert: Lotte, Uli, Strich, Seewald, Thesing, Kutscher und Frau, Alwa, Tarrasch, die Kündinger, die reizend aussah (ich habe sie seit Jahren nicht gesehen gehabt), der kleine Hoerschelmann, und dann entdeckte ich Dr. Gotthelf mit seinem Lottchen und meiner Pepi. Man flößte mir sofort von allen Seiten Sekt ein, so daß ich sehr schnell auch in die rechte Karnevalslaune kam und viel Unsinn trieb. Lange hielt die gute Stimmung aber bei mir nicht vor. Zwar küßte ich eine Unmenge Mädchen, aber die, auf deren Küsse ich am meisten Wert gelegt hätte, versagten sich mir. Ich äußerte zu Lotte: »Man darf nicht gleichzeitig einen Bart und Nerven haben.« – Das Puma küßte mich einmal, als sie mich traurig allein fand, verstohlen auf den Mund und sagte: »Du bist mein Freund.« Aber Pepi behandelte mich schlecht. Als ich sie zur Rede stellte, sagte sie einmal: »Als Freund habe ich dich sehr gern, aber verlang nicht mehr von mir.« Es tat weh, aber ich mußte lachen. Auch sie. Sie knutschte mit Strich, Alwa und dem Einbein Schmidt, der plötzlich wieder aufgetaucht ist. Ich verlegte mich später aufs Beobachten. Es ging in der Tat geradezu bacchantisch her, und ich glaube, wäre ich nicht so unglücklich gewesen, ich hätte sehr glücklich sein können. [...]

München, Freitag, d. 9. Februar 1912

[...] Abends Fest bei Uli: Ich hatte zuerst großen Ärger über Lotte. Sie knutschte mit Cronos auf einem Diwan. Ich wollte ihr guten Abend sagen. Dabei stieß sie mich mit dem Fuß so stark vor die Brust, daß mir fast der Atem ausging. Ich war wütend. Sie kam natürlich gleich an und bat um Verzeihung: Es sei nicht bös gemeint gewesen. Aber mir war – schon durch den heftigen Schmerz, den ich empfand, die Laune verdorben. Uli merkte das und holte von mir den Grund meiner Verstimmung heraus. Sie war unendlich nett dabei, küßte mich sehr herzlich und sagte: »Aber Mühsam, du weißt doch, daß wir dich alle liebhaben.« Dann holte sie Lotte herbei, die mir zum Trost die Zunge, so weit es ging, in den Mund schob. Ich war charakterlos genug, mich dabei wirklich zu beruhigen, und so küßte ich fröhlich weiter: die Kündinger, Emmy, einen homosexuellen jungen Italiener, Strich und sogar die häßliche Frau Kutscher. Schließlich kamen Götzens, und bei Fanny fand ich genug zu tun. Die Frau ist rasend verliebt in mich, »Mach mich nicht toll!« bat sie fortwährend, und als ich sie nachhaltig bat, sie möchte mich doch endlich mal besuchen, sagte sie: »Wenn du willst, daß ich sterben soll, komme ich.« Nachher ging ich mit ihr in den Raum, wo wir die Kleider abgelegt hatten, und im Halbdunkel griff ich ihr unter den Rock und befriedigte sie. Währenddem wurden wir plötzlich durch den kleinen Hoerschelmann unterbrochen, der ein Glas Bowle für Fanny brachte. Zu unserm Schrecken rief er plötzlich noch jemand an, und wir entdeckten, daß direkt neben uns, geradezu unter uns, Cronos gelegen hatte und so tat, als ob er schliefe. Dann krümmte sich noch aus einer Bettstatt, die mit Überziehern bedeckt war, ein Russe empor. Wahrscheinlich hatten die beiden unsere ganz ehebrecherische Tätigkeit beobachtet. Es war sehr unangenehm. Aber sie werden's für Schnapslaune angesehen haben und nicht ahnen, wie tief (nachgerade auch in mir) diese Liebe wurzelt. Mit Luitpold und Stefanie schloß die Orgie. [...]

München, Sonnabend, d. 6. April 1912
[...] Und heute habe ich nun also mein 34. Jahr glücklich hinter mich gebracht. Die Waidmannsluster[3] und Tante Rosel[4] aus Graz waren gestern schon mit Glückwünschen da, heute nun alle meine Geschwister, außer Joëls. Geschenke stehen mir noch in Aussicht; Hans und Minna wollen wissen, ob ich lieber Hemden oder Unterhosen haben will. Da ich Unterhosen überhaupt nie trage, werde ich Hemden wählen. Charlotte stellt eine Tasse, Ostereier und einen Aschbecher in Aussicht als gemeinsames Präsent von Joëls und Landaus. Schön. – Von Papa kam ein ausführlicher Brief, dem zehn Mark beigeschlossen waren. Der Inhalt ergriff mich einigermaßen. Er schreibt ausführlich über seinen Gesundheitszustand und berichtet, daß es ihm erheblich besser gehe als in den letzten drei Monaten. Dann heißt es wörtlich: »Viel wird ja nicht mehr werden. Der Knax, den ich weg habe, wird sich kaum mehr reparieren lassen.« Die erste Empfindung, in diesen Worten solle wieder ein Vorwurf gegen mich liegen, wird wohl falsch sein. Er wird es wohl ganz unpolitisch meinen – hoffe ich. Aber seine Glückwünsche für das neue Lebensjahr erbittern mich doch wieder recht. Könnte er nicht dafür sorgen, daß mein Leben glücklicher und meine Arbeit zweckmäßiger und erfolgreicher wäre? Zehn Mark – ein Millionär! – Aber andererseits: Kennte er meine Empfindungen, er wäre unfähig, sie zu begreifen. Er lebt in einer anderen Welt, weil er in einer anderen Zeit lebt.

Mittags waren Uli und Seewald bei mir. Sie schenkten mir Zigarren. Lotte und Emmy gratulierten mir im Caféhause, in dem ich den ganzen Nachmittag von drei bis acht Uhr stumpfsinnig zugebracht habe. So fange ich das neue Lebensjahr an, und bei Gott mit wenig Hoffnungen. Der ›Komet‹ ist hin – man muß es jetzt wohl sicher annehmen – es sieht trübe aus.

34 Jahre! Du lieber Himmel! Was habe ich erreicht? Wie kläglich wenig! Immer noch das dürftige möblierte Zimmer. Immer noch von Monat zu Monat die Angst, die Rechnung nicht zahlen zu können. Und schon wieder die völlige Entkleidung aller Sicherheit im Geldverdienen. – Und der Ruhm? Du lieber Himmel! Was tue ich mit dem bißchen Berühmtheit? Mit dem Angeglotztwerden? Mit den Komplimentationen? Wer kennt meine Lyrik? Wer führt meine Dramen auf? Wieviele Leute lesen auch nur den ›Kain‹, der noch mein einziger Trost ist? – Und die Liebe? Schweigen will ich, erröten, mich schämen, und ihrer denken, der Einzigen, die ich verlor, weil ich's nicht wert war, sie mir zu erhalten. Friedel, Friedel! Mit dem Gedanken an Dich beginne ich dies neue Jahr. Mit dem Gedanken an Dich werde ich dies Jahr wie alle ferneren dieses Lebens beschließen – und ewig unglücklich sein.

München, Montag, d. 8. April 1912
[...] Seit längerer Zeit interessierte mich im Café Stefanie ein sehr anmutiges Geschöpf: groß, mit den hochgezogenen Schultern, die ich so sehr liebe, schlank, blond, blauäugig und in der Kleidung von jener gelinden Schlampigkeit, auf die ich immer wieder hineinfalle. Keiner wußte ihren Namen, man sagte mir nur, daß sie in der Pension Führmann wohne. So sah ich sie denn auch bald mit Leuten meiner entfernteren Bekanntschaft und beschloß, ihr unter allen Umständen persönlich näherzutreten. Ich fing das so an wie immer: Ich grüßte sie und erreichte in kurzer Zeit, daß sie mich, wenn ich sie mal übersah, zuerst begrüßte. Ich wollte nun einmal eine Gelegenheit abwarten, wo ich sie allein anträfe und sie dann anreden, da ich sie nun aber vor einigen Tagen in der Gesellschaft von Morax sah, setzte ich mich einfach dazu. Sie war sehr nett. Es stellte sich aber heraus, daß sie nicht nur verheiratet ist, was ja nicht unbedingt hätte zu stören brauchen, sondern in zwei Monaten ihrer Entbindung entgegensieht. Ich hatte nichts bemerkt. Ihr Mann ist ein ganz junger Bursche namens Jung,[5] die Ehe dauert bis jetzt zwei Jahre, und ein einjähriges Kind ist schon da. [...]

München, Donnerstag, d. 11. April 1912

[...] Ich bin in die Jung, trotz ihrer Schwangerschaft, einigermaßen verliebt, was ich ihr auch gestand. Ich fragte sie, ob sie ihren Mann prinzipiell nicht betrüge. Sie erklärte, darin keinerlei Prinzipien zu haben. Als ich ihr dann sagte: »Legen Sie nur erst Ihr Kind ab, nachher fange ich sofort mit Ihnen an«, lachte sie und sagte weder ja noch nein. Übrigens scheint in ihr die Schwangerschaft einen Zustand absoluter Wurschtigkeit hervorzurufen. Sie sitzt manchmal ganz apathisch da, plötzlich klagt sie über große Schmerzen und spricht Befürchtungen für den Verlauf der Entbindung aus. Dann macht sie wieder märchenhafte Dummheiten. Das Ehepaar hat gar kein Geld (ich habe aus meinem Dalles schon mit fünf Mark ausgeholfen). Neulich waren aber etwa zehn Mark da, die sie in Verwahrung hatte. Sie ging fort und kaufte ein silbernes Portemonnaie und noch sonst soviel Kleinigkeiten, die gar keinen Zweck haben, daß sie in den neuen Geldbehälter nichts mehr hineinzustecken hatte. Der Jüngling, der ihr Ehemann ist, scheint Alkoholiker zu sein. Er sagte nur: »Du bist ja verrückt«, als sie mit den Klamotten anrückte. Ein komisches Paar. [...]

München, Sonnabend, d. 13. April 1912

[...] Im Stefanie saß die junge schwangere Frau, und – ich weiß nicht, wie es kam – plötzlich war sie dabei, mir ihr Herz auszuschütten. Sie klagte sehr über ihren Mann, der alles Geld versaufe und sich überhaupt nicht um sie kümmere. Sie wolle, wenn sie nur das Geld auftreibe, nach Hause, nach Breslau, und sich dann von Jung trennen. Große Tränen standen in ihren Augen, ich hatte das arme Weib wirklich gern, und ich glaube sehr – zumal nach dem Gespräch, das wir heute im Café führten, daß die Freundschaft, die sich da anknüpft, für uns beide ernst werden kann.

Abends war dann die von Morax arrangierte Cabaret-Unterhaltung, Der grüne Teufel, in der Schillerstraße. Es war überraschend hübsch. Viele Leute, meistens Bekannte, die mit Tee bewirtet wurden. Morax trug vor, Emmy, dann auch Hardekopf, zuerst eine eigene Skizze, sehr fein, prononciert, stark im Ausdruck und ausgezeichnet mit Leidenschaft und Kraft gesprochen – es ist erstaunlich, wie dieser Mensch sich ganz langsam und ganz sicher zum echten Künstler entwickelt. Dann las er aus dem ›Sturm‹ ein Manifest von Marinetti[6] vor, der den literarischen Futurismus propagiert. Ich war über das Zeug (das brillant stilisiert war) so ungehalten, daß ich das Wort zu einer Polemik erbat, und nun trug sich der merkwürdige Fall zu, daß das Cabaret zur Tribüne wurde. Ich wehrte mich dagegen, daß man das Grammophon höher werten sollte als den Gesang, den Kientopp höher als das Theater. Ich predigte Kultur und Kunst anstatt Zivilisation und Technik und schloß mit dem Wunsch, daß

München, Sonntag, d. 14. April 1912
Den Schlußsatz mußte ich bis heute zurückstellen, weil Dr. Emma Gellért kam, mit der ich mich sogleich nackt ins Bett legte. Ich schloß also in jener Rede mit dem Wunsche, daß die von den literarischen Futuristen glorifizierte Rapidität der Dinge zunächst mal über den literarischen Futurismus hinwegfegen möge. Ich hatte mächtigen Beifall, nur Emmy schrie: »Hier ist doch keine Versammlung!« worauf ich replizierte: »Jede Versammlung ist ein Cabaret.«

Nachher trug ich noch Gedichte vor. Es war ein schöner Abend, und, was ich seit vielen Jahren nicht mitmachte, ein echter Cabaret-Abend, bei dem das leichte Chanson, das ernste Lied, die schöne Kunst und die improvisierte Ansprache zum Recht kam. – Nachher hielt ich mich nicht lange in der Torggelstube auf, da dort wenig los war, sondern kehrte bald wieder im Stefanie ein, wo ich viele Cabaretisten versammelt fand. Hardy grüßt mich immer noch nicht. Es ist zu dumm, zu geschmacklos, wenn ich bedenke, daß wir in den Tiefen unseres Herzens ja doch noch gute, echte Freunde sind.

Gestern nachmittag hatte ich nun eine sehr ernste eindringliche Aussprache mit Frau Jung, von der ich merkwürdigerweise immer noch nicht sicher weiß, ob sie Marie heißt oder sonstwie, da ich die Gewohnheit habe, jede Frau willkürlich mit irgendeinem Vornamen anzusprechen, was dann zur Folge hat, daß mich die Weiber mit falschen Namensangaben frotzeln. – Sie beschwerte sich bitter über ihren Gatten, der in der Gesellschaft des üblen Fritz Klein und anderer haltloser Gesellen tagaus, nachtein bummle und sich um sie überhaupt nicht kümmere. Sie gestand mir die Befürchtung, daß das Kind in ihrem Leibe absterbe und daß sie jeden Augenblick das Eintreten der Wehen und das Akutwerden der Fehlgeburt erwarte. Ich gab ihr drei Mark, damit sie für alle Fälle ein Auto bezahlen könne, und stellte mich ihr ganz und gar zur Verfügung, wenn sie plötzlich Hilfe brauche. Heut sah ich sie noch nicht und weiß nicht, was aus der Geschichte geworden ist. Die enge Vertrautheit, in die ich mit der reizenden Person inzwischen gekommen bin, läßt mich mit einiger Zuversicht darauf schließen, daß sie gewillt ist, sobald sie physisch dazu imstande ist, mich enger an sich zu fesseln. [...]

München, Dienstag, d. 23. April 1912

[...] Abends Krokodil: Kutscher, Huch,[7] Dülberg,[8] Happe, v. Jacobi,[9] Halbe, Wedekind, Weisgerber. Weisgerber berichtete über eine höchst gefahrvolle Skitour, die er gemacht hat, in der er schneeblind wurde und um ein Haar verunglückt wäre. Im übrigen wurde immer noch die Titanic-Katastrophe[10] besprochen, von der die Menschen gar nicht loskommen können. Ich werde meine Ansichten darüber im ›Kain‹ deponieren. – Um halb zwei gingen noch Wedekind, v. Jacobi, Halbe und ich in die Torggelstube, wo das Thema erörtert wurde: Welchen Schaden erleiden die Theater durch das Kino? Jacobi hält den Schaden für unermeßlich. Wedekind und ich behaupteten, der Schaden treffe das ernste Theater gar nicht, sowenig wie die Malerei von der Photographie gelitten habe, da sie sich eben entgegengesetzt der Ähnlichkeitsporträtierung entwickelt habe, und Halbe hielt sich mit seinem Urteil ziemlich zwischen den beiden Ansichten. Dann kam das Gespräch auch auf Thomas Manns Eintritt in den Zensurbeirat,[11] den wir gleichmäßig alle verurteilten. Ich werde auch diesen Fall im nächsten ›Kain‹-Heft vornehmen. Halbe brachte mich per Auto heim. [...]

München, Mittwoch, d. 1. Mai 1912

[...] Und heute ist nun der gefürchtete 1. Mai. Es ergibt sich, nachdem ich heut vom Dreimasken-Verlag die fälligen 50 Mark erhielt, diese Rechnung:

Ich erhalte von Waidmannslust	180 Mk
(5 Mk nachträgliches Geburtstagsgeschenk, habe noch	50 Mk
und werde mir von der Staatsbibliothek die dort	
seinerzeit deponierten	20 Mk
wieder abheben.	250 Mk.

Ich muß zahlen: Hier in der Pension ungefähr	150 Mk,–
An Johannes schicken	42 Mk,–
Café Stefanie (Wallner und Kellner)	16 Mk,–
Marie (Torggelstube)	10 Mk,–
Mariechens Schuhe	25 Mk,–
Neuer Verein[12]	5 Mk,–
Zigarrenfrau	6 Mk,–
Das macht, wenn ich nichts Wichtiges	
noch vergessen habe,	254 Mk,–

Bleibt ein Barbestand von minus vier Mark, woraus erhellt, daß ich meine Schulden nur mit Maßen zahlen werde. Aber es sieht nicht ganz so schlimm aus, wie ich gefürchtet hatte. Ich hoffe bloß, daß sich Führmann vorläufig nicht meldet, und daß für Mariechen nicht gleich wieder größere Ausgaben notwendig werden. Heute erzählte mir der Gatte, daß Führmann ihn schon aus der Pension ausgesperrt habe. Ich werde Mariechen, sobald ich sie allein sprechen kann, jedenfalls vorschlagen, vorläufig auf meine Kosten in meiner Pension zu wohnen. [...]

München, Montag, d. 13. Mai 1912

Meine Nerven sind fürchterlich kaputt. Mariechens Verhalten regt mich entsetzlich auf. Ich sitze jeden Moment in Erwartung des Telefonanrufs und weiß doch fast sicher, daß er nicht erfolgen wird. Daß ich doch mein ganzes Leben zu schlechter Behandlung verurteilt sein muß. Die einzige Erklärung, die ich mir denken kann, ist die, daß sie wohl sexuell wieder intakt ist und nun von dem Manne, der sie unglücklich macht und prügelt, nicht los kann. Wollte sie mir bloß ein Wort schreiben, daß ich Gewißheit habe! Wie konnte ich mich nur wieder so in dieses

Erlebnis verlieren! Ich bin jetzt ganz unfähig zu arbeiten und zu allem. Fortwährend bin ich benommen von dem Gedanken an sie. [...]

München, Mittwoch, d. 15. Mai 1912

Von Mariechen nichts Neues. Aber in Kopf und Herzen wird sie mir noch lange zusetzen. Endlich einmal die Aussicht auf eine Art Ehe – und wieder nichts, nichts, nichts. Ob ich gar so reizlos bin? Kürzlich fielen mir die Zeitungsausschnitte wieder in die Hände aus der Zeit des Prozesses. Ich wurde überall schamlos beschimpft, überall war auch mein »groteskes Äußeres« hervorgehoben. Und doch haben mich ja manche Frauen – und wahrlich nicht die schlechtesten – schon gern, sehr gern gehabt. Ein Mensch, den Frieda geliebt hat, kann doch unmöglich gar so häßlich sein!

[...] Gestern abend ging's in der Torggelstube dramatisch zu. [...] Während des Spiels erschien in der Tür die abgeschabte Gestalt des jungen van Hoddis,[13] trotz der Hitze in einen dicken uralten Überzieher gehüllt. Kaum war er eingetreten, als vom Stammtisch her gerufen wurde: »Raus! Raus!« und als der junge Mensch etwas erwiderte: »Raus! Hier wird nicht gebettelt!« – Ich fuhr dazwischen und verbat die Roheiten, gab van Hoddis die Hand und bat ihn an unseren Tisch. Er zog es aber vor zu gehen, nachdem er mir gedankt hatte. Als später Grimm an unseren Tisch kam, der neben Lutz der Schreier gewesen war, verweigerte ich ihm die Hand und erklärte ihm, daß zwischen uns keine Beziehungen mehr sein können. Als er heute nachmittag mich im Hofgarten noch mal deswegen stellte, wiederholte ich ihm, daß ich mit Leuten nichts zu tun haben will, die sich derartig abgeschmackter Roheiten schuldig machen. Dem Stammtisch wird es jetzt obliegen, sich für Herrn Grimm oder für mich zu entscheiden. Ich denke, man wird nicht lange wählen. Die Gegenwart dieses anschmeißerischen Sektreisenden ist schon lange den meisten widerlich gewesen. [...]

Oh, ich Narr! Ich Kind! Ich Phantast! – Da nehme ich nun die Feder in die Hand, die vor Freuden zittert, und wie ich schreiben will, frage ich mich, ob ich mich denn so ausbündig freuen darf. Was ist denn geschehen, das mir diesen Tag wie den Geburtstag meines Glücks scheinen läßt? Nichts, als daß ich Mariechen wiedersah und daß sie zu mir war wie immer und die Versprechen erneuerte, die sie schon halb gebrochen hatte. Weiß ich, wie lange ihr Entschluß vorhält? Aber ja! Er wird vorhalten. So, wie sie heute zu mir sprach, so lügt man nicht. Ich kam vom Hofgarten aus ins Stefanie. Da saß sie mit ihrem Mann, Morax, Ida, Nitschke usw. Sie begrüßte mich freundlich lachend, und sah in einem rosa Sommerkleid so süß aus, daß ich, selbst wäre ich böse gewesen, ihr nicht hätte zürnen können. Und dann sprachen wir viel und eingehend. Ihr Verhalten in diesen Tagen schob sie auf große Müdigkeit und Apathie. Auf meine Frage, ob sie an unseren Abmachungen festhalte, antwortete sie sehr lebhaft: ja! – Sie will bloß erst – recht bald – nach Breslau, und wenn sie von dort zurückkommt, dann will sie dauernd bei mir sein. Ich sagte ihr, daß ich mich keiner Illusion hingebe und voraussetze, daß sie mich nicht liebe. Sie sagte: »Was heißt lieben? Das ist so vorbei bei mir! Wenn ich nur jemand hab, mit dem ich mich verstehe und vertrage!« – Wir verabredeten uns für heute abend bei Führmann und für morgen vormittag um elf Uhr bei mir. Dann wollen wir Einkäufe machen. Ich ging nachher vom Schachspielen aus mit Roda und wollte zur Pension Führmann. Als ich durch die Herzogstraße kam und beim Pündterplatz war, sah ich dahinter die Wiesen, von der Silhouette des Schwabinger Krankenhauses wundervoll eingerahmt, und bog über den Platz zur Clemensstraße ab: Vor einem Hause am Pündterplatz hielt mich plötzlich der Ehemann Jung an. Er habe eben in der Pension einen Zettel für mich deponiert, daß Mariechen mich morgen um elf Uhr im Stefanie treffen wolle. Sie habe sich zu Bett gelegt. Er erzählte, daß sie jetzt Pündterplatz 8 wohnen und forderte mich auf, noch etwas hinaufzukommen. Mariechen lag im Bett und sah ganz entzückend aus. Leider ließ uns der Mann fast gar nicht allein. Nur einmal konnte ich ihr verstohlen einen Kuß auf die Backe geben. – Nun bin ich ganz glücklich heimgegangen, und mein Herz ist ganz voll von der lieben, lieben Frau. Ach, ich weiß, daß wir glücklich miteinander auskommen werden. Sie hat viel gelitten, viel zu viel für ihre jungen Jahre. Da gibt es manches zu glätten und zu beruhigen, und das ist eine gute Aufgabe für mich. – Mariechen! Daß sie nur morgen wirklich kommt! Aber diesmal glaube ich's doch! Zumal ich ihr eine neue Kopfbedeckung versprochen habe. [...]

München, Sonntag, d. 19. Mai 1912
Es ist wieder genug zu notieren von den zwei unausgefüllten Tagen. Zunächst zum Kapitel Margot Jung. Am Freitag rief sie vormittags an, sie erwarte mich im Stefanie. Sie war dort mit ihrem Mann. Dem gab ich drei Mark, damit er dafür Mariechens Mantel aus dem Leihhaus hole, denn es war kalt und regnete. Als er zurückkam, ging ich mit ihr fort, einen Hut kaufen. Wir fanden einen so billigen, daß sie gleich zwei von der Sorte erstehen wollte. Davon brachte ich sie aber ab, und wie recht ich hatte, merkte ich nachher auf der Straße, als sie plötzlich zu jammern anfing, dieser Hut gefalle ihr gar nicht. Sie wolle einen anderen haben. Also richtig wurde in einem anderen Geschäft noch ein Hut für zehn Mark gekauft, den sie gleich aufsetzte und über den sie sich anscheinend freute. Aber die arme Frau muß schon sehr unglücklich sein, da sie fortwährend neue Sachen wünscht und sich nie richtig freuen kann, wenn sie sie hat. Wir kauften noch Strümpfe für sie und verabredeten uns für den Nachmittag im Café. Dort war sie auch, nahm mir aber übel, daß ich anfing, mit Morax Schach zu spielen, und ging mit dem Versprechen, in einer Viertelstunde wiederzukommen. Natürlich kam sie nicht und blieb auch gestern unsichtbar. Heut war sie wieder im Café. Es war wunderschönes Wetter. Ich forderte sie auf, mit mir in den Hofgarten zu kommen. Sie wollte nicht. Ich ärgerte mich und ging allein. Als es mir, sehr bald, leid tat und ich zurückkam, war sie fort.

Freitagabend abonnierten zwei Herrn auf den ›Kain‹, die mir das Geld gleich gaben. Leider verspielte ich das Ganze abends in der Torggelstube in Écarté, so daß ich fast nichts übrig behielt.

Gestern kam mittags ein junges Mädchen zu mir, eine hübsche Jüdin, namens Jenny Brünn[14] aus Königsberg. Sie interessiert sich für den Sozialistischen Bund, und ich begleitete sie nachher in die Barerstraße. Sie soll, da wir demnächst wieder eine Zusammenkunft veranstalten wollen, eingeladen werden. [...]

München, Sonnabend, d. 1. Juni 1912
[...] Mit Mariechen beabsichtige ich Schluß zu machen. Es handelt sich nur noch darum, die richtige Methode zu finden, die sie möglichst wenig verletzt. Ich habe gestern plötzlich eingesehen, daß es absolut nicht gehen kann mit uns beiden.

Abends war im Gambrinus Gruppensitzung. Jenny Brünn holte mich dazu ab. Zu meinem Schrecken hatte Morax allerlei peinliche Gestalten aus dem Café Stefanie und der Pension Führmann mitgebracht. Fritz Klein mit seinen proletarischen Gebaren saß da, ein Student, der in die Gesellschaft da geraten ist und Herr Franz Jung mit Frau Margot. Ich ärgerte mich sehr über Morax. Man muß doch wissen, welche Leute zusammengehören und welche nicht. Ich hüte mich vor philiströser Versumpfung, indem ich mit möglichst vielen verschiedenen Kreisen umgehe und indem ich diese Kreise scharf voneinander getrennt halte. Da habe ich die Anarchisten, da das Café Stefanie, da die Torggelstube und da den Lotte-Uli-Kreis, lauter ganz verschieden interessierte Menschen, die gar nichts miteinander zu schaffen haben. Nun kommen Leute wie Klein und Jung in die Gruppe, innerlich verwahrloste Menschen, zu solchen, für die innerliche Festigkeit gerade das Lebensbedürfnis ist, das sie zu uns führt. Frl. Brünn machte mich darauf aufmerksam, wie an einem Tisch (Klein) von Leihhaus und Geldbeschaffung gesprochen wurde, am anderen, wo nur Arbeiter saßen, von Kropotkin.[15] Ich schämte mich vor ihr. Mariechen saß ganz uninteressiert da und bemühte sich, den Ehemann von allzu reichlichem Biergenuß fernzuhalten. Ich sprach dann und redete mich in Wut hinein, daß bei all unsern Bemühungen so gar nichts herauskomme. Die Gäste hatten mir die Laune gründlich verdorben. Nachher wurde Mariechen hysterisch und goß ihrem Vis-à-vis ein Glas Wasser über die Hosen. Ich sah sie an und wußte, daß es aus sein müsse zwischen uns. Gewiß sah sie hübsch aus, aber ich bemerkte einen Zug von Gewöhnlichkeit in ihrem Gesicht, der mir bisher entgangen war, und ich verglich: Neben mir saß die feine, zarte Jüdin mit sehr schönen Händen und tiefen braunen Idealisten-Augen. Ich bin keineswegs in Jenny Brünn verliebt, aber ich spürte, tiefe nachhaltige Sympathie kann ich nur für differenzierte Frauen hegen. [...]

München, Montag, d. 3. Juni 1912

Ich bin außer mir: Onkel Leopold hat noch immer kein Geld geschickt. Offenbar will er mich dafür strafen, daß ich ihm die Quittungen des vorigen Monats zu spät gesandt habe. Es ist scheußlich. Gott sei Dank gewann ich gestern nacht Weigert im Écarté zwanzig Mark ab, von denen er mir leider zunächst bloß fünf Mark auszahlte. Immerhin komme ich auf diese Weise über diesen Tag wieder weg. Kommt das Geld bis morgen früh nicht an, so muß ich telegrafieren. Aber Johannes wartet, Mariechen wartet – Gotthelf, der mir 100 Mark bis Sonnabend beschaffen wollte, kann ich nirgends finden. Der Dreimasken-Verlag ist ganz unsicher. Soll ich da wieder stundenlang im Wartezimmer sitzen und mich minderwertig behandeln lassen? – Und der ›Simplicissimus‹? Ich scheue mich hinzugehen. Bald halte ich die Schweinerei nicht mehr aus! Immer wieder kommt mir der trostlose Gedanke, daß ich vielleicht doch eher dran glauben muß als der Vater – und dann ist alle meine Arbeit, alle meine Jugend, alle meine Hoffnung und Leidenschaft vertan. Der Gedanke ist entsetzlich. [...]

München, Mittwoch, d. 5. Juni 1912

[...] Heut mittag war Jenny Brünn bei mir zu Tisch. Wir unterhielten uns so gut, daß sie den ganzen Nachmittag dablieb und ich sie erst nach sieben Uhr zum Schauspielhause begleitete. Ein prächtiges Geschöpf, sehr klug, sehr gebildet, sehr tief im Fühlen und Empfinden – und Anarchistin. Dabei noch hübsch. Sie erzählte mir von ihrer Jugend und ihrem Elternhaus. Ihr Vater ist ein reicher jüdischer Bankier in Eydtkuhnen. Als sie berichtete, sie habe Verdruß, weil die Eltern sie an irgendeinen gleichgiltigen Juden verheiraten wollen, schlug ich ihr ganz spontan vor, mich zu heiraten. Wir lachten beide. Aber ich stelle mir vor, daß das für uns beide nicht schlecht wäre. Mein Vater wäre begeistert, brächte ich ihm eine reiche jüdische Schwiegertochter, und wir beide behielten unsere Freiheit. Wenn sie wollte, mir wär's lieb. Sie gefällt mir so gut wie (außer Ella Barth) noch keine Jüdin. Ich küßte ihr oft die Hände und ein paarmal das sehr schöne kastanienbraune Haar. Gute Freunde sind wir heute mindestens geworden.

München, Sonnabend, d. 8. Juni 1912
[...] Gestern abend war die Gruppe Tat wieder im Gambrinus versammelt. Ich hatte Jenny Brünn vorher zu mir zum Abendessen abgeholt, und sie ließ einen Schweizer Herrn, der mit ihr hinwollte, zu mir nachkommen. Gespräche über Monogamie und Eifersucht. Sie ist sehr klug und frei. Die Syndikalisten,[16] denen ich einen Vortrag halten sollte, waren nicht erschienen, da sie selbst eine Aussprache hatten. Dagegen war Emmy da, die eben von Berlin zurück ist. Wir küßten uns herzlich, und ich freute mich sehr, sie äußerst frisch, wohl und gesund zu sehen. – Ich sprach zu dem Dutzend Personen von den Voraussetzungen zur Zugehörigkeit zum Sozialistischen Bund, vor allem darüber, daß alles dabei auf das Innerliche im Menschen ankommt und alles praktische Tun keinen Sinn habe, wenn es nicht aus begeistertem Herzen komme. – Nachher ging ich mit Jenny Brünn in die Torggelstube. Sie lernte Roda Roda und Ludwig Thoma[17] kennen. Auch Feuchtwanger[18] war da und Körting[19] mit seinem bezaubernden Weibe. – Wir fuhren alle zusammen im Auto heim, und ich ging noch ins Stefanie. [...]

München, Dienstag, d. 18. Juni 1912
[...] Heut früh war ich beim ›Simplicissimus‹, wo ich lange mit Olaf Gulbransson[20] sprach. Nachher wurde Thoma sichtbar und dann Geheeb, der mir Zeichnungen zum Textieren heraussuchte, darunter ein prachtvolles Revolutionsbild von Th. Th. Heine.[21] Ich bin neugierig, wie man mir meine Arbeit bezahlen wird.

Von Hans sind die angekündigten 100 Mark noch nicht eingetroffen, dagegen von Onkel Leopold eine Karte mit der Mitteilung, daß ich die Ärzterechnungen an ihn schicken darf. – Ferner kam ein sehr merkwürdiger Brief. Frieda König,[22] die mich seit zwei Jahren fortwährend ihrer glühenden Liebe versichert, tobt in kindlichen Versen gegen mich los. »An Erich Mühsam! Geschrieben von dir vernichteten Mädchen.« In ganz unausgeschriebenen Lettern und in sehr dürftiger Orthographie und Grammatik macht sie ganz wilde leidenschaftliche und haßerfüllte, nicht immer ganz rhythmische Verse gegen mich. Erst beschreibt sie, wie sie mich als unerfahrenes Mädchen zuerst sah: »Du warst ein häßlich Geselle –« folgt meine Beschreibung frei nach dem Dichter Rigo in meiner Novelle ›Carmen‹.[23] Wie ich sie dann verführte: »Hier kan ich meine Wohllust stiellen.« Und dann wütende Anfälle gegen mich, der ich ihr »das Teuerste mit List geraubt«. »Erich, elender Jude,« »Erich, Scheußsal könnt ich dich erwürgen –« – »Erich du elender Wicht« – und das Gedicht schließt mit dem freundlichen Wunsch: »Erich diese Zeilen sollen dich quällen Tag und Nacht. Vielleicht kann ich mich doch noch rächen«. Ich war, als ich das gelesen hatte, zuerst ganz konsterniert. Habe ich dem Mädchen wirklich so unrecht getan? Vor ganz kurzer Zeit war sie noch bei mir und versicherte mich ihrer leidenschaftlichen Liebe. Seit ich ihr die Virginität nahm, hat sie soundsoviele Verhältnisse gehabt und dabei, wie sie behauptete, immer nur mich geliebt. Und jetzt plötzlich dieser Abfall! »Ich war verstock und begegnet dir nur mit Falschheit« behauptet sie plötzlich. Ich weiß nicht, was ich davon denken soll. Ich beruhige mich an der Zeile: »Du hast mir das Teuerste mit List geraubt«. Daß einem Mädel die Jungfernschaft noch zwei Jahre nach ihrem Verlust als »das Teuerste« erscheinen sollte, ist einfach nicht wahr, ist Phrase und anerzogene Moralität. Damit habe ich nichts zu schaffen. Ich mag sehr roh sein, aber ich weiß wahrlich andere Dinge, die mich »Tag und Nacht quällen«, als dieser Erguß. Schwamm drüber. Der Brief fliegt in den Papierkorb. Das Mädel wird nicht mehr empfangen. [...]

München, Mittwoch, d. 26. Juni 1912

Auf dem Wege zur Torggelstube ging ich gestern noch ins Café Odeon, wo ich Heinrich Mann und Dr. Brantl traf. Man sagte mir große Schmeicheleien über die letzte ›Kain‹-Nummer, die allgemein sehr gefallen hat, und meinte: »Sie haben jetzt die wertvollste Zeitschrift, die existiert.« Das aus dem Munde des bedeutendsten Mannes zu hören, der gegenwärtig im geistigen Deutschland wirkt, ist recht angenehm. Er lobte besonders meinen kurzen Strindberg-Nekrolog. Nachher lange Gesprä-

che über Frauenliebe, Eifersucht und Beziehung der Geschlech-
ter zueinander, wobei ich gegen die beiden Herren einen harten
Stand hatte. [...]

München, Sonntag, d. 7. Juli 1912

[...] Nun sprach ich gestern mit Steinebach über die Aussichten
des ›Kain‹ und erfuhr, daß ich die Zahl der Abnehmer weit
überschätzt habe. Es sind erst ganze 89 Abonnenten da, und
mit dem Einzelverkauf gehen nur etwa 400 Exemplare unter die
Leute. Das ist wirklich verzweifelt wenig. Ich war ganz ge-
knickt gestern abend, zumal ich auch den ganzen Tag Jenny
nicht sah, die auch heute wieder nicht ins Café kam. Dabei
geht's mir gesundheitlich immer noch nicht gut. Ich bin sehr
verschleimt und spüre in Hals und Nase immer einen störenden
säuerlichen Geruch, der mich entsetzlich verstimmt, da er mich
immer fürchten läßt, ich müsse dadurch erotisch unmöglich
sein. Wenn ich bloß einen Arzt wüßte, der ein wenig mit solchen Dingen Bescheid weiß. Die Leute plagen einen nur, ohne
zu helfen und ohne Ahnung, was für ein Phänomen sie vor sich
haben. Exakte Wissenschaft! [...]

München, Freitag, d. 12. Juli 1912

Ich ging ins Café und wartete auf Jenny, die kurz nach ein Uhr
kommen wollte. Ich wartete bis nach halb zwei. Sie kam nicht.
Ich war maßlos nervös, ließ ihr Bescheid zurück und lief nach
Hause, um den Boten der Druckerei nicht zu verfehlen. Natürlich hing ich den Kopf aufgeregt zum Fenster hinaus, immer in
der Hoffnung, das geliebte Mädchen werde noch kommen. Sie
kam wirklich – nach wenigen Minuten: nur auf einen Sprung,
wie sie verkündete. Nicht einmal den Hut wollte sie abnehmen.
Gegessen hatte sie schon und sah nach den zärtlichen Begrü-
ßungsküssen zu, wie ich meine Mahlzeit verzehrte. Nachher
kam der ›Kain‹-Umbruch von Steinebach, und ich las die Revi-
sion, während sie neben mir saß und mich eng umschlungen
hielt. Ich war unendlich selig, da ich merkte, wie sie durchaus
nicht wieder von mir fort finden konnte und wie jede neue
Umarmung ihren festen Entschluß, unaufschiebbare wichtige
Gänge zu besorgen, erschütterte. Bald saßen wir auf dem Sofa
und erzählten uns gegenseitig von vielen Erlebnissen, und die

Zeit verging. Um fünf Uhr entschloß sie sich, den Hut abzunehmen. Um sechs Uhr endlich ging sie, und ich begleitete sie bis vor die Tür. – Von unsern Gesprächen, die durch viele Küsse unterbrochen waren, ist dieses wohl das Wesentlichste: Ich machte ihr in aller Form einen Heiratsantrag, den ich folgendermaßen begründete. Wir beide, sagte ich, entgehen uns doch nicht mehr. Führt unser Verkehr zu dem Wunsch, zusammenzuleben – und bei mir sei dieser Wunsch schon jetzt durchaus vorhanden –, so ist der offizielle Eheschluß ein Präventiv gegen behördliche Schweinereien. Ferner sei uns beiden ein Wohnen in eigener Behausung lieber als in den ramponierten Möbeln einer fremden Wirtin, und durch eine Heirat werde die finanzielle Unterlage geschaffen. Drittens sei die Sache finanziell günstig. Ich glaube bestimmt, daß meine Familie sich, wenn ich heirate, und zwar ein Mädchen aus gut jüdisch bürgerlichem Hause und mit Geld, nobler als sonst zeigen werde und daß mein Vater mir einen erhöhten Zuschuß bewilligen werde. Sonst aber sei ja durch die Zinsen ihrer Mitgift immerhin eine finanzielle Basis des Lebens geschaffen. Für Jenny habe eine Heirat den Vorteil, daß sie der elterlichen Obhut entrückt wird, dauernd von Eydtkuhnen freikommt und mich als Ehemann ja in keiner Weise als Tyrannen zu fürchten habe. Solange wir uns lieben, ergebe sich ja in unserem Zusammenleben alles von selbst. Lieben wir uns eines Tages nicht mehr, so ergebe sich erst recht alles von selbst. – Ich sagte Jenny, daß sie die erste sei, der ich einen wirklichen ernsten Heiratsantrag mache, und sie erwiderte, daß das der erste vernünftige Heiratsantrag sei, den sie erhalte. Ihre Einwände waren diese: Zunächst werde ich zur Erfüllung von Formalitäten angehalten werden, die mir sehr gegen das Gefühl gehen müßten (Ich erklärte ihr, daß ich nach guter Überlegung entschlossen sei, das auf mich zu nehmen). Dann aber fürchte sie für sich allein aus dem Gefühl, verheiratet zu sein, eine Unfreiheit und Belastung. Schon daß sie ihren Namen wechseln müsse, verstimme sie, und sie zweifle daran, ob sie die freiheitliche Kraft habe, alle diese Äußerlichkeiten, wie ich es wohl könne, ganz als Äußerlichkeiten zu nehmen. Wir einigten uns dahin: Sie solle sich die Sache sehr durch den Kopf gehen lassen und mir von Eydtkuhnen aus schreiben, wie sie sich entschlossen habe. Fällt ihre Entscheidung bejahend aus, so fahre ich nach Berlin und versichere mich durch Vermittlung Onkel Leopolds der Zustimmung des Vaters (Es soll, wenn wir schon die Konzession der Heirat machen, alles ganz konventionell und korrekt geschehen) und halte dann offiziell bei ihren Eltern um Jenny an. Die ganze Sache ist mir im Grunde so amüsant, daß ich zum Teil schon aus Neugier wünschte, sie käme zustande. Ich war noch nie in einer solchen Gespanntheit allen werdenden Ereignissen gegenüber. – Abends war nun also die Versammlung im Gambrinus. Leider nur gegen 40 Personen. Ich sprach über ›Staat und Persönlichkeit‹. Jenny saß neben mir. Zuerst war ich dadurch so befangen, daß ich eine Viertelstunde lang stotterte und den Faden nicht finden konnte. Als ich ihn dann aber hatte, sprach ich gut. Denn ich sprach fast nur zu Jenny, und ich sah, wie sie unter meinen Worten zitterte. In der Diskussion sprach Sirch wunderschön und ungeheuer leidenschaftlich gegen den Staat und seine Organe. Im Schlußwort ging ich darauf ein und sprach sehr heftige Worte aus, die ich aber so formulierte, daß mit einer Anklage kaum zu rechnen sein wird. [...]

München, Sonntag, d. 21. Juli 1912

Es ist eine Zeit höchstgesteigerten seelischen Erlebens. In Jenny erfüllt sich mir alles, was ich je in einer Frau suchen konnte: Sie ist schön, klug, gut, zärtlich und vom gleichen Idealismus bewegt, der mir Halt gibt. Wollte ich sie heiraten, so brauche ich keine häßlichen Eingriffe der Familie zu fürchten: Sie ist Jüdin, hat Geld und ist gesellschaftsfähig im Sinne der Bürger, die ja nichts von ihrem Leben und von ihren Erfahrungen wissen. Sie ist für mich Trost, Errettung, Glück und Erfüllung – und es fehlt nur noch eine Kleinigkeit, um durch sie ganz beseligt zu sein: sie zu erringen. Darum kämpfe ich nun, daran arbeite ich. Ich will sie heiraten, ganz regulär und bürgerlich. Wenn wir diese Konzession an die beiderseitigen Mischpochen machen, erreichen wir erstens friedliche Beziehungen zu den Familien, dann Ungeschorenheit durch die Polizei und vor allem ein eigenes Heim, nach dem wir beide uns namenlos sehnen. Heute besprachen wir das alles sehr ausführlich, und heute habe ich zum ersten Male das Gefühl, als ob ich schon fest mit ihr verlobt wäre. Zwar warnte sie mich sehr, nicht zu fest auf ihr Ja zu bauen, aber als ich sie fragte: »Wirst du mich heiraten?«, sagte sie »Wahrscheinlich« und küßte mich. Ihre Einwände werden immer geringer und bedeutungsloser, und sie sieht das ein und wehrt sich nur noch mehr prinzipiell gegen den zu raschen Entschluß. Ich hoffe inbrünstig, noch in diesem Jahre mit ihr vereint zu sein.

Vorgestern telefonierte sie ab. Ich sah sie den ganzen Tag nicht. Auch zur Gruppensitzung war sie nicht gekommen. Dort war es sehr nett. Eine Anzahl jüngerer Kunden[24] war aus der Herberge gekommen, und ich sprach zu ihnen von unserer Stellung zur Arbeitsscheu. Wirkliche Trägheit gebe es nicht, und daß sich viele und die charaktervollsten Menschen nicht in Lohn zur Arbeit verdingen wollen, sei eben ein Beweis der Unsinnigkeit der kapitalistischen Gesellschaftsordnung. Ferner über unsere Stellung zu den Eigentums-»Verbrechen«. Nicht den Dieben gelte unsere Abscheu, sondern den Einrichtungen, die die Menschen zum Stehlen treibt.[25] – Ein jüngerer sozialdemokratischer Arbeiter sprach gutbürgerliche Worte gegen die Arbeitsscheuen und für die Bestrafung des Diebstahls. Der Student Bejach, ein organisierter Sozialdemokrat, derselbe, mit dem ich in der vorigen Woche Jenny ins Café Plendl geführt hatte, versuchte ausführlicher, mich zu widerlegen. Ich legte ihn auf zwei Äußerungen fest, einmal, daß er behauptet hatte, Elend und Armut werde es immer geben müssen, zweitens, daß er erklärte, ohne Zwang und Druck gehe es nicht. Ich fragte ihn, warum er denn mit diesen Überzeugungen überhaupt etwas anderes wolle als den Gegenwartsstaat. Seine Schwärmerei für die Bearbeitung und Bekehrung der Massen suchte ich durch einen Hinweis auf die chinesische Revolution[26] zu widerlegen. Die republikanische Bewegung dort sei gewiß sehr schwach gewesen, aber die leitenden Persönlichkeiten des Aufruhrs taten im Moment der Aktion das Richtige. Jetzt sei China Republik, obwohl es nie eine Republikaner-Majorität gehabt habe, und alle seien zufrieden damit. Die Diskussion gestaltete sich lebhaft und interessant, und Herr Bejach gab mir und Morax, der mir gut assistierte, erstaunlich viel zu. [...]

Ich habe mich heute mit Jenny verlobt. Sie liebt mich, und, wenn nicht Satan selbst Minen legt und meine Hoffnungen zerstört, dann werde ich bald glücklich und erlöst sein. So komisch mir die Vorstellung ist, daß ich Bräutigam sein soll, so sicher weiß ich, daß ich recht tue, den kleinen Peinlichkeiten nicht aus dem Wege zu gehen. Mir ist die Verlobung und Hochzeit nicht Ziel meines Weges, aber ich verschmähe die Formalitäten nicht, da sie mir Mittel scheinen zu herrlicher Gemeinschaft mit Jenny. Ihrer wert sein – das ist nun meine Aufgabe.

München, Mittwoch, d. 7. August 1912

Es regnet – regnet, wie es nur in München regnen kann –: ununterbrochen in langen, öden, triefenden Wasserfladen. Und dies trübseligste aller Wetter entspricht ganz meiner augenblicklichen Gemütsverfassung. Von Jenny, die nun acht volle Tage fort ist, seit drei Tagen kein Wort, – und ich verzehre mich vor Verlangen nach ihrem Gruß, nach einer kleinen Versicherung ihrer Liebe und ihrer Festigkeit, zu mir zu halten. Statt dessen kam gestern ein Brief von Papa. Ich hatte es für ratsam gehalten, ihn über den Stand der Dinge auf dem laufenden zu halten und hatte angedeutet, daß sich bei den Schwiegereltern Schwierigkeiten herausstellen. Nun schreibt der alte Herr seine Meinung darüber, ohne Vorwürfe gegen mich, das ist wahr, aber von einer solchen senilen Philistrosität, daß mir schwach wird. Ich könne eine Frau nicht ernähren, verdiene noch nicht einmal genug, um selbst davon existieren zu können. Deshalb täten die Eltern Jennys ganz recht, wenn sie mir ihre Tochter nicht anvertrauen wollten. Trotzdem hoffe er auf den günstigen Ausgang, den er selbst sehnsüchtig herbeiwünsche: aber erst, wenn ich eine gesicherte Existenz habe. Die, denke er – und er habe darüber mit Grethe gesprochen, die völlig seiner Meinung sei –, könne ich mir dadurch erwerben, daß ich in das Geschäft des Herrn Brünn einträte! – Ich wußte, als ich das las, zuerst nicht, ob ich lachen oder weinen soll. Daß mein Vater immer noch solche Ideen über meine Zukunft haben kann, brauchte mich schließlich nicht zu wundern. Er schreibt auch diesmal wieder, daß, wenn ich seinem Rat folge, mein »fruchtloses Experimentieren« der letzten zwölf Jahre endlich vorbei sein werde. [...]

München, Donnerstag, d. 22. August 1912
Diese Tagebücher feiern heute ihr zweijähriges Jubiläum. Es war doch eine sehr gescheite Idee damals im Sanatorium, sie einzurichten. Es ist in den zwei Jahren viel in mir und um mich geschehen. Menschen sind an mir vorübergegangen, Ideen sind gereift – ich habe den ›Kain‹ gegründet, allerlei geschrieben und gestaltet, Frauen haben in meinen Armen gelegen – und jetzt stehe ich vor dem großen Wendepunkt meines Lebens, wo ich mein Schicksal dauernd mit dem eines sehr geliebten Weibes vereinigen will. In den Tagebüchern kann ich all die Entwicklungen so ganz genau zurückverfolgen, von ihren ersten Anzeichen an bis zum Erfolg oder bis zum Debakel. Jeden Tag lese ich, was ich vor einem Jahr schrieb (von heute ab werde ich nun auch die Notizen nachlesen, die ich vor zwei Jahren schrieb), und so erhält sich in mir die Erinnerung auch an kleine Einzelheiten. Wie lange ich das Tagebuch noch so exakt führen werde, weiß ich natürlich gar nicht. Eines Tages kann es plötzlich aufhören – ebenso wie ich eines Tages die Lust am ›Kain‹ verlieren kann. [...]

München, Montag, d. 26. August 1912
Also, es ist abgemacht: Meine moralische Standhaftigkeit ist erschüttert. Für Jenny ist provisorischer Ersatz eingestellt: Grete Krüger wird mein Ferienverhältnis. Freitagabend – ich ließ ihretwegen die Gruppe im Stich – war sie bei mir, um Gedichte von mir sich zum Vortrag auszubitten. Als ich sie küßte, bot sie mir direkt an, mir beim Aufräumen meines Zimmers zu helfen, und als ich ihr sagte, ich dächte daran, mir eine Wohnung einzurichten, wollte sie gleich alle Arbeit dabei übernehmen. Ich klärte sie deshalb darüber auf, daß ich heiraten möchte, was sie sichtlich traurig stimmte. Aber sie ist auch nur Strohwitwe, und zwar doppelt. Sowohl Bloch, der zur Zeit in Amerika ist, wie auch ihr eigentlicher Verlobter, ein Grieche, will zurückkommen oder sie zu sich kommen lassen und womöglich heiraten. So einigten wir uns auf Liebe für Zeit. [...]

Gestern war Gruppenzusammenkunft. Fünf Personen. Der Wirt des Gambrinus hat uns das Lokal gesperrt. Das ist, glaube ich, das vierte Mal, daß uns das passiert. Jetzt geht die Sucherei wieder los. Ob wir ihm nicht genug Bier konsumiert haben oder ob – was leider das Wahrscheinlichere ist – die Syndikalisten gegen uns intrigiert haben, darüber hat er sich nicht geäußert. Ich bin sehr erbittert, auch über Morax, der wieder ganz lässig geworden ist und sich an lauter verbummelte Leute, Klein, Jung etc. anschließt. Das letzte Mal war ich nicht dort – Morax schon seit drei Wochen nicht mehr. Da hat, wie mir berichtet wurde, Jung, Mariechens Ehemann, die Gelegenheit ergriffen, über mich herzuziehen. Feige und gemein. Sobald ich ihn treffe, soll er meine Meinung hören. Nähme mir doch jemand die Mühe ab, die ich mir all die Jahre mit dem unbrauchbaren Material gebe. Oder kritisieren mich die Herrschaften wenigstens, wenn ich dabei bin! Welche traurige Autoritätsanerkennung, hinter dem Rücken eines Menschen seine Superiorität anzugreifen! [...]

Die letzten Tage waren von Otto Gross so stark okkupiert, daß ich sehr fürchten mußte, durch die Anstrengung der Unterhaltungen mit ihm werde jede Energie zur Arbeit in mir gelähmt werden. Das habe ich ihm heute gesagt. Darauf schrieb er mir diese Woche ins Notizbuch: »Das ist aus der Psychologie, die ich nicht reden darf: Erich, im Ernst, Du *mußt* zur Zeit mit irgend etwas beschäftigt und darauf aus sein, was wesentlich *nicht gut* sein *kann*. Ich bin dir diesmal – es ist wirklich nicht Selbstüberschätzung, daß ich so spreche, ins Haus gefallen wie der Eckart[27] – und wurde zum Teil als solcher behandelt – Was du heute gesagt hast, heißt: *Du mußt immer*, bevor *du deine jetzige Beschäftigung wieder aufnehmen kannst*, verdrängen, *auf was dich das Zusammensein mit mir gebracht hat. Das* aber ist dein wirkliches Sein, *nur das*; nicht von mir, sondern *von dir selber* wird dir mit mir zusammen die tiefere Wirklichkeit wieder bewußter – *und die mußt du verdrängen, bevor* etc. etc. und daraus – etc. –« – Gross' Unterstellungen haben in der Tat etwas, was stark ergreift und suggeriert. Was mich aber in

Wahrheit so anstrengt und ablenkt, ist die fortwährende Einstellung auf die ungewohnte Terminologie eines Monomanen. Ich muß mich fortwährend in Ausdrücken wie Komplex, Masochismus, Sadismus, Analyse, Verdrängung etc. zurechtfinden, und alle in neuen Bedeutungen angewandt. Und ferner ist mir schrecklich der Haß, den Otto gegen einige Leute hat und den er fortgesetzt betont und in Beziehung setzt zum Tode Sofie Benz'. In bezug auf Landauer versuchte er, mich vor die Alternative zu stellen: Er oder Er! Ich lehnte solche Alternative schroff ab, woraus sich die psychologische Erklärung ergab: Ich habe das Bedürfnis, mich von aller Welt foppen zu lassen. Über Johannes fiel er mit wahrhaft leidenschaftlichem Haß her und stellte die groteske Behauptung auf, er lasse sich in allem von finanziellen Erwägungen leiten. – Ungeschickt ist er ja nicht, wenn er einen Menschen vom andern abbringen will. Als er mich an Johannes' hysterische Intrigen erinnerte, mit denen er mich von Frieda trennte, kochte etwas in mir auf. Er hat damals – natürlich in der Analyse – Gross Dinge von mir erzählt, die haarsträubend sind. Die Indiskretionen, die ich gegen Frieda ihm gegenüber beging und die bestimmt nicht respektlos waren, hat er völlig entstellt wiedergegeben, als ob ich Frieda beschmutzt hätte. Damals hatte Gross solche Wut auf mich, daß er mich durchaus umbringen wollte. Ich wußte das selbst und ging – es war Ende 1908 – stets mit dem Gefühl herum, daß mir nach dem Leben getrachtet wurde. Schließlich stellte ich Gross eines Tages darauf und erklärte ihm, ich könne mich gegen Mord nicht schützen, man solle aber so anständig sein, ihn nicht meuchlings zu begehen. Damals war aber der Mordplan schon aufgegeben. Gestern sprachen wir das alles durch, und er bat mir viel ab. [...]

München, Mittwoch, d. 9. Oktober 1912
[...] Am Balkan ist der Krieg ausgebrochen.[28] Montenegro hat angefangen, die Kriegserklärungen Bulgariens, Serbiens und Griechenlands an die Türkei werden wohl in den nächsten Tagen erfolgen. Worum es sich eigentlich handelt, wird aus den Zeitungen gar nicht klar. Diese Leute wissen immer nur vom Episodischen der Ereignisse zu faseln, von den Zusammenhängen haben sie keine Ahnung. Es scheint, als ob die Balkanstaa-

ten die Schwächung der Türkei durch den Krieg mit Italien benutzen wollen, um im trüben zu fischen. Beschleunigt ist dann ihr Vorhaben offenbar durch die törichte und dilettantische Aktion des österreichischen Ministers v. Berchtold,[29] der namens der europäischen Mächte den Balkanländern die Wahrung ihrer Interessen zusicherte. Dadurch mußte Mißtrauen entstehen, das sich nun in einem wüsten Kriege der Balkanstaaten untereinander entlädt. Das Ende wird wohl wieder der Sieg der Türkei sein und daran anschließend die Expropriation der Türkei durch die Mächte, die in einem Kongreß à la Berlin 1878[30] die Autonomie Rumeliens und Mazedoniens und Kretas Anschluß an Griechenland verfügen werden. Politik ist schon eine grenzenlose Niedertracht. [...]

München, Sonnabend, d. 12. Oktober 1912
Von Jenny war gestern kein Brief gekommen, und ich hatte mich schon sehr geängstigt. Als nun heute früh wieder nichts kam, geriet ich in völlige Verzweiflung und dachte, alles wäre aus. Gott sei Dank, gegen Mittag kam ein Brief – und was für einer. So lieb, so zärtlich, vergnügt und vertrauend, daß ich nun ganz glücklich und zuversichtlich bin. Wie unsere Angelegenheit im Augenblick steht, darüber fehlt leider immer noch die Erklärung. Jennys Mutter scheint noch nicht abgereist zu sein, und wann ich nach Berlin fahre, ist noch ganz unbestimmt. Aber ich hoffe, endlich muß die Sache nun vorwärtsgehen. [...]

München, Donnerstag, d. 17. Oktober 1912
In der Gruppe Tat kam es am Montag zu einem kleinen Eklat. Herr Franz Jung begann erst wüst über Landauer zu schimpfen und dann auch meine Tätigkeit einer Kritik zu unterziehen. Kindler unterstützte ihn dabei. Ich erklärte, keine Lust zu haben, immer nur im Anklagestand an den Verhandlungen der Gruppe teilzunehmen, und forderte die Kritiker auf, alles, was sie von mir verlangten, selbst zu tun. Ich sei nicht die Gruppe und strebe die Autorität nicht an, die man mir dort oktroyieren wolle.[31] Darauf wurde mir berichtet, es sei von vier, fünf Seiten erzählt worden, ich hätte gesagt, ich ginge jetzt nur deshalb so selten zu den Gruppensitzungen, um meine Autorität zu stärken. Ich wies das energisch zurück und erklärte den Urheber

des Gerüchts für einen infamen Verleumder. Als Jung dann noch mal darauf zurückkam und ich aus seinen Worten heraushörte, daß er immer noch an die Wahrheit der Erzählung glaubte, erklärte ich, mit dieser Gruppe, der es an der ersten Voraussetzung: Solidarität untereinander, so gänzlich fehle, nicht weiter arbeiten zu können und daß ich nicht wiederkommen werde. Darauf ging ich. Später im Krokodil waren unter andern Halbe und Wedekind, mit denen ich dann noch in die Weinstube Michl ging. Es ist eine etwas delikate Aufgabe, zwischen den beiden immer noch argwöhnischen alten Freunden zu sitzen. Man trägt dabei die ganzen Kosten des Gesprächs. Gestern war Wedekind zum ersten Mal seit acht Jahren wieder auf der Kegelbahn und dann seit sieben Jahren zum ersten Mal wieder im Simplicissimus.

München, Dienstag, d. 29. Oktober 1912
Gestern kam ich von Berlin zurück, wo ich mal wieder acht Tage lang die Heirat mit Jenny zu fördern hoffte. Frau Brünn war dort, und mein Bruder Hans bestellte mich telegrafisch zum Rendezvous mit ihr. Eine sehr lebenskluge jüdische Kleinbürgerin, mit der ich allein und bei Onkel Leopold verhandelte. Über alle Details habe ich Jenny in meinen Briefen Bericht erstattet, die als Ersatz des Tagebuchs gelten können. Als ich die Frau am Mittwoch früh in den Zug setzte, blieb ich mit dem Gefühl zurück, daß diese Begegnung unsere Eheschließung nicht gefördert habe. Die Frau ist schwer enttäuscht von mir und hält mich für die ärgste Mesalliance für Jenny. Onkel Leopold und ich hatten gemeinsam vergeblich versucht, die Frau zur Nennung der Summe zu veranlassen, die man uns als Mitgift geben würde, da daraufhin Papa bearbeitet werden sollte, entsprechend zuzugeben. Onkel meinte nachher, er habe die Empfindung, daß Brünns außer der Einrichtung und Aussteuer gar nichts geben würden, und ich hatte den Eindruck, man rechne dort nur mit einem Schwiegersohn, dem man Geld ins Geschäft stecken könne, um womöglich dabei selbst noch ein Geschäft zu machen. Das alles scheint sich jetzt zu bestätigen. Denn Jenny schreibt in dem Brief, der heute ankam, es sei völlig ausgeschlossen, daß ihre Eltern jemals einer Heirat mit mir zustimmten, und nun beginnt damit eine neue Epoche in unse-

rer Liebe: der Konflikt mit den Eltern. Jenny ist entschlossen, zu mir zu kommen, und ich habe ihr eben meinen Entschluß mitgeteilt, sie mit oder ohne Geld, mit oder ohne Heirat zu mir zu nehmen. Ich bin schon fast bereit, die Weigerung der Eltern als einen Glücksfall zu betrachten, zumal ich bei Jenny die prachtvolle Entschlossenheit erkenne, um ihrer Liebe willen auf Elternhaus, Wohlstand und jegliche Bürgerlichkeit zu verzichten. Die widerwärtige Konzession der religiösen Trauung wird uns nun sicher erspart bleiben, auf die – eventuell spätere – standesamtliche Verbindung werde ich allerdings um der Kinder willen, auf die ich hoffe, dringen, denen sonst die Beteiligung an den Häuserzinsen entginge. [...]

München, Donnerstag, d. 21. November 1912
Nach langer Pause mal wieder ein kurzes Resümee. Es gibt genug Dinge, die mir wichtig genug erscheinen, um hier für all meine Zukunft vermerkt zu stehen. In der Angelegenheit mit Jenny ist eine Wandlung immer noch nicht eingetreten. Das gute Mädchen leidet zu Hause arges Leid. Sie ist entschlossen, spätestens mit dem Eintreten ihrer Mündigkeit (am 6. Januar) das Elternhaus zu verlassen und zu mir zu kommen. Ich warne sie redlich, das zu tun, wenn nicht für unseren Unterhalt irgendwie gesorgt wird. Mir geht es materiell gerade schlecht genug – ganz besonders wieder in der letzten Zeit –, und ich wüßte nicht, wie es werden sollte, wenn wir nun zu zweien von dem bißchen leben sollten. Gestern kam ein Brief, in dem Jenny die Hoffnung aussprach, ihre Eltern dazu bewegen zu können, daß sie schon im Dezember einer stillen Trauung in Berlin beiwohnen werden, um den Skandal zu vermeiden, der durch Jennys Fortgehen im Januar entstehen würde. Ich weiß gar nicht, was ich von all dem halten soll. Mir scheint nur, daß ich in dieser Sache ebensowenig Glück habe wie in allen anderen. Hätte ich nicht an die Eydtkuhner Eltern geschrieben, und wir hätten gar nicht ans Heiraten gedacht, dann wäre sie längst wieder hier, kein Mensch wüßte von unserer Beziehung, und wir wären glücklich.

[...] Bald hätte ich meinen eigenen Ehrenabend vergessen. Am Montag, dem 11. November hatte ich im Gobelinsaal der Vier Jahreszeiten den 1. Intimen Abend des Neuen Vereins zu bestreiten. Ich las Gedichte aus ›Wüste‹,[32] ›Krater‹ und dem Manuskript und hatte großen Beifall bei dem außerordentlich zahlreichen Publikum, das zum großen Teil nicht mal Platz zum Sitzen fand. Ich hatte die große Freude, am nächsten Tag in der ›Münchner Zeitung‹ eine außerordentlich anerkennende Kritik des Herrn Richard Braunsgart zu lesen, der auch den 1. Akt der ›Freivermählten‹, den ich vorgelesen hatte, lobte, daß ich nun wirklich hoffe, der Neue Verein wird das Stück doch spielen. Kutscher meinte nachher, meine Gedichte seien ihm geradezu Offenbarungen gewesen. – Außer der ›Münchner Zeitung‹ hat aber kein einziges Blatt es der Mühe für wert gehalten, von meinem Vortrag Notiz zu nehmen. Eine offizielle Veranstaltung des Neuen Vereins wird in den ›Münchner Neuesten Nachrichten‹ einfach totgeschwiegen, weil man mich nicht mal als Lyriker leben lassen will. Ich will das hier vermerken, um das Preßgesindel unserer Tage der dauernden Verachtung späterer Menschen preiszugeben. [...]

Im übrigen bin ich in großer Sorge. Steinebach teilte mir mit, daß das Defizit des ›Kain‹ bereits die Summe von 2500 Mark überschritten habe und daß er endlich Geld sehen wolle. Er möchte 1000 Mark haben, die er mit fünf Prozent für das Jahr verzinsen will. [...] – Nun setzte ich mich dieser Tage mit dem jungen Verleger Bachmair[33] in Verbindung, um ihn zur Herausgabe der ›Freivermählten‹ zu bewegen. Er erklärte, vor Frühjahr an derartige Publikationen nicht denken zu können. Im Laufe des Gesprächs fragte ich ihn, ob er nicht vielleicht den ›Kain‹ im Verlag übernehmen wolle, und zu meiner Überraschung schien er dazu sehr geneigt zu sein. Wir verabredeten uns zu gestern, wo wir zusammen zu Steinebach wollten, um die Bücher einzusehen etc. Ich war rechtzeitig im Café Bauer, wo wir uns treffen sollten. Statt Bachmairs war sein Freund Becher da,[34] der mir erzählte, Bachmair sei morgens schon allein bei Steinebach gewesen und erwarte mich jetzt bei sich. Wir gingen hin. In zweistündiger Unterhaltung wurden alle geschäftlichen Schwierigkeiten hin und her ventiliert. Herr Bachmair konnte sich vor allem mit dem einen Gedanken nicht befreunden, daß er gleichzeitig mein Gläubiger und mein Angestellter sein solle. Endlich und schließlich, als wir nun einen gemeinsamen Besuch beim Anwalt und bei Steinebach verabredet hatten, kam der Herr auf die Tendenz des ›Kain‹ zu sprechen und stellte das unerhörte Ansinnen an mich, ich müsse da eine Wandlung und Mäßigung eintreten lassen. Ich war außer mir. Als ich erklärte, die Leute kauften doch das Blatt gerade, um meine Ansichten kennenzulernen, meinte Herr Becher ganz ungeniert, das glaube er nicht, man kaufe den ›Kain‹ nur der Kuriosität wegen. Ich brach das Gespräch ab und ging sehr aufgeregt fort. [...][35]

München, Montag/Dienstag, d. 3./4. August 1914
Es ist ein Uhr nachts. Der Himmel ist klar und voll Sternen, aber über die Akademie ragt der Rand einer weißen, in dicken Schichten gehäuften Wolke, in der es unaufhörlich blitzt. Unheimlich grelle, lang sichtbare, in horizontaler Linie laufende Blitze.

Und es ist Krieg. Alles Fürchterliche ist entfesselt. Seit einer Woche ist die Welt verwandelt. Seit drei Tagen rasen die Götter. Wie furchtbar sind diese Zeiten! Wie schrecklich nah ist uns allen der Tod!

Immer und immer hat mich der Gedanke an Krieg beschäftigt. Ich versuchte, mir ihn auszumalen mit seinen Schrecken, ich schrieb gegen ihn, weil ich seine Entsetzlichkeit zu fassen wähnte.

Jetzt ist er da. Ich sehe starke, schöne Menschen einzeln und in Trupps in Kriegsbereitschaft die Straßen durchziehen. Ich drücke Dutzenden täglich zum Abschied die Hand, ich weiß nahe Freunde und Bekannte auf der Reise ins Feld oder bereit auszuziehen – Körting, Kutscher, Bötticher,[1] v. Jacobi, beide Söhne von Max Halbe und viele mehr –, weiß, daß viele nicht zurückkehren werden, lese Depeschen und Nachrichten, die – jetzt schon, ehe noch die Katastrophe eingesetzt hat – einem das Herz aufschreien machen, ich sehe alles schaudervoll nahe und viel schlimmer noch in der Realität, als die theoretisierende Phantasie es ausdachte. Und – ich, der Anarchist, der Antimilitarist, der Feind der nationalen Phrase, der Antipatriot und hassende Kritiker der Rüstungsfurie, ich ertappe mich irgendwie ergriffen von dem allgemeinen Taumel, entfacht von zorniger Leidenschaft, wenn auch nicht gegen etwelche »Feinde«, aber erfüllt von dem glühend heißen Wunsch, daß »wir« uns vor ihnen retten! Nur: wer sind sie – wer ist »wir«?

Aber der Gedanke ist doch grauenhaft, daß die Russen ins Land kommen könnten, Barbaren? Immerhin Menschen anderer Art, ohne Achtung vor unserer Welt, ohne Rücksicht auf unsere Gefühle mordend und sengend, Frauen und Kinder mißhandelnd und mit unseren Kulturgütern Kosakenspäße treibend. Und wie furchtbar ist es zu lesen, daß heut ein französischer Arzt mit zwei Offizieren in Metz versucht hat, einen Brunnen mit Cholerabazillen zu vergiften!* Vorgestern haben die Hände eines Chauvinisten Jaurès[2] gemordet, den Mann, der den Frieden wollte, der eigentlich verkörperte, was wir als die überlegene französische Kultur verehren. Und nun fahren französische Flieger über das Land und werfen Bomben. Da verlassen einen die Theorien, man wird einer von allen, mit den Instinkten aller, aber mit erhöhtem Leid, weil die Kritik unter dem Gefühl wirksam bleibt und weil alle Parteinahme den Opfern, nicht den Machern gilt.

Die Massen sind durch die Aufregungen dieser Tage in wahre Hysterie geraten. Überall werden Spione gewittert. Dann rennen die Menschen in Haufen zusammen, mißhandeln die Unglücklichen und übergeben sie der Polizei. Manchmal sollen ja wirklich schon russische Bombenwerfer abgefaßt sein. [...] Heut früh sah ich ein etwas ausländisch aussehendes Paar von erregtem Volk gehetzt durch die Straßen eilen. Was draus wurde, weiß ich nicht. Und nachmittags in der Sendlingerstraße brachten wieder Hunderte ein Mädchen zum Schutzmann, von dem behauptet wurde, es sei ein verkleideter Mann.

Wilde Gerüchte laufen um, unkontrollierbar, da die Behörden über fast alles Schweigen bewahren. Danach sollen gestern und heute hier eine ganze Menge Serben und Russen standrechtlich erschossen sein. Sie sollen die Hauptpost, den Bahnhof, den Pulverturm bei Freimann haben in die Luft sprengen wollen. Heut früh wurde ausgesprengt, das Leitungswasser sei vergiftet. Offiziere riefen es warnend aus – ich selbst war Zeuge davon –, die Häuser wurden einzeln benachrichtigt. Es stellte sich als leeres Gerede heraus. Man hört – ganz heimlich – von massenhaften Soldatenselbstmorden etc.

Aber doch ist die Einmütigkeit des Gefühls, eine gerechte Sache zu führen, bei aller Verblendung, ergreifend. Man ist sehr ernst, aber doch sichtlich gehoben. Wäre bloß nicht schon überall eine üble Gesinnungsriecherei bemerkbar! Vorgestern nacht traf ich Köhler,[3] v. Maaßen[4] und Bötticher im großen

---

* Tatarenmeldung. Dementiert. [E. M.]

Raum der Torggelstube. Mein Erscheinen bewirkte das Mißtrauen umsitzender nationaler Studenten, die uns belauschten und, obwohl kein Wort, das Gefühle hätte verletzen können, fiel, denunzierten. Es gab böse Auseinandersetzungen. Maaßen teilte Ohrfeigen aus. Schließlich wurde Bötticher – am Tage vor seiner Abfahrt zur Marine! – abgeführt (freilich noch auf der Straße freigelassen), und ich beschimpft und bedroht. Ohne ein politisches Wort gesprochen zu haben!

Heut habe ich eine Erklärung an die Leser des ›Kain‹ herausgegeben,[5] in der ich begründe, daß ich das Blatt während der Kriegsdauer eingehen lasse. Ferner habe ich mich beim Schwabinger Krankenhaus als Hilfsarbeiter in der Registratur gemeldet. Wo alles schwankt, ich vielleicht morgen nicht weiß, wovon leben, will ich nicht müßig sein. Bekomme ich keine oder eine ablehnende Antwort, dann gehe ich morgen zum Magistrat und frage nach Beschäftigung im humanitären Zivildienst: bei Kranken, Irren oder der Feuerwehr. Vielleicht kann mir da mal meine alte Apothekererfahrung nützlich werden.

Um Jenny bin ich sehr besorgt. Die letzte Nachricht erhielt ich am 29. Juli noch aus Eydtkuhnen, das inzwischen von den Russen besetzt ist.[6] Ein Brieftelegramm, in dem sie mich bat, ich solle ihr postlagernd nach Königsberg schreiben. Das tat ich sofort, las aber inzwischen, daß die Bestellung postlagernder Briefe jetzt entweder aufgehoben oder sehr erschwert ist. Nun weiß ich nicht einmal, wo die Geliebte ist und ängstige mich sehr. Ließe mich die allgemeine Spannung zur Besinnung über die Privatangelegenheiten kommen, ich glaube, ich stürbe vor Unruhe.

Auch von Lübeck hörte ich nichts. Der Landsturm ist aufgerufen, und ich fürchte, daß meine beiden Schwäger und vielleicht auch mein Bruder ins Feld müssen. Das wäre für unsern alten Vater sehr arg – und Charlotte ist gerade von ihrem dritten Kind entbunden. Aber was sagt das gegen das Los der armen Lucie v. Jacobi, die vor einem halben Jahr ihr einziges Kind verlor und nun den Mann in den Krieg ziehen sieht!

Morgen dürfte der Krieg mit Frankreich offiziell beginnen. Es sind Telegramme angeschlagen, daß der Gesandte in Paris aufgefordert sei, seine Pässe zu verlangen, weil die Franzosen völkerrechtswidrig die Grenzen überschritten haben. Libau soll von einem kleinen Kreuzer beschossen sein, der Kriegshafen soll brennen. Das wäre wohl ein Erfolg der Deutschen. Wie das Einmarschieren der Russen in Eydtkuhnen und das der Deutschen in Czenstochau zu bewerten ist, läßt sich noch gar nicht übersehen. Es wird erstmal zu allem Hurra gebrüllt. Rosenthal wollte wissen, daß der Louvre in Paris brenne. Ich glaub's nicht. Aber wie scheußlich schon, daß das möglich werden kann!

München, Dienstag/Mittwoch, d. 4./5. August 1914
Es ist wieder spät nach Mitternacht. Aber heut regnet es und ist trübe und trostlos. Und alles Unglück scheint ausgegossen über dies arme Land und seine ärmeren Menschen.

Eine entsetzliche Botschaft steht auf den Anschlagtafeln: Kurz nach 7 Uhr (also vor noch nicht sechs Stunden) erschien in Berlin der englische Botschafter im Auswärtigen Amt, um Deutschland den Krieg zu erklären.

Krieg mit England! Da mit Rußland und Frankreich die Kämpfe schon begonnen haben. Aus der Ferne durchs offene Fenster, von der Ludwigstraße her, tönen lärmende Jubelrufe und Hurrageschrei – jetzt auch Gesang herüber. Der Zug nähert sich und wird gleich dicht bei mir am Siegestor sein. – Nein, sie kamen von der Türkenstraße, und eben zogen sie – vielleicht 300 Mann – unter unserem Fenster vorbei, die Akademiestraße entlang. Singen können vor solchen Nachrichten! Arme Menschen! Vielleicht sind viele unter ihnen, die selbst mit müssen in den Krieg, die gar nicht oder als Krüppel wiederkehren.

Krieg mit England! Der ist der schlimmste! Wie das ertragen werden kann – ich habe graue Zweifel. Heut sind im Reichstag die Kriegskredite sämtlich bewilligt worden. Die Sozialdemokraten haben für alle Forderungen gestimmt und auf Kaiser und Vaterland mit Hurra! gebrüllt. Was sollten sie auch tun? Sie haben die Suppe einbrocken helfen. Nun stehen sie dem fait accompli gegenüber. – Aber was jetzt werden soll? Krieg! Tod! Nacht über die Welt! Es ist schaurig, es ist unausdenkbar.

Ich bin maßlos traurig. Ich zwinge mich zu Friedenshoffnungen. Aber die Zweifel sind stärker. Ich kann nicht glauben, daß mit den Mächten von England, Frankreich und Rußland jetzt noch von Frieden zu sprechen ist. [...]

Zweimal entlud sich heute meine Gepreßtheit in Tränenausbrüchen. Die erleichtern in den Stunden des Alleinseins. Die tun wohl, wenn das Herz platzen will. Und niemand mehr, der mich versteht, den ich verstehe. Hätte ich nur erst Nachricht, ob ich im allgemeinen Dienst Arbeit finden kann. Das Schwabinger Krankenhaus verwies mich an den Magistrat, und an den habe ich mich heute gewandt. Vielleicht weiß ich morgen abend schon, wohin ich gerufen werde. Dies Herumsitzen zu Hause und in den Cafés habe ich satt. Dabei gehe ich kaputt. – Überhaupt das Warten auf Nachrichten. Wo Jenny ist, weiß ich nicht, von Lübeck kein Wort, – die Post scheint fast gar nicht mehr zu funktionieren. Es ist gräßlich. [...]

Heut passierte ein heiterer Zwischenfall. Ich saß mit Nonnenbruch[7] im Stefanie. Plötzlich liefen die Leute zusammen und starrten gen Himmel. Wir hinaus – ein Flieger. In ganz engen Kurven überflog er in großer Höhe etwa die Türkenkasernen. Das Publikum war in großer Aufregung. Ist es ein deutscher oder ein französischer Aeroplan? fragte man sich. Vielleicht konnte jeden Moment eine Bombe niederfallen. Vielleicht zehn Minuten währte die Spannung, und immer im gleichen Kreis umflog der Apparat seinen Platz. Plötzlich löste sich die Aufregung in mächtigem Gelächter auf. Die Flügel des Apparats bogen sich nach beiden Seiten nieder, der Aeroplan flog mit großer Eile schräg aufrecht davon und verschwand sogleich im Äther. Es war ein unschuldiger Vogel gewesen – vielleicht der Unglücksvogel, vor dem das Volk sich ängstigt. – Schon ist auch für den 23. August ein Komet angesagt. Und man kann abergläubisch werden in diesen Zeiten.

München, Donnerstag, d. 6. August 1914

[...] Emmy sitzt wegen eines Diebstahls, begangen in Hannover an einem nächtlichen Besucher, in Untersuchungshaft am Neudeck. Becher und ich haben ihr den Dr. Kahn als Anwalt bestellt. Aber in der Kriegsaufregung denkt der wahrscheinlich sowenig wie ein anderer an seine Klienten. Nun war ich gestern bei ihr – in der Gitterzelle, wo ich vor Jahren Johannes Nohl besuchte, sprach ich sie. Ich hinter einer, sie hinter der anderen

Gitterwand, und dazwischen die Wärterin – übrigens eine gut-
mütige, nette Frau. Die arme Emmy weinte entsetzlich, klam-
merte sich mit den Fingern in die Vergitterung und war unermeßlich unglücklich. Ich mußte ihr versprechen, an ihre Mutter
zu depeschieren und alles zu versuchen, um sie freizukriegen.
Nach etwa zehn Minuten war das Gespräch zu Ende. Ich blieb
allein in der Zelle, und ehe ich hinausging, ließ ich den aufschie-
ßenden Tränen freien Lauf. Wie gräßlich sind die Einrichtungen doch, um deren Erhaltung nun Hunderttausende kräftige,
schöne, junge, frohe Menschen ihr Leben lassen! [...]
Ganz schlimm ist Henri Bing dran, der, wie er mir heut
erzählte, als Franzose schon zweimal fast gelyncht worden
wäre. Er verramscht jetzt, um leben zu können, seine Bilder um
zwanzig Mark. ›Jugend‹ und ›Simplicissimus‹ benehmen sich
erdenklich schlecht gegen ihn. Da lebt er nun seit zehn Jahren
hier, fühlt und denkt und spricht deutsch, arbeitet ständig an
diesen Blättern mit, und jetzt, da er hilflos und bedrängt da-
steht, lassen sie ihn im Stich. Der ›Simplicissimus‹, dies reiche
Blatt, hat ihm ganze 50 Mark gegeben, die ›Jugend‹ gar nichts.
Seiner Not gegenüber zuckt man die Achseln. Es ist schändlich.
Die Post scheint ihren Betrieb ganz eingestellt zu haben. Ich
höre und weiß nichts und mache mir um Jenny schwere Sorgen. Dabei sind diese Tage gerade solche besonders herzlichen
Gedenkens. Vor genau einem Jahr waren wir zuletzt zusammen, in Berlin bei Mutter Stern am Gendarmenmarkt. Das waren Tage – und Nächte! – Ach Jenny, wann werden wir das
wieder miteinander erleben? Ich bin sehr traurig und will jetzt
mal nach der lieben Frau sehn, die mir seit dreiviertel Jahren
nun die Geliebte ersetzt – nach Zenzl Engler,[8] die sich auch seit
vier, fünf Tagen nicht mehr gezeigt hat und deren Mann vielleicht auch schon fort ist, um im Kriege Sanitätsdienste zu tun.
Wie mir das Zimmermädel heut erzählte, denkt Frau Kaderschafka daran – der Mann ist ebenfalls eingerückt –, eventuell
die Pension aufzulösen, in der ich nun vier Jahre hause. Möglich, daß ich mich dann mit Zenzl zusammen irgendwo ein-
niste. – Vom Magistrat noch keine Antwort, und das Geld geht
sehr auf die Neige. Eine Existenz muß ich schaffen, ohne dem
Krieg zu helfen!

München, Nacht zum Sonnabend, d. 8. August 1914

Lüttich ist von den Deutschen im Sturm erobert worden. Es heißt, es seien 600 deutsche Pioniere dabei umgekommen. Scheußlich. Und dabei soll man sich vielleicht gar noch freuen, daß die Befürchtungen unbegründet waren, die ein Telegramm hervorrief, das mittags angeschlagen war und ebenfalls vom offiziösen Wolff-Büro ausgegeben war. Danach hätten deutsche Soldaten einen kühnen Handstreich gegen Lüttich unternommen, der aber mißglückt wäre. Es hieß dann, im Ausland werde man eine große Niederlage der Deutschen daraus machen, aber mit Unrecht, da die Unternehmung für den Verlauf des Krieges ganz belanglos gewesen sei. Natürlich kombinierte jeder, daß sich die Deutschen eine große Schlappe geholt hätten, was nun bemäntelt werden sollte. »Gottlob« ist es anders, und es war ganz nützlich, daß die gute Botschaft gleich hinterherkam, da die moralische Wirkung einer Niederlage sicher die wäre, daß die Leute noch irrsinniger würden. So weit bin ich nun glücklich, daß mich Siegestelegramme beruhigen, während mich doch nie die Kritik verläßt, ein welcher Wahnsinn der Krieg ist, und das Wissen, daß tatsächlich die Unfähigkeit der deutschen Diplomatie ihn heraufbeschworen hat. Wenigstens gab Deutschland den tieferen Grund für das fürchterliche Völkermorden, während Österreichs egoistisch-arrogante Rücksichtslosigkeit den äußeren Anlaß schuf.

Die Redensart vom »bewaffneten Frieden«, das alte »si vis pacem para bellum« hat furchtbar Bankrott gemacht. Deutschlands Rüsterei, der unstillbare Ehrgeiz, die europäische Militärhegemonie zu sein, hat das Unglück verschuldet. [...] Nun ist also aus dem angeblichen Rachezug Österreichs gegen Serbien wegen der Ermordung des Thronfolgers, in Wahrheit ist es natürlich ein Unterdrückungskrieg gegen die großserbischen Bestrebungen, den die Nachbarmonarchie seit Jahren planmäßig vorbereitet hat – dieser Este[9] starb ihr sehr gelegen –, ein beispielloser Weltkrieg geworden. In knapp vierzehn Tagen sind die mitteleuropäischen Länder gezwungen worden, sich zugleich gegen Serbien, Rußland, Frankreich, Belgien und England zu wehren, und die armen Soldaten, das heißt, das arme Volk muß die Suppe ausessen, die die Diplomaten ihm eingebrockt haben. Ich aber, der Antimilitarist, muß alle meine

Hoffnung dahin wenden, daß das Militär in Deutschland besser sei als die deutsche Staatskunst,* sowenig ich den andern wünsche, was ich für die Unsern fürchte.

Immer noch kein Brief von Lübeck oder von Jenny und auch keine Antwort vom Magistrat. Wie entsetzlich sind diese Zeiten für jeden Einzelnen!

München, Sonntag, d. 9. August 1914

Eine Postkarte von Hardy, die gestern ankam und am 5. August in Berlin aufgegeben war, zeigt, daß der Postverkehr, wenn auch langsam, doch funktioniert. Um so bewegter warte ich auf Nachrichten, besonders von Jenny. Den letzten Brief schickte ich ihr offen nach Königsberg, postlagernd, mit dem Vermerk, daß er, falls er nach drei Tagen nicht abgeholt wäre, an mich zurückzuleiten sei. Kriege ich ihn wieder, dann schreibe ich an ihre Freundin, die Tochter des Sozialdemokraten Haase[10] in Berlin. Vielleicht weiß die etwas.

In der Zeitung stand heute, daß der Magistrat keine Leute mehr einstellt, da alle Posten besetzt seien. Nun will ich mich an die Geschäftsstelle des Vereins Münchner Apotheker um einen Gehilfenposten wenden. Man will doch schließlich existieren, und mit Literatur ist zur Zeit kein Geschäft zu machen. Die ›Jugend‹, mit der ich seit etwa einem Jahr wieder Verbindung habe, schickte mir einen Stoß Einsendungen zurück, offenbar wollen die Hosenscheißer meinen Namen jetzt doch wieder nicht drucken. – Der Gedanke, wieder Apothekendienst tun zu sollen, amüsiert mich eigentlich. Nach dreizehneinhalbjähriger Unterbrechung! Damals stopfte ich in der Stunde höchster Not und als mir eine gute Vertretung angeboten war, sämtliche Papiere in den Ofen und verbrannte sie, um die Brücken endgiltig hinter mir abzubrechen. Jetzt, wo ich als anerkannter Schriftsteller und bekannte Persönlichkeit provisorisch wieder den Pillenmörser zur Hand nehmen will, weiß ich, daß ich mir nichts mehr damit vergebe. Ich kann mir und andern nützen – das ist entscheidend. [...]

* Warum eigentlich? Dies ist doch schon Kriegspsychose! – (12. November) [E. M.]

München, Nacht zum Dienstag, d. 11. August 1914

[...] Bei uns ist jeder Autofahrer als Spion verdächtig. So hat man, was offiziell zugegeben wird, schon deutsche Offiziere in ihren Autos erschossen. Das Menschenleben ist gar nichts mehr wert. Man spricht, daß bei Lüttich 2400 Deutsche gefallen seien. »Nur« heißt es dabei. Heut bringen die Blätter eine Notiz, wonach gestern in München ein zwölfjähriger Junge, der auf ein Wärterhäuschen geklettert war, um die Verladung von Soldaten mit anzusehen, von einem Wächter heruntergeschossen und schwer verwundet wurde. Diese Notiz wird mit keiner kritischen Bemerkung versehen. Es ist ganz selbstverständlich. [...] – In diesen Tagen erwartet man eine Riesenschlacht in Frankreich. Tausende werden dabei zugrunde gehen – vielleicht viele Freunde und Bekannte darunter. Trotzdem ist alle törichte Erwartung darauf gerichtet: Ginge es doch erst ordentlich los! (Um so eher wird's aufhören!?)

Aber eines muß zugegeben werden. Die Zuversicht der Deutschen, ihre gläubige, starke Anteilnahme ist erschütternd, aber großartig. Es ist jetzt eine seelische Einheit vorhanden, die ich einmal für große Kulturdinge erhoffe.

Was wird nur nach dem Krieg kommen? Ich fürchte sehr Böses. Ein schändlicher Materialismus wird um sich greifen und eine wüste Reaktion herbeiführen. Es ist Irrsinn, daß Leute wie Dehmel sich freiwillig gemeldet haben. Gerade diese Männer werden dann nötig sein, um den Geist zu verteidigen. Ich fürchte auch, daß eine einschneidende Spaltung der Geistigkeit eintreten wird. Der George-Kreis[11] soll von wildem Patriotismus ergriffen sein. – Das fehlt nun gerade noch, daß unseresgleichen sich offen der Gegenpartei zuwenden! Ich sehe eine trübe Epoche voraus. [...]

München, Nacht zum Donnerstag, d. 13. August 1914

Die Nachrichten von deutschen Erfolgen häufen sich. Lüttich, Mülhausen, Lagarde: das klingt allen sehr vertrauenerweckend. Für den 15. ist eine große Schlacht prophezeit, vermutlich in der Gegend von Namur. Wer am meisten Menschen mordet, gewinnt. Die Menschenfreunde à tout prix hoffen wie jedermann, daß unsere Landsleute die meisten Menschen töten werden. Denn sonst würde das Elend grenzenlos: Alle Kultur, alle

Gesittung, die Deutschland sich seit dem dreißigjährigen Kriege erarbeitet hat, stehe auf dem Spiel. Nicht zu reden von der materiellen Pleite. (Freilich: die andern?)

Bei mir ist die Pleite schon da, und ich sehe noch kein Ende ab. Von meinem Vater kam ein Brief (der eine geschlagene Woche unterwegs war). Natürlich denkt er nicht daran, mir aus der Misere zu helfen. Seine Papiere seien kolossal gefallen. [...] Aber er stellt mir gütigst anheim, zu ihm zu kommen, wo ich wohnen und leben kann (und Vorwürfe hören). Ich habe ihm geantwortet, daß, wenn ich das Reisegeld nach Lübeck hätte, ich schon nicht mehr dorthin zu reisen brauchte. Er möge mir die Beglaubigung über mein Gehilfenexamen von der Medizinalbehörde besorgen und herschicken. [...] Eben bin ich mit zwei Büchern herausgekommen, die nun natürlich kein Mensch kauft. Bei den ›Freivermählten‹ ist das ja zu verschmerzen, aber meine Gedichte, die Cassirer gerade in wirklich anständiger Aufmachung hat erscheinen lassen![12] Meine gesammelten Gedichte! Der Niederschlag meines besten Lebenswerkes, von dem ich soviel erhofft hatte! Wenigstens die äußere Anerkennung! Wenigstens die Bestätigung, daß ich in die vordere Reihe der gegenwärtigen Dichter gehöre! Und nun kommt, ehe sich noch ein Mensch um das Buch gekümmert hat, dieser schauerliche Krieg, und niemand wird das Buch lesen, niemand es erwähnen, niemand es empfehlen, niemand deswegen von mir reden! Gott meint es wohl redlich schlecht mit mir. [...]

München, Sonnabend, d. 15. August 1914
Der ›Simpl‹ treibt's aber auch arg. Am Titelkopf das Eiserne Kreuz mit dem W. desselben Wilhelms, den das Blatt in allen Jahren seines Bestehens verhöhnt hat. Und immer der haltloseste Hurrapatriotismus, in dem sich Ludwig Thoma, der große Spötter, am lautesten jetzt hervortut. Diese Stimmung macht sich in allen Blättern breit, eine bramabarsierende Deutschtümelei, die protzig mit der deutschen Schlichtheit renommiert. Blätter vom Schlage der ›Münchner Zeitung‹ wären ohne weiteres fähig, derartige Furchtbarkeiten, wie sie in Belgien gegen Deutsche verübt wurden, gutzuheißen, wenn sie, von den Behörden ungehindert, hier gegen Fremde versucht würden. Auf die Idee, daß in Belgien ein Massenwahnsinn ausgebrochen ist,

kommt hier niemand.[13] Denn es will keiner glauben, daß die Leute, die dort so entsetzlich bestialisch gehaust haben, sicher gewöhnlich gute Menschen sind, denen gar nichts ferner liegt, als Wöchnerinnen zu töten und Säuglinge aus den Fenstern zu schleudern. Das sind die berühmten veredelnden Wirkungen des Krieges!

Mein Geld ist ganz am Ende. Gestern half mir Lotte Pritzel noch mal mit zwei Mark auf die Beine. Was weiter wird, übersehe ich noch nicht. Aber ich habe wenigstens mein Mittagessen in der Pension. Bei vielen Künstlern und Schriftstellern ist ein Elend eingekehrt, das aller Beschreibung spottet und, da keine Hand sich helfend öffnet, die Not der Arbeitslosen in Friedenszeit weit in den Schatten stellt. [...]

Halbe erzählte eine bezeichnende Geschichte. Er wurde auf die Redaktion der ›Neuesten Nachrichten‹ gebeten. Dort empfing ihn der Chefredakteur Mohr: Dr. Hirth[14] wolle ihn sprechen, um von ihm Beiträge zu erbitten. Mohr bereitete Halbe vor: »Schmalz brauchen wir jetzt, Herr Doktor, viel Schmalz!« Als Halbe zu Hirth kam, stellte sich heraus, daß er gar nicht gemeint war und daß man von Heigel[15] das »Schmalz« erwartete, das als öffentliche Meinung nun in der Tat mehr als reichlich verschmiert wird.

Von Jenny kein Lebenszeichen.

München, Dienstag, d. 18. August 1914
[...] Seltsam und unwirklich scheint einem manches, was man jetzt sieht, hört und erlebt. Gestern traf ich Lion Feuchtwanger, der in Tunis war, dort vor Ausbruch des Krieges verhaftet wurde, aus der Gefangenschaft auf ein italienisches Schiff entkam und unter vielen Strapazen und nach Verlust all seiner Manuskripte und seines Geldes hier eingetroffen ist. Einen Mitflüchtling holten die Franzosen von dem italienischen Schiff herunter und erschossen ihn vor Feuchtwangers Augen, der sich bei der Durchsuchung unter Seilen versteckt hatte. –

Heut früh erhielt ich eine Zustellung vom Polizeipräsidenten, wonach alle Artikel über das Heer oder den Krieg vor Druck dem Kriegsministerium vorzulegen sind. Ich bin froh, daß ich den ›Kain‹ sistiert habe. Wer weiß, was man mir sonst für Scherereien machen würde, und wie lange ich frei herumliefe. [...]

[...] Der Papst ist heut nacht gestorben. Er muß sich's gefallen lassen, daß die Presse dies Ereignis nebenher auf der dritten und vierten Seite behandelt. Rößler meinte neulich schon: »Nur jetzt nicht sterben! Man hätte gar keine Presse!« – Den schwarzen Politikern wird mit dem Tode Pius' X.[16] ein Stein vom Herzen fallen. Er hat ihnen ihre schäbige Realpolitik nicht leicht gemacht, der fromme Dickschädel.

Am ekelhaftesten in dieser Zeit ist die Verlogenheit der Zeitungen. Das Niveau der deutschen Presse war ja bei Gott nie sehr hoch. Aber gegenwärtig halten die Schmalz-Schmöcke einen Tiefstand, der seinesgleichen sucht. Daß ein paar hysterische und unbefriedigte, wahrscheinlich bloß vom Krieg angewiderte Frauen gefangene Franzosen mit Wein und Schokolade bewirtet haben und gern zu ihnen in die Lazarette wollten, ist ihnen neuerdings Anlaß zu empörten Stilübungen. »Die Ehre der deutschen Frau« soll gewahrt werden, und dazu proklamieren die Soldschreiber jene »Schlichtheit«, die man gemeinhin Geschmacklosigkeit nennt und die sich in Flanellröcken zu manifestieren pflegt. [...]

Zenzls Besuch verlief gestern etwas melancholisch. Von den fünf Brüdern, die sie im Felde hat, ist einer gefallen, ein Schäffler, der eine schwangere Frau und drei unversorgte Kinderchen hinterläßt. Zenzl muß nun die Witwe trösten. Morgen will sie nun aufs Land fahren und mir heut abend noch ihren Leib zum Abschied geben. Ich werde sie doch sehr vermissen, die schöne, zärtliche Frau mit der derben bayrischen Mundart, den praktischen Händen und Augen und dem herrlichen Haar und Wuchs. [...]

Von Schustermann[17] kamen eine Anzahl ärgerlicher Zeitungsausschnitte, die sich mit meiner Erklärung an die ›Kain‹-Leser beschäftigen. Sie drucken den verstümmelten Abdruck aus der ›Augsburger Abendzeitung‹ nach, in dem der wichtigste Abschnitt, in dem ich ehrlich sage, ich würde, wolle ich meine Meinung sagen, meine persönliche Sicherheit gefährden, ausgelassen ist, um durch den letzten Abschnitt mich als Patrioten hinstellen zu können, da ich den allerdings mißverständlichen

Wunsch ausspreche, daß es gelingen werde, die fremden Horden von unseren Brüdern und Frauen, von unsern Städten und Äckern fernzuhalten!*[18] Natürlich bin ich auch in diesem Zusammenhang überall der »Edelanarchist«, der die Caféhäuser unsicher macht. Nur eine Lübecker Zeitung läßt diesen Relativsatz aus, weist auf meinen »aufsehenerregenden Kampf gegen die Münchner Zensur« hin[19] und renommiert mit mir als geborenem Lübecker. Gönnen wir den Schafsköpfen das Vergnügen. – Aber der dumme Schlußsatz macht mir zu schaffen. Ich fügte ihn unter der Angst um Jenny und beeinflußt von den Warnungen Jacobis und Weisgerbers nachträglich ein. Es war eine große Eselei.

München, Donnerstag, d. 27. August 1914
Sehr lohnende Unterhaltung mit Heinrich Mann, der den Krieg ungemein pessimistisch beurteilt. Seine Idee, man wende sich absichtlich nur gegen Westen und lasse die Russen getrost in Ostpreußen einbrechen, ist natürlich unsinnig. Richtig ist nur soviel, daß die feindliche Übermacht zu stark ist und daß man nun zuerst mit aller Wucht gegen die Seite marschiert, von der man die stärkere – nicht »sittliche«, sondern Überlegenheitsgefahr fürchtet. Manns Ansicht, daß die deutsche Regierung dem russischen Zarismus nicht gern wehtäte, ist nur bedingt richtig, etwa so wie der Standpunkt Wedekinds, den er mir gegenüber verschiedene Male in den letzten Tagen vertrat, indem er in seiner bekannten Weise ethische Momente überall ganz leugnet und alles auf eine rein geschäftliche nüchterne Formel bringt. Beider Kritik ist aber immerhin noch viel schöner, anständiger und richtiger als die der à-tout-prix-Patrioten à la Maaßen, Jodocus Schmitz[20] etc. Ich bekam gestern im Stefanie einen richtigen Wutanfall, als diese Leute sich tief darüber empörten, daß England erklärte, den deutschen Patentschutz nicht mehr anzuerkennen. Das gilt als wichtig, während täglich in allen Heeren Tausende niedergeknallt werden, wo kein Land sich ums Völkerrecht schert, wo Kinder und Frauen mißhandelt, auf marschierende Soldaten aus dem Hinterhalt geschossen wird, wo

* Ich habe gleich, als die Fälschung erschien, Neudrucke ohne den Satz drucken und den Rest der ersten Auflage vernichten lassen. [E. M.]

aus Zeppelinen Bomben unter die Menschen platzen, wo Belgien und Ostpreußen zerstampft und zermanscht werden, wo Häfen und Städte, Wälle und Mauern mit grauenhaften zentnerschweren Granaten zerstört werden – da schimpft man über Englands »Krämergeist«, weil es deutsche Kapitalswerte zu schädigen sucht! Ich sagte den empörten Leuten, entweder man erkenne den Krieg an, dann sollte man nicht einzelnes als »Gemeinheit« herausgreifen (wenn es nämlich der »Feind« tut), oder man verabscheue den Krieg insgesamt, dann kommt man dazu, alles, was zum Kriege taugt, als Gemeinheit zu bewerten, auch das, was die Deutschen machen, die in Algier ungeschützte Häfen beschossen haben, neutrales belgisches Gebiet beschritten und weil die Belgier, eingeschüchtert zugleich von England und Frankreich, sich zur Wehr setzten, dort ein entsetzliches Strafgericht hielten. Man beruft sich darauf, daß der in Frankreich und Belgien – übrigens auch im »deutschen« Elsaß-Lothringen ausgebrochene Franktireurkrieg grausame Gegenmaßregeln notwendig mache. Das ist ganz töricht. Ich werfe es den Deutschen zwar nicht besonders vor, daß sie Leute, die sie aus dem Hinterhalt umbringen, beseitigen. Aber von verbrecherischen Instinkten getriebene Mörder sind die Franktireurs nicht. Sie sind geleitet von der naiven Wut der Bauern, denen fremde Horden das Eigentum zertrampelten und gleichzeitig von dem gleichen nationalen Furor, der auch die deutschen Soldaten begeistert und verrückt macht. Die bestialischen Scheußlichkeiten, die an Verwundeten verübt wurden, gehören in ein besonderes Kapitel. Das sind Wahnsinnserscheinungen, Symptome einer Verrohung, die ihre Ursache doch auch wieder im Kriege hat. [...]

Mit Heinrich Mann und seinem Unglück von Eheweib[21] war ich auch gestern wieder im Hofgarten zusammen, ehe sie nach Schliersee zurückfuhren. Er berichtete über ein Gespräch mit dem Rechtsanwalt Dr. Brantl, der die Kriege für notwendig hält, damit die Menschheit dezimiert werde. »Wenn man aber näher darauf eingeht«, erzählte Mann, »meint er unter Menschheit die Münchner Rechtsanwälte.« Die Theorie von der Übervölkerung der Erde, der die Kriege begegnen sollen, mag wohl bei vielen aus der Abneigung gegen die Konkurrenz entspringen. Ich glaube, ich habe im ›Kain‹ schon einmal denen, die mit diesem Blödsinn hausieren gehen, geraten, sich doch selbst umzubringen, um ihrerseits an der Entvölkerung mitzuwirken, statt immer nur die andern Leute als überzählig anzusehen.

Ferner berichtete Heinrich Mann von einem Besuch bei seinem Bruder Thomas. Er zitierte etwas spöttisch dessen Bewunderung für die allen gemeinsame Begeisterung: »Er genießt das, wie alles, ästhetisch«, erklärte der Bruder, und mir wurde dabei der tiefste Gegensatz zwischen beiden lebendig. Thomas Mann kommt vom Ästhetischen aus zu seinen Stoffen und verarbeitet sie ästhetisch und mit dem bewußten Bestreben, der Wahrheit des Lebens möglichst nahezukommen. Daher wirken seine Romane und Novellen wie exakte Ausschnitte aus der Wirklichkeit, gesehen durch ein abgeklärtes, stilisierendes Temperament. Heinrich Mann kommt von starker Ergriffenheit aus zu seinem Thema, dem er in Aufbau und Ausdruck die raffinierteste Präzision sucht. Daher wirken seine Arbeiten auf das verwandte künstlerische, Thomas' auf das verfeinerte bürgerliche Temperament stärker, und daher gilt mir persönlich Heinrich so viel bedeutender und wertvoller als sein Bruder. [...]

München, Montag, d. 31. August 1914
[...] Wenn man Maaßen hört, müßte überhaupt jetzt ganz England, Frankreich und Rußland deutsch werden (Belgien, selbstverständlich). Aber er ist ein so lieber Kerl und bringt seine blutrünstigen Fanfaren mit so kostbarem Humor und soviel Selbstironie vor, daß man ihn trotz allem gern haben muß. Gestern abend waren wir mit Jodocus Schmitz und Pfenninger im Domhof. Schmitz und Maaßen kämpften gegen mich an, weil ich den Krieg, von allen übrigen Scheußlichkeiten abgesehen, als das Ende aller seit 50 Jahren in Deutschland bestehenden Kultur ansah. Wedekind, behauptete ich, wird Walter Bloem[22] und ähnlichem Kaliber das Feld räumen müssen. Und was war die Antwort? Kritische Nörgeleien gegen Wedekind, also sofort die Bestätigung. Schmitz wurde mordsausfallend gegen mich, aber schließlich vertrugen wir uns. Auf dem Nachhausewege, während wir noch laut stritten, hielt mich ein Passant an, machte mir Komplimente wegen meiner Wahrhaftigkeit und warnte mich, jetzt meine Ansichten zu laut zu sagen. Nachher fühlte ich das Bedürfnis, noch mit Maaßen allein zu sein, und ich freute mich, wie der dann trotz seiner patrioti-

schen Hochspannung auf mich einging. Ich erklärte ihm, wie er meine Depression begreifen müsse: Alle meine sozialen und sittlichen Ziele nehmen ihren Ausgang vom Weltfrieden. Was gegenwärtig geschieht, erschüttert die Grundlagen meiner Welt. Hier wird einmal wahr, was Köhler gestern nachmittag von Hegel zitierte: Wenn Theorie und Praxis nicht übereinstimmen – um so schlimmer für die Praxis. – Maaßen ging auf das alles ein, sprach sogar seine Überzeugung dahin aus, daß er an die einstige Verwirklichung meiner Ideen glaube und sah auch ein, daß er seine Begeisterung schwerlich von mir verlangen könne. So trennten wir uns wieder als gute Freunde. [...]

München, Montag, d. 7. September 1914
[...] Gegenstand vieler Unterhaltungen waren in diesen Tagen auch die Sozialdemokraten der verschiedenen Länder. Selbst der brave, gütige, alte Professor v. Stieler[23] wurde ganz grimmig gegen mich, als ich meinte, die deutschen Sozialdemokraten hätten sich mit ihrer Haltung das Grab gegraben. Freilich konnte ich ihm das nicht so plausibel machen, wie ich es sehe: daß sie nämlich in allen Jahren vorher schon die inkonsequenteste Politik getrieben haben, die sie fortgesetzt zwischen ihren Werbereden und ihren Taten in Konflikt brachte, daß sie den Militäretat stets verweigerten, dann aber die Milliarden-Vermögenssteuer für Militärzwecke bewilligten und endlich dem Kriegskredit zustimmten. Ich behaupte, der Krieg wäre, in seinem jetzigen Umfang wenigstens, vermieden worden, wenn etwa wie in Frankreich auch in Deutschland der Wille zum Frieden als unbedingtes Erfordernis der Volkswohlfahrt bei den Arbeiterpolitikern bestanden hätte. Aber bei allen internationalen Sozialistenkongressen ist der Antrag der Franzosen, Engländer und Schweden an den Deutschen gescheitert, drohender Kriegsgefahr durch gleichzeitige Proklamierung des Generalstreiks in den beteiligten Ländern zu begegnen. Die Furcht vor solcher Entschlossenheit hätte in Paris, London und Berlin genügt, um die den Krieg einleitenden Handlungen – in diesem Falle das Ultimatum Österreichs an Serbien – zu verhindern. Die Antwort auf diese Behauptung lautet stets: »Lächerlich! Im Gegenteil, die deutschen Arbeiter hätten selbst den Krieg erzwungen. Man sieht ja, mit welcher Begeisterung sie dabei sind

und von Anfang an mitgetan haben.« Ja, seit der Krieg im Gange ist. Seitdem wird ihnen jeder Widerstand als Irrsinn hingestellt. Vorher war die Stimmung aber sehr anders. Noch in den letzten Julitagen fanden überall in Deutschland protestierende Massenversammlungen statt, die sehr energisch gegen den Krieg Stellung nahmen und in Berlin, Stuttgart etc. zu Straßendemonstrationen führten. Mit so gestimmten Arbeitern war ohne Schwierigkeit auch der Generalstreik zu machen, hätten die Führer gewollt. – Jetzt aber schreiben dieselben Leute, die damals alles Unheil vom Kriege weissagten, auch im Falle des Sieges, begeisterte Hymnen auf die »große Zeit«. [...]

München, Sonnabend, d. 12. September 1914
Von Lemberg und Paris nichts Neues. Auf beiden Seiten toben immer noch fürchterliche Schlachten, und wenn man es wagt, am Ausgang eine Sekunde zu zweifeln, dann hat man den Namen eines Deutschen verwirkt. Eine Verrohung und Beschränktheit äußert sich überall ganz ungeniert, daß einen helles Entsetzen packt. Schon hat Karl Hans Strobl[24] die deutschen Kritiker ermahnt, keine ausländische Literatur mehr zu beachten, schon predigt das Rindvieh Dillmann, man solle französische Musik boykottieren, und Nonnenbruch fand das, als ich gestern darüber herzog, ganz in Ordnung: Wir müssen uns endlich auf uns selber konzentrieren. Mit anderen Worten: Nieder mit Manet, Renoir, van Gogh, Rodin, Ssomow,[25] – kauft Nonnenbruchs geile Kitschnymphen! Wie sagt Meßthaler jeden Abend dreißigmal? Der Krieg ist zum Kotzen!

München, Freitag, d. 18. September 1914
[...] Eine amüsante Nachricht: Professor Quidde[26] aus München ist nach Holland gereist und will eine ständige Verbindung zwischen den »internationalen« Pazifisten schaffen. Er hat sich schon für eine Rotterdamer Zeitung interviewen lassen und ausgesprochen, daß die Herren Pazifisten durchaus noch nicht den Mut verloren haben und eine Einwirkung auf den schnellen und milden Friedensschluß nehmen wollen. Ich kenne doch den eingebildeten alten Laffen Quidde. Er will sein Röllchen spielen und den Nobelpreis kriegen. Aber Selbstvertrauen haben die Herren Friedlichen, Fried,[27] Umfried[28] – und wie die

Friedriche alle heißen. Angesichts des scheußlichsten aller Kriege der Weltgeschichte, der zum ersten Mal kein Kabinettkrieg, sondern ein ausgesprochener Diplomatenkrieg ist, meinen sie immer noch, durch betuliche Geschwätzigkeiten bei den Diplomaten alle Dinge ins Gleiche stellen zu können. Vor vielleicht anderthalb Jahren nannte ich mal in einer Versammlung die Diplomaten »professionelle Händelsucher«. Quidde wies das damals zurück. Gelernt hat er also auch von der Erfahrung nichts. Deutschlands geistige Elite! Aber noch Gold gegen die Patrioten. [...]

München, Sonntag, d. 20. September 1914
»Was bedeuten gewonnene Schlachten? Sieg und Niederlage sind Begriffe. Wie kann ein Volk siegen, das in der ganzen Welt gehaßt wird?« Das sind Worte, die mir gestern abend Heinrich Mann sagte. Wedekind saß am Tisch und Halbe, B. v. Jacobi und Frau, v. Maaßen, Schmitz, Steinrück, Herzog, Dr. Goldschmidt[29] und Friedenthal.[30] Mann sagte seine sehr herben Dinge nur zu mir. Er hätte sich auch trotz des neutralen Raumes (die Kegelbahn unter der Torggelstube) wenig empfohlen, sie laut zu sagen. Denn Halbe ging schon hoch, als ich an Jacobi die harmlose Frage richtete, ob man im Felde ebenso talentiert Kriegspläne entwerfe, wie Maaßen es gerade tat. [...]

München, Sonnabend , d. 26. September 1914
[...] Ein ausführlicher Brief Jennys macht mir große Freude. Sie findet eine klare Stellung zu den Geschehnissen, auf die ich sorgsam werde zu antworten zu haben. Besonders ihr Zukunftsprogramm scheint mir sehr wichtig. Da sich die Gesellschaft im Gegensatz zu der ungeheuren Realität des Staats als völlig desorganisiert und bankrott erwiesen hat, will sie den Zusammenschluß aller derjenigen betreiben, »die sich zur ›Gesellschaft‹ im Gegensatz zum Staate rechnen. Und zwar ein Zusammenschluß nicht zum Zwecke irgendeiner Kritik oder Mitarbeit am Staate, sondern zum Zweck realer Arbeiten.« – Diese anarchistischen Gedanken werden sich wohl nur in der vom Sozialistischen Bund geförderten Weise verwirklichen lassen. Ich wollte, wir könnten uns endlich persönlich aussprechen. Aus unserer Ehe, unserem Bunde könnte sich eine Ge-

meinschaft ergeben, aus der für alle Gutes erwachsen sollte. – Der wirklich bedeutende Brief, der auch viel Angreifbares enthält, hat mich in einen merkwürdigen Zustand der Erregung versetzt, bei dem die Aufwühlung von Ideen ebenso beteiligt ist wie die heiß spürbare Liebe zu dem herrlichen Mädchen.

München, Dienstag, d. 29. September 1914
[...] Als ich heimkam, fand ich einen sehr seltsamen Brief vor: von Karl v. Levetzow,[31] der mir neulich schon per Karte angekündigt hatte, daß er mich etwas anfragen wolle. Er schreibt aus Nervi in Italien, und seine Frage geht dahin, ob ich ihm Schweizer Verleger oder anarchistische Zeitungen nennen kann, wo er seine Broschüre bzw. Artikel seiner Färbung veröffentlichen kann. Er kommt dann auf den Krieg zu sprechen, teilt mir mit, daß er sich dem Kriegs- und Marineminister Frankreichs zur Verfügung gestellt habe, ohne noch Bescheid zu haben und schreibt dann: »Da Ihre deutschen Zeitungen nicht die Wahrheit sagen dürfen und sie auch nicht erfahren, so will ich Ihnen sagen, daß die Sache Deutschlands und Österreichs ganz miserabel steht und miserabel bleiben wird, selbst wenn partielle Erfolge kommen sollten. Der Krieg endet *nur* mit der vollständigen Niederwerfung des preußischen Zarismus und Militarismus und mit der Zersplitterung der habsburgischen Monarchie.« »Wenn das deutsche Proletariat schon jetzt Kaiser und Könige hinauswürfe und die deutschen Nationen als föderative Republiken dastünden, würde der Friede rascher zu erzielen sein...« »Das Schlagwort, mit dem Preußen auch die Sozialisten und Anarchisten ködert, nämlich ›Russischer Zarismus‹, ist ein Wauwau für Kinder! Die russische Gefahr hat nie bestanden – aber die preußische Raubrittergefahr lebt heute noch, und die muß jetzt niedergeworfen werden. Denn *jetzt* ist der gute Moment.« – Ich will den Brief sorgfältig beantworten und hoffe, Levetzow zu anderer Meinung zu bringen. Daß er sich der Republik freiwillig gestellt hat, ärgert mich. Diese Bourgeois-Republik ist nicht das Ideal. Zeit zum Niederwerfen des preußischen Zarismus wird es sein, wenn einmal aus der eigenen Fäulnis der revolutionäre Wille des Volks erwacht ist, nicht, wenn es streberischen Diplomaten des Auslands einfällt, über die deutschen Diplomatentrottel zu triumphieren. Momentan

brennt's bei uns im Haus. Da heißt's löschen, auch wenn uns die Fassade mißfällt. – Gegen den Krieg – nicht für eine Partei! Interessant ist's, wie stark Levetzow überzeugt ist, die absolute Wahrheit zu wissen, daß es für Deutschland schlecht steht. Um die Tatsache, daß die Kriegsschauplätze in Frankreich, Belgien und Rußland liegen, kommt er doch nicht herum. Daß wir hier nicht jede Wahrheit erfahren, ist ja klar, und daß Rußland in Ungarn Erfolg hat, erst recht. Aber wer die Ruhe des deutschen Volkes, die wirtschaftliche Vorsicht, die Großartigkeit der Mobilisierung, die ungeheure Organisation des ganzen Betriebes auch in der Ausnahmezeit mit klaren Augen sieht, kann nicht an die Niederlegung dieses Gebäudes durch äußeren Zwang glauben. – Sehr originell ist, daß der Levetzowsche Brief die Überwachungsstelle passiert hat, dort geöffnet ist und mit dem Vermerk »Militärischerseits freigegeben« an mich weiterbefördert wurde. Sehr sorgfältig scheint Herr Oberstleutnant Sixt meine Korrespondenz nicht mehr zu lesen. Er hätte doch wohl Bedenken gehabt, ihn sonst zu expedieren. [...]

München, Donnerstag, d. 1. Oktober 1914
Der Levetzowsche Brief beschäftigt mich nachhaltig. Die Annahme, daß er ungelesen von der Überwachungsstelle an mich weitergeleitet sei, ist nicht zu halten. Der Überwachungsoffizier hat – zum ersten Mal – auf den Verschlußzettel seinen vollen Namen gesetzt, und zwar ist es der Chef selbst, derselbe Oberstleutnant Sixt, mit dem ich vor einigen Wochen Jennys wegen korrespondierte. Offenbar haben also untergeordnete Stellen zweifelnd beim Chef angefragt, und der hat die Beförderung verfügt. Das ist ein Maß von Toleranz bei der Militärbehörde, das mich in Erstaunen setzt. Entweder hält man nur Mitteilungen strategischer Natur zurück, oder man wollte im besonderen Falle zeigen, daß man derlei Ergüsse nicht wichtig nimmt. Vielleicht soll es eine Versuchung sein, da mein Antwortbrief an Levetzow ja auch über die Überwachungsstelle zur Weiterbeförderung geht, so daß die, die seine Meinung erfahren haben, auch meine kennenlernen. Auf diesem Umweg kann aber ich vielleicht Menschen, die auf ganz fremdem Boden stehen, etwas von meiner Gesinnung mitteilen, die ihnen sonst ewig eine verbrecherische Verrücktheit schiene. [...]

München, Sonnabend, d. 3. Oktober 1914

Meine Antwort an Levetzow ist gestern abgegangen, sehr ausführlich und bestimmt. Da ich einen Zeugen für den Brief und vor allem einen Ratgeber dafür haben wollte, ob ich ihn, ohne an Levetzow ein Unrecht zu begehen, da die Zensur ihn doch liest, abschicken sollte, bat ich telefonisch Jacobi um ein Rendezvous und verabredete es um sechs Uhr im Café Orlando di Lasso. Dort traf ich Wedekind, natürlich mit Friedenthal. Gespräche über den Krieg. Wir kamen auf den Unterschied der Lebenseinschätzung zwischen Deutschen und Engländern, wozu die Zerstörung der drei englischen Panzerkreuzer durch das eine deutsche Unterseeboot U9[32] Anlaß gab. Wedekind fand die Todbereitschaft der Deutschen wertvoller als die von den Engländern beobachtete Sparsamkeit mit Menschenleben. Dabei sagte er folgendes, was ich hier festhalten will, weil es für seine Ausdrucksweise besonders charakteristisch ist: »Gott ist stärker als das Einmaleins – solange er nicht damit in Widerspruch gerät.« [...]

München, Mittwoch, d. 7. Oktober 1914

Mein Gedichtbuch hat eine Kritik gekriegt, seit Ausbruch des Krieges die erste, im Ganzen die dritte. Zuerst schrieb Erich Baron in der sozialdemokratischen ›Brandenburger Zeitung‹ darüber, dann brachte die ›Königsberger Zeitung‹ ein paar Zeilen, und jetzt also der ›Berner Bund‹, in dem ein Herr Walter Reitz das Buch ablehnt. Wem diese Gedichte gefallen, der »muß wohl, wie der Dichter, innerlich völlig zerrissen sein, voller Hohn und Gift auf diese Welt und voller brutaler Lüsternheit«. Daß ich aber für Herrn Walter Reitz ein »keineswegs talentloser Dichter« bin, ist doch hübsch von ihm. Über eines habe ich mich in allen drei Besprechungen geärgert: daß noch keiner meiner Kritiker den sozialen Gehalt des Buches herausgemerkt hat. – Was wird überhaupt aus dem Werk werden? Ich möchte weinen, wenn ich's bedenke!

Die Mädchen kosten mich viel von meinem wenigen Geld. 150 Mark kriege ich monatlich nur, 30 gab mir Fred,[33] und das ›Berliner Tageblatt‹ läßt sich bis jetzt trotz meiner Bitte, den Frank-Artikel[34] beschleunigt zu bezahlen, nichts merken. Da ich der Wirtin 100 Mark von der Rechnung schuldig blieb, habe ich immerhin noch einige dreißig, und ich lebe kolossal sparsam. Aber Zenzl bekam 1,50 Mark, Käte Stefanie eine Mark, Ruth zwei Mark, Asta eine Mark – und so geht's unausgesetzt weiter, in zwei Tagen über fünf Mark!

Jetzt erwarte ich Friedl W. – die sich schon verspätet. Will sie mich mit meiner »brutalen Lüsternheit« versetzen? [...]

München, Dienstag, d. 13. Oktober 1914
Friedensgreuel: Quidde ist Gegenstand öffentlicher Beschimpfungen geworden, weil er sich in den Haag begeben hat und dort mit ähnlich Gesinnten des Auslands vom Frieden redet. Außerdem hat er gebeten, den deutschfreundlichen ehemaligen englischen Minister Haldane[35] nicht allzu eifrig anzugreifen. Nun ist er ein taktloser Verräter. Denn wir wollen nichts von Frieden hören, und wir wollen uns unseres Hasses freuen und wünschen nicht, in der Seligkeit'unserer patriotischen Besoffenheit ernüchtert zu werden. Der Rechtsanwalt Goldschmidt II, unser neuer Kassenwart beim Neuen Verein, mit dem ich jüngst ein ganz interessantes Gespräch über Anarchismus hatte, stößt gegen Quidde ins Horn: die liberalen Parteien sollen ihn rausschmeißen, denn er schände den deutschen Namen, kurzum: Zeter und Mordio! – Man muß sich wirklich fragen, wer dümmer und alberner ist, diese kriegerischen Großmäuler, die mit Existenzmitteln für alle Fährlichkeiten wohlversorgt zu Hause sitzen und das heroische Bluthandwerk der ins Feld Gezogenen, die unter namenlosen Strapazen, fürchterlichen Herzenstorturen und schrecklichen Eindrücken, den Geruch sterbender und verwesender Mitmenschen in der Nase morden und gemordet werden, als eigene Heldenhaftigkeiten preisen – oder der harmlose Esel Quidde, der, Sklave eines ad absurdum geführten Systems der internationalen Diplomatenverständigung, jetzt vom Haager Friedenspalast herab in das brennende Europa spuckt und meint, dann werde das Feuer ausgehen.

Emmy erzählte, daß Hardekopf in einer dem Selbstmord nahen Verzweiflung über den Krieg sei. Ferner rede man davon, daß Leybold[36] nicht an einer Blutvergiftung infolge der Entzündung einer im Franktireurkrieg[37] empfangenen Wunde gestorben sei, sondern aus Schande, noch einmal hinauszusollen, selbst ein Ende gemacht habe. Er hätte Gräßliches berichtet, so, daß er mit eigenen Augen gesehen habe, wie ein deutscher Soldat ein vierzehnjähriges Mädchen aufs Bajonett gespießt habe. Ich halte solche sadistischen Exzesse im Kriege für sehr möglich. Engel sind auch die Deutschen nicht, und die verrohenden Wirkungen des Krieges treiben gewiß aus jedem Menschen die bösesten Triebe ans Licht.

Mein sexuelles Leben ist inmitten eines langdauernden Waffenstillstandes. Asta und Hedwig erscheinen nicht mehr. Zenzl, die heut früh wieder sehr verliebt war, ist nicht intakt, und Emmy will erst morgen kommen, um mir mit ihren liebenswerten Künsten Grüß Gott zu wünschen. – Meine Sehnsucht ist Jenny wieder mehr als je.

München, Mittwoch, d. 14. Oktober 1914
Ich las in diesen Tagen das neueste Heft der ›Friedenswarte‹, worin A. H. Fried seinem bedrängten Herzen über den Krieg in einem für Fortsetzungen angelegten Kriegstagebuch Luft macht. Seine aus Selbstgefälligkeit und Weinerlichkeit zusammengesetzte, eines persönlichen Stils und erfinderischen Ausdrucks ganz bare Schreibweise gefällt mir nicht, noch weniger sein pazifistischer Wahn, zwischenstaatliche Vermittlungen seien imstande, Kriege zu verhindern. Ich schrieb im letzten ›Kain‹-Heft in meinem Nachruf auf die Suttner:[38] »... daß Staaten feindliche Abgrenzungen der Länder gegeneinander bedeuten.« Da mögen freundschaftliche Bemühungen manchmal fruchten können, um einen Krieg aufzuschieben, meinetwegen selbst in einem Konflikt eine friedliche Lösung zu finden, niemals aber um Kriege dauernd abzuschaffen. Das kann nur Aufgabe derer sein, die als Soldaten selbst Kriege führen sollen, und es kann erst erreicht werden, wenn die kapitalistischen Staaten durch sozialistische Föderativgemeinschaften ersetzt sind. Trotzdem finde ich in Frieds Aufzeichnungen manchen gesunden Gedanken und im Ganzen einen guten Idealismus. Mir ist jetzt der Gedanke aufgestiegen, sämtliche auf den Frieden gerichteten Bestrebungen zu einer dauernden Beziehung zueinander zu bringen, also zwischen Pazifisten, Antimilitaristen, Christreligiösen etc., kurz zwischen allen, die den Krieg aus ethischen Gründen verwerfen, eine ständige Vermittlungsstelle zu schaffen, um im Friedschen Jargon zu reden: eine zwischen-

staatliche Organisation im eigenen Lande. Wann und wie ich diesen Gedanken in Tat umsetze, weiß ich noch nicht. Jedenfalls werde ich so verfahren, daß das Ganze meiner Initiative vorbehalten bleibt. Sonst greifen die andern die Idee auf, schmeißen aber zu allem Anfang die revolutionären Antimilitaristen heraus. Angenehm wird es ja nicht sein, eventuell mit Leuten wie Quidde und mit schmalzigen Pfaffen oder gar Staatsministern in einer Kommission arbeiten zu müssen – aber wenn sich diese Leute darauf einlassen sollten, so werde ich gerecht zu bedenken haben, daß sie ja ebenso große Hemmungen zu überwinden haben werden wie ich und meine Gesinnungsgenossen. Vermutlich werde ich zuallererst die Sache mit Jenny überlegen. Vielleicht kann sie mit Haase reden, um die zugänglichen Sozialdemokraten zu gewinnen, ich setze mich darauf mit Fried auseinander, der dann alles übrige zu organisieren hätte. Es wäre eine großes Ding, bei dem – wenigstens für mich – persönlich gewiß kein Ruhm oder Geld zu holen ist, das aber, geschickt und anständig angefaßt, vielleicht nach Abschluß des Friedens gegen die zurückbleibende Haß- und Kriegsstimmung ein starkes Gegengewicht bilden und möglicherweise auch mal zur Ausgestaltung einer unüberwindlichen Friedensföderation führen kann, die im Ausland Nachahmung erfährt. Denn es ist meine Ansicht, daß, ehe sich die Schwätzer der verschiedenen Länder zu internationalem Gequassel über Dinge zusammensetzen, auf die sie doch keinen Einfluß haben, erst mal innerhalb der eigenen Grenzen gegen die verrückte und viehische Rüstungs- und Kriegsbesessenheit losgegangen werden muß.

Von Galizien liegen günstige Nachrichten vor, vom Westen fehlen Mitteilungen, die eine deutliche Übersicht ermöglichen. Die Kolossalschlacht an der Aisne, die gestern vor einem Monat begann, rast weiter, mordet immer neue Tausende, entfesselt immer mehr Ströme von Blut und Tränen und läßt noch immer keine Entscheidung voraussehen. – Die belgische Regierung ist nach Bordeaux übergesiedelt. Auch dies arme besiegte Land scheint von seinen Gänglern noch immer tiefer ins Unglück hinunter geleitet werden zu sollen. Wo ist die Zeit der Pariser Kommune? Wo wird sich endlich die Faust der Empörung heben?

Wir wenigen, die wir nicht von dem allgemeinen Taumel schwindlig geworden sind, denen die »große Sache« immer noch ein Gegenstand sehr skeptischer Anzweiflung ist und die bei jedem Bericht über Schlachten, Siege und See-Erfolge daran denken, daß tausend Tote tausend Einzelschicksale bedeuten, haben jetzt einen schweren Stand. Man ist wahrhaft froh, wenn man irgendwo unter Larven eine fühlende Brust spürt, und so stellen sich wohl hier und da Verständigungen her, wo sonst niemals eine Gemeinschaft möglich schien. Vorhin traf ich Richard Elchinger[39] auf der Straße, der – offenbar glücklich, einmal etwas von seinen Empfindungen äußern zu dürfen, gleich anfing, ironisch die Taten der Deutschen zu preisen, die irgendwo ein Schiff mit 700 Mann elegant in die Tiefe befördern. Ich erinnerte ihn an die Scheußlichkeit von Tannenberg.[40] Da hatte Hindenburg reguläre Straßen angelegt, die schnurstracks in die masurischen Sümpfe führen, und es gelang ihm wirklich, vierzig- bis fünfzigtausend Russen da entlang zu jagen, die schauderhaft in den Seen und Sümpfen umkamen. Man erzählt, daß viele deutsche Soldaten bei den entsetzlichen Schreien der Ertrinkenden wahnsinnig geworden seien. Aber welcher Jubel erhob sich in den deutschen Zeitungen, wie wurden die armen Kerle, die doch genau wie jeder Deutsche an ihrem Leben hängen, die alle irgendwo in der Welt eine Aufgabe kannten, denen allen irgendwo in der Heimat eine Mutter, eine Frau, Braut, Schwester oder ein Freund und Bruder Tränen und Gebete mitgaben in den Krieg – wie wurden sie noch im Tod verspottet – weil sie Russen waren! Irgendwer meinte, in den Gegenden würden in diesem Jahre die Krebse gut geraten, und Maaßen fügte dem hinzu, man sollte nur auch gleich eine Aalzucht dort anlegen. Man rühmt, wie Hindenburg dort jahrelang Vorstudien machte! Man hätte ihm eine Kaserne zur Verfügung gestellt, und so kannte er jeden Steg, jede Vertiefung, wußte, wo die meisten Menschen sterben müßten, und wird drum – und noch dazu mit Recht – gepriesen und bewundert. Denn er ist der »Retter der Länder« geworden, er hat Ostpreußen »befreit«, er hat ein strategisches Meisterstück vollbracht. – Oha, der Krieg ist etwas Herrliches und Beglückendes!

Die »große Sache!« – In Kutschers Karte ist davon die Rede,

in Lene Körtings Brief, in jedem Gespräch und in allen Zeitungen ein dutzendmal. Was ist denn das bloß für eine große Sache? Das herrliche geeinte deutsche Vaterland! Wenn schon. Es geht um unsere Existenz, hört man überall mit Emphase behaupten. Ist ja Unsinn! Ich glaube schwerlich, daß es den siegenden Gegnern beikommen würde, mit Deutschland zu verfahren, wie man seinerzeit mit Polen verfahren ist. Mindestens aber wird Frankreich schwerlich in Deutschland eine Politik betreiben, wie Preußen sie in Polen betrieben hat. Wir kritischen Leute sind jetzt wahrlich übel dran: Den deutschen Sieg, wie er überall verkündet wird, als Niederzwingung aller anderen Länder zum Zweck der unbestrittenen deutschen Hegemonie in Europa können wir unmöglich wünschen, weil er eine entsetzliche geistige Reaktion mit sich bringen wird, eine tiefe Verwahrlosung der Kultur, die zum Anhängsel patriotischer Selbstgefälligkeit gemacht würde. Davon gibt es schon heute trübe Vorzeichen. – Andererseits wäre eine Niederlage Deutschlands mit der Furchtbarkeit feindlicher Invasionen in das eigene Land verbunden, und das können wir auch nicht wünschen. Dagegen, daß hier Franzosen und Kosaken einrückten und hier hausten wie die Franzosen seinerzeit in der Pfalz gehaust haben, bäumt sich alles Landmann-Empfinden auf, das mir kein Mensch glaubt, weil es so gegensätzlich ist dem patriotischen Empfinden der anderen. Heimatgefühl ist angeborene Eigenschaft, die sich auf Tradition, Sprache, Landschaft, Gebräuche gründet. Patriotismus ist Anerkennung nationaler Einrichtungen, mit diesen Einrichtungen wandelbar, aber tief unduldsam gegen jede Bestrebung, die das Grundsätzliche der geltenden Einrichtungen bekämpft. Aber Landmannschaft ist überall gleich wertvoll. [...]

München, Mittwoch, d. 21. Oktober 1914
[...] Uns kann keener! Diese Stimmung geht durch alle Kreise. Gestern sprach ich mit Heinrich Mann darüber, der von dieser Überhebung und von der unernsten Auffassung des Krieges überhaupt ebenso engeekelt ist wie ich. Er sieht aber die kulturellen Folgen des Abenteuers noch düsterer an als ich. Mit gleichem Widerwillen beurteilen wir beide den offenen Brief,

den Richard Dehmel vor seinem Einrücken in die Front an seine Kinder gerichtet hat. Ihm war es darin vorbehalten, den allgemeinen schwachsinnigen Haß gegen die Engländer auch noch auf deren größte Geister zu beziehen: Shakespeare und Byron seien Zyniker gewesen. Dann nimmt er sich jedes Feindesland einzeln vor und vermöbelt es in je fünf Zeilen so, daß kein kleinster Wert mehr übrig bleibt. Nur wir Deutsche! Nein, was sind wir für ein herrliches und unvergleichliches Volk! Es kotzt einen nachgerade an, das jeden Tag ein dutzendmal zu lesen. [...]

Ich beobachte mit wachsendem Entsetzen, wie durch die absonderlichen Ereignisse die intelligentesten Gehirne verblöden.* Nach dem Krieg wird alle Kultur Europas im Sumpfe sein, wo er am tiefsten ist.

München, Freitag, d. 23. Oktober 1914
[...] In der Torggelstube war ich abends mit Halbe und Paul Wiegler[41] zusammen, den ich vor Jahren bei Harden kennenlernte und der jetzt Redakteur der ›B. Z. am Mittag‹ ist. Ein sehr gescheiter Mensch. Man fand, daß ich mit meiner den Krieg ablehnenden Haltung wohl ganz allein stehe. Könnten die Leutchen einmal hören, wie ich mit Morax und Heinrich Mann über die Dinge rede und wie sämtliche Mädchen die Dinge beurteilen! Halbe meinte, ich könnte froh sein, bei ihm und den übrigen Freunden immer noch einen Kreis zu haben, wo ich von der Leber weg sprechen könnte. Daß ich mich stets sehr zurückgehalten habe, wollte er mir nicht glauben. Und würde ich ihm sagen, daß er bei leise zweifelnden Andeutungen stets wie ein Berserker hochgeht – worin Schmitz freilich noch rabiater ist – würde er mich für närrisch halten. Jedes Gespräch über den Krieg – und andere Gespräche führt man nicht – ist ein Eiertanz. Ich freue mich auf Hardy. Mit dem wird sich wohl reden lassen. [...]

---

* Etwas aus den Fugen sind wir alle schon, – ich entsetze mich oft über mich selber. [E. M.]

München, Mittwoch, d. 28. Oktober 1914
[...] Über Bahrs Vortrag war ich ziemlich ärgerlich. Er sieht den Segen des Krieges wieder in der Einigkeit Deutschlands, rühmt den »disziplinierten Enthusiasmus« der Deutschen, zitiert viel Goethe und Bismarck über das Erbübel der Deutschen, ihre Parteizersplitterung, und hofft endlich, daß ein jeder nach dem Kriege sagen könne: Ich kenne keine Parteien mehr! Als ich ihn später in den Vier Jahreszeiten fragte, auf welche Einheit der Überzeugung er denn die Deutschen verpflichten wolle, erklärte er lachend: Ja, da wird wohl jeder seine eigene durchsetzen wollen, woraus, wie er mir zugab, dann wieder der Parteizank erwachsen muß. – Wir hatten dann noch in größerem Kreise eine sehr gute Unterhaltung mit Bahr über Zionismus, Judentum, Rassenressentiments und Nationalismus, an der sich Wedekind in sehr kluger, Friedenthal in aufdringlich-geschmackloser Weise beteiligten. – Während Bahr einmal nicht am Tisch war, kam ich mit Wedekind noch einmal auf den »disziplinierten Enthusiasmus« der Deutschen zu sprechen. Wedekind warf dazwischen: »Ja, Chaos im Parademarsch.« [...]

München, Mittwoch, d. 11. November 1914
[...] Gestern nachmittag war ich zum Kaffee bei Heinrich Mann. Das war wieder mal ein wahres Labsal. Endlich mal ein Mensch, der den Krieg ohne Befangenheit beurteilt und also tödlich haßt. Lange Gespräche über Jacobi, der durch seine Tollkühnheit beim Angriff auf einen feindlichen Schützengraben trotz der Warnung seiner Vorgesetzten den tödlichen Schuß geradezu provoziert haben soll. Mann meinte, es sei bei diesem keuschen Menschen wohl plötzlich erwachte Abenteuersucht gewesen, ich dagegen, daß sein temperamentvolles Pflichtgefühl eben auch da restlose Erfüllung suchte, wo es in eine ihm eigentlich wesensfremde Sache gespannt war. – Wir amüsierten uns dann über die Presse und stellten fest, daß in Frankreich und Deutschland vom Feind immer wortwörtlich das gleiche zusammengelogen wird, was im Einzelfalle natürlich hier wie dort einmal wahr sein kann. Über die Schlacht am Yser-Ypres-Kanal meinte Mann: »Was muß das für ein unheimlich langer Kanal sein, wo die Deutschen wochen- und

monatelang täglich Fortschritte machen können!« – Dann zeigte er mir das neueste ›Forum‹, wo Herzog nun völlig umfällt und in einem Artikel: ›Die Losung heißt – durch!‹ ganz und gar in das geschwätzige deutschpatriotische Gesabbere verfällt wie die gesamte Presse. Mann hat ihm einen entschieden ablehnenden Brief geschrieben, und wir waren einig in der angewiderten Verurteilung des charakterlosen Lümmels. [...]

München, Freitag, d. 20. November 1914
[...] Papa schickt mir ein Paket, enthaltend meine Barmitzwah-Wertsachen, nämlich goldene Manschettenknöpfe, (Kaiser-Friedrich-Zehnmarkstück mit angelötetem Blechverschluß), die ich von Onkel Herrmann und Tante Jeannette hatte, eine goldene Kitschschlipsnadel, mit sehr kleinen Edelsteinchen garniert (von Onkel Henry) und zwei alte österreichische Silbermünzen, etwa zehn Kronen im ursprünglichen Wert, von Onkel Weiß. – Ferner von Papa selbst eine Kiste Zigarren und eine Wurst, von den Geschwistern ein Kistchen Zigarillos, ein Paar wollene Handschuhe, eine Tüte Pfefferkuchen, eine Tafel Schokolade und eine Zigarrenschere. Ferner noch fünf Mark, die der Alte noch aus meinem Besitz aufbewahrte. Aus den Wertsachen hoffe ich immerhin dreißig, vierzig Mark herauszuschlagen, so daß dieser Monat wohl wieder als glücklich entkümmert anzusehen sein wird, zumal, was ich wohl einzutragen vergaß, inzwischen 50 Mark vom ›Berliner Tageblatt‹ eintrafen, die noch fast intakt sind. Die Wurst und einen Teil der Pfefferkuchen erhielt Zenzl. Die übrigen Fressalien will ich zwischen Lotte und Roja aufteilen. [...]

München, Sonnabend, d. 21. November 1914
Weiber! Ich bin immer der, der die Frauen gegen die anmaßliche Einschätzung der Männer in Schutz nimmt. Ich bestreite ihren »physiologischen Schwachsinn«,[42] ihre Unfähigkeit zur Logik, kurzum alles, was unter der Bezeichnung »Minderwertigkeit« den Männern als Anlaß herhalten muß, um den Herren über sie zu spielen. Eine einzige Eigenschaft aber scheint wirklich Allgemeingut sämtlicher Frauen zu sein, die sie – und zwar moralisch – unter den Mann stellt. Das ist die Unpünktlichkeit. Ich wenigstens erinnere mich aus meiner sehr großen Praxis

noch keiner einzigen Freundin, die in der Innehaltung von Verabredungen absolut zuverlässig gewesen wäre. Das ist für mich bei meiner fast übertriebenen Genauigkeit darin doppelt lästig. Aber meine Hoffnung, einmal im Leben eine pünktliche Frau kennenzulernen, werde ich wohl aufgeben müssen. Unpünktlichkeit ist eine moralische Untugend. Frauen und Mädchen können, wenn sie irgendwo geschäftlich verpflichtet sind, die Zuverlässigkeit einer Normaluhr haben. Den Liebsten aber lassen sie wegen irgendeiner Laune oder weil ihnen »was dazwischen kommt«, mit der größten Seelenkälte stundenlang über die verabredete Zeit warten oder versetzen ihn auch ganz. Sie haben also nur einen geschäftlichen Antrieb zur Innehaltung ihrer Verpflichtungen, keinen moralischen. Somit ist Unpünktlichkeit in der Tat ein Zeichen des Mangels an moralischem Gewissen.

Um dreiviertel fünf sollte ich gestern Roja treffen, an der Ecke Friedrich- und Herzogstraße. Von da wollten wir zusammen zu Lotte Pritzel gehen, die uns um fünf Uhr bestellt hatte. Ich war mit meinen aus Lübeck eingetroffenen Wertsachen in der Stadt herumgelaufen, hatte für die Manschettenknöpfe 19 Mark 50 erhalten und dann vergeblich versucht, die Nadel und die österreichischen Münzen zu mehr als dem Metallwert abzusetzen, um plötzlich auf die Zeit aufmerksam zu werden und in Eilschritten die Friedrichstraße hinunter zu jagen, an deren Ende ich ein paar Minuten vor dreiviertel fünf ankam. Dort konstatierte ich zunächst, daß die von Roja bestimmte Ecke überhaupt nicht existiert, da die Friedrichstraße in die Kaiserstraße mündet und von der Herzogstraße an der Ursula-Kirche entlang durch die ganze Länge der Victoriastraße getrennt ist. Ich patrouillierte also jetzt eifrig am Kaiserplatz entlang, immer von der Friedrich- zur Herzogstraße bis zum Pündterplatz, wo sie Besuch machen wollte. Es war bös kalt, denn der Winter ist kräftig übers Land gekommen. Roja erschien nicht. Nach mehr als einer halben Stunde ging ich endlich allein zum Puma hinauf, das ich doch nicht gar zu lange warten lassen wollte. Aber siehe da: Mein Puma war nicht zu Hause, und ich sah mich zugleich von zwei Weibern versetzt. Immer in der Angst, ich könnte Roja vielleicht bei der Unsicherheit des Rendezvousplatzes bloß verfehlt haben, begab ich mich gegen halb sechs endlich auf den Heimweg – total durchgefroren – und erfuhr, daß inzwischen eine Dame telefoniert hatte, was mich immerhin beruhigte. [...]

München, Freitag, d. 27. November 1914
Ich bin erfüllt von einem Aufsatz von Romain Rolland[43] im Heft 1 des VIII. Jahrgangs der Züricher Zeitschrift ›Wissen und Leben‹ vom 15. Oktober ›Über dem Ringen‹, den mir Herr Kies lieh. Rolland hat seinerzeit in einem offenen Briefwechsel mit Gerhart Hauptmann in das gleiche Horn gestoßen wie alle anderen: Richepin,[44] Verhaeren,[45] Maeterlink[46] etc., die Deutschen Barbaren und Hunnen genannt und wohl redlicher und ruhiger als die anderen, doch aber voreingenommen und befangen einseitig Partei genommen. Jetzt dementiert er sich selbst, wirft sich öffentlich vor, so schwach gewesen zu sein wie alle andern. Der Artikel enthält wunderschöne Stellen, die jeder Geistige in jedem Land unterzeichnen kann. Über die Haltung der Christen und der Sozialisten, über die Verhetzung der Völker, über den wahren Feind der Kulturen, den jede Nation in sich selbst hat, über all das, was unsereiner – ein Prediger in der Wüste – unter den wenigen vertritt, die wenigstens noch manchmal, angeärgert zwar, zuhören können, und über den Frieden, der auch Versöhnung heißen soll. – Die erste derartige Stimme ist die eines Franzosen. Auch er muß sich eines Schweizer Blattes bedienen, um seinen Schmerz ausströmen zu können (der Artikel erschien zuerst im ›Journal de Genève‹). Auch er muß am Schluß bekennen: »Übrigens rede ich ja nicht, um sie zu überzeugen. Ich rede, um mein Gewissen zu entlasten ... Und ich weiß, damit entlade ich das von tausend anderen in allen Landen, welche nicht reden können oder nicht zu reden wagen.« Ich habe mir vorgenommen, das Wagnis zu reden auch auf mich zu nehmen. Ich will noch heute an ›Wissen und Leben‹ schreiben und anfragen, ob man von mir einen ähnlichen Artikel will, den ich vielleicht ›Im Geiste Tolstois‹[47] nennen werde. Darin will ich namens deutscher Mitbefangener die Hand ergreifen, die aus Frankreich herlangt, und der Geist des großen Russen soll es sein, der die verbindende Geste erleichtern mag. Und aufrufen will ich zur Versöhnung und zur Gemeinschaft und Stimmung machen gegen diesen und jeden

Krieg und einleiten die große Bewegung gegen den Krieg, an der sich alle Nationen beteiligen sollen in den Vertretern, die berufen sind: In den Künstlern und Geistigen, in den Anarchisten und Sozialisten, in den Pazifisten und vor allem den Frauen. Vielleicht gelingt es mir, ein Weniges beizutragen zu dem heiligen Ziel einer neuen Kulturgemeinschaft der Menschen, die sich den Namen wieder verdienen wollen. Wir müssen eine neue Arbeiter- und Menscheninternationale schaffen. [...]

München, Montag, d. 30. November 1914
Ich gerate nach und nach in eine ziemlich trostlose Gemütsverfassung, die durch das Kriegsentsetzen wohl gefördert und verstärkt wird, aber nicht von ihm allein hervorgerufen ist. Mir kam es gestern plötzlich zum klaren Bewußtsein, daß ich unendlich vereinsamt bin. Mit meinen Empfindungen zu den gegenwärtigen schlimmen Zeiterscheinungen stehe ich absolut allein unter denen, die ich kenne. Wohl kann ich mit einzelnen, besonders Mann, darüber reden. Aber es kommt dann eine unfruchtbare Lästerei heraus, weil alle von verschiedenen Instinkten aus in die Dinge schauen. Heinrich Mann leidet weniger unter den Schrecknissen als solchen. Er ist Partei: und zwar auf der französischen und belgischen Seite. Bei Meßthaler verläßt mich das Gefühl nicht, daß aller Widerspruch bei ihm vom kritischen Verstand, aber nicht vom klagenden Herzen ausgeht. Und die Frauen, die natürlich ganz von innen her unter all dem Schmerzlichen leiden, kommen doch alle nicht zum Haß gegen die Einrichtung des Krieges, sondern nehmen deutsche Partei und hassen die »Feinde«. Die Arbeiter, mit denen ich in Berührung komme, sind entweder hurrapatriotisch oder verängstigt. Ich weiß mich in meiner Herzenshaltung seltsamerweise am besten von dem Manne verstanden, dessen eigene nicht geringer bewegt, aber grundsätzlich adversär gerichtet ist: von Max Halbe. Aber mit dem führt die Verständigung über wütendes gegenseitiges Anschreien. – So habe ich niemanden, mit dem ich von der Seele aus reden kann. [...]

München, Donnerstag, d. 3 Dezember

[...] Im Reichstag ist mit vielen Radamontaden eine neue Fünf-Milliarden-Forderung glatt von allen Parteien bewilligt worden. Nur Karl Liebknecht[48] ist bei der Abstimmung sitzen geblieben, wofür er von aller Welt beschimpft wird. Die Partei aber wird ihm wegen Disziplinwidrigkeit einen Ketzerprozeß machen. Ich freue mich über den Mut dieses Einzelnen. Ganz ohne Eindruck wird die Demonstration nicht sein, mancher wird nachdenken. [...]

München, Freitag, d. 4. Dezember 1914

»Gott strafe England!« – »Er strafe es!« Das ist der neueste Gruß und Gegengruß der Deutschen, bei denen die Furcht vor der Lächerlichkeit ebenso unbekannt ist wie die vor dem Feind, mit dem man nicht in Berührung kommt. – Über die Kriegsereignisse sagt der offizielle Draht der letzten Tage nichts. Auf Umwegen erfährt man, daß Krakau von den Russen unmittelbar bedroht ist. Dagegen scheint die Lage in Nordpolen für die Russen übel zu stehen, was sich auch aus der Tatsache erhellt, daß der General Rennenkampf abgesetzt ist.

Gegen Liebknechts Haltung im Reichstag erläßt der Parteivorstand eine Erklärung, in der sie seinen Disziplinbruch »aufs tiefste« bedauert. Es heißt, Liebknecht werde sein Mandat niederlegen.[49] [...]

München, Sonnabend, d. 5. Dezember 1914

An Liebknecht habe ich geschrieben und ihm meine Glückwünsche zu seinem tapferen Verhalten übermittelt und zugleich den Plan zur Gründung eines ›Internationalen Kulturbundes gegen den Krieg‹ entworfen. – Von ›Wissen und Leben‹ habe ich auf das Angebot eines Essays ›Im Geiste Tolstois‹ noch keine Antwort. Ich rechne damit, daß entweder mein Brief an die Redaktion oder deren Antwort an mich von der militärischen Überwachungsstelle zurückgehalten sein kann. Wenn die Heeresgewaltigen meinen, mit solchen Mitteln meinen Entschluß, gegen den Krieg und die Völkerfeindschaft zu wirken, abstellen zu können, irren sie sich. Ich warte noch ein paar Tage. Dann geht's auch ohne besondere Bestellung an die Arbeit. [...]

München, Donnerstag, d. 24. Dezember 1914

[...] Die arme Zenzl hat heuer nur drei Mark von mir bekommen. Als sie heut früh an meinem Bett saß, ging es mir recht auf, wie lieb ich sie habe. Sie ist mir ein wenig das, was ich von meiner Geliebten am tiefsten ersehne: Ersatz der Mutter. Ich kann ihr wie keiner sonst den Kopf in den Schoß legen und mich ganz still und wunschlos streicheln lassen. Ihre gute Liebe tut mir unermeßlich wohl, und ihr danke ich in dieser schweren Zeit mehr, als ich selbst oft empfinde. Vielleicht kann ich es ihr einmal danken.

München, Montag, d. 28. Dezember 1914

[...] Der Krieg geht in der gewohnten Weise weiter, nur daß zu befürchten ist, daß sich die Kämpfe im Osten an der Bzura, Nida und Rawka zum gleichen Stellungskrieg auswachsen werden wie die im Westen an der Yser und Yper... Ein Gutes ist aber allmählich zu merken: Das Publikum mag nicht mehr. Der Krieg fängt an, unpopulär zu werden. Man glaubte, es werde alles gehen wie 1870 – der berühmte »Siegeslauf der deutschen Waffen«.[50] Und wenn man den Krieg angefangen hat, muß er so gehen, will man gutes Wetter beim Volk erhalten. Kriegsmüdigkeit, heimliche Empörung, wie sie sich allmählich in immer weiteren Kreisen geltend macht, wäre namenloser Segen. Denn sie wäre die Voraussetzung für den Kriegshaß, der nach Beendigung der Ereignisse den Frieden sichern muß. – Daß ich nicht rosiger sehe als berechtigt ist, beweist mir eine Äußerung Gustl Waldaus, der mir vorgestern – auf der Straße, vor Zeugen, und er in Offiziersuniform mit dem Eisernen Kreuz – die Hand auf die Schulter legte und sagte: »Gelt, Erich, du brauchst jetzt auch nicht mehr soviel Angst zu haben, deine Meinungen zu äußern, wie am Anfang?« – Er selbst gibt ehrlich zu, daß er nur sehr ungern wieder ins Feld hinausgeht und zieht das, solange es geht, hinaus. Er empörte sich kürzlich heftig über die Rubrik ›Feldhumor‹ in den Blättern und bestritt, – er, der lustigste, sonnigste Mensch der Welt –, daß Humor je im Schützengraben bemerkbar werde. Wenn er irgendwo lese ›Humor im Schützengraben‹, dann schmeiße er wütend das Blatt in die Ecke. [...]

München, Freitag, d. 1. Januar 1915
Zeitwende! Das Wort führt jetzt jeder Esel im Munde, dem die Zeit noch niemals etwas gewendet hat. Das Schicksalsjahr 1915! Voll Stolz und Selbstgefühl wird dieser 1. Januar begrüßt. Daß er bestimmt ist, eine Epoche fortzusetzen, die die Vernichtung von Millionen Schicksalen bedeutet, fällt den Hanswürsten nicht ein.

Wird sich mir die Zeit endlich wenden? Wird mir 1915 ein Schicksalsjahr im guten Sinne sein? Gestern schrieb ich einen langen Brief an Jenny. Glückwünsche zu Neujahr und zum 23. Geburtstag. Sie muß daraus sehen, wie innig mein Schicksal an ihrem Leben hängt, wie es auf sie hofft, nach ihr sich sehnt. Ich schickte ihr die Gedichte gebunden mit dieser Widmung:

Meine ganze Seele ist in Dir.
Deine ganze Seele soll es wissen:
Müßt ich einmal Deine Seele missen,
wäre meine Seele fern von mir.

Sie wird es empfinden, wie wahr diese Verse sind. Ich weiß es täglich tiefer. Wenn ich noch zu beten verstände: ohne ihren Namen würde keine Bitte und kein Dank zu Gott steigen. Sie liebe ich, ihr verschreibe ich mich und mein Leben.

Eben ging Zenzl von mir. Mein Mund ist noch feucht von ihren Küssen, und doch: So wahr ich die Frau lieb hab, so wahr gehöre ich doch nur Jenny, um die ich schon zuviel gelitten und gesehnt habe, um je von dieser Liebe loszukommen.

Friedel ist mir ein Traum geworden, ein süßer, zärtlicher Traum, den ich all mein Lebtag fortträumen werde. Ihren persönlichen Verlust habe ich überwunden. An Uli, Lotte, Ella – an all die andern lieben Frauen denke ich wie an Episoden zurück. Mariechen sah ich heute wieder. Sie kam nach langer Nachtfahrt mit ihrem reizenden dreijährigen Söhnchen von Breslau und war im Café Stefanie. Ich fühlte große Fremdheit zwischen uns und sprach freundlich und ohne jegliche Erregung mit ihr. Sie war wirklich nur Episode. An Zaza denke ich oft und herzlich. Ein Sonnenstrahl, der sich zufällig gespiegelt, einmal in mein nach Norden gelegenes Zimmer stahl, mich küßte und verschwand. Und Johannes? Heut kam – nach einem halben Jahr entsetzlicher Verwirrung, eine Karte von ihm. Aus Borneo. Auch er ist mir fremd geworden. Ich muß Umwege machen in meinem Herzen, um wieder zu ihm zu finden. Ob unsere Freundschaft sich je wiederfinden wird auf einem Boden sonstigen Einverständnisses, geistigen Austausches und fern vom mißtönigen Klingen des Geldes? Ich weiß es nicht.

1915! All mein Wunsch für das Jahr geht auf Frieden. Der Krieg zehrt an meinen Nerven wie an denen der Welt. Er darf nicht länger sein. [...]

München, Sonnabend, d. 2. Januar 1915
[...] Ein längerer Brief Landauers, als Antwort auf meinen Neujahrsbrief, gibt mir zu denken. Er gibt mir leider wenig Hoffnung auf die Anstellung als Dramaturg bei der Berliner Volksbühne. Natürlich sei Sinsheimers Verlangen, ich dürfe mich dann nicht anarchistisch betätigen, Unsinn. Aber erstens müsse man rechnen und bekomme leicht Literaten, die froh sind, wenn sie nur volontieren dürfen, zweitens aber zweifle er (Landauer) selbst, ob er, falls die Frage überhaupt gestellt würde, für mich stimmen würde. »Du bist in Deinem Urteil über literarische und besonders theatralische Dinge der Beeinflussung der Freundschaft und geradezu der Clique durchaus nicht unzugänglich, läßt es an harter Sachlichkeit, seit Du in München bist, oft fehlen ... Ich weiß, daß dieser Zug mit sehr Sympathischem in Deinem Wesen, vor allem mit Dankbarkeit eines Vereinsamten zusammenhängt, und will Dich wahrhaftig nicht kränken; aber in der Volksbühne brauchen wir hartes Holz.« Das ist bitter. Abgesehen von der zerstörten Hoffnung, endlich doch Boden unter die Füße zu kriegen und ein Haus für Jennys Kinder schaffen zu können – diese klare Anzweiflung meiner Unabhängigkeit. Ob Landauer recht hat? Manchmal gewiß. Es will mir scheinen, als ob manchmal im gütigen Suchen nach guten Eigenschaften in einem schlechten Werk und im Verschweigen seiner Schwächen eine höhere Gerechtigkeit sei als in der unbedingt von allem Persönlichen absehenden Objektivität

des Urteils, die Landauers Art ist. Das harte Verurteilen kann furchtbar weh tun und im Gefühl des Betroffenen dauernde Wunden hinterlassen und selbst Werte seiner Persönlichkeit herabmindern. Abgesehen davon, daß in künstlerischen Dingen reine Objektivität ja gar nicht existiert und daß es sicher ebenso wichtig ist, das Gute im Schwachen zu erkennen als um der Schwächen willen alles Gute mit zu verdammen.

L. sagt mir dann einiges Nette über mein Gedichtbuch, daß ihm – in vollem Gegensatz zu Johannes Nohl – Freude gemacht hat. »Schönes, starkes Altes und Neues, in guter Anordnung!«

Meine Erklärung an die ›Kain‹-Leser hat ihm nicht gefallen, und ich muß schon selbst gestehen, daß ich recht wünschte, den letzten nachträglich eingefügten Absatz darin nicht geschrieben zu haben. Landauer sagt mit Recht: »Ich kann es nicht gutheißen, daß von fremden Horden z. B. geredet wird, solange nicht die Möglichkeit besteht, alle Armeen, die in Feindesland hausen, so zu bezeichnen.« Natürlich war ich, als ich den Satz schrieb, durchaus geneigt, auch die ins Ausland eindringenden Deutschen als »fremde Horde« anzusehen. Aber ich hätte das Mißverständliche des Ausdrucks erkennen sollen und mir viel Ärger ersparen können. Landauers Meinung, daß ich etwa »vorübergehend vom Wedekind-Kreis oder dergleichen angesteckt« gewesen sein könnte, ist natürlich Unsinn. Ich werde, sobald der ›Kain‹ wiedererscheint, eine klare Definition geben müssen. [...]

München, Freitag, d. 15. Januar 1915
Die arme Zenzl hat heute früh so viel und schmerzlich an meiner Schulter geweint, daß ich noch ganz zerschlagen davon bin. Und hat auch Grund genug. Es geht ihr und dem Manne unglaublich schlecht. Gäbe ich nicht jeden Tag ein paar armselige Groschen her, wäre kein Stück Brot mehr im Hause. Die Stadt München hat zwar eine große Notstandsaktion für Künstler unternommen und stellt etwa eine viertel Million Mark zum Verteilen bereit, aber Engler[1] wird anscheinend übergangen, obwohl er ein ganz zweifellos sehr befähigter Bildhauer ist. Nur eben bei den Maßgebenden persönlich nicht sehr beliebt. Nun kommt hinzu, daß die Leute eine böse Nachbarin haben, die den ganzen Tag durchs Haus schimpft und ihnen das Woh-

nen in ihren dürftigen Gemächern zur Hölle macht. Diese Hexe hat nun obendrein Anzeige erstattet, weil die beiden Leute im Konkubinat leben. Das tun sie zwar seit über zehn Jahren und haben einen zehnjährigen Sohn[2] miteinander, ohne daß die sittliche Weltordnung darüber ins Krachen geraten wäre. Aber wir erfreuen uns hier mehrfacher bayerischer Reservatrechte, und eines davon ist die Strafbarkeit des Konkubinats. Die Eheschließung ist aber zugleich ein hier besonders teures Vergnügen und kostet etwa 150 Mark, da man für bares Geld erst Bürgerrecht und alles mögliche erwerben muß. Englers, die gar nichts gegen das Heiraten hätten, werden also, da sie unbemittelt sind, von dem gleichen Staat daran gehindert, der sie wegen dieser Unterlassung in Strafe nimmt. Sie sollen binnen drei Tagen je fünf Mark Strafe zahlen, an deren Stelle, falls sie nicht da sind, zwei Tage in Stadelheim treten. Vorläufig ist wenig Hoffnung, das Geld zu beschaffen. Ich habe mich aber jetzt bei Jaffé angemeldet und will dort sehen, ob ich wirklich die Frau, die ich gern habe, wegen lumpiger zehn Mark ins Gefängnis gehen lassen muß. All diese Dinge regten die arme Frau nun heut früh sehr auf und dazu noch ein Umstand, der an und für sich sehr lustig ist, aber auf den ohnehin schwer belasteten Gemütszustand Zenzls natürlich noch deprimierender wirkte. In der Frühe erschienen nämlich heut in ihrer Wohnung zwei Polizeibeamte, die sich einen aus dem Fenster gehängten Sack mit Krautköpfen ansahen, da ein Baron in der Nachbarschaft (ein Herr v. d. Tann[3] in der Ainmillerstraße) den Verdacht denunziert hätte, daß Bomben drin seien, weil man nämlich Bomben gewöhnlich in große Säcke verstaut und sie darin zum Fenster hinaushängt. Zenzls haltloses Weinen, das ich in dem Maße noch gar nicht bei ihr erlebt habe, dazu meine eigenen Sorgen und ein unglückseliger Ofen, der die Bude, statt sie zu wärmen, mit giftigen Dünsten anfüllt, haben mir die Laune für heute gründlich verdorben. [...]

München, Montag, d. 25. Januar 1915
Meine Erklärung an die ›Kain‹-Leser ärgert mich ihres letzten, nachträglich angehängten Satzes wegen täglich mehr. Die »fremden Horden« kann ich mir allenfalls verzeihen, weil ich mich gar nicht scheue, auch die in Belgien hausenden Deut-

schen so zu nennen, aber wie komme ich zu dem Wunsch, daß gerade unsere Länder vom Kriege verschont bleiben sollen? Dieser Egoismus ist ekelhaft und unverzeihlich. Nein – es ist nicht im geringsten schlimmer, daß Eydtkuhnen mit Jennys Habe, als daß irgendein serbischer Flecken zerstört ist. Und wenn München eines Tages in Brand und Schutt liegt, so hat das nicht einen Fetzen mehr zu bedeuten als das Unglück Löwens.[4] Es ist nicht wahr, daß unsere Frauen und Kinder, unsere Städte und Felder mehr wert wären als die der Galizier, Kaukasier, Polen, Bosnier, Siebenbürger, Wallonen, Franzosen, Elsässer, Ägypter, Marokkaner, Buren oder Zulukaffern. – Ich schäme mich meiner selbstischen Wallung und will sie öffentlich widerrufen, sobald es geht. [...]

München, Freitag, d. 5. Februar 1915
[...] Ich komme in der letzten Zeit dem alten Problem, warum die Deutschen in der ganzen Welt so maßlos unbeliebt sind, näher. Ich glaube, es hängt mit dem Beamtencharakter der Deutschen zusammen, mit dieser übertriebenen Richtigkeit, Deutlichkeit, Gründlichkeit in allen Dingen, die jede frische Sorglosigkeit ausschließt, und mit dem wahrhaft widerlichen Unfehlbarkeitsdünkel des deutschen Wesens, an dem bekanntlich die Welt genesen soll. Wir halten's hier mit der Wissenschaftlichkeit, die alles kennt, alles weiß, alles durchschaut, und was sie etwa nicht kennt, weiß und durchschaut, wie die übersinnlichen Dinge, einfach leugnet. Dadurch hat der typische Deutsche etwas Unpersönliches, Langweilig-Sachliches, ewig Korrektes. Er funktioniert, statt zu leben, und darauf beruht ja auch seine hervorragende Militärtüchtigkeit. Denn der Militarismus mechanisiert die Menschen, macht sie zu Automaten und kann sich für seinen Drill kein geeigneteres Material erwünschen als das deutsche. Die leichtere Sinnesart aller anderen Völker fühlt sich naturgemäß beeinträchtigt durch das Wirken jener absolut stimmenden Sicherheit und haßt infolgedessen die Träger der ihr Seelisches vergewaltigenden deutschen Korrektheit. Mit dieser Deutung stimmen alle Vorwürfe des Auslands gegen uns überein, ebenso wie der Eindruck in Deutschland, als ob all der ausländische Haß auf Neid beruhe.
Die deutsche Sozialdemokratie scheint vor den größten Kri-

sen zu stehen. Die Vorstände fassen Beschlüsse gegen Liebknecht und Ledebour, der (offenbar mit großem Krach) aus
dem Fraktionsvorstand ausgetreten ist. Zugleich aber finde ich
folgende Notiz im Blatt: »Am Schlusse der gestrigen Sitzung
des badischen Landtages brachte in der Zweiten Kammer der
Vizepräsident Geis, ein Sozialdemokrat, ein Hoch auf das
Großherzogpaar und das deutsche Vaterland aus ...« Antimon-
archisten, Republikaner. Jahrzehntelang haben sie geschrien,
daß wir in Deutschland noch jede Freiheit erkämpfen müßten.
Jetzt aber bewilligen sie alle Kriegshilfe für die Erhaltung der
deutschen Freiheit, die also plötzlich von ihnen entdeckt sein
muß, und brüllen Hurra für die Fürsten, denen sie bisher stets
stramm die Zivilliste verweigert haben. Charaktere! [...]

München, Donnerstag, d. 25. Februar 1915
Am letzten Krokodil-Abend schloß ich mit Henckell[5] eine
Wette ab, in der ich behaupte, daß die Sozialdemokratie sich
spätestens gleich nach dem Kriege spalten werde, dergestalt,
daß drei Monate nach dem ersten Parteitage nach dem Krieg die
Richtung Liebknecht in Stärke von mindestens 7500 Genossen
ausgeschieden sein wird. Henckell bestreitet das. Eine Flasche
Escherndorfer Berg ist der Preis des Gewinns. Als ich die Wette
abschloß, wußte ich noch nicht, wie schnell die Wahrscheinlichkeit sich meiner Ansicht nähern werde. Vor einigen Tagen
hielt Wolfgang Heine[6] in Stuttgart eine Rede, in der er die
sozialdemokratische Partei für jetzt und später geradezu als
Leibgarde der Regierung empfahl, ja er rief auf zum Vertrauen
zu Wilhelm II. Der ›Vorwärts‹, der eine nach Möglichkeit cha-
raktervolle Haltung zu wahren sucht, fertigt Heine jetzt recht
ironisch ab und findet, daß »nicht früh genug die Aufmerksamkeit der Masse der Parteigenossen und Gewerkschaftsmitglie-
der auf diese Ziele der Umwandlung der Sozialdemokratie in
eine nationalsoziale Reformpartei gerichtet werden kann.« Das
ist deutlich genug. [...]

München, Sonnabend, d. 6. März 1915
[...] Mittwoch auf der Kegelbahn erneuter heftiger Zusammenstoß mit Halbe. Ich hatte mir herausgenommen, beiläufig zu
sagen, daß ich die Munitionslieferung der Vereinigten Staaten

an England nicht für das ärgste Unrecht in diesem Kriege zu halten vermöchte. Denn einmal ist Amerika nicht durch völkerrechtliche Verträge formell verhindert, Konterbande auszuführen, außerdem würden die Fabriken doch ebensogern für Deutschland Waffen liefern, wenn es nur ginge, und schließlich habe im vorigen Jahr auch Deutschland im Kriege gegen die Vereinigten Staaten Mexiko mit Kriegsmaterial versorgt. Halbe nahm das zum Anlaß, mir vorzuwerfen, daß ich alles gutheiße, was die Gegner tun und alles verurteile, was von den Deutschen geschieht. Auch ich wurde sehr heftig und erklärte, alles, was in diesem Kriege von irgendeiner Seite bisher geschehen sei und was noch geschehen werde, für unermeßliche fürchterliche Schweinerei. Dabei sei keiner besser als der andere, und wenn stets alles Deutsche gepriesen, alles Antideutsche prinzipiell verunglimpft werde, so mache ich bei der Parteilichkeit nicht mit. – Es ist fast, als ob aus jedem Menschen ein freiwilliger Polizist geworden wäre, stets auf der Lauer, den anderen auf unerwünschte Empfindungen festzulegen. Ich will sehen, ob ich, ohne es auffällig zu machen, den Umgang mit Halbe etwas einschränken kann.

München, Montag, d. 8. März 1915
[...] In Frankreich hat man längst eine Nachmusterung auch der Ausgeschiedenen vorgenommen. Ich würde – das habe ich mir sorgfältig überlegt – den Gehorsam höchstens so lange leisten, wie man von mir keinen Mord forderte. Den würde ich verweigern müssen, sei es auch auf Kosten des Lebens. Nicht, daß ich so weit mit Tolstoi mitginge, daß ich grundsätzlich niemals die Waffe gegen einen Menschen erhöbe, aber ich müßte dazu von persönlicher Feindschaft geleitet sein. Im Interesse deutscher Börseaner und Industrieller französische Arbeiter abschießen – nein! Hoffentlich bleibt mir die Praxis dieser Überlegung erspart!

Bei der Aushebung des Landsturms haben sich groteske Szenen abgespielt. So mußte Thomas Mann sich stellen. Er stand nackt vor dem Offizier, der ihn fragte, was er sei. Auf die Antwort »Schriftsteller« folgte die weitere Frage: »So, was haben Sie denn geschrieben?« – Man muß sich das nur vergegenwärtigen, um die ganze Würdelosigkeit dieser Zeit zu begreifen.

Ein Mann vom Range Thomas Manns muß splitternackt vor irgendeinem Leutnant stehen und auf dessen ungebildete Näselei über sein Lebenswerk Auskunft geben. [...]

[...] Nun habe ich gerade in den letzten Tagen wieder gelesen, was ich in den ersten Kriegswochen ins Tagebuch schrieb, und war bei einzelnen Stellen ganz betroffen. Damals brachte ich über deutsche Siege geradezu Freude auf – wohl in dem Gefühl, daß dadurch der Krieg abgekürzt würde, wenn nicht angesteckt von der Massenhysterie, die den Schutz der deutschen Grenzen als Verhütung des allerschlimmsten Unheils ansah. Heut weiß ich, daß der Schauplatz der Greuel ganz gleichgiltig ist für seine Beurteilung, weiß auch, daß keine Armee besser, mitleidvoller und menschlicher ist als die andere, keine auch grausamer, verbrecherischer und roher. Es scheint mir sicher und auch selbstverständlich, daß die belgische Greuelkommission schreckliche Dinge, die von Deutschen verübt wurden, festgestellt hat, und gerade jetzt, wo die Deutschen in West und Ost »Vergeltung« gegen Schandtaten plakatieren, lassen die Russen kommissarisch feststellen, wie die Hindenburgschen Scharen in Polen und Litauen hausen. Schon zeigt sich, daß die Franzosen gegen die Vergeltungsaktionen in Calais, Paris und Compiègne im Badischen Wiedervergeltung üben, auf die die deutschen Repressalien natürlich nicht ausbleiben werden, und so abwechselnd weiter mit wachsender Scheußlichkeit. Ebenso werden die Russen nicht zögern, den Vergeltungsakten der Deutschen Strafmaßnahmen folgen zu lassen, die wiederum von unserer Seite gerächt werden müssen. Die Kriegführung nimmt danach mehr und mehr die Form eines Wettkampfes in Grausamkeiten gegen Zivilisten an, wobei jeder den andern Barbaren heißt. [...]

[...] Heinrich Mann suchte mich gestern wieder im Café auf. Er sei so von Haß erfüllt, sagte er, daß er manchmal meint, platzen zu müssen. Er verfällt dabei aber in den entgegengesetzten Fehler wie unsere Patrioten, indem er alles für wahr hält, was der ›Matin‹ zuungunsten Deutschlands berichtet, alles für erlogen, was in deutschen Blättern steht. Meiner Behauptung, daß alle gleicherweise lügen, stimmt er nur widerwillig zu. Der Inbegriff aller Schmach und allen Unglücks ist für ihn der Begriff ›Potsdam‹. Fruchtbar und menschlich befriedigend sind die Unterhaltungen mit ihm immer. – Lächerlicherweise hat man ihn bei der Stellung als »Infanterie II« tauglich befunden. Es kann also gut sein, daß er eines Tages einberufen wird und buddeln muß. Sein Bruder Thomas, der Patriot, ein körperlich viel widerstandsfähigerer Mensch zweifellos, ist hingegen freigekommen. [...]

München, Sonnabend, d. 10. April 1915
[...] Ohne meine Sehnsucht nach Jenny – und bei Gott! auch nach Friedel (die sich auch nicht gemeldet hat) – zu berühren, gewinnt meine Zuneigung zu Zenzl täglich Boden in meinem Herzen. Wir kennen uns nun eineinhalb Jahre, und oft ertappe ich mich der schönen, köstlich natürlichen Frau gegenüber auf einer ganz jungenhaften, erfrischenden Verliebtheit. Wäre sie nicht an ihren »Luki«[7] so fest gebunden, – ich täte die Erinnerungen an Jenny in einen besonders geschmückten Schrein meines Herzens und nähme Zenzl einfach zu mir. Wenn ihre eigenen Nerven ruhig und nicht von den perfidesten Nahrungssorgen zerquält sind – und dafür wollte ich wohl sorgen –, ist sie für meine Nerven Sonne und Bad. Wer weiß, ob ich sie nicht vielleicht doch noch mal heirate, die Bäuerin aus der Holledau – zum Entsetzen meiner An- und Stammverwandtschaft. [...]

Lübeck, Mittwoch, d. 21. April 1915
Ich schreibe in meinem Schlafgemach, im Giebel des alten Hauses der Königstraße. Trete ich hinaus, so bin ich auf dem Speicher, wo es muffig und nach Mäusedreck riecht und allerlei Gerümpel sich türmt.

Papa habe ich immer noch nicht zu sehen bekommen,[8] und es ist ganz fraglich, wann dieser Zustand mal geändert wird, – und was dann wird. Es geht ihm wieder etwas besser, doch ist er selbst ganz überzeugt, daß jeder Tag, den er noch erlebt, sein letzter war, und er wünscht sich den Tod. Ich glaube, daß jeder von uns allen nun seinen Wunsch teilt und keiner hofft, daß die Qualen unabsehbar sich fortsetzen sollen.

Gestern abend war ich mit Anthes[9] im Caféhause zusammen. Gute Unterhaltung. Wir waren beide froh, jemanden aus der eigenen Welt zu sehen, und wollen nun häufiger beisammen sein.

Heut vormittag: Moisling. Ich stand mit sehr bewegten und ungeklärten Gefühlen am Grabe der Mutter. Vergangenes und Künftiges flossen sonderbar ineinander.

In der Trambahn plattdeutsche Unterhaltung mit dem Schaffner. Ich freute mich, daß es noch fließend ging. Münchnerisch werde ich nie lernen, sowenig, wie ich das Plattdeutsch verlernen kann.

Eben traf ich vor dem Katharineum[10] Professor Stoffregen, meinen alten Mathematiklehrer. Etwas gezwungene Unterhaltung. Er forderte mich auf, einzutreten in die Anstalt, aus der man mich vor nahezu zwanzig Jahren hinausgeschmissen hat. Ich verzichtete aber dankend. Mir ist in Lübeck ein wenig traumhaft zumute.

Lübeck, Dienstag, d. 27. April 1915
Morgen früh will ich abreisen. Da ich den sterbenden Vater nicht sehen und sprechen darf, habe ich hier nichts zu suchen. Ich fühle mich ihm mehr verbunden als je, und wenn mein Wunsch, er möchte sterben, jetzt heftiger als früher spürbar ist, so aus dem Gefühl des Erbarmens mit seinem Leiden heraus. [...]

In Berlin hoffe ich Jenny zu sprechen. Ich habe sie sehr eindringlich um ein Rendezvous gebeten und fürchte nur, daß sie etwa nicht zur Post gegangen sein könnte, also meine letzten Briefe und Karten nicht erhalten hat. Ich will jetzt endlich klarsehen, wie wir zueinander stehen, um eventuell sofort nach Papas Tod Entscheidungen treffen zu können. Sollte die Verbindung mit Jenny nicht oder vorläufig nicht zustande kommen, so werde ich wohl mit Zenzl zusammenziehen, in der Weise, daß ich sie als meine Haushälterin engagiere. Die süße, gute Frau schreibt mir köstliche Briefe, an denen ich erst sehe, wie sehr sie mich liebt. Sehr unorthographisch, aber sehr lustig und sehr lieb. »Ich habe so Sehnsucht nach Dir«, heißt es im letzten, »wenn Du da wärst, mein Teurer, ich würd Dich liebhaben, meine Haare täte ich frisch waschen, mich baden und dann zu Dir legen ...«, und zum Schluß: »und probiere Deine nicht angenehme Lage Dir damit zu verschönern, daß Du ans Meer gehst und Dich von dem Lachen und Weinen des Meeres überzeugst, wie es in meinem Herzen aussehen würde, wenn ich Dir ein Kindlein schenken könnte.« Eine wahrhaftige Dichterin ist meine Zenzl geworden. Von ihr wünschte ich mir wohl ein Kind. [...]

München, Montag, d. 3. Mai 1915

[...] Jennys Liebe zu mir ist tot. Der Anschluß ist verpaßt. Wir haben gestern Entlobung gefeiert. Sie war sehr nett und geradezu lieb zu mir, – aber Liebe war nicht mehr dabei. Meine Liebe zu ihr wird Bestand haben. Denn – das habe ich schmerzlich erfreut mir wieder bestätigen können – es gibt keine Liebe, deren sie nicht wert wäre. Ich verbarg alle Seelennot unter schlechten Witzen, erzählte ihr dann auch von Zenzl – eigentlich, um mir selbst den rettenden Hafen zu zeigen –, und sie begleitete mich abends zum Anhalter Bahnhof. Den »Entlobungskuß«, um den ich sie bat, verweigerte sie mir leider. So reiste ich mit einem bitter-trockenen Geschmack im Mund ab. Aber ich bin froh, daß die zahllosen Versuche, mich mit ihr in Verbindung zu setzen, endlich doch Erfolg hatten, daß sie selbst, nachdem sie von meiner Anwesenheit unterrichtet war, mit Mühe und viel Umständen die Begegnung herbeiführte, und daß ich ihre schönen klugen guten Augen sehn und ihre liebe Hand küssen durfte.

Nun wird also Zenzl mein nächstes Schicksal sein. Sie holte mich heut früh vom Bahnhof ab. Im Bett feierten wir Wiedersehen, und die leichte Schwellung ihres Leibes, die ich glücklich streicheln konnte, malte mir eine gute Zukunft in einem neuen Menschen, – in meinem Kinde! [...]

München, Dienstag, d. 4. Mai 1915

Jeder Mensch begegnet mir mit der gemütvollen Frage: »Nun, ist Ihr Vater tot?« – und auf meine Antwort sehe ich Kondolenzgesichter und taktlose Enttäuschtheiten. Ziersch[11] – ich war im Krokodil mit ihm, Henckell und Martens zusammen – erzählte, daß schon Wetten darüber abgeschlossen seien, ob ich nach Empfang der Erbschaft noch Anarchist bleiben werde.

Wie primitiv müssen doch die Leute selbst organisiert sein, die anderen die Primitivität zutrauen, die Weltanschauung nach jeweiligem Bedürfnis aus der pekuniären Situation abzuleiten. [...]

München, Mittwoch, d. 12. Mai 1915

Unser Kind wird nicht zur Welt kommen. Zenzl gestand mir, daß keine Hoffnung mehr dazu besteht. Das arme Weib weinte sehr an meinem Halse, und ich selbst hatte Mühe, Haltung zu zeigen ... Vielleicht stehen große Veränderungen in meinem Leben noch bevor. Das Zimmermädchen verriet, daß Frau Kaderschafka die Pension aufzulösen im Begriff sei. Daraus würde sich für mich die Notwendigkeit ergeben, auszuziehen. Für den billigen Preis und bei so tolerantem Kredit wie hier finde ich keine andere Pension. Ich möchte deshalb gleich jetzt eine kleine Wirtschaft mit Zenzl beginnen. Sie ist einverstanden, zumal sie mit ihrem Mann neuerdings ernste Differenzen hat. Ob es möglich sein wird, bei der Geldknappheit uns einzurichten oder eine möblierte Wohnung zu mieten, oder wie wir uns sonst mit den Schwierigkeiten zurechtfinden werden, steht ganz dahin. Ich vertraue auf Zenzls praktischen Sinn. Ihr werde ich auch meine Gelder zur Verfügung stellen, wenn wir erst zusammen sind. Dann weiß ich, wird es keine Not geben im Hause. Quod Deus bene vertat!

Ich habe Wedekind in der Klinik (Josephinum) besucht. Erfreulicherweise scheinen mir Langheinrichs[12] Befürchtungen unbegründet. Er sieht zwar sehr schlecht aus, wie ein hoher Sechziger. Aber das ist wohl nach der schweren Operation selbstverständlich. Jedenfalls hält er selbst das Schlimmste für überstanden und hält sich schon außerhalb des Bettes auf. Gesprächsstoff hauptsächlich der Krieg, zu dem Wedekind nicht anders steht als ich und meine wahren Freunde. Auch er sieht die größte Gefahr in der Militarisierung Europas durch den deutschen Sieg und sprach sehr hart über die entsetzlichen Franktireurbestrafungen in Belgien und den Unterseebootkrieg, besonders den Fall ›Lusitania‹.[13] Einige Äußerungen, die mir haften blieben: »Es sollte mich nicht wundern, wenn der Krieg demnächst nur noch mit Giften und Chemikalien geführt werden wird.« Und über den Nationalismus: »Der Nationalismus ist der Feind der Menschheit. Je mehr der Deutsche, der Franzose, der Engländer, der Russe gilt, um so weniger gilt der Mensch.« Wedekind freute sich sichtlich über meinen Besuch. Ich soll wiederkommen. [...]

München, Freitag, d. 14. Mai 1915

Heute früh legte mir Zenzl neue erschütternde Beichten ab: über ihren Sohn, den sie mit achtzehn Jahren geboren, der jetzt – zwölfeinhalbjährig – bei seiner Großmutter in der Theresienstraße wohnt, und den sie seit sieben Jahren nicht gesehen hat, weil es ihr zu schrecklich ist, ihn bei ihr fremden Leuten in schlechten Verhältnissen zu sehen. Über ihr Verhältnis zu Engler – und wie unglücklich sie in diesen zehn Jahren ist. Über ihre Krankheit – das ist das Schlimmste. Ihr Vater gab ihr auf dem Totenbett Maßregeln, daß sie ihre kleine Halbschwester nicht verlassen dürfe, drückte sie fest an sich und starb in diesem Augenblick. Seitdem leidet sie an einer Gebärmutterkrankheit, die, wie sie fürchtet – und ihr Gatte ihr gestern schon vorwarf –, Gebärmutterkrebs zu sein scheint. Ich suchte es ihr auszureden, und ich hoffe wirklich, daß ihr Pessimismus nicht begründet ist. Außerdem versprach ich ihr, mich ihres Sohnes, sobald ich kann, anzunehmen. Die Pension bleibt in der alten Form bestehen. Trotzdem möchte ich so bald wie möglich mit Zenzl zusammenziehen und will versuchen, zum 1. Juli eine passende Wohnung zu finden. [...]

München, Sonnabend, d. 15. Mai 1915

Ich nahm gestern abend als Gast der Münchner Friedensgesellschaft an einer geschlossenen Versammlung im Café Arkaden teil, die unter Vorsitz des Professors Quidde stattfand. Etwa 50 Teilnehmer, die allesamt überzeugte und durch die Tatsachen des Völkermordens heftig bestärkte Kriegsgegner sind. Das schuf eine Atmosphäre solidarischer Stimmung und bewirkte wohl bei jedem ein gewisses Gefühl der Sicherung, mit seinen Empfindungen nicht alleinzustehen. Die Einleitung des Schweizers Quidde ließ allerdings befürchten, daß diesen Zusammenkünften ein etwas spießbürgerlicher Kränzchencharakter innewohnt. [...] In der Diskussion nahm ich das Wort, um dem Gedanken meines ›Weltbundes gegen den Krieg‹ Ausdruck zu geben. Ich fand damit starken Beifall. Quidde antwortete freilich nachher in dem Sinne, daß er gewiß nichts gegen eine gemeinschaftliche Demonstration nach dem Kriege habe, falls sich alle Unterzeichner zunächst einmal mit den Forderungen der Friedensgesellschaft einig erklärten (!). Er ging dann freilich auch auf den Antimilitarismus ein und erklärte es als fernliegendes Ziel, daß einmal die Völker den Kriegsdienst verweigern würden. »Wenn es ein Einzelner tut, ist es Landesverrat, wenn es alle tun, ist es Kultur!« Sehr schön. Aber er hat gezeigt, daß die bürgerlichen Pazifisten und wir nicht miteinander arbeiten können. Eine Verpflichtung zu Haager Konferenzarbeiten mit den Regierungen kann ein Antimilitarist und Anarchist selbstverständlich nicht in Frage ziehen. Ich werde nun Dienstag mit Frau Heymann über die Sache konferieren und hoffe sie – ohne den selbstgefälligen Herrn Quidde – zu gutem Ziele zu führen. [...]

München, Pfingstmontag, d. 24. Mai 1915
[...] Meine Kassenverhältnisse und besonders das Problem, wie ich das Nötigste zusammenbringe, um mit Zenzl endlich ganz zusammenzukommen, machen mir viel Sorgen. Von Lübeck bekomme ich gar keine Nachrichten mehr, so daß ich annehme, der Vater ist so weit hergestellt, daß eine Katastrophe in absehbarer Zeit nicht zu erwarten ist. Zu verdienen ist nichts, und nun will ich's anders versuchen und unter die Erfinder gehen. Ich bin auf den Einfall gekommen, einen Apparat herstellen zu lassen, mit dem man appetitlich und zugleich praktisch Spargel essen kann. Es ist ja scheußlich mitanzusehen, wie alle Welt mit den Fingern in den Teller langt und den Spargel auslutscht. Ich will also Zelluloidzangen (etwa in Form von Austernschalen) konstruieren und schützen lassen. Wüßte ich nur erst, wer mir die Idee bezahlt! Ich erwarte Zenzl. Die muß den Plan realisieren helfen.

München, Sonntag, d. 6. Juni 1915
[...] Um das letzte vorwegzunehmen: ein Erdbeben in der Nacht zum Mittwoch. Ich wachte seit zwei Uhr morgens, obwohl ich erst zwei Stunden geschlafen hatte, auf in einem Gefühl undefinierbarer Gereiztheit wie etwa vor einem Gewitter,

wo man auch den Grund seiner Nervosität nicht kennt. Eine Stunde lang versuchte ich ohne Erfolg, wieder einzuschlafen. Endlich machte ich Licht und mischte die Patience-Karten, um der Spannung meiner Nerven durch eine langweilig mechanische Beschäftigung Herr zu werden. Die Uhr zeigte 3 Uhr 15. Während ich die Karten sehr uninteressiert auflegte, spürte ich plötzlich eine sehr heftige Erschütterung, als ob jemand das Bett von unten gefaßt hätte und vor- und rückwärts rüttelte. Ich sah nach der Uhr, und während ich mich über den Nachttisch beugte, erfolgte ein zweiter ganz gleichartiger Ruck. Ich wußte sofort, daß es sich um ein Erdbeben handelte, sprang aus dem Bett ans Fenster und spürte, wie sich schon bald meine Nervosität löste. Die Entspannung war erfolgt, und ich konnte dann ausgezeichnet schlafen. Der Erdbebenstation der Sternwarte, die um Mitteilungen bat, habe ich meine Beobachtungen beschrieben. Es war das erste Erdbeben, das ich bei völlig wachen Sinnen miterlebt habe. [...]

München, Sonnabend, d. 11. Juni 1915
Bevor ich fortgehe, nur eine kurze Notiz zu meiner Biographie. Ein Brief meines Schwagers Leo als Antwort auf meine schroffen Worte an die Geschwister enthält die Mitteilung, daß ich mich in Lübeck in einem Irrtum befand. Es war nicht an dem, daß der Gesundheitszustand meines Vaters es nicht gestattet hätte, mich zu empfangen oder von meiner Anwesenheit zu erfahren. Der alte Herr hat vielmehr erfahren, daß ich da war. Er weigerte sich aber, mich vorzulassen, was man mir mit Rücksicht auf meine Empfindungen verschwiegen hat... Sein Leben zählt, wie mir Leo ebenfalls schreibt, nur noch nach Tagen, und nun soll ich ihm doch noch das Sterben erleichtern und den absurden Witz machen, wieder Apothekerlehrling zu werden. Ich habe eben einen sehr ernsten und klaren Brief an Leo geschrieben, nach dem ich vor dergleichen Zumutungen wohl Ruhe haben werde. – Daß mir einmal meine gütige Mutter erscheinen möchte, daß ich ihr mein Herz öffnete!

[...] Grethe schreibt, Papas Schwäche habe nicht weiter zugenommen, im Gegenteil mache sich ein geringes Zunehmen der
Kraft bemerkbar, und er fasse von neuem Hoffnung. Mein
Brief habe ihn angenehm berührt, ohne seine Entscheidung zu
ändern. Wie er will!... Mir träumte vor Jahren einmal, ich ließe
den Vater ärztlich untersuchen. Eine ganze Ärztekommission
unterzog sich der Aufgabe. Ich erwartete im Nebenzimmer das
Resultat. Als die Kommission eintrat, verkündete mir ihr Wortführer, ein weißbärtiger Gelehrter: »Die genaue ärztliche Untersuchung Ihres Herrn Vaters hat ergeben, daß er der ewige
Jude ist.« – Ich fange an, an Wahrträume zu glauben.

[...] In der Angelegenheit Morstadt war ich gestern mit Zenzl
draußen in Eglfing, wo ich den Arzt interpellierte, einen sym-
pathischen Rundkopf, der wie fast alle Psychiater selbst schon
einen stark angesponnenen Eindruck machte. Ich habe ein kurzes Protokoll über den Besuch meinem Morstadt-Akt angefügt.
Die ganze Familientragödie, in die ich da Einblick bekomme,
ist unbeschreiblich. Finny, das Tierchen, an dem alles abgleitet,
im Mittelpunkt (Finny coronet opas). Väterlicher- wie mütterlicherseits Vorfahren und Angehörige geisteskrank. Die Eltern
in Trennung, weil der Vater (Krupp-Beamter) ein Konkubinat
auftut. Die Mutter führt das Mädel im Vor-Backfischalter in
Bohemekreise, sitzt mit ihr bis drei Uhr jeden Morgen im Simplicissimus etc., und um acht Uhr muß das arme Wesen zur
Schule. Mit dreizehn Jahren Entjungferung durch einen Ein-
mieter – mit Wissen der Mutter. Die Mutter stellt der eigenen
Tochter nach (wahrscheinlich mit Erfolg), sieht zu, wenn das
Mädel mit Männern im Bett liegt. Die Kleine erfährt ein Mittel,
mit dem Mutter von Großmutter Geld erpreßt: durch die Erinnerung an sexuale Beziehungen der Alten mit dem Schwiegersohn Morstadt. Im mütterlichen Kreise ohne jegliche Erziehung zur Arbeit, Beschäftigung mit Astrologie, Kartenschla-
gen, jedweden abergläubischen Humbug, miserabelste Lektüre.
Im Verkehr mit jungen, unreifen Burschen (Leybold etc.) wüste
Zotereien. Finny ist siebzehn Jahre alt, als Mama von einem
Rechtsanwalt ein Kind kriegt (mein Mündel Clementine). Mit

neunzehn Jahren wird sie selbst (von Leybold) schwanger, muß, um der »Schande« zu entgehen, in der Schweiz entbinden, bekommt durch die Anstrengungen der Reise und die Verhinderung, das Kind selbst zu nähren, Gebärmuttersenkung. Die Mutter wird irrsinnig. Finnys Kleiner wird hertransportiert, und nun sitzt das Mädel, das vom Vater schikaniert wird, weil sie nicht zu ihm will – früheren Erfahrungen nach hat auch dieser Ehrenmann nicht nur väterliche Empfindungen gegen die Tochter – in München herum und macht sich verflucht wenig Gedanken um Vergangenheit und Zukunft. Ich strebe an, auch die Vormundschaft über ihren kleinen Jungen zu kriegen, um den Großvater Leybold sowohl wie auch den Herrn Hugo Ball[14] zum Alimentezahlen zu zwingen. Der alte L. weigert sich zu zahlen, weil aus einem Brief Balls an Leybold hervorging, daß auch er mit Finny in der Konzeptionszeit zu tun hatte. Aus dem Brief ging aber auch hervor, daß Ball den Koitus nur herbeiführte, um dem Freunde Hans Leybold von der Alimentationspflicht zu helfen. Ich werde dann also zugleich Vormund sein von Frau Anna Morstadt, ihrer Tochter Clementine und ihrem Enkel Hans. Neben der Sorge für die armen, schwer belasteten kleinen Kinder würde ich es aber für meine Kampfpflicht halten, der armen Finny, die ganz hilflos und ohne Ahnung, wie man das Leben angreift, nur Zenzl und mir vertraut, gegen den Vater und gegen alle, die Geld oder Gunst von ihr wollen, einen Halt zu geben. [...]

Lübeck, Sonntag, d. 25. Juli 1915

Es ist früh sieben Uhr. Ich liege im Bett und schreibe in etwas unbequemer Haltung, zieh das aber vor, weil ich, bei Grethe wohnend, zum Schreiben tagsüber weder Gelegenheit noch Zeit finde. Ich will die wichtigen und erregenden Ereignisse dieser Tage kurz andeuten.

Der Vater starb am Dienstag, dem 20. Ich reiste abends ab, von Zenzl, die dem Weinen nah war, und Finny zur Bahn gebracht. Mittwoch blieb ich in Waidmannslust, nachdem ich in Berlin für Einkleidung gesorgt hatte. Donnerstag nachmittag mit Onkel Leopold Abreise nach Lübeck. Der hatte mir vorher Einblick in die Hauptbücher der Häuserverwaltung gegeben. Freitag fand dann mittags die Beerdigung statt. Es waren viele

Verwandte gekommen, die Lübecker Beteiligung war sehr groß. Amüsiert hat mich der Kampfgenossenverein, der die Orden dem Leichenwagen vorantrug und mit großer Fahne – lauter verwitwete alte Herren von 1866[15] und '70 – hinterherzog. Carlebach[16] hatte zu Hause gesprochen. Auf dem Kirchhof niemand. Scheußlich war mir nach der Versenkung des Sarges die religiöse Zeremonie in der Einsegnungshalle, wo ich mir mit Hans weiß Gott die Schuhe ausziehen mußte und hin- und herlaufen.

Onkel L. erklärte mir an diesem Abend noch, welche Änderung der Vater zu meinen Ungunsten noch am Testament getroffen hat: Pflichtteil . . . Die andere Hälfte des auf mich entfallenden Erbteils wird festgelegt und Zins auf Zins geschrieben, bis ich entweder wieder Apotheker werde oder eine als Jüdin geborene (sehr witzig!) jüdische Frau heirate oder 60 Jahre alt werde. Dann kriege ich das Ganze . . . Den gleichen Freitag noch saßen wir Geschwister zusammen im Hause des Verstorbenen, und Leo verlas die letztwilligen Aufzeichnungen. Der Vater hat über all und jedes bestimmt. Eine Vorsorglichkeit tritt zutage, die beispiellos ist. Ich muß bekennen, daß er mich in bezug auf Andenken und wertvolle Bedenkung ebenso reichlich wie meine Geschwister bedacht hat. Ja, die kostbarsten Dinge fallen eigentlich mir zu, besonders seine prachtvolle goldene Uhr mit Kette und Kugel, die er bis zuletzt getragen und benutzt hat.

Eine große, enttäuschende Überraschung gab es aber eben bei der Feststellung des Besitzstandes. Dabei kam heraus, daß der Multimillionär im Ganzen ein Vermögen von ganzen 235000 Mark hinterlassen hat. Hinzu kommt der Betrag von 90000 Mark, der an den Mitgiften der Schwestern noch zu verrechnen ist. Es gehen ab 12000 Mark an Erbschaftssteuern. So bleibt für mich die Gesamtbarschaft (für die nächsten 23 Jahre) von 35- bis 40000 Mark. 15000 Mark Schulden und eine bescheidene Wohnungseinrichtung (für die ich freilich wesentliche Gegenstände dem Hausstand des Vaters entnehmen kann) sollen bezahlt werden. Ich werde also ein Vermögen von höchstens 20000 Mark besitzen, von dem leider noch nicht mal das Nötigste für die Berner Schuld[17] flüssig ist. [...]

Das ist doch ein recht schmerzliches Erlebnis: Am Ziel meiner sehnlichsten Erwartung stehe ich am Anfang neuer schwerer Sorgen und Ängste. Aber mein Trost ist: Von jetzt ab gibt es kein Hoffen mehr auf Tod und Erbschaft, sondern auf Leben und Arbeit!

Lübeck, Dienstag, d. 27. Juli 1915

Im Café Hansa in der Breiten Straße, da ich woanders kaum Gelegenheit habe, ungestört meine eigenen Dinge zu betreiben. Noch ist nicht alles so geklärt in mir, daß ich imstande wäre, Erlebnisse und Stimmungen der letzten Tage festzuhalten und zu überdenken. Nicht einmal meine Gefühle für den verstorbenen Vater vermag ich heute zu kontrollieren. Sicher ist nur, daß mich die große Enttäuschung, die mir die Feststellung seines Vermögens verursacht hat, gegen ihn versöhnlich gestimmt hat. Ich glaube, daß ich ihm manches abzubitten habe, da ich einsehe, daß er ein solches Maß von Unterstützung, wie ich es alle Jahre hindurch von ihm meinte beanspruchen zu dürfen, bei Wahrung seiner Absicht, seinen Kindern die nötigen Sicherheiten fürs Leben bei seinem Tod zu hinterlassen, angesichts seiner Besitzverhältnisse gar nicht leisten konnte. Dazu kommt der warme herzliche Ton seiner Verfügungen und Aufzeichnungen, wobei er durchaus niemals Unterschiede macht und gegen mich nicht ein einziges Wort des Vorwurfs ausspricht. Und in den Vermächtnissen an Gegenständen werde ich fast reichlicher bedacht als die Geschwister, und Dinge, die ihm besonders lieb gewesen sind, wie seine Uhr, die Ölbilder der Eltern etc. ausdrücklich für mich bestimmt. [...] So schwankt mein Empfinden zwischen Ehrfurcht vor dem Andenken an den harten, strengen, verschlossenen und doch sehr gütigen alten Mann, der mein Vater war, und Verbitterung und Vorwurf, weil er die Brücken zwischen seinen Grundsätzen und meinen Notwendigkeiten im Leben und im Sterben nicht zu schlagen wußte. Als ich aber gestern mit zwei Kränzen nach Moisling fuhr und sie auf seinem frischen Grabe als ersten Schmuck niederlegte, da freute ich mich, in ehrlichem Herzen zu wissen, daß von nun an und für mein Leben Friede zwischen mir und ihm sein wird. Ich verließ wahrhaft erschüttert das Grab der Eltern. [...]

Über meinen Plan, aus dem Judentum auszutreten,[18] sprach ich mit Leo. Er bat mich sehr, davon abzustehen, und ich versprach schließlich, noch ein Jahr zu warten. Vielleicht ist's auch besser so, solange die Häuser-Erbgemeinschaft besteht. Sollten wir Kinder bekommen, so müßte ich sie zu Juden machen, will sie von Erträgnissen des großväterlichen Erbes nicht ausschließen.

Lübeck, Donnerstag, d. 29. Juli 1915
[...] Meine Biographie verlangt zunächst wieder eine bittere Feststellung. Wie mir gestern Leo mitteilte, ist eine erst in den allerletzten Tagen seines Lebens getroffene Bestimmung meines Vaters zu berücksichtigen, nach der ich alle Silber- und Wertsachen, die ich erbe und die er doch mit gleich liebevoller Besorgtheit für mich bestimmt hat wie die Vermächtnisse für die Geschwister, ebenfalls erst erhalten soll, wenn die Bedingungen erfüllt sind, die er gestellt hat, um mir den Besitz der zurückzulegenden Vermögenshälfte zugänglich zu machen. Ob ich die Uhr, die ich seit fast einer Woche trage, auch wieder abliefern muß, weiß ich noch nicht. Das Eßsilber aber, die Brillanten und die vielen Wertsachen, über die ich mich freute, werden für 23 Jahre ins Tresor gelegt. Zenzl wird nichts davon haben. – Mich verstimmt diese Wendung der Dinge außerordentlich. Gar nichts war in den letzten Jahren geschehen, was diese Kundgebungen der Erbitterung beim Vater hätte rechtfertigen können. Wofür er mich büßen läßt, ist groteskerweise folgendes: 1) Mein Verlöbnis mit Jenny, das nach seinem Herzen war und das weiß Gott ohne meine Absicht nicht zur Ehe führte. 2) Meine Bitte an den Vater, mir das Apothekergehilfenzeugnis zu schicken, die ihn fälschlicherweise in die Überzeugung versetzte, ich werde nach fünfzehnjähriger Verirrung den rechten Weg wiederfinden, 3) der Krieg, den ich nicht erstrebt habe und den ich weniger als irgendwer anderes billige, der mir aber die törichte Idee eingab, ich könne vorübergehend als Apothekengehilfe mir und meinen Mitmenschen nützlicher sein denn als Schriftsteller. – Wie teuer ich diese Dinge bezahlen muß, wird mir erst jetzt klar nach einem Gespräch, das ich gestern mit Leo führte, und das nun heut abend mit ihm und Julius fortgesetzt werden soll. Dabei wurde mir die angenehme Überraschung, daß ich mindestens für die nächsten drei bis vier Monate auf nicht mehr als höchstens 200 Mark monatlich werde rechnen

können. Mit anderen Worten: Die ganze Misere geht von neuem los, mit dem Unterschied nur, daß ich nicht mehr auf eine bevorstehende Erbschaft hin werde pumpen können.

Waidmannslust, Sonnabend, d. 7. August 1915
Einen sehr genußreichen Tag mit Landauer verlebte ich gestern. Ich ging früh zu ihm nach Hermsdorf hinüber. Wir machten einen prächtigen Spaziergang durch den schönen märkischen Wald, ich aß bei ihm Mittag (Frau Hedwig[19] ist verreist) und blieb bis zum Spätnachmittag. Wir stellten die erfreulichste Übereinstimmung in der ganzen Beurteilung der Vorgänge fest. Auch unsere Wünsche und die Entwicklung unserer Wünsche im Lauf des Kriegsjahres laufen konform. Auch Landauer freute sich anfangs der deutschen Siege aus dem gleichen Gefühl wie ich: Wir sahen darin den schnellsten Weg zum Frieden. Jetzt stehen wir dem weiteren mit derselben Hoffnungslosigkeit gegenüber. Sehr schmerzlich war mir ein Brief, den Johannes Nohl nach einjährigem Stillschweigen aus Bern an Landauer geschrieben hat und den er mir mit seiner Antwort zu lesen gab. Zunächst in dezidierter Form ein Anpumpungsversuch um 100 Mark, daran anknüpfend aber leider ein traurig schwungvolles Bekenntnis zur »gerechten Sache« Deutschlands und Österreichs. Landauers Antwort ist mehr als grob. Er versagt ihm Hilfe und Achtung und erklärt sich zur Sache Tolstois. [...]

Berlin, Montag, d. 9. August 1915
[...] Um zwei Uhr heute nachmittag findet in einem Caféhause am Belle-Alliance-Platz eine Konferenz statt, die meiner Initiative zu danken sein wird und zu der ich geladen habe: Ströbel,[20] Landauer, Schickele[21] und Hardekopf. Einzelheiten für unsere Verabredungen habe ich noch nicht im Sinne. Nur will ich versuchen, für eine Art »Burgfrieden« zwischen den verschiedenen Parteien und Richtungen, die gegenwärtig gegen den Strom schwimmen, die Basis zu gründen. Wir müssen uns dahin einigen, unsere Differenzen in allgemeiner Weltanschauung, in Zielen und Arbeit vollkommen zurückzustellen und einen Weg zu konspirativer Propaganda suchen, um unsere gemeinsamen Ansichten zur Geltung zu bringen. Ob das in der Form des von mir geplanten ›Weltbundes gegen den Krieg‹

möglich sein wird oder ob wir uns zunächst auf Inlandsarbeit einigen werden, das stehe dahin. Jedenfalls hoffe und glaube ich, daß sich Möglichkeiten finden werden, wie wir trotz Zensur und Militärdespotie, trotz Staatswillkür und Gesinnungsverrottung den Ideen der Kultur und des Willens zum Frieden Raum und Atem schaffen können. Ich darf nicht eher nach Hause, ehe ich nicht weiß, daß mir dort – unter Hunderttausenden Einem – die Aufgabe winkt, für Gegenwart, Zukunft und Menschheit Zuträgliches zu wirken, und ehe ich nicht in Berlin Fäden gewebt habe, die den Telegrafendienst zwischen den paar Deutschen meiner Gemütsverfassung still und sicher versehen.

München, Donnerstag, d. 12. August 1915

Eine Reiseepisode. In der Gegend von Halle wurden gefangene Franzosen eskortiert. Man sah im Hintergrund Gefangenenbaracken. Ein Mitreisender meinte: »Schön wohnen sie da ja nicht gerade.« Ein anderer: »Immerhin besser als Unsere, besonders in Afrika.« Der erste, der sich nun wohl seiner menschlichen Regung schämte: »Kann ihnen ja auch nichts schaden, daß sie bei uns mal arbeiten lernen!« … Diese Überhebung ist typisch. Was wird nur daraus werden, wenn wirklich westliches Land annektiert und »germanisiert« wird. Ein nicht auszudenkendes Unglück für alle menschliche Gesittung.

Im Osten wird dauernd weitergesiegt. Daß die Kraft der Russen damit gebrochen wäre oder würde, ist natürlich Unsinn. Aber die Gefahr, daß dort deutsche Truppen zu ähnlichen Aktionen im Westen frei werden können, ist sehr groß. Und am Balkan ist immer noch keine Wandlung zu erkennen. Vielleicht stehen wir erst am Anfang des ganzen Krieges. Die Rabbiner – selbst Carlebach in Lübeck gehört dazu – predigen von den Synagogenkanzeln seltsame Weissagungen. Um das Jahr 1830 lebte ein Talmudist, der hat die Prophezeiungen des Buches Daniel (das ich gestern Zenzl vorlas) gedeutet, und da schon viele wichtige Einzelheiten seiner Deutungen durch die Geschehnisse bestätigt sind, glauben die bibelgläubigen Juden alles Weitere: Danach soll dieser – genau vorhergesagte – Krieg vierzehn Jahre dauern. Sobald er aber zu Ende ist, werde der Meschiach kommen, die Welt erlösen und das Reich Juda über der

Menschheit errichten. Ich habe den Lübeckern gesagt, falls das wahr werden sollte und der Messias komme zu ihnen, so möchten sie ihn mir doch auch nach München schicken. Ich möchte den Mann gern kennenlernen.

München, Montag, d. 23. August 1915

Über die Kosten des Kriegs hat Helfferich[22] im Reichstag dolle Zahlen genannt: Danach betragen die täglichen Kriegskosten für alle beteiligten Mächte zusammen fast 300 Millionen Mark. [...] Die Zerstörungswerte und der Ausfall sind nicht mitgerechnet – und die täglich hingemordeten Menschen auch nicht. Keine Phantasie reicht aus, um all das Unglück, das in diesen Zahlen ausgedrückt wird, zu erfassen. Aber die Welt jubelt, sie erlebt ihre »große Zeit«.

Für die Sozialdemokraten sprach im Reichstag Dr. David.[23] Der ›Vorwärts‹ konstatiert ganz richtig, daß seine Rede sich von denen der bürgerlichen Herren gar nicht unterschied. Nicht einmal gegen die Annexionsabsichten fand er mehr Worte, als in einem nichtssagenden Satz Raum hatten. Bei der Abstimmung waren wieder 29 Sozialdemokraten aus dem Saal gegangen. Gegen die zehn neuen Milliarden stimmte nur Liebknecht, dessen Versuche, sich Gehör zu schaffen, in Lärm und Gewieher der wahren deutschen Volksvertreter erdrosselt wurden. Im ganzen Land aber ist der Mann, der den Mut hat, sich in der Uniform eines Armierungssoldaten, der also rettungslos den Schindereien patriotischer Vorgesetzter ausgesetzt ist, allem entgegenzustellen, was ungestraft den Mund aufmachen darf, ein Gernegroß, ein Poseur oder bestenfalls ein Narr. So tief ist das ethische Gewissen Deutschlands gesunken, daß, wer die Empfindungen der Millionen öffentlich ausspricht, im ganzen Land als Lügner verlästert wird. Der Sieg der deutschen Waffen wird die Vernichtung der deutschen Seele sein!

München, Mittwoch, d. 15. September 1915

Verheiratet.

München, Donnerstag, d. 16. September 1915
Einiges Episodische von der Eheschließung. Vorgestern waren
wir mit dem Ehepaar Anthes in der Max-Emanuel-Brauerei
zum Abendbrot. Dorthin kam später Ludwig Engler mit Finny. Er erzählte von einem Besuch des Dr. Zeheter, einem jener
Verehrer Zenzls, die sich einbilden, aufgrund ihrer sentimentalen Empfindungen Anspruch auf Mitbestimmung ihres Schicksals zu haben. Er fragte, ob Englers Frau zu Hause sei. Als das
verneint war, wollte er sie am nächsten Tag aufsuchen. Engler
erwiderte ihm: »Morgen wird es auch nicht gut passen. Morgen
heiratet meine Frau.« ... Gestern in aller Frühe kam nun der
unglückliche Liebhaber zu mir, um im letzten Moment doch
vielleicht noch das Unglück zu verhüten. Er bekam Kaffee, was
ihn sichtlich besänftigte, doch erreichte er es, daß Zenzl und ich
am Morgen unserer Hochzeit nicht eine Minute allein miteinander sprechen konnten. Nachher kamen dann die Trauzeugen
Luther und Maaßen, und mit der Trambahn fuhren wir zum
Festakt. Der verlief so grotesk wie möglich, da die Kopulierung
von einem Manne vorgenommen wurde, der einen mir neuen
Typus des salbungsvollen Staatsbeamten darstellt. Mit mono-
ton plärrender Stimme trug er uns die Pflichten gegeneinander
vor, wonach ich meine Gattin zu behüten, beschirmen, ernähren, sie mir hingegen ein sonniges Heim zu bereiten habe
(Zenzl meinte nachher auf der Straße, sie werde ein Südwoh-
nung suchen). Schmalz und Korrektheit verschmolzen in der
Ansprache in einen Brei von Kanzleikomik, so daß ich die
größte Mühe hatte, mein Grinsen nicht in lautes Gelächter
überschlagen zu lassen. Zenzl ging es offenbar ebenso, und die
beiden Zeugen standen würdig und mit größter Selbstbeherr-
schung ernsthaft zu unserer Seite. [...]

München, Freitag, d. 24. September 1915
Ausgemustert – Dienstunfähig. Keine Engelsmusik hätte mir
lieblicher in die Ohren tönen können als diese Entscheidung
des Stabsarztes gestern vor der »Hilfsersatz-Kommission«.
Vorgestern stand ich mit Zenzl an der Görresstraßenecke, als
ein älterer Stabsarzt vorbeikam. Ich benutzte die Gelegenheit,
um Zenzl vorzuklagen: »Ich glaube, nächstens platze ich vor
Nervosität.« Zenzl beschwichtigte besorgt, bis ich ihr klar-

machte, daß nur der Militärarzt mich zu dem Bekenntnis veranlaßt hatte. Der Zufall gab, daß wirklich derselbe Mann das Urteil über Leben oder Tod für mich zu fällen hatte.

Um halb neun mußte ich im Zimmer 38 des Wehramts antreten, wo sich im Ganzen etwa 170 Mann versammelten, alle aus den Jahrgängen 1881–78. Zunächst gab ein Beamter in Zivil Anweisungen, in welcher Weise »die Herren« zur Musterung vorgenommen würden. Dann erschien ein Oberstleutnant, der uns als »Mannschaften« apostrophierte und die Erklärung abgab, die Ausgehobenen würden sehr bald eingezogen werden, wohl schon Anfang Oktober: die Stimmung unter den bis dahin »dauernd Untauglichen« sank sichtlich, besonders als dann die ersten untersuchten Leute mit Leichenbittermienen herauskamen und erzählten: »Oalls packn's aa!« und einer nach dem anderen die Nachricht brachte: Verwendungsfähig, Infanterie, Pioniere etc., so daß schon die wenigen, die als garnisonsdiensttauglich bestimmt wurden, Neid und Glückwünsche einkassierten. Es schien, als sollten nur die wirklichen Krüppel ausgemustert werden. Die armen Leute taten mir schrecklich leid, und ich dachte mit Entsetzen daran, daß meine Aussichten, frei zu werden, auch immer tiefer sanken. Ich hätte gewünscht, daß unsere Repräsentationshelden, Kaiser, König, Kanzler, Minister, die überall Glockengeläut, Hochgeschrei und Siegesjubel vorgemimt bekommen, diesen Saal 38 betreten sollten. Sie hätten ein bißchen wahre Volksstimmung wahrnehmen können. Von den 170 Männern dachte nicht einer an Vaterland und Ruhm, eine furchtbare Depression lastete über den Gemütern, und die Gesichter derer, die ausgehoben waren, drückten tiefste Verzweiflung aus – und den entsetzten Gedanken: zum Tode verurteilt!

Ich überlegte indessen die Folgen, die die Einstellung für mich haben müßte, und beschäftigte mich im Geiste mit dem Eid, den ich hätte schwören müssen: Treue für König und Vaterland. Jeder weiß, daß das für mich wertlose Begriffe sind und daß mir gar nichts ferner liegt, als mich diesen höchst bekämpfenswerten Einrichtungen mit Leib und Leben zu verpflichten. Gott ist den Menschen der höchste Ausdruck aller seelischen Wahrheit, Ergriffenheit und Erfülltheit. Wer zu Gott schwört, tut es – nach dem Geiste der Frömmigkeit – aus dem tiefsten

Bewußtsein seiner Herzenswahrheit heraus. Der Staat beruft sich auf Gott als den Schirmer seiner Berechtigung, der König führt sein Amt von Gottes Gnaden. Staat und König aber nötigen unter Zwang und Drohung die Menschen zur Ablegung eines Eides um Gottes willen, der den wenigsten von Herzen kommen kann, vielen aber direkt gegen die Wahrheit läuft. Den so erpreßten Eid benutzen sie dann als Waffe und Folter gegen den, der ihn leisten mußte. Ob nie einem Geistlichen diese entsetzliche Schmähung der Gottheit, diese fürchterliche Unsittlichkeit klargeworden ist? Als ich diese ganze Gedankenreihe durchging, beschloß ich endgiltig, den Treueid zu verweigern, wenn er von mit verlangt würde: auf jede Gefahr.

Mir ist gottlob die furchtbare Not erspart geblieben. Auf die Frage, was mir fehle, berief ich mich auf schlechte Augen und Herzerweiterung, die sich in Erschöpfungszuständen äußern. Der Stabsarzt selbst legte mir nahe, mich auch auf die Lungen zu berufen, behorchte mich nur ganz wenig und erklärte mich als »Ausgemustert!« Ob ich das den seit fünfzehn Jahren gerauchten Zigarren, getrunkenem schwarzen Kaffee und Alkohol und umarmten Frauen verdanke oder dem freiwilligen Verzicht der Militärbehörde, wage ich nicht zu entscheiden. Die neugierigen Blicke der Offiziere und Beamten, als ich in leuchtender Nacktheit in ihren geweihten Raum trat, läßt mich jedenfalls darauf schließen, daß man sich vorher über mich unterhalten haben wird, und da mag wohl die Ansicht laut geworden sein, daß ein derartiger Miesmacher in der deutschen Armee mehr ruinieren als helfen kann. So wäre denn einmal mein Festhalten an der stets bestätigten Gesinnung wahrhaft belohnt worden. Ein Martyrium hätte ich ohne »Stolz« hingenommen.

Aber in was für Situationen einen der Krieg bringt, das wurde mir erst ganz klar, als ich im Vorraum der Musterung warten mußte, bis die Reihe an mich kam, und mit angstvoll zitterndem Herzen mit noch etwa zehn Leidensgefährten im Kreise um ein Zimmer saß, jeder war mit dem Hemd bekleidet, aus dem die behaarten oder glatten, krummen, dürren oder wampigen nackten Beine hervorstachen. In dieser grotesken Maskerade, die das Vaterland von uns verlangt, mußten wir unser Schicksal erwarten, das für manchen tragisches Verhängnis sein mag.

München, Sonntag, d. 17. Oktober 1915
Paul Scheerbart ist gestorben – nach der kurzen Zeitungsnotiz, aus der ich es erfahre, »einem Schlaganfall erlegen«. Ich finde mich noch gar nicht zurecht in dem Gedanken, daß dieser wundervolle, wunderliche Wunderkerl tot sein soll. Die Zeitungen nennen ihn einen komischen Kauz, einen Sonderling und wie noch alles. Daß sie und das Publikum ihn haben verhungern lassen wie seinerzeit Peter Hille,[24] das wollen sie nicht wissen. Einmal sah ich, wie es in ihm aussah: als unser grotesker Zeitungsplan ›Das Vaterland‹ in der groteskesten Weise scheiterte (das beschreibe ich noch mal ausführlich[25]) und sein unbändiges Lachen plötzlich in wildes Weinen umschlug... Ich bin überzeugt, daß Scheerbart ein Opfer des Kriegs geworden ist, wie er natürlich auch sonst etwas später ein Opfer des Alkohols, und das heißt der Not, geworden wäre. Aber die maßlose Teuerung dieser Zeit wird dem Bären[26] ja nicht einmal mehr gestattet haben, den Schweinebauch mit Rüben zu kochen, der sonst herhalten mußte, wenn überhaupt zum Essen etwas Geld da war.

München, Sonntag, d. 31. Oktober 1915
Ich gehe mit der Idee um, demonstrative Proteste gegen den Krieg zu organisieren. Bin allerdings vorläufig noch gar nicht im klaren, wie. Straßenkundgebungen sind sicher das Wirksamste und das Gefürchtetste. Die Stimmung im großen Publikum ist nachgerade reif, um dem Ruf nach Frieden und Brot Echo zu schaffen. Wenn etwa bei einem der polizeilich geschobenen Huldigungszüge vorm Wittelsbacher Palais plötzlich von vier, fünf Leuten an verschiedenen Stellen der Ruf ertönte: »Wir wollen Frieden und Brot!« so wäre vielleicht zu erreichen, daß aus der Huldigung ein allgemeiner Protest würde – und man weiß nie, ob aus solchen Anfängen nicht große und sehr eindringliche Krawalle entstehen können, was gegenwärtig der zuverlässigste Weg wäre, um den Wunsch nach Beendigung der Schweinerei auch bei den »Verantwortlichen« äußerst dringend werden zu lassen. Nur werden solche Huldigungszüge stets nach großen Siegen unternommen, wenn die Stimmung also den Adversären günstiger ist als uns, zudem nehmen daran zumeist Leute teil, die – wenigstens nach außen – auf loyale Stel-

lung besonderen Wert legen. Außerdem bin ich noch ganz im Zweifel darüber, wie ich die zuverlässigen Leute finde, die den Versuch auf die Gefahr hin, verprügelt und verhaftet zu werden, unternehmen mögen, und wie ich selbst dabei völlig im Hintergrunde bleiben kann. Nicht daß ich Angst hätte – wüßte ich, dadurch Nützliches bewirken zu können, wäre mir auch jahrelange Haft nicht zu teuer. Aber mein Name im Zusammenhang mit Friedenskundgebungen würde alles verderben, weil die Sozialdemokraten nicht zögern würden, mich abzuschütteln und als Beweis dafür zu benutzen, daß Anarchisten Provokateure sind, und das haben sie längst fertiggebracht, im deutschen Sprachgefühl das Wort provocateur nur mit der Assoziation agent gelten zu lassen.

Vielleicht nimmt mein Plan bei längerer Überlegung greifbarere Formen an, oder eine Gelegenheit ergibt sich, wo er sich zwanglos realisieren läßt.

München, Sonntag, d. 21. November 1915
Der Berliner Aufenthalt war trotz aller Anregungen und erfrischenden Begegnungen quälend, zumal Zenzl schauderhaft unter der geschmacklosen Betriebsamkeit der Stadt litt. Dazu kam die Veränderung des Bildes durch den Krieg. Ein viel sichtbarerer Männermangel als anderswo. Frauen als Briefträger, als Trambahnschaffner, Fensterputzer, Eisenbahnbeamte, Frauen sogar bei der Nachtarbeit an der Untergrundbahnstrecke Nord-Süd, wegen deren Anlegung die ganze Friedrichstraße aufgerissen ist, und an der Kranzler-Ecke stehen Frauen mit Spitzhacke und Schaufel in den Erdlöchern und bauen. Aber auch die Unzufriedenheit ist in Berlin schon ganz anders bemerkbar als hier. [...]

Mit Landauer waren wir vielfach zusammen. Wir stellten in bezug auf das Zeitgeschehen völlige Übereinstimmung fest: Die Überzeugung (wie sie auch Bernstein[27] geäußert hatte), daß die Sache der Mittelmächte keineswegs so glänzend stehe, wie man es vorzutäuschen sucht, und daß jeder Tag der Kriegsverlängerung der Entente zunutze kommt. Die ganze deutsche Kriegsführung gleicht einer ungeheuren Donquichoterie, immer von neuem werden unter Aufbietung kolossaler Energien und unter entsetzlichen Verlusten neue Pläne entworfen, unternommen und wieder aufgegeben. Die Taktik der Gegner, dabei einfach die völlige Erschöpfung Deutschlands und Österreichs abzuwarten, scheint daher sehr aussichtsvoll, wenn auch der schreckliche Gedanke nicht von der Hand zu weisen ist, daß bis zur Erreichung des Ziels aus dem Weltkonflikt ein neuer siebenjähriger Krieg geworden sein kann. Das zu verhindern, werden revolutionäre Taten geschehen müssen, und für die ist vielleicht auch mir noch eine Funktion vorbehalten. Landauer meint freilich, daß konspirative Versuche, wenn sie mißlingen, erstens zur Verlängerung des Krieges beitragen könnten, zweitens Leute, die nachher noch viel zu tun haben und dringend nötig sind, für Jahre und Jahrzehnte ins Zuchthaus bringen könnten. Ich verschließe mich diesen Erwägungen nicht, aber oft will mir scheinen, als ob ich die Untätigkeit einfach nicht ertrage.

München, Montag, d. 22. November 1915
Zenzl hat sich gestern ein Herz gefaßt und ihren Sohn, den sie sieben Jahre nicht gesehen hatte, aufgesucht. Heute war der Junge nun bei uns, und ich habe mich mit dem dreizehnjährigen Stiefsohn gleich angefreundet. Siegfried Elfinger, das Andenken an das erste Liebesabenteuer Zenzls in ihrem achtzehnten Jahr, ist ein aufgeweckter, bescheidener, kritisch interessierter, sehr netter Bub, wenig verspielt und skeptischen Weltauffassungen offenbar sehr zugänglich. Ich denke, in seinem beweglichen Alter guten Einfluß auf sein Urteil und seine Entwicklung nehmen zu können. [...]

München, Sonnabend, d. 1. Januar 1916
Des Neujahrs 1916 werde ich lange eingedenk bleiben. Bei uns
fand eine große Silvesterfeier statt, an der – zugerechnet die
Flüchtlinge von anderen Veranstaltungen – achtzehn Personen
teilnahmen. Es war ungemein lärmend und ausgelassen. Man
ersäufte die Große Zeit in Alkohol und Fröhlichkeit. Zenzl
hatte sich riesig angestrengt und reichlichst Speise und Trank
vorgesorgt. Bei mir schaltete der starke Feuerzangenpunsch
bald alle Hemmungen aus, und ich lag in den Armen und am
Munde einer Frau Professor Aenny v. Aster. Frau Ehrengard
wurde darüber hysterisch eifersüchtig, und ich mußte mich
auch mit ihr abgeben. Da sich überall sogenannte »Schwabinger
Knäuel« gebildet hatten, nahm niemand Anstoß daran außer
Zenzl, was mir leider in meiner Bezechtheit erst zu spät klar
wurde. Als zwischen halb sieben und halb acht heute früh die
Gäste aufbrachen, machte Ehrengard so üble Szenen, daß ich
sie zur Beruhigung heimbegleitete. Mein Ärger war aber groß,
als sie sofort wieder erschien, angeblich, weil die Tür verriegelt
war. Ich stellte ihr vor, daß ich nun Vorwürfe bekäme, und sie
hatte nichts besseres zu tun, als Zenzl darüber zur Rede zu
stellen. Die machte mir dann im Schlafzimmer bittere Vorhaltungen und erklärte, mich verlassen zu wollen, da ich sie fortwährend häßlichen Situationen aussetze. Sie wollte sofort weg,
ließ sich aber durch Tränen und Bitten veranlassen, den furchtbaren Entschluß auszusetzen. Entsetzlich war es mir, als sie
weinend sich vorwarf, Ludwig Engler meinetwegen verlassen
zu haben. Sie bereue es und werde vielleicht doch noch zu ihm
zurückgehen. Was nun daraus werden soll, ist mir ganz rätselhaft und beängstigend. Sie will es mir nicht glauben, daß sie mir
unentbehrlich und meinem Herzen der nächste von allen Menschen ist. Andererseits ist meine Sinnlichkeit bei Ehrengard zur
Zeit sehr stark engagiert, und bei der fanatischen Verliebtheit
der Frau und ihrer Kunst, mich immer wieder zu sich einzufan-
gen, kann ich mich ihren Reizen nicht entziehen. [...]

Auf der letzten Kegelbahn gab es mit Halbe wieder einen Disput, der sich diesmal mehr in den Grenzen philosophischer Determinationen hielt. Der Krieg ist diesen Leuten immer noch lediglich Naturkatastrophe, und ihr Gewissen ist völlig beruhigt. Daß sie bei dieser »historischen« Betrachtungsweise trotzdem wütende Feinde der Herren Grey,[1] Poincaré,[2] Iswolski[3] und Genossen, aber begeisterte Bejaher der Tirpitz,[4] Burian[5] und Enver Pascha[6] sind, tut nichts zur Sache. Mein »Kosmopolitismus« ist höchst verächtlich, aber in meiner Eigenschaft als Jude begründet. Ich erklärte, daß ich diese Eigenschaft für die beste der Juden halte und nur wünschte, meine Stammesgenossen hätten darin nicht auch umgelernt. Im übrigen sei der Kosmopolitismus bis zum 1. August 1914 auch ein Spezifikum der Deutschen gewesen. Das ficht aber den sich verbreitenden Antisemitismus der deutschen Patrioten gar nicht an. Ich sehe immer klarer: Nach dem Kriege wird ein Krieg ausbrechen, in dem ich als freiwilliger Offizier im ersten Graben kämpfen muß.

Freitag sprach ich mit Heinrich Mann, gestern mit Professor v. Aster[7] über die Möglichkeit, die oppositionellen Elemente der deutschen Intellektualität zu sammeln und mit ihnen irgendeine Aktion zu unternehmen, die von Wert sein könnte. Soviel ist sicher, daß es ungemein schwierig ist, auch nur den persönlichen Konnex zwischen denen herzustellen, die nicht vom Staatswahnsinn verfolgt sind. Die Herren Fischer,[8] Wölfflin,[9] Brentano[10] wollen so hofiert werden, daß man von vornherein den Mut verliert. Jaffé[11] ist ein schwankes Rohr im Winde, der erst zu brauchen sein wird, wenn er seine innere Überzeugung auf die gleiche Ansicht autoritativer Namen glaubt stützen zu können. Inzwischen redet er noch öffentlich von Deutschlands wirtschaftlicher Unbesiegbarkeit. Wedekind gesteht offen zu, daß er nichts riskieren mag. »Man wirft uns in den Schützengraben oder ins Zuchthaus«, sagte er mir neulich. »Dafür danke ich. Ich fühle keinen Beruf zum Märtyrer. Unser aller ganzes Leben ist Martyrium genug.« Das ist für ihn natürlich richtig, und man muß warten, bis er und andere seiner Art einsehen, daß sie keine Christusleiden mehr zu fürchten brauchen. Das wird sein, wenn stärkere Naturen von wichtigem Namen vorangegangen sind, ohne in Not und Tod zu geraten ... Mit Aster bin ich ziemlich einig. Meine Idee einer ›Deutschen Gesellschaft von 1916‹ fand er diskutabel, meint aber, das Beste sei, den ›Bund Neues Vaterland‹, der nur noch ein Scheindasein führt, in München zu neuem tatkräftigen Sein zu erwekken. Für die Zeit nach dem Kriege plant er die Gründung eines ›Schutzverbands gegen das Alldeutschtum‹. – Wir betreiben jetzt eine erste persönliche Zusammenkunft mit denen, die den Mut zur Wahrheit haben. Daraus mag dann Weiteres und hoffentlich Gutes erwachsen. [...]

München, Montag, d. 14. Februar 1916
[...] Ich hatte großen Ärger. Gestern sollte die lang vorbereitete Besprechung mit den Professoren und den übrigen Gleichgesinnten sein. Die kleine Person, deren Initiative viel dabei zu danken war – wirklich auf die Beine gebracht habe ich die Verabredung –, kam nun gestern mittag plötzlich und bestellte alles ab, da »die Hauptperson« erkrankt sei. Diese »Hauptperson« sollte Eisner sein, der von Anfang an gar nicht viel Wert auf die ganze Geschichte legte. Ich war wütend, und mein Verdacht, daß die Verlegung sich ad calendas graecas erstrecke, erhielt die stärkste Wahrscheinlichkeit, als mir Professor v. Aster, der abends bei mir war, mitteilte, er habe mit Fischer vereinbart, daß erst mal die Professoren allein zusammenkommen sollten. Meine Idee war gerade, daß diejenigen Entschlossenen, die persönlich noch keine Fühlung haben, zusammenkommen sollten, um sich kennenzulernen und nach Maßgabe ihres jeweiligen Wirkungskreises die Rollen verteilen. Was bei der Professorenkonversation herauskommt, sehe ich deutlich voraus: eine lendenlahme, zensurfähige Resolution und die vorsichtige Erwägung, man bleibt lieber allein, als sich mit dem suspekten Herrn Mühsam gemein zu machen. Und dies Fiasko nur, weil die törichte Person die Erkrankung Eisners[12] für die Verhinderung der »Hauptperson« hält, während ich überzeugt bin, daß die Krankheit in Wirklichkeit Unlust heißt. Bald verzweifle ich an allem. Man sollte halt Milliardär sein wie Herr Ford. Der bringt es wirklich fertig, einen permanenten Frie-

denskongreß von neutralen Staatsangehörigen zu organisieren. Wenn er's erreicht, daß der Krieg durch seine Arbeit auch nur um einen Tag verkürzt wird, so würden die Hunderte Millionen, die es kostet, nicht umsonst vertan sein, und wir wollen das Geld, ohne zu fragen, wie es erworben sein mag, vergessen, selbst ohne zu fragen, was Ford dran verdient.

München, Sonnabend, d. 25. März 1916
Alles, was ich in den letzten Tagen hier zu notieren gedachte, tritt in den Hintergrund gegen das, was sich gestern im Reichstag abgespielt hat. Nach den kurzen Berichten, die bisher hier vorliegen, ist es zu regulärem Skandal zwischen den Amtsträgern der sozialdemokratischen Partei gekommen und zur offenen Spaltung in der Fraktion. Nachdem Scheidemann[13] die Erklärung abgegeben hatte, daß die Partei vorbehaltlich ihrer Entscheidung zum Hauptetat dem vorläufigen »Notetat« die Zustimmung geben werde, nahm Haase das Wort, um eine sehr scharfe Rede dagegen zu halten. Für die grenzenlose Verlogenheit, die heutzutage in Deutschland überhaupt nur als Diskussionsboden Geltung hat, zeugt das Verhalten der Abgeordneten bei Haases Rede. Er sprach aus, was jeder Mensch ganz genausogut weiß wie er selbst: Nämlich, daß Not und Entbehrung im Lande herrsche und daß schleunigst Frieden gemacht werden müsse, da es in diesem Kriege Sieger oder Besiegte doch nicht geben werde. Bei diesen Worten tat sich ein Orkan der Entrüstung auf, und bei der Abstimmung, ob Haase das Wort entzogen werden solle, stimmten außer allen bürgerlichen »Volksvertretern« viele Sozialdemokraten dafür. Dann beschloß die Fraktion, Haase ebenso wie Liebknecht außerhalb der Fraktion zu stellen, weil er angeblich dadurch einen Treuebruch begangen habe, daß er in der Fraktionssitzung dem Antrag zugestimmt hätte, zum »Notetat« keinen Redner vorzuschicken (Wie sich diese Dinge verhalten, wird wohl morgen aus dem ›Vorwärts‹ ersichtlich sein). Ich denke mir, Haase und seine Anhänger werden sich gesagt haben, die Ankündigung ihrer Absicht in der Fraktion hätte die nationalliberalen Scheidemänner zu Gegenmaßnahmen veranlaßt, und es wäre wieder unmöglich geworden zu sagen, was zu sagen ist. Jedenfalls haben sich nun die übrigen Mitglieder der Minderheit mit Bernstein etc. mit Haase

solidarisch erklärt, und so ist eine neue Fraktion entstanden, die »Fraktion der sozialdemokratischen Arbeitsgemeinschaft«, der sich wohl auch Liebknecht und Rühle[14] einfügen werden. Sehr bezeichnend für den Geist, der die Mehrheit der Partei beherrscht, sind die Zwischenrufe, die Haase aus den eigenen Reihen hören mußte: »Landesverräter!« schrien welche, und Herr Horn: »Sie sind überhaupt kein Sozialdemokrat!« ... Fast muß man es wirklich annehmen, daß einer, der noch internationales Empfinden, menschliches Fühlen und Haß gegen die kapitalistische Mordbrennerei in sich hat, nicht mehr so bezeichnet werden darf. – Ich habe eben an Haase einen längeren Brief geschrieben, in dem ich auch ihm meine Meinung begründet habe, daß jetzt wir wenigen, die wir entschlossen sind, aktiv für revolutionären Pazifismus zu wirken, zusammengehören. Er möge mir mitteilen, ob er einer Konferenz in Berlin, die im April stattfinden solle, zustimme. – Liebknecht hat mir auf meinen Brief bisher nicht geantwortet. Ich fürchte, daß die Ursache seines Schweigens sein Dünkel ist. Dann soll er mir gestohlen werden. Meine Bemühungen um die Münchner Wahlweiber habe ich aufgegeben. Die haben die Reformhosen voll, wenn sie nur meinen Namen hören. Mit Angstmeiern aber ist keine Rebellion zu machen. [...]

München, Mittwoch, d. 5. April 1916
Die Unterseeboote arbeiten wie besessen; englische, französische, holländische, norwegische, schwedische, dänische Schiffe, bewaffnet und unbewaffnet, mit Bannware oder mit Passagieren werden gewarnt oder ungewarnt torpediert oder in die Luft gesprengt. Zugleich darf sich das Publikum täglich von neuem an der Nachricht erfreuen, daß die Zeppeline England bombardieren, bald London, bald die Ost- und Südostküste – nun schon an vier Tagen hintereinander. Ob sich die Arrangeure dieser Kriegsführung gegen Kinder und Weiber im Ernst einbilden, damit die Gegnerschaft Englands kleinzukriegen? Ich kann's mir nicht denken. Ich sehe in diesen Unternehmungen nur noch Akte der Verzweiflung. Die Metzelei vor Verdun, die immer noch entsetzensvoll fortgesetzt wird, führt scheinbar nicht zu dem gewünschten Ergebnis einer militärischen Entscheidung. Die russische Offensive ist wegen des Tauwetters

abgebrochen worden – in einer unglaublich geschwätzigen OHL-Darlegung[15] wurde das ausgedrückt, sie sei »in Sumpf und Blut erstickt«. Die Türkei scheint angesichts der russischen Erfolge in Armenien und Persien sehr geneigt, einen Sonderfrieden zu schließen. Bulgarien wird in den deutschen Blättern gar nicht mehr erwähnt, nur das erfuhr man heute, daß die bulgarischen Truppen auf Verlangen Griechenlands von der griechischen Grenze zurückgezogen sind – was auch nicht gerade auf diplomatische Erfolge am Balkan schließen läßt. Im Lande selbst aber herrscht Katastrophenstimmung. Hier in Bayern hat die Kleinigkeit der Butterknappheit das Faß offenbar voll werden lassen. Überall redet man ganz ungeniert so, wie ich es etwa in diesen Blättern darstelle. Die unglaubliche Teuerung aller Waren, die sich in den ärmeren Schichten in bitterer Not ausdrückt, äußert sich drohend in den Reden der Menschen – und hier hauptsächlich in unverhohlenem Preußenhaß. Man hat das Gefühl: einen Tropfen noch – und dann wehe der Welt! ... Schon ist in der Schwanthalerhöh an einer Verteilungsstelle des sogenannten »Wohlfahrtsausschusses« die Wut der Frauen offen ausgebrochen. Ein Beamter fauchte sie an, sie sollten ihre Fratzen zu Hause lassen. Antwort: Vielleicht sollen wir für eure Bettelgroschen auch noch Kindermädchen bezahlen! Auf das Murren und Schimpfen ließ der Mann Polizei kommen. Der Schutzmann, der eine der Frauen feststellen wollte, bekam eine Ohrfeige, daß ihm der Helm herunterflog. Er zog blank. Aber die Frauen nahmen ihm den Säbel weg und verprügelten ihn. Dabei gab es Zurufe: Ihr wollt's wohl mit uns so machen wie in Berlin und auf uns schießen, wenn unsere Männer im Schützengraben liegen! – Das sind kleine Einzelfälle – gewiß. Aber sie zeigen an, wie weit die Stimmung gediehen ist bei uns. – Da wird der Zeppelin- und U-Boot-Lärm auch nicht mehr viel helfen. Einmal gibt's Scherben – und dann ist der Friede da. Alle Welt prophezeit ihn für den Mai.

München, Donnerstag, d. 6. April 1916

[...] Ich reise Samstag nach Berlin, dort hoffe ich mit Landauer, Bernstein und anderen, vielleicht auch Haase und Liebknecht, zu einem Einverständnis zu kommen. Natürlich können wir die Revolution nicht machen, wahrscheinlich nicht einmal erheblich beschleunigen. Aber ist sie über Nacht da, dann muß jeder seinen Platz kennen und seine Aufgabe. Der Boden ist gedüngt, sobald die Keime sichtbar werden, müssen die Gärtner bereitstehen.

Berlin, Dienstag, d. 11. April 1916
Heute beherbergt mich eine Konditorei in der inneren Stadt, von wo ich um sechs Uhr zu Haase gehen will. Inzwischen die Eindrücke seit gestern in aller Kürze. Von Hans aus ging ich nachmittags zum Reichstagsgebäude. Dort erhielt ich, nachdem mir eine nachgesuchte Besprechung mit Eduard Bernstein nicht gelungen war, nach vielem Warten Zutritt auf die Tribüne. Cohn-Nordhausen sprach über den neuen Kali-Gesetzentwurf, was mich nicht interessierte, das »hohe Haus« übrigens sichtlich ebensowenig. Dann war ich aber doch noch Zeuge einer durch Widerwärtigkeit interessanten Szene. Der Präsident Hämpf schlug vor, bis zum 2. Mai über Ostern zu verlegen. Dem widersprach Ledebour mit der Begründung, die ›Sozialistische Arbeitsgemeinschaft‹ habe einen Antrag eingebracht, durch den eine Wiederholung der Vorgänge vom Sonnabend unmöglich gemacht und verhindert werden solle, daß ein Abgeordneter durch Gewalttätigkeiten von der Ausübung seiner parlamentarischen Pflichten abgehalten werden könne. Die Sache sei so dringlich, daß zu ihrer Beratung unbedingt schon morgen (also heute) eine Extrasitzung angesetzt werden müsse. Dem widersprach – Herr Scheidemann. Dieser ehemalige Revolutionär erklärte, daß er die Notwendigkeit einer so überstürzten Beratung nicht einsehe und denunzierte Haase, er habe Herrn Edmund Fischer gesagt, die Abgeordneten dürften ruhig gleich abreisen, es würde bestimmt nicht mehr verhandelt werden. Haase strafte ihn Lügen. Das half aber nichts, die ganze Rechte und Mitte des Hauses mitsamt dem Freisinn und der alten demokratischen Fraktion brüllten wie die Ochsen: Hört! Hört! und rasten vor Vergnügen, und ich hatte das unangenehme Gefühl, mich in einer Idiotenanstalt zu befinden, deren Insassen eine Katzbalgerei vor geladenen Gästen vorführen, um die Menschenähnlichkeit der Affen ad oculos zu demonstrieren. Grenzenlos häßlich war das Verhalten des Strebers Scheidemann, der nur darauf bedacht schien, den Patrioten auf der

rechten Seite seine Assimilation durch Gehässigkeiten gegen die Seite, von der er kommt, sinnfällig zu machen. Ein arrivierter Subalterner, den die angeborenen schlechten Manieren zum Verräter werden lassen.

Nach der Sitzung traf ich im Hause Herrn Dr. Liebknecht, der sich entschuldigte, weil er meinen letzten Brief nicht beantwortet hat. Er sieht seltsamerweise – aber ähnlich wie Eisner – in meinem Plan einer gemeinsamen Wirksamkeit eine Quelle der Schwächung. Ihn interessiere nur die sozialistisch-proletarische Bewegung, und er glaube, daß jeder dem andern am stärksten hilft, wenn jeder sich auf seine Kreise konzentriert. Immerhin versprach er, sich an einer Konferenz, wenn sie zustande komme, zu beteiligen. Über die Samstag-Vorgänge sprach er kühl-belustigt. Etwas Prügel müsse man in Kauf nehmen. Über den genauen Verlauf der dreckigen Szene habe ich nicht viel erfahren können, nur soviel, daß sich die Freisinnigen, und besonders Herr Müller-Meiningen[16] dabei hervorgetan haben. [...]

Morgen und in den nächsten Tagen werde ich die Konferenz weiter zu fördern suchen, und Ledebour, Luxemburg,[17] Gerlach[18] etc. zu gewinnen sehen. Über die Nützlichkeit kräftiger Vorbereitungen gerade in diesem Augenblick habe ich keinen Zweifel. Die Ernährungsverhältnisse in Berlin sind geradezu grotesk. Keine Butter, kein Zucker – und im Volke dumpfe Erbitterung.

Berlin, Mittwoch, d. 12. April 1916

Vor der Abfahrt nach Steglitz zu Lannatsch Schickele in einem kleinen Caféhause am Wannseebahnhof. – Bei Haase war ich etwa eine Stunde. Ein liebenswürdiger sympathischer Mensch mit guten, klugen Augen. Auch er steht der Idee sehr skeptisch gegenüber und findet, daß der Bund Neues Vaterland völlig erfüllt, was ich möchte. Gleichwohl will er sich an einem »Bierabend« beteiligen. Auf revolutionäre Dinge hofft er nur wenig. Tatsächlich kann einen die engelshafte Geduld, mit der die Leute zu vielen Hunderten vor den Butter-, Zucker-, Kaffeeläden stehen und sich nicht einmal durch Polizistenpöbeleien aus ihrer Ergebung schrecken lassen, zur Verzweiflung treiben. Aber wenn das grauenvolle Schrecknis dieses Krieges möglich war, darf man dann aufhören, auf das Wunder einer Revolution zu hoffen? [...]

Waidmannslust, Donnerstag, d. 20. April 1916
[...] Aus der von mir angestrebten Zusammenkunft wird leider, solange ich in Berlin bin, nichts mehr werden. Haase hat mir heute telefonisch erklärt, daß die Leute jetzt, ums Osterfest herum, nicht mehr zusammenzukriegen sind. Aber er sowohl wie Landauer halten die Sache selbst für so gut, daß sie für ihre Realisierung sorgen wollen. Ich denke nun in der nächsten Woche einige Tage in Leipzig zuzubringen und dort außer meinen eigenen Geschäften einen ähnlichen Zusammenschluß verschieden orientierter, aber jetzt vom gleichen Drang beseelter Menschen zu betreiben. Ein Besuch bei der ›Leipziger Volkszeitung‹ und bei den Literaten, die ich interessiert weiß, wird hoffentlich genügen, nun auch dort Wertvolles erstehen zu lassen. Wie ich es aber in München machen werde, davon hab ich noch keine Ahnung. Aber gemacht muß es auch dort werden! [...]

Waidmannslust, Dienstag, d. 25. April 1916
[...] Ich hatte Gelegenheit, eine Anzahl von sozialdemokratischen Streitkundgebungen einzusehen, aus denen deutlich wird, wie uneinig auch die Minderheit unter sich ist, und wie weit entfernt die Richtung Liebknecht-Rühle mit ihrem Rückhalt bei den Mehring,[19] Luxemburg, ›Bremer Bürgerzeitung‹ etc. sich von der gemäßigten ›Arbeitsgemeinschaft‹ bewegt. Die ›Spartacus-Briefe‹,[20] die ich in der Hand hatte, gehen äußerst scharf mit den Haase-Leuten ins Gericht, die nie den Mut fanden, Liebknecht bei seinen kurzen Anfrage-Aktionen etc. zu unterstützen. Außerdem erhielt ich eine Broschüre von Julian Borchardt[21] über die Politik der Partei vor und nach dem 4. August 1914, aus der mir der Beweis am interessantesten war, daß die ganze Haltung der Partei zum Kriege bestimmt war von der Angst um die 20 Millionen in Parteiunternehmungen investiertem Kapital.

Höchste Zeit zum Aufbruch!

München, Montag, d. 1. Mai 1916

[...] »Hamstern« ist das neueste Schlagwort der Presse und des Publikums, und die »Hamster« dienen jetzt, wie vordem Juden und Wucherer, als Sündenböcke für den steigenden Nahrungsmittelmangel. Wie fraglos der Wucher einen Teil der Schuld an der allgemeinen Teuerung trägt, so beschleunigt in gewissem Maße das Anhäufen von Nahrungsmitteln in den einzelnen Hausständen die wirtschaftliche Erschöpfung Deutschlands. Aber ich glaube, daß diese Erscheinungen minimal auf die Gesamtsituation einwirken und daß eben doch die systematische Aushungerungspolitik der Entente den Ruin der Volkskraft unaufhaltbar herbeiführt. Allmählich wird es das Volk ja wohl auch trotz aller noch so forschen – dabei aber höchst mangelhaften – »Organisation« und trotz aller Schuldhäufung auf Einzelne merken, daß Schlachtensiege und Durchhalterei es auf die Dauer nicht werden füttern können. Ich begrüße die »Hamsterei« deshalb als ein Mittel zur Beschleunigung der Katastrophe, wie Amerikas Eingreifen mir aus demselben Grunde erwünscht wäre. [...]

München, Donnerstag, d. 4. Mai 1916

[...] Ich war wegen meiner Konferenzen bei Aster und Prof. Schmid. Beide wollen mittun. Beide »versprechen sich nichts davon«. So sind sie fast alle. Das Richtige wissen, aber nie die Vorsicht vergessen. Vorweg entmutigen und hintennach, wenn sie an Haaren und Kleidern zur Aktion gezerrt sind, den Ruhm einstreichen.

München, Freitag, d. 5. Mai 1916

Ich überlege, wie ich den Leisetretern den Teppich wegziehen kann und will es vorerst damit versuchen, daß ich ihren Wünschen entspreche und ihnen für die Zusammenkunft ein richtiges Arbeitsprogramm entwerfe. Wie das aussehen wird, weiß ich noch nicht. Jedenfalls habe ich in Briefen an Haase und Landauer das »Konkrete«, das zur Besprechung kommen soll, vorgezeichnet. Es kommt darauf an, die von verschiedenen Weltanschauungen zur Zeit in eine Richtung gedrängten Elemente zu Besprechungen zusammenzuführen, bei denen 1.) die Wege gesucht werden sollen, auf denen man die wirksame und

ganz ungenierte Propaganda der Alldeutschen[22] durch eine
ebenso wirksame Propaganda durchkreuzen kann, 2.) für den
Fall plötzlicher Ereignisse, als Revolution (mag sie unwahrscheinlich sein – möglich ist sie!), Freigabe der Kriegsziel-Erör-
terungen,[23] Waffenstillstand oder sonstwelche Überraschungen
die Obliegenheiten des Einzelnen in Verbindung mit denen der
anderen fixiert oder doch überlegt werden müssen, 3.) jeweils
auftauchende Einfälle, Vorschläge, Wahrnehmungen der richtigen Behandlung zuzuführen wären. Vorläufig »versprechen«
sich die Herren nichts davon. Wollen mal sehen, ob ihre Passivität oder meine Aktivität stärkeren Atem hat. [...]

München, Dienstag, d. 23. Mai 1916
[...] Erdmann sowohl wie vorher ein junger Lyriker, der mit
einem Gruß von Jenny bei mir vorsprach, erzählten von der
Liebknecht-Demonstration am Potsdamer Platz,[24] an der offiziell 200 Personen teilgenommen haben sollen (als ob auf dem
Potsdamer Platz eine Ansammlung von 200 Personen auch nur
als Auflauf angesehen würde!). Man scheint zwei Nullen bei
der Zahl unterschlagen zu haben, und es ist bei der Zerstreuung
nach beiden Aussagen auch Blut geflossen. Liebknecht soll zur
Zeit in Moabit sitzen. Ich finde, man muß jetzt möglichst viele
in ihrer Weltanschauung voneinander entfernte Menschen gewinnen, um Solidaritäts- und Sympathiekundgebungen für den
Mann herbeizuführen. Das wäre zugleich eine gute Gelegenheit, aufrechte Menschen von Opportunisten und Leisetretern
zu scheiden. Da in München kaum etwas zu machen ist, will ich
auch das nach Berlin anregen. [...]

München, Sonntag, d. 18. Juni 1916 (früh)
Das Volk steht auf! – Gestern erlebten wir den Auftakt der
Revolution. – Mittags brachte meine Frau das Gerücht nach
Hause, am Marienplatz sei etwas los gewesen, ein Butterkrawall
oder dergleichen. Abends waren wir im Bunten Vogel, wo erzählt wurde, um sieben Uhr habe es am Marienplatz Krach
gegeben, die Leute ständen noch da. Wir entschlossen uns (um
zehn Uhr) noch hinzugehen. In der Tat stand der Marienplatz
voll von Leuten, die ich auf 10000 Personen schätzte (eine unsichere Schätzung, da ich keinen rechten Maßstab hatte). Johlen

und Pfeifen war zunächst das einzige Merkmal einer Erregung. Allmählich hörte man aus den Gruppen heraus lautes Fluchen, Aufklärungen, Anklagen wegen der Not, der Nahrungsmittelverteilung, der Massenmörderei. Vor dem Café Rathaus standen etwa zehn berittene Schutzleute aufgepflanzt, zunächst ohne sich zu rühren. Man erfuhr, daß kurz vorher die Gäste des Caféhauses Wasser aus den Fenstern geschüttet und Brotreste heruntergeworfen hätten. Darauf seien die Fenster des Lokals eingeworfen worden. – Allmählich kam auch jetzt wieder Bewegung ins Ganze. Die Schutzleute ritten herum, forderten zum Weitergehen auf, trieben die Menge auf dem Platz herum. Auf der Mariensäule standen dreizehn-, vierzehnjährige Jungen, die bis zu den Mittelfiguren hinaufgeklettert waren und mit Blumenstöcken warfen. Einer, den ein Schutzmann zum Herunterkommen aufforderte, erwiderte: »Mei Mutter weint den ganzen Tag, weil's ka Brotmark'n nimmer hat. Gibst mir deine, dann kumm i abi.« – Am Rathaus hörte man Fenster einschlagen. Allgemein war aber die Stimmung noch mehr neugierig als aufgeregt. Das änderte sich plötzlich, als die Dienerstraße entlang Militär anrückte, mit aufgepflanztem Bajonett, und sich vor der Ostseite des Rathauses aufstellte. Eine maßlose Wut brach durch. Alles schrie Pfui! – Gemeinheit! – Sauhunde! – Blaue Bohnen statt Brot! und ähnliches. Man sah dann, wie die Soldaten über den Platz gingen und wie an der Ecke Rindermarkt von ihnen ein junger Mensch festgenommen wurde. Der Lärm steigerte sich jetzt ungeheuer. Auch wir drangen jetzt bis zu den Soldaten durch, die von der Menge gehöhnt und beschimpft wurden: »Schamts euch! Auf die eignen Frauen und Kinder loszugehn! Franzosen täten dös net!« Die Leute (Leibregiment) schämten sich offensichtlich. Wo man einen persönlich anredete, entschuldigte er sich achselzuckend: »Mir müssen doch!« – Angesichts der infolge der Provokation bedrohlichen Volkswut zog sich die Kompanie dann zum alten Rathaus zurück. Jetzt flogen Steine und harte Gegenstände gegen die Fenster anderer Häuser (Hagé und Pölt etc.), und plötzlich hörte man aus der Rosenstraße einen Riesenlärm von Steinwürfen und niederprasselnden Fensterscheiben, jeder Wurf vom donnernden Bravo der Massen begleitet. Erst nach geraumer Weile, nachdem die Seidlsche Bäckerei jedenfalls schon gehörig zugerichtet war, ritten die Schutzleute in die Straße hinein und versuchten Ruhe zu schaffen. Wir standen indessen vor dem Westflügel des Rathauses, wo ebenfalls hin und wieder eine Scheibe klirrte. Plötzlich ein wildes Geschrei, Frauengezeter, wildes Durcheinanderrennen. Die Polizisten hatten blank gezogen und ritten jetzt, nach allen Seiten schlagend, über den Platz. Man hörte Schreie von Verwundeten, namenlose Wutäußerungen: Pfui! Sauhunde! Preußenknechte! Helden! Auf Weiber und Kinder habt ihr Mut! Pfui! Pfui! Nach allen Seiten stob das Volk auseinander und staute sich in den Seitenstraßen. Wir gerieten in die Weinstraße. Auf einmal stürzten sich Schutzleute zu Fuß mit blanker Waffe auf uns. Tolle Flucht und Geschrei. Wir wurden in ein Seitengäßchen abgedrängt, das zur Frauenkirche führt. Auch dahin folgten die jetzt heldisch geblähten Säbelschwinger. Eine Dame, die sich uns angeschlossen hatte, kriegte einen Hieb mit der flachen Klinge auf den Rükken. Endlich kamen wir durch Haufen aufgeregter Menschen hindurch zur Neuhauserstraße, wo die allgemeine Erregung noch nachzitterte. Wieviel Verhaftete und wieviel und welche Art Verwundungen, wird man wohl bald durch Gerüchte erfahren. Daß die Geschichte erst ein Anfang war, scheint mir ganz sicher. Heute am Sonntag wird schwerlich die Fortsetzung ausbleiben. In der Weinstraße war der allgemeine Ruf: »Auf Wiedersehen morgen!« Und ob sich nach solcher Aufführung der Staatsgewalt das Volk wieder unbewaffnet den Bewaffneten ausliefern wird, ist mir sehr fraglich. Die Demonstration trug gestern schon durchaus revolutionären Stil. Rufe wie »Frieden! – Nieder mit dem Krieg! – Brot!« erschollen überall, und nachher in der Stadt hörte man kein anderes Urteil als: »Ganz recht so! Es mußte ja mal so kommen! Noch lange nicht genug!« Die Erregung ist sehr groß, und das Volk scheint einig zu sein. Fragt sich nur, ob die Soldaten soviel Schneid aufbringen, zu den Ihren zu halten, wenn es drum und drauf ankommt, oder ob sie sich von ihren Oberen ebenso gegen ihre Angehörigen kommandieren lassen wie gegen Russen und Franzosen. Vielleicht erweist sich's schon heute.

Ursache zu dem Krawall soll dieser Vorfall gewesen sein: Gestern vormittag erschien am Viktualienmarkt eine Bauersfrau mit großem Buttervorrat, den sie verkaufen wollte. Die

Kundschaft, der sie die Ware gern billig gegeben hätte und die sie gern gekauft hätte, hatte aber keine Butterkarten mehr. So kam man überein, die Butter solle halt ohne Karten verkauft werden. Dazu kam ein Schutzmann und verbot den Verkauf. Die weinende Frau sollte mit ihrem teuren Gut wieder nach Hause ziehen und die Leute ohne die köstliche Gottesgabe. Denn unsere treffliche Organisation verlangt es so. Die Menge nahm nun Stellung gegen den Schutzmann, der soll dann, als er blankzog, verprügelt worden sein, und dieser Krach setzte sich dann in Massenansammlungen am Marienplatz und demonstrativen Rufen vor dem Rathaus den ganzen Tag fort, bis um Mitternacht (genau um zwölf Uhr nachts kam die Säbelattacke, jedenfalls wollte die Münchner Polizei um keinen Preis die Polizeistunde überschreiten lassen) das Kampffeld von den Helden der Ettstraße behauptet werden konnte. War dieser Münchner Krawall, der offenbar weitaus intensivere Formen hatte als die vorangegangenen Krachs in Berlin, Hamburg, Leipzig etc., mehr als die vorübergehende Äußerung von allgemeinem Mißmut, war er, wie ich hoffe, nur der erste Schritt auf dem Wege entschlossener Selbsthilfe, und greift sein Beispiel über auf andere Städte – vielleicht zunächst nur in Bayern – dann kann es mit dem Kriege nicht mehr lange dauern. Gegen den bewußten und systematischen Widerstand des Volkes kann keine Regierung lange bestehen. Außerdem bezweifle ich, ob sich eine Armee lange vor dem Feinde halten läßt, die es – trotz aller Verheimlichungen – ja doch erfahren muß, daß die Ihrigen daheim den wahren Feinden den Krieg erklären.

München, Montag, d. 19. Juni 1916
Nachzutragen zu der Samstag-Demonstration am Marienplatz wäre, daß unter den Demonstranten eine ganze Anzahl Soldaten in Uniform waren, die sich kräftig an den Ausrufen beteiligten und durchaus offen mit dem Volk fraternisierten. Andere kamen in Zivil, aber mit Kriegsauszeichnungen. So war einer da mit dem Band des Eisernen Kreuzes, der angesichts der Säbelattacke meinte: »Einen Arm ham's mir draußen schon kaputtg'macht. Geht der andre aa hi, ist's aa wurscht.« Ein andrer hatte die ganze Heldenbrust mit bunten Bändern von Orden, Verdienst- und Tapferkeitsmedaillen vollgesteckt und schimpfte

am lautesten mit. Der amtliche Polizeibericht weiß natürlich bloß von Pöbel und halbwüchsigen Burschen und stellt den ganzen Vorgang als ganz unernst hin. Immerhin klebten schon gestern früh um fünf Uhr Anschläge in der ganzen Stadt, wonach Zusatzbrotmarken wieder ausgegeben werden sollen, und zwar auch am Sonntag.

Es hat also gewirkt. Gestern kam es – wahrscheinlich infolge des raschen Funktionierens der Nahrungsmittel-Versorgungsstelle zu keinen neuen Kundgebungen. Der Marienplatz wimmelte den ganzen Tag von Sonntagsspaziergängern, die sich den Schaden an den Fensterscheiben betrachteten, Schutzleute zu Fuß und zu Pferde machten sich wichtig, hofften aber vergeblich darauf, ihren Tatendurst befriedigen zu können. Denn es war bekannt gemacht worden, daß die Polizei angewiesen sei, gleich bei Beginn neuer Unruhen »mit aller Strenge« vorzugehen. Man hat die Schufte nur bei der Arbeit sehen müssen, um zu erkennen, wie das Volk regiert wird, das die Kosaken als blutrünstige Bestien vorgemalt bekommt. Es sind 20 Personen verhaftet worden, über die Zahl und Art der Verwundungen ist keine Meldung laut geworden. [...]

Von Landauer bekam ich einen sehr ausführlichen Brief, in dem er begründet, warum es ihm unmöglich ist, zu der von mir gewünschten Aktion mit Haase und Gerlach die Initiative zu ergreifen. Er meint, wir hätten doch zu wenig Gemeinsames mit allen Politikern, um mit ihnen gehen zu können, ohne uns herabzuschrauben. Zu meiner Liebknecht-Verteidigung in der ›Bremer Bürgerzeitung‹[25] beglückwünschte er mich. Gegen die Bemühungen, eine Revolution zu provozieren, wendet er sich aus dem Grunde, der auch die Russen jetzt von Erhebungen absehen läßt: weil dazu bestimmte Ziele aufgestellt und organisatorisch vorbereitet sein müßten. Die Ansicht teile ich gar nicht. Das Ziel einer Revolution wäre jetzt einfach Friede. Ist der erreicht, dann hat das Volk ein moralisches Plus, das es für die Vorbereitung größerer und sozialistischer Dinge sehr aufnahmefähig machen müßte. [...]

München, Mittwoch, d. 21. Juni 1916

[...] Anscheinend hat die hohe Polizei in diesen Tagen meiner kleinen Person wieder ihre erhöhte Aufmerksamkeit zugewandt. Gestern traf ich in den Kammerspielen (›Nach Damaskus‹ I. und II.[26]) das Ehepaar Feuchtwanger, das mir erzählte, die Kriminalpolizei habe in der Torggelstube anfragen lassen, ob ich dort noch verkehre. Man scheint mich in Verdacht zu haben, die ganze Sache organisiert zu haben, als ob sich so was überhaupt organisieren ließe! Meine Tätigkeit bei dem Tumult erstreckte sich einfach darauf, den Rufen der Menge eine bestimmte Richtung zu geben, die Aufregung über die Brotnot auf ihre Ursache, den Krieg, hinzulenken. Aber die Rufe »Nieder mit dem Krieg« »Wir wollen Frieden!« etc. wären wohl ohne mein Zutun auch laut geworden, wie denn die Behörde meinen Einfluß auf die Massen überhaupt erheblich überschätzen dürfte. Ich wollte, ich könnte ihrem Verdacht noch recht geben. [...]

München, Sonnabend, d. 19. August 1916

Ich bin immer noch ganz zermürbt von einem kurzen Gespräch, das gestern mittag zwischen mir und meinem alten Freund Bernhard Köhler stattfand, der – Leutnant und Kompanieführer einer Maschinengewehrabteilung – zur Zeit auf Urlaub hier ist. Er stand mit seiner Kompanie vor Verdun, wo es am ärgsten zugeht, und nennt die Tage dort die glücklichsten seines Lebens. Und zwar preist er den Krieg um des Krieges selbst willen. Die Hemmungslosigkeit – sein eigenes Wort – mache das Kriegsdasein so reizvoll. Auf meine Erwiderung, es sei doch Mord, was er da treibe, gab er das glatt zu, auch daß diese Auffassung Barbarei sei. Ich meinte, es sei doch schrecklich, jeden Moment dem Sterben ausgesetzt zu sein. Nein, das sei gerade das Schöne. – Gut, für ihn als Freiwilligen. Aber ob er sich denn das Recht anmaße, das Leben anderer Leute zu vernichten, die nicht so denken? Und seine Leute hineinzujagen? – Ja. Anspruch auf Respektierung seines Lebenswillens habe kein Mensch. – Ich konnte mich nicht enthalten, Köhler zu sagen: »Wenn ich in Ihrer Kompanie wäre, säßen Sie jetzt nicht hier.« Er lachte und meinte, das müsse man in Kauf nehmen, und fand auch nichts dabei, als ich sagte: »Gegen Ihre

Ansichten gibt es kein Widerlegen mehr. Dagegen gibt es nur noch Totschlagen.« Köhlers jetzige Denkart ist aber, wie mir scheint, einfach die Konsequenz jenes ruchlosen Ästhetizismus, der vor fünfzehn Jahren Mode war, von Köhler speziell mit einem gewissen mystischen Umhang angetan wurde, und nun, durch den Eindruck des Krieges einen Wahnsinn in ihm bewirkt hat, der sich auch in einem merkwürdigen Flackern im Auge ausdrückt. Ich bin überzeugt, daß seine Tätigkeit am Maschinengewehr, dies seit einunddreiviertel Jahren geübte Abschießen von Franzosen, in ihm geradezu eine Lust am Töten geweckt hat, daß er das Hinschlagen von Menschenleibern unter seiner Arbeit an einem kunstvollen Apparat als Sportsmann zu beobachten sich gewöhnt hat und nun das Vernichten von Menschenleben wie ein rohes Spiel betreibt, das er sich mit ästhetisch-philosophischen Betrachtungen jedesmal noch amüsanter macht. Ich zweifle kaum daran, daß für Köhler die Teilnahme am Kriege zum Irrsinn führen wird, und so wird auch er als Kriegsgefallener zu betrauern sein, und man möchte sogar hoffen, daß ihn der Tod durch Abschuß noch vor dem furchtbareren Los bewahren möge. [...]

München, Montag, d. 9. Oktober 1916
[...] Eben kommt Besuch mit der Mitteilung, daß bei Maffei die Munitionsarbeiter streiken und daß bei Kustermann eine große Zahl Bomben gestohlen seien. Die Offiziere seien mit geladenen Revolvern ausgestattet worden und jeder Mannschaftsurlaub sei aufgehoben. Wenn's doch wahr wäre! Wenn doch endlich die Einsicht ins Volk käme, daß die Erlösung vom Übel nur von ihm ausgehen kann!... Die Contre-Revolution ist in vollem Gange. Die Reichskanzler-Fronde arbeitet mit Hochdruck am Sturz der Reichsregierung.[27] Die Herren Kirdorf,[28] Körting,[29] Bassermann,[30] Stresemann[31] und Genossen dürfen sagen, tun und lassen, was sie mögen. Der ›Vorwärts‹ aber, der behauptet hatte, daß diese Leute pekuniär an der Ausdehnung des Kriegs interessiert seien (was für jeden denkenden Menschen selbstverständlich ist), ist seit heute verboten... An der Somme und in Galizien gehen die entsetzlichsten Kämpfe weiter, die Alliierten nehmen den Deutschen hier und da ein wenig Gelände weg, und es bleibt alles unverändert trostlos. – Ich

komme mir bei allem so überflüssig und ratlos vor. Zur Aktivität findet sich nicht die leiseste Gelegenheit. Seit etwa einem
Monat korrespondiere ich lebhaft mit Julian Borchardt. Ich
habe ihm vorgeschlagen, ich werde nach Berlin kommen, um
ein Zusammengehen der Anarchisten mit dem äußersten linken
Flügel der internationalistischen Sozialdemokraten zu erwägen.
Er ist radikal genug, um selbst das Auftreten der Spartakus-
Gruppe in der sozialdemokratischen Reichskonferenz als zu
schlapp zu verurteilen. Aber die Lehren der Kirchenväter sitzen
auch bei ihm noch zu fest. Es soll alles vom »historischen Materialismus« herkommen, statt von Leidenschaft, Sehnsucht und
Empörung. – Das Wichtigste wäre Verbindung mit jungen Leuten. – Aber wie an sie herankommen, da sie zum Teil von der
Jugendwehr, zum anderen von der Partei beschlagnahmt sind? –
Ich hoffe – hoffe – hoffe – aber ich weiß nicht worauf noch
woraufhin.

München, Sonntag, d. 22. Oktober 1916
Es ist eine außerordentliche Tat geschehen. Gestern mittag hat
in Wien in einem Restaurant Dr. Friedrich Adler[32] den österreichischen Ministerpräsidenten Grafen Stürgkh[33] erschossen.
Der erste Akt demonstrativer Selbsthilfe, begangen in dem Lande, von dem alles Unglück seinen Ausgang nahm, an einem
Manne, der repräsentativ und verantwortlich ist und dem ein
großer Teil der Schuld an der Balkanpolitik Österreichs zufällt,
die zu dem ganzen Unheil den Hauptanstoß gab. Begangen
obendrein von einer weit bekannten revolutionären Persönlichkeit, dem Sohn des Führers der österreichischen Sozialdemokratie Viktor Adler,[34] von einem Marxisten, der damit zugleich
den ledernen Riemen der öden sozialdemokratischen Entwick-
lungstheorie durchschnitt. Mich erfüllt die Tat mit größter
Freude und Genugtuung. Die pädagogische Wirkung muß unbeschreiblich sein. Mit dem »fluchwürdigen Verbrechen« werden die Leute ja nicht viel anfangen können in einer Zeit, wo
das Hinschlachten von Menschen als heldenhaft gilt und wo
täglich Tausende Unschuldiger bluten müssen. Aber ich habe
ein beinah mystisches Gefühl, daß dieser Schuß ein Signal für
den Frieden sein wird. Mit der Ermordung eines österreichischen Repräsentanten begann der Anfang, ebenso beginnt nun

das Ende des Krieges. – Ich kannte Friedrich Adler in Zürich, wo wir oft im Café Terrasse zusammensaßen und uns über Anarchismus und Sozialdemokratie stritten. Seine tapfere Tat wird ihn die Sympathie vieler seiner Genossen kosten, die ihre politische Parteistellung gefährdet sehen werden. Er aber wird für diese Tat sterben, und wir, seine grundsätzlichen Gegner, werden ihn als gefallenen Kameraden betrauern und verehren.[35]

Zuchthaus Ebrach, Sonntag, d. 27. April 1919
Jubiläum. Heute ist's gerade ein Jahr her, daß morgens ein
Schutzmann bei uns erschien und mir den Ukas des General-
kommandos I. A-K überbrachte, der mir Traunstein als
Zwangsaufenthalt anwies. Es folgte der Tag im Polizeigefängnis
in der Ettstraße, wohin Zenzl mir zu essen brachte, und am
nächsten Morgen der Transport in die Gefangenschaft. – Und
heute sind's gerade vierzehn Tage her, daß morgens drei Soldaten der sogenannten Republikanischen Schutztruppe bei uns
erschienen und mich ohne schriftlichen Ukas, im Auftrage einer
sogenannten sozialdemokratischen Revolutionsregierung ver-
schleppten, die sich nachträglich auf Strafgesetzbuchparagra-
phen besann, um ihrem Gewaltakt ein Rechtsmäntelchen um-
zuhängen. [...]
Welch ein Jahr liegt hinter mir![1] Die Traunsteiner Zeit, ein
volles halbes Jahr, mit all den Schikanen gegen die eigene Person, Hauptmann von der Pfordtens[2] heimtückischen Liebenswürdigkeiten, den Wochen meiner Tätigkeit als Banklehrling,
dem blutrünstigen und albernen Geschwätz Sontheimers,[3] den
Hysterien des blinden Schreiblehrers, den Peinigungen der phi-
liströsen Kleinstädter, dabei mit dem Gram über die Endlosig-
keit und Entsetzlichkeit des Krieges, dann aber der Hoffnung,
der Zuversicht und endlich dem Miterleben des Zusammen-
bruchs der deutschen Ruchlosigkeit, dazwischen der heimliche
Verkehr mit Gefangenen, die Besuche Zenzls, die kleinen Abwechslungen: Ziersch, Holz,[4] Artur, Streit,[5] Maaßen; das tägliche Schachspiel mit Dr. Jäger, die Freundschaft mit Frau Sack[6]
und die Konspiration mit den paar anständigen Bürgern Traun-
steins gegen die Lagervogte – lauter Erinnerungen, die aus der
Zuchthausperspektive einen eigenen Reiz gewinnen, zumal sie
mit der Vorstellung an wundervolle Naturschönheit, an die
prachtvolle Bergkette und die mächtigen Wälder, an die Spa-
ziergänge an der Traun entlang oder zur Weinleite verbunden
sind. (Mein Gitterfenster hier läßt mich nur ein Stück verregne-
ten Aprilhimmels sehen). – Und dann nach der Befreiung der

Aufschwung aller seelischen Kräfte in der ersten Geste der Revolution, die stürmische Beteiligung am Werden des Neuen, die plötzliche Gewinnung der Herzen der Massen, die einen Führer aus mir machten, ohne daß ich es ahnte und wollte, das Drängen zur Tat, zu der die neuen Männer nicht zu bringen waren, mein Kampf gegen Eisner, unsere Verhaftung am 10. Januar, die Riesendemonstration an diesem Tage auf dem Promenadeplatz,[7] die unsere Freilassung erzwang, der Jubel des Abends, als wir im Mathäser erschienen und zur Menge sprachen; die Arbeit im Revolutionären, im Münchner, im Landes-Arbeiterrat und im Rätekongreß. Eisners Tod und Begräbnis. Erlebnisse persönlicher Art dazwischen (der Roman Mila,[8] das Erscheinen Jennys in München), Freude und Ärger mit dem ›Kain‹ und Albert Reitzes treue Freundschaft. Endlich die verfrühte Ausrufung der Räterepublik mit dem jähen Wechsel aller Affekte, Begeisterung, Besorgnis, Enttäuschung, Verzweiflung, Hoffnung, Vertrauen – und dann der Eingriff der Gewalt und die Entfernung von jeder Wirkensmöglichkeit, die vollständige Zerschneidung der Fäden zwischen Zenzl und mir, die lange Ungewißheit über das Schicksal der Freunde und jetzt die Qual zwischen Furcht und Zuversicht, die völlige Ungewißheit, wie wird der Kampf enden, was wird aus dem Werk, was aus mir, den Meinen, meiner Arbeit, meiner Habe, aus der Zukunft werden? Umschlossen von engen kahlen Gefängnismauern, verurteilt zu einem Leben voll harter Entbehrung, voll Unsauberkeit und Armseligkeit, höre ich aus den Zellen meiner Gefährten fröhliches Pfeifen und Singen. Hinter den dicken Mauern dieses Verlieses liegt die Welt, an deren Schönheit, Freiheit und Glück zu arbeiten auch mir wieder gewährt sein wird. Ich glaube an das Glück der Menschheit durch die Revolution. Der Name des Menschheitsglücks aber ist Sozialismus. Bis er verwirklicht ist, darf die Revolution nicht erlahmen. Ich bin für meine Person entschlossen, ihr zu dienen bis zum Siege oder bis zum Tod.

Zuchthaus Ebrach, Montag, d. 28. April 1919
[...] Was in München selbst vorgeht, ist schwer zu durchschauen. Es heißt, Levien[9] und Leviné-Nissen[10] wollen unter allen Umständen ohne Verhandlung mit dem Bamberger Geschmeiß[11] durchkämpfen, während sich unter Toller[12] eine ver-

handlungsgeneigte Partei ihnen gegenüberstelle. Ich fürchte diese Unabhängigen, die ihr »kein Blutvergießen« mit besonders großem Talent immer dann plärren, wenn gerade dadurch Schwäche und also Blutvergießen hervorgerufen wird. In Berlin und Bremen hat sich's doch wahrhaftig gezeigt, wie die Bereitwilligkeit zu verhandeln von der Gegenseite zur erbarmungslosesten Brutalität ausgenutzt wird. Wer A gesagt hat, muß auch B sagen. Ich für meine Person stünde in dieser Frage vollständig bei Levien. – Eine Äußerung Leviens soll gedroht haben, für den Fall einer Belagerung Münchens würde er die Bürger reihenweise am Marienplatz erschießen lassen. Ich hoffe, daß er das nicht gesagt hat. [...]

Heute habe ich mir vom Arzt Veronal erbeten, damit ich nachts schlafen kann, ich, der sonst zwischen Abend und Morgen nie ein Auge auftut. Die Beschwerden über das schlechte Essen fruchten nichts, man muß es halt tapfer hinunterschlingen. Reichlich ist es ja – aber reichliches Schweinefutter, besonders die zähe, häutige Suppe, die sich als »Gemüse« ausgibt. Mit meinem Anliegen, daß bis neun Uhr das elektrische Licht brennen möge, habe ich mich heute unter Berufung auf die Schlaflosigkeit an den Arzt gewandt. Herr Staatsanwalt Roth[13] hat es mir vorgestern abgeschlagen – er will dem Staat Kohlen ersparen. Ich fragte ihn darauf, was er eigentlich damals gemeint habe, als er uns »jede Erleichterung« versprach. Er krümmte sich und blieb die Antwort schuldig. Meine und der Kameraden Beschwerden über den Saufraß parierte er mit dem Einwand, er habe das Essen neulich selber gekostet und durchaus gut gefunden. Wir werden uns diesen Herrn für die Zeit unserer Wirksamkeit merken. Vors Revolutionsgericht! – und dann mag er nach seinem Rezept von »jeder Bequemlichkeit« Gebrauch machen. Ich bin im allgemeinen nicht gerade rachsüchtig. Aber an diesem Schleicher, der einem nicht offen ins Gesicht schauen kann, wird die Vergeltung meinem Herzen wohltun.

Nachmittag (dreiviertel fünf)
Unser Hofspaziergang ist die erfreulichste Abwechslung am Tage. In zwei – oder drei? – Abteilungen zu fünfzehn bis zwanzig Mann wird man eine Stunde ins Freie gelassen. Zwar halten die Aufseher darauf, daß im Gänsemarsch gegangen wird und

ein gewisser Abstand eingehalten wird, damit keine Wechselgespräche stattfinden. Trotzdem unterhalten wir uns ganz leidlich. Außer den Aufsehern, die in der Tür auf uns aufpassen, sind gewöhnlich noch zwei Soldaten bei ihnen zu sehen, die aber meistens bis jetzt hinter der Tür standen. Heute trat eine neue Methode in Wirksamkeit. Die beiden Weißgardisten – ausgesucht widerwärtige Visagen – mußten in der grasbewachsenen Mitte des Hofs stehen, um den wir im Kreis herum spazierten. Die Gewehre unter dem Arm und etliche Patronentaschen am Gürtel, machten die Leute den Eindruck, als ob sie am liebsten jedem von uns eine Kugel in den Kopf schießen möchten. Wie mögen diese Menschen gegen uns verhetzt sein! Aber welche lächerliche Angst spricht doch aus derartigen Sicherungsmaßregeln gegen wehrlose Eingesperrte! [...]

Zuchthaus Ebrach, Donnerstag, d. 1. Mai 1919
Erster Mai! Wird sich heute die revolutionäre Arbeiterschaft Bayerns zum großen Schlage erheben, um dem bedrängten München beizustehen?[14] Ich hoffe und zweifle. Das Wetter ist, wie den ganzen April hindurch, trübe und regnerisch, das beeinträchtigt revolutionäre Handlungen an und für sich erheblich. (Hätte es am 7. November geregnet, dann wäre – mindestens an diesem Tage – der ganze Umsturz ins Wasser gefallen.) Die Regierung Hoffmann[15] hat allem Anschein nach jede Vorsorge getroffen, um gerade heute keine Aktionen lebendig werden zu lassen. Vor allem hat sie die Maifeier in eigene Regie genommen. Selbst wir im Kittchen durften uns wie sonntags einer Stunde verlängerter Nachtruhe erfreuen und werden heute mittag voraussichtlich zur Feier des Tages nach einigem Angeln am Grunde unserer Suppe ein winziges Fetzchen ausgekochtes Fleisch finden. [...]

Zuchthaus Ebrach, Freitag, d. 2. Mai 1919
[...] Ich glaube – ja, ich weiß, daß die Internationale der kommunistischen Räterepubliken am Ende unserer und der Weltrevolution stehen wird, aber ich verschließe mich nicht den Befürchtungen, die aus dem höchst gewissenlosen Gebaren der gegenwärtigen sozialdemokratischen Gewalthaber erwachsen. Wenn das Kapital der Besitzenden ernstlich bedroht ist – und

die durch den fortgesetzten Militarismus veranlaßte beschleunigte Entwertung des Geldes, verbunden mit den Wirkungen der revolutionären Arbeiterausstände, besonders in den Kohlengebieten, macht diese Bedrohung in absehbarer Zeit sehr wahrscheinlich –, werden die reaktionären Mächte das Äußerste wagen, um die Gewalt an sich zu reißen. Die Sozialdemokraten haben dann ihre Pflicht erfüllt, und eine neue Ära Ludendorff[16] mit monarchistisch-despotischer Tendenz blüht auf, die zwar den Untergang des Kapitalismus auch nicht verhindern kann, die aber ein Blutregiment über Deutschland aufrichten wird, das seinesgleichen noch nicht gesehen hat und dessen Ende ich für meine Person bestimmt nicht erleben werde. Denn die »Rädelsführer« werden nicht lange prozessiert werden. Für diese Ära bereiten die Scheide- und Hoffmänner mit ihrer erbärmlichen, feigen, liebedienerischen Verräterpolitik jetzt den Boden, indem sie das zukunftsfrohe Proletariat niederbütteln und die Nutznießer der sich vorbereitenden nackten Reaktion, Noske[17]-Hohenzollern-Wittelsbach, in den Besitz des gesamten staatlichen Waffenarsenals und Verwaltungsapparats setzen. Eines Tages werden ihnen die Augen aufgehen, wenn sie selbst als Opfer ihres Verrats mitgehangen werden. Dann werden sie erkennen, daß ihre wahnwitzige Kommunistenverfolgung dem deutschen Volk mindestens zehn Jahre Freiheit und Glück gekostet haben wird. Nur ein rechtzeitiger Sieg der Revolution über Weimar kann uns dieses Unglück ersparen. Aber die nächste Zukunft liegt in düsteren Nebeln vor uns.

Zuchthaus Ebrach, Montag, d. 5. Mai 1919
Eben erhalte ich den ›Freistaat‹ (das Regierungsorgan der Bamberger) von Samstag. Daraus entnehme ich einige neue Daten über die Münchner Vorgänge, die so entsetzlich sind, daß ich sie vorerst nicht glauben kann. Die letzte Depesche, schon vom 3. Mai, enthält folgende Meldung: »... Die radikalen Führer Egelhofer,[18] Landauer, Frauendorfer,[19] Dr. Menci[* 20] (gemeint sind wohl mit den letzten beiden Gandorfer[21] und Muckle[22]) sind verhaftet. Man wird mit ihnen verfahren, wie sie es mit den Geiseln gemacht haben, die sie am Mittwoch und Donnerstag

---

[*] Oder Frau Dr. Menzi? [E. M.]

187

im Luitpoldgymnasium erschossen und in grauenhafter Weise verstümmelt haben, wie sich nun amtlich bestätigt.[23] Die Namen konnten infolge der Verstümmelung der Leichen nicht festgestellt werden. Die Erbitterung der Einwohnerschaft ist aufs höchste gestiegen. Egelhofer wurde erschossen ...«

Seit von der Erschießung von Geiseln die Rede ist, bin ich die Angst um Landauer nicht losgeworden. Gerade er hätte sich entschieden dagegen gestemmt. Eine verbrecherischere Verrücktheit wäre ja nicht auszusinnen gewesen. Man nimmt Geiseln fest, um der Gegenseite die Lust zu nehmen, ihren Gefangenen Böses zu tun. In dem Augenblick, wo der Gegner die Gewalt an sich reißt, Geiseln umzubringen, heißt das Leben der eigenen Genossen sinnlos und frivol opfern. Leider traue ich gewissen Führern der KPD in München derartige niederträchtige Dummheiten zu, doch beruhigt mich etwas die Angabe, die Leichen der Erschossenen seien verstümmelt. Das klingt denn doch so nach Greuellüge, daß Zweifel an der ganzen Meldung gerechtfertigt scheinen. Es wäre ja schauderhaft, wenn man gerade Landauer tötete. Was wissen denn diese Barbaren von seinem großen, klaren, starken Geist? Was von seinen Lehren, Bekenntnissen, Werbungen, Leistungen, was von den Bereicherungen, die er als Philosoph und Sozialist diesem Volk gegeben hat? Wie tief mich persönlich dies Furchtbare träfe – davon rede ich nicht, jetzt nicht. Denn ich glaub's nicht und will's nicht glauben. – Um Egelhofer – dessen Tod wird ja ganz positiv behauptet – tät's mir leid, aber das wäre ein Gefallener unter vielen. Ich vertrug mich immer gut mit ihm, und er hat mich manchmal begleitet, wenn ich abends den Schutz einer starken Wache brauchte. Die Verluste der Weißgardisten scheinen doch beträchtlicher zu sein, als man wahrhaben möchte. Der Generaloberarzt meldet unter den Gefallenen u.a. zwei Generäle und einen Oberstleutnant. Mich persönlich ängstigt die Mitteilung, wo die letzten Kämpfe stattfinden. Gegend Dachauer Straße, Schleißheimer Straße, Giesing und südlich vom Hauptbahnhof wird genannt, wo noch Widerstand geleistet werde. Schleißheimer Straße! Das ist also gerade unsere Gegend. Was mag Zenzl machen? Ohne Gruß, ohne Worte, ohne Ahnung in diesen Stunden und Tagen – das ist schrecklich ... Meine Kameraden ergehen sich großenteils in sehr weitschweifenden

Hoffnungen. Sie glauben, nach der Besiegung Münchens stünde unsere Befreiung bald bevor. Das glaube ich durchaus nicht. Ich rechne noch mit monatelanger Haft. Sollte aber unerwartet doch die Freilassung kommen, so bin ich noch nicht schlüssig, ob jetzt meine Anwesenheit in München opportun wäre. Ich bin fast jedem bekannt, und bei der Verhetzung der kleinen Geschäftsleute und der Studenten wäre mein Leben vielleicht jetzt dort gefährdeter als je. Vielleicht ginge ich zu Mila nach Bensheim. – Zunächst hoffe ich aber mal auf einen Brief und dann auf den Besuch von Zenzl. Vorher will ich keine Pläne machen.

Zuchthaus Ebrach, Dienstag, d. 6. Mai 1919
Landauer tot. Ich will und kann es nicht für möglich halten und muß es doch glauben. Nur ein kleines Restchen Hoffnung, daß es vielleicht doch nicht wahr sei, ist noch da, und an das klammere ich mich. Die Meldung – im ›Bamberger Volksblatt‹ – lautet: »Landauer fiel in Pasing den Regierungstruppen in die Hände und wurde sicherem Vernehmen nach bei seiner Einlieferung von der Menge getötet.« Gelyncht also – wie Rosa Luxemburg von einer durch Lügen und verleumderische Verhetzung fanatisierte und mordgierig gemachte Soldateska schnöde ermordet. Es ist so furchtbar – so grauenvoll; mein Freund und Führer, mein Lehrer und Genosse. – Und ich sitze da, eingekerkert von denselben Verbrechern, die seinen Tod verschuldet haben, und kann nicht helfen, niemanden trösten, nicht zu seinem Begräbnis gehen, kein Wort des Gedächtnisses für ihn sprechen. Und niemand – auch von denen nicht, die jetzt erbittert sind gegen seine Mörder –, niemand weiß, welch ein Geist hier zerstört ward. Ich sitze in meiner einsamen Zelle und klage und weiß dabei, daß das Verbrechen der eigenen Genossen – die unselige Ermordung der Geiseln – die letzte Ursache der Schandtat ist, die Gustav Landauer zum Opfer forderte. Wer die Geiselerschießung anordnete, der hat endlose Schuld auf sich geladen, der muß unendliches Blut guter reiner Menschen verantworten. So soll auch Klingelhöfer[24] mit seiner Frau standrechtlich erschossen worden sein. Und gegen die standrechtlichen Erschießungen fehlt uns jetzt jedes Recht zur Entrüstung. Haben doch verblendete verbrecherische Narren der

eigenen Seite mit dieser Ruchlosigkeit begonnen. Das Lynchen allerdings war der Bourgeois-Kanaille vorbehalten: und den besten, edelsten, reinsten, größten Mann hat sie sich ausgesucht dazu. Die Kommunisten hatten am 12. April Aschenbrenner in ihrer Hand,[25] den Menschenschinder, der mit seinen Trabanten am Hauptbahnhof eine private Prügeljustiz infamster Art etabliert hatte – ihm ist kein Haar gekrümmt worden, und am Tage darauf leitete dieser selbe Mensch die Tragödie ein, die jetzt in München zum Abschluß kommt. Natürlich macht die Presse furchtbaren Lärm wegen der Tötung der Geiseln und schnaubt Rache. Auch mein Blut wird verlangt. Das ›Bamberger Volksblatt‹ schreibt (der Bandit, der sich das leistet, zeichnet A. H.): »Der gewöhnliche Tod des Erschießens ist für die Münchner Bestien viel zu wenig, die bestialischen Verbrecher sollten auf öffentlichem Platze gehängt und als abschreckendes Beispiel für vertierte Gesellen zur Schau gehängt werden. Gleichviel, ob die Toller, Levien und Leviné direkt die Anordnung zu diesen Scheusäligkeiten gegeben haben oder nicht, auf jeden Fall haben sie die Münchner Massen durch Verhetzung bis zu dieser Vertiertheit gebracht, und darum sind sie gleich wie auch die Mühsam und Sauber[26] an diesem himmelschreienden Verbrechen mitschuldig, und unerbittlich muß hier die Gerechtigkeit ihres Amtes walten.« Sie lechzen nach Blut, dieselben, die während der vier Kriegsjahre jede neue Schurkentat der deutschen Militärgewalt schreiend gefeiert haben: die U-Boot-Morde ebenso wie die Zeppelin-Angriffe auf London und Paris, die Hinrichtung Fryatts[27] und der Miss Cavell[28] und alles übrige – und sie, die für die Ermordung Liebknechts, Luxemburgs, Landauers kein Wort des Mißfallens haben, zetern gegen die »Bestien« des Kommunismus, weil das Kapital in Gefahr ist. Wie schrecklich ist dies alles, und wie groß ist unsere Niederlage! Ich zittere um meine Zenzl. [...]

Zuchthaus Ebrach, Mittwoch, d. 7. Mai 1919
Jedes Zeitungsblatt bringt neue Scheußlichkeiten. Im gerichtlich-medizinischen Institut und in den Friedhöfen lagen bis Montag 250 Tote, verletzt sollen etwa 900 Personen sein. Verhaftet ist jetzt auch Niekisch,[29] der Vorsitzende des Zentralrats, einer der wenigen anständigen Mehrheitssozialdemokraten,

Kopp[30] aus Rosenheim soll in Miesbach festgenommen sein. »Gegen 100 Gefangene« heißt es triumphierend im Amtsblatt der Sozialdemokraten, dem ›Freistaat‹, »darunter auch Frauen, wurden, die Hände am Hinterkopf, ins Militärgefängnis gebracht.« Wo man die 5000 Verhafteten untergebracht hat, erfährt man nicht. Aber jeder Verhaftete ist schon eine Beruhigung, – sofern er nicht unterwegs ermordet ist, wie mein armer Freund Landauer, kann er wenigstens als vorerst gerettet gelten. (Wie im Kriege: Auch da nannte ich gern die Gefangenen Gerettete.) Alle meine Kameraden sagten mir auf dem Hof: Sei froh, daß du im Zuchthaus bist, in München lebtest du nicht mehr. Allerdings sehr wahrscheinlich. Offenbar hatte der umfangreiche Spitzeldienst der Bamberger während der Rätezeit für eine genaue Kenntnis der Führer gesorgt, und die mit der Erledigung Münchens beauftragten Offiziere werden, wie seinerzeit im Januar und im März in Berlin, ihre Winke gegeben haben, wem ein Unfall zustoßen solle. Ein Fluchtversuch à la Liebknecht oder eine Aufreizung der Soldaten, wie sie Landauer vorgeworfen wird, oder dergleichen ist ja leicht zu arrangieren. [...] Man blickt im Geiste um sich: lauter Tote, lauter Ermordete – es ist grauenhaft. Nie ist in Rußland derartig gewütet worden. Mit den Münchner Schandtaten hat Noske sogar seine Berliner Blutorgien übertroffen. Das ist die Revolution, der ich entgegengejauchzt habe. Nach einem halben Jahr ein Bluttümpel: mir graut.

Zuchthaus Ebrach, Sonnabend, d. 10. Mai 1919
Allmählich fängt meine Stimmung an, mich seelisch niederzudrücken. Der Wärter Kraus hat mir eben auf Befragen bestätigt, daß gestern abend einzelne Gefangene Briefe aus München erhalten haben. Ich bin immer noch ohne Nachricht, und die Empfindung, daß auch meine Zenzl in irgendeiner Kerkerzelle sitzt und sich hilflos sorgt und grämt, verstärkt sich. Aber wenn ich nur erst das sicher wüßte! Wenn ich nicht fürchten müßte, daß sie womöglich von Spartakistenjägern verwundet oder gar getötet ist! Heute nacht werden volle vier Wochen vergangen sein, seit die Trennung von ihr und meinem Heim vollzogen ist, ohne daß inzwischen die geringste Verständigung möglich war. Schwere Angst habe ich auch um meine Wohnung. Wenn man

da eingedrungen ist und meine Papiere, Bücher, Aufzeichnungen, Manuskripte, Notizbücher vernichtet hätte! Ich kann es nicht ausdenken. Es wäre ein Stück Seele von mir gemordet, und wenn ich – vielleicht binnen kurzem – auf dem Sandhaufen stehe, werde ich mit dem Bewußtsein sterben, daß man vor der Ermordung meines sterblichen Teils an dem, den ich unsterblich hoffte, das Urteil vollstreckt hat. Ich habe mir den Staatsanwalt hergebeten, weil ich versuchen möchte, durch ein Telefongespräch Auskunft zu erhalten. Die Zeitungsmeldungen von München sind weiterhin entsetzlich. An Totenopfern werden jetzt 400 angegeben. Die Weißgardisten hausen grauenhaft. Die Ermordung der 21 armen Teufel, die aus Versehen dran glauben mußten, zeigt, wie »Ordnung« gemacht wird.[31] [...]

Zuchthaus Ebrach, Freitag, d. 16. Mai 1919
[...] In München haben die Schergen jetzt doch eine der entscheidenden Persönlichkeiten der kommunistischen Herrschaft verhaftet: Leviné-Nissen. Ich habe keine sonderliche Sympathie für den Mann. Sein Äußeres, die monotone, tröpfelnde Art seiner Rede (deren Wirkung ein Arbeiter mir mit den Worten erklärte: »Der Druck dahinter macht's!«) ist mir peinlich. Auch ist die Unterstellung, ich hätte mit Schneppenhorst[32] gemeinsame Sache gemacht und das Proletariat verraten, Levinés Arbeit gewesen. Aber ich hoffe für ihn, daß er sich von dem Verdacht, er sei an der infamen Geiselerschießung beteiligt gewesen, wird reinigen können. Sonst stände es schlimm um ihn.

Nachmittag (Zeit: ?)
Nachricht. Gott sei Dank! Von Zenzl Brief und Paket. Sie ist selbst mit dem Jungen auf dem Lande, um sich zu sichern, wie sie sich ausdrückt. Anscheinend hat die Polizei ihr den Rat gegeben, aus dem Umkreis meiner früheren Tätigkeit, das heißt, aus der drohenden Liebestätigkeit der Mitmenschen zu verschwinden. Gott sei Dank! – Als der Wärter mir die Pakete geöffnet und Butter, Speck und Eier zum Vorschein gebracht und endlich Umhüllungen geprüft und mir den Brief ausgehändigt hatte und ich sah, daß Zenzl selbst geschrieben hatte, und als der Mann endlich draußen war und ich den Brief mit der lieben, raschen und doch unausgeschriebenen Schrift und der

unbefangenen Orthographie gelesen hatte, da mußte ich mich erst an die Pritsche halten, weil ich etwas Schwindelgefühl spürte, und dann habe ich wie ein kleiner Schulbub geheult, daß es mich geschüttelt hat. Ein Ei gab mir die Kraft wieder, und nun bin ich so froh wie seit Wochen nicht mehr. Zenzl lebt, ist frei und gesund. Da schert's mich den Teufel, was Polizei und Militär mit meinen Sachen angestellt haben. Alles ist beschlagnahmt. Meinetwegen. Vernichten werden sie meine Tagebücher und Aufzeichnungen wohl nicht... Ein Brief an Zenzl ist schon fertig, hoffentlich kommt er heute noch fort. Alle weiteren Schreibereien – an Haase, an den Münchner Staatsanwalt, an Mila, der ich eigentlich schreiben wollte – lasse ich für morgen übrig. Jetzt will ich zuerst ein Stück Speck und noch ein Ei zu mir nehmen – schade, daß ich kein Brot habe, aber etwas Zwieback habe ich, darauf wird Butter gestrichen, so kann ich gleich von allem Guten kosten und mich kräftigen. Eben wurde ich von Amts wegen gewogen: 56 Kilo. Mein Gewicht in München war ungefähr 63 Kilo. 7 Kilo Abnahme in kaum fünf Wochen ist allerdings erheblich. Eine Stärkung ist die Gefangenschaft nicht.

Zuchthaus Ebrach, Montag, d. 19. Mai 1919

[...] Zenzl hat mir einen Riesenlaib Brot geschickt, dazu eine Brotmarke für ein Pfund, für das mal ein Stück Kuchen gekauft werden kann, und etliche Stücke Zucker, die etwas Feuchtigkeit angezogen hatten und die ich dem Sträfling geschenkt habe, der mir vorher durch die Tür hereingerufen hatte, es sei ein Paket für mich da. Ich kann den Zucker entbehren, zumal ich heute durch einen Aufseher für 68 Pfennige ein Paket Kunsthonig kaufen konnte. – Der Brief, den mir die gute Zenzl schreibt, klingt unendlich traurig, und mir wurde sehr weh dabei ums Herz. Diese Frau hat mir der Himmel selbst geschickt. Wüßte sie nur, wie gut ich das weiß. Ihre Klugheit, Natürlichkeit, Güte, Derbheit, Ehrlichkeit, verbunden mit Kraft, Mutterwitz, Anmut und Schönheit, ihre unbestechliche Hingabe an die Aufgabe, die sie sich gestellt hat, der Kunst zu dienen, indem sie den Künstler pflegt, ihr klares Verständnis für meine Ideen und ihre schöne, keusche und starke Liebe – welche Perle von Frau habe ich. Der eine Fehler, den sie hat, ist so verständlich und sollte mir eigentlich wohltun: ihre Eifersucht, die sie nicht wahrhaben will. Gute, liebe Zenzl! Ich bin nun mal nicht für die Treue geschaffen – und wenn dann mal eine Nacht nicht im Ehebett, sondern bei Mila herumging – warum mußte ich dann Lügen erfinden, und wir konnten nicht ohne stumme Vorwürfe (oder auch ausgesprochene) darüber hingehen? Aber jetzt, wo wir getrennt sind, wie schön ist da ihr völliges Vergessen dieser Konflikte (die ja daheim auch schon vergeben waren). Sie sehnt sich »unsinnig nach all dem kleinen Glück, das war«. Oh, ich auch! ich auch! – Sonst kaum ein Wort von ihren Gefühlen: »Es ist so dumm, hier zu schreiben, daß ich Dich liebe. Das weißt Du ...« Sonst nur Sachliches. Und wie Arges! »Ich kann nicht in die Georgenstraße. Die Leute sind so verhetzt, ich darf als Deine Frau mich nirgends sehen lassen.« Wenn man das Glück will für die Menschen! Und diese prachtvolle ruhige Sicherheit, mit der sie resigniert: »Alles das, mein teurer Gatte, ist zu ertragen, Du weißt, daß ich nicht mehr erwartete!« – Und was hat die arme Frau in jenen Tagen ausgestanden! Auch sie war verhaftet, wurde aber von den Polizeibeamten anständig behandelt. Alle unsere Bekannten scheinen sich schlecht benommen zu haben. »Bis jetzt war ich verlassen, die Freunde, die gut zu mir gewesen sind, sind nicht zu finden, die andern hatten Angst, die Frau Mühsam zu beherbergen.« Das ist ihr so selbstverständlich. Sie schreibt es mit Blei auf ein zerknittertes altes Briefkuvert. [...]

Zuchthaus Ebrach, Sonntag, d. 25. Mai 1919
[...] Eine kleine Aufmunterung erhielt ich vorhin: ein Kassiberchen. Ein Genosse aus Nürnberg fragt mich nach einem gewissen Fischer, vor dem ich mal im ›Kain‹ gewarnt habe. Das weckte mir die Erinnerung an die eigentlich beste Zeit der Revolution, als ich im Braunauer Hof die »Vereinigung Revolutionärer Internationalisten«[33] schuf. Wäre Levien nicht gekommen mit seinem Parteidoktrinarismus, dann wäre die Einigung des revolutionären Proletariats, wie ich sie von Anfang an wollte, ohne Reibungen und Schwierigkeiten in München Tatsache geworden. Noch gestern sprach ich im Hof mit Bastian darüber. Es ist ein Jammer, daß der Partei- und Bonzengeist auch den radikalsten Flügel der Revolution infiziert hat. Der schänd-

liche Bruderzwist am 7. April,[34] dessen Opfer ich im Kindlkeller war, und die ganze Verwirrung, die darauf folgte und die an dem Unglück, das jetzt über dem Lande ist, die Hauptschuld trägt, wäre uns erspart geblieben, wenn nicht die Parteihengste in die Hürde gejagt wären und hätten die Disziplin nicht über die Idee gestellt. – Wenn ich den Prozeß jetzt überlebe und schreibe später die Geschichte der Münchner Revolution, dann muß gerade diese Seite der Begebenheiten in sehr helles Licht gestellt werden.

Zuchthaus Ebrach, Freitag, d. 30. Mai 1919

[...] Der kleine Genosse Hofmann[35] gab mir einen Artikel aus einem Münchner Skandalblatt ›Die Republik‹, worin der Herausgeber, ein gewisser Binder, das Tollste an Verhetzung leistet, was man sich überhaupt denken kann. Jede Verleumdung ist dem Burschen recht. Levien, Toller, ich, Nissen, Sauber – einer nach dem anderen wird mit Dreck beworfen, bis keine appetitliche Stelle mehr übrigbleibt. Ich komme beinahe noch am besten weg, will aber doch zitieren, wie dieser dunkle Ehrenmann mich charakterisiert: »Dieser verkommene Literat, der in seinem Leben nie gearbeitet hat, der schon äußerlich in seinem widerlichen Schmutz wie eine Kreuzung zwischen einem Pavian und einem Bantuneger aussah, hat auch einmal ein Prosawerk von sich gegeben.« Als dieses »Prosawerk« folgt dann der kleine Ulk am Schlusse meines ›Kraters‹, ›Das Verhör‹, das irgendein Schmock zufällig entdeckt hat und das jetzt in allen Meinungszüchtereien gegen mich zeugen muß. Zenzl schickt mir einen Haufen weiterer Zeitungsausschnitte, den ich noch nicht genossen habe. Aber ich bin gefaßt. Die arme Frau schreibt von einem Artikel, in dem man sogar sie in den Schmutz zerrt und ihr nächtliche Herrenbesuche vorwirft, die sie in meiner Abwesenheit zu empfangen pflege. Das sind die Gentlemen und Kavaliere, die im Namen des Volkes reden und Recht, Ordnung, Sicherheit, Ehre, Anstand und Ruhe wieder in Deutschland heimisch machen wollen. Wie tief heruntergekommen muß das Land in der Tat sein, daß solche Verbrecher am Seelischen eines Volks seine Wortführer sein dürfen. Jetzt aber will ich mir ruhig die Hosen meiner Seele bis über die Knie hochkrempeln und entschlossen in den stinkenden Unrat der

Zeitungsausschnitte hineinwaten. Nase zu – vielleicht komme ich doch durch den Pfuhl.

Zuchthaus Ebrach, Sonnabend, d. 31. Mai 1919

Widrigkeiten aller Art. Vorhin kam ein Paket von Mila, während ich gerade an Zenzl einen Brief schrieb. Tabak, Zigarren, eine Schreibunterlage und etliche Bücher. Während ich mich gerade in großer Freude in den Reichtum versenkte, kullerte mein Füllfederhalter vom Tisch. Ich hatte lange damit zu tun, ihn durch Bearbeiten mit dem Messer überhaupt wieder gebrauchsfähig zu machen. Aber er funktioniert noch nicht, wie er soll. Alle Augenblick gibt es Störungen und die Schrift ist klexig. – Immerhin: es geht wieder. – Die Lektüre der Zeitungsausschnitte entsprach meinen Erwartungen. Die Tinte wird zu Unrat, die die deutschen Schmöcke zur Erziehung des deutschen Volkes verspritzen. Der Unrat aber wird zu Blut, wenn es sich tief genug in die Gemüter der Leser gesenkt hat. Nur ein Beispiel: Die ungeheuerliche Verleumdung, daß wir die Vergesellschaftung der Frauen[36] einführen wollten, kehrt immer wieder, und ein Blatt leistet sich die Ruchlosigkeit, Landauer diesen Vorwurf nach seinem Tode noch zu machen, sozusagen als Nachruf. Es handelt sich um ein Berliner antisemitisches Erpresserblättchen, das bezeichnenderweise ›Wahrheit‹ heißt. Man kann bei dieser schamlosen Verhetzung des Volkes – in den kleinen Zeitungen der Provinz, von wo natürlich die Mehrzahl der Regierungstruppen stammt, ist es am ärgsten – den Leuten, die in uns die schandbarsten Verbrecher sehen müssen, ihren Vandalismus kaum übelnehmen. Alle Schande trifft nur die Zeitungsschmierer, dieses bildungs- und ehrlose Gesindel, das für jede Verräterei nach festen Sätzen käuflich ist und das seine Lumperei den naiven Lesern als Gesinnung auftischt. So ist der Krieg gemacht worden, so wird die Revolution sabotiert, so wird dem armen Volk heute noch die Schuld der deutschen Führung – die zugleich die Schuld der deutschen Presse ist – verborgen, und so wird Haß, Kriegslust, Rachedurst für kommende Zeiten schon jetzt vorbereitet. Wer später einmal die Geschichte unserer Tage frei von Parteinahme schildern will, muß den Lügen und Verleumdungen der Presse nachgehen, um die Verblendung und Roheit der Menschen zu begreifen. [...]

Leviné ist tatsächlich hingerichtet worden. Das Gesamtministe-
rium, das immer noch nur aus »Sozialisten« besteht, hat »keinen Anlaß gefunden«, das vom Standgericht ausgesprochene
Todesurteil »im Wege der Gnade zu mildern«. Sie haben es
gewagt, sie, die all ihr Lebtag beweglich gegen die Todesstrafe
geeifert haben, die die Aberkennung der Ehrenrechte gegen
politische Delinquenten immer als finstere Reaktion bezetert
haben, sie, die in Dutzenden von Volksversammlungen die
Schrecken des Sozialistengesetzes[37] geschildert haben, das doch
gegen die gesetzlose Willkür, die sie selbst gegen wirkliche Sozialisten anwenden, eine Institution der Milde, Duldsamkeit
und Menschenliebe war – sie haben es gewagt, gegen einen
überzeugten Marxisten das Todesurteil ausdrücklich zu bestätigen und vollstrecken zu lassen, da nämlich Leviné »den Bürgerkrieg in München auf dem Gewissen habe«. Merkwürdig. Wer
die Tatsachen kennt, weiß, daß von den Bamberger Herren
Truppen nach München hineingeschickt wurden und daß der
Bürgerkrieg erst begann, als die Nosketruppen, die landfremden Elemente,[38] ihre Befreiungstätigkeit aufnahmen. (...)
Leviné ist nach dem Bericht tapfer und stark in den Tod
gegangen. Er weigerte sich, den Kopf zur Wand zu drehen und
ließ die Weltrevolution leben, ehe ihn die Salve hinstreckte. Wir
waren keine Freunde, Leviné und ich. Unsere Beziehung beschränkte sich auf seine Angriffe gegen mich am 6. und 7. April.
Während er am 6. in der Generalversammlung der KPD sprach
und mir die Fahrt mit Schneppenhorst[39] nach meiner Rede vorwarf, regte ich mich sehr auf und äußerte meinen Ärger zu den
Umstehenden. Da trat eine reizvolle junge Frau[40] auf mich zu,
die mir sagte: »Glauben Sie mir, Nissen schätzt Sie sehr.« Ich
erwiderte, daß seine Behauptungen gerade nicht diesen Eindruck auf mich machten, worauf sie erklärte: »Aber ich weiß es.
Ich bin seine Frau.« Ich lief damals vor Wut einfach aus dem
Saal, und daraus haben wohl viele ein Eingeständnis meiner
Schuld geschlossen. Ein persönliches Gespräch habe ich mit
Leviné nie geführt. Im Zentralrat haben wir nur einige Male ein
paar Worte gewechselt und uns höflich die Hand gedrückt. Sein
Anteil an den Ereignissen in München war kein guter. Seine
Verbissenheit hat die Einigung des Proletariats verhindert. Le-

vien stand völlig unter seinem Einfluß. Ich bin überzeugt, daß sonst Levien schon in der Nacht zum 7. April den Anschluß der KPD an die Räterepublik bewirkt hätte. Levinés Persönlichkeit erhält durch seinen Tod eine Folie, über die sich die Bamberger Henker nicht zu freuen haben werden. Dies ist mein Glaube an die Kraft der Gerechtigkeit: daß sich jede Schuftigkeit letzten Endes als Dummheit erweist. Die Herren Hoffmann, Endres[41] und Gelichter sollen sich je wieder in eine Münchner Volksversammlung trauen! [...]

Zuchthaus Ebrach, Montag, d. 9. Juni 1919
[...] Leider sind die Unabhängigen keineswegs so unabhängig, wie sie tun. Die Herren Haase, Kautsky[42] und Barth[43] haben uns nach Eisners Tod die ganze Kompromißsuppe, die uns jetzt im Magen liegt, eingebrockt. Und nun erläßt die Partei einen beweglichen Aufruf gegen die zentrifugalen Bestrebungen in Deutschland. Jetzt, wo es nur eins geben kann: die Zertrümmerung des Staats von Grund aus, die Zerrüttung seiner Wirtschaft so schnell wie möglich, damit nicht der etappenweise Einsturz noch viel mehr Opfer fordert – jetzt regen sie sich über die Pfälzer, Rheinländer etc. auf, die Sehnsucht haben, unter lebensmögliche Verhältnisse zu kommen. Das ist die marxistische Verblödung. Einheitsstaat! brüllen sie – die Spartakisten sind die Schlimmsten dabei – und wollen deshalb den alten Bismarckstaat retten, der je eher je lieber zusammengeschlagen gehört. Wenn die Menschen bloß zu der Einsicht kommen wollten, daß es völlig gleichgiltig ist, wo entlang die Staatsgrenzen laufen. Auf die Glückseligkeit der Menschen kommt es an, nicht auf die Art ihrer Einpferchung. Größtmögliche Bewegungsfreiheit des Einzelindividuums ist anzustreben, deshalb größtmögliche Selbständigkeit aller Gemeinden und föderative Verbindung der Bezirke, Länder und Reiche, bei der die Abgrenzung Nebensache, die Berücksichtigung der Eigenarten alles ist. Sie sind für das Rätesystem und für die Zentralisation. Wenn das kein Widerspruch in sich selbst ist, bin ich ein Esel. Lenin, dieser stramme Marxist, hat es schließlich eingesehen und den Lokalsowjets Autonomie gegeben.[44] Aber in Deutschland scheint es unmöglich zu sein, eine Dummheit auszulassen. Nun Landauer tot ist, werde ich der einzige sein, der den Weg

der Revolution klar erkennt. Ob ich aber der Aufgabe gewachsen bin, die parteibesessenen Genossen aller revolutionären Richtungen auf diesen Weg zu drängen, ist eine bange Frage. Ich habe viel Schweres hinter mir in den letzten sieben Monaten – ich fürchte aber, daß ich das Schwerste noch vor mir habe. Aber stark sein ist alles.

Zuchthaus Ebrach, Dienstag, d. 10. Juni 1919

Mir ist gar nicht wohl. Leibschmerzen und anscheinend Fieber. Ich führe diesen Zustand auf das Stück Wurst zurück, das es gestern nachmittag als Beilage zu den Pellkartoffeln gab. Ein in allen Farben schillerndes, mit einer Papierhaut umspanntes Produkt, schwammig und weichlich, über dessen Herkunft man sich in den verschiedensten Betrachtungen ergehen könnte. So eine Scheibe wurstartigen Gebildes gibt es jede Woche einmal, und verdächtig ist mir das Zeug schon immer vorgekommen. Daß aber direkte Vergiftungserscheinungen eintreten können, hätte ich doch nicht gedacht. Ich werde mich künftig bei dieser Zusammensetzung der Soupers bloß an die Kartoffeln halten. [...]

Zuchthaus Ebrach, Sonnabend, d. 14. Juni 1919

[...] Der Fall Leviné und die verrückten Urteile in Würzburg (jetzt ist Klingelhöfer in München zu fünfeinhalb Jahren, und zwar unter Zubilligung mildernder Umstände (!) verknallt worden) schaffen eine günstige Atmosphäre für neue Erregungen im Volk, dabei wird die moralische Kraft ungemein gestärkt durch die Nachrichten, die aus Ungarn kommen. Dort siegt die Rote Armee der zehnmal totgesagten Räterepublik so gründlich über Tschechoslowaken und Rumänen, daß die Erwürgung des Bolschewismus durch die einige Militärgewalt des verbündeten zentralistischen und ententistischen Kapitalismus ein stark abgeblühter Hoffnungstraum geworden ist. Dazu kommt die prachtvolle revolutionäre Resistenz der Franzosen, durch die Rußland zu Atem kommt und Koltschaks Träume vernichtet werden. Das sind Realitäten. Wenn dazu noch die Meldungen aus Wien stimmen, wonach dort die Kommunisten einen großen Schlag vorhaben – was wollen Noskes Weiße Garden dann wohl noch lange aufhalten? Wenn Österreich Räterepublik ist, können wir in Bayern getrost den Kampf wieder aufnehmen. Dann sind wir nicht mehr die Insel wie im April, sondern die Brücke ist geschlagen nach Sowjet-Ungarn und Sowjet-Rußland, und die Revolution ist gewonnen.[45] Auch Deutschland wird noch zu seiner heroischen Stunde kommen.

Zuchthaus Ebrach, Mittwoch, d. 25. Juni 1919
[...] In München hat es in der Feldherrnhalle eine rührende Demonstration gegeben. Man hat die ›Wacht am Rhein‹ und ›Deutschland, Deutschland‹ gesungen (von der Maas bis an die Memel, von der Etsch bis an den Belt – soll Deutschland über alles brüderlich zusammenhalten, d. h. jetzt von einem französischen zu einem litauischen, von einem italienischen bis zu einem dänischen Gewässer), und dann haben sich die Befreierscharen zu einem Zuge formiert, und Oberst Epp[46] und General v. Oven[47] haben erhebende Ansprachen gehalten, wobei die schwarzweißrote Fahne geschwenkt wurde. Soweit ist Münchens Befreiung nun schon gediehen. Macht nichts. Für das Proletariat sind alle solche Scherze demonstrationes ad oculos. [...]

Stadelheim, Donnerstag, d. 3. Juli 1919
Folgender Kassiber wurde mir gestern von einem Gefangenen zugesteckt: »Hochachtung Herrn Mühsam! Teile Ihnen mit, daß Toller am 15. Juli zur Verhandlung kommt. Gustav Landauer wurde am 2. Mai hier in Stadelheim erschossen. Ich selbst trug Landauer ins Leichenhaus. Der Zahlmeister sagte: Dieser politische Jude wollte hier in Bayern regieren? Ein Schriftsteller wurde am 2. Mai erschossen. Nach dem Tod wurden ihm seine neuen Schuhe von einem Unteroffizier ausgezogen. Weiße Garde? Der Zahlmeister stand daneben. Später seine Hose und seine Strümpfe wurden ihm auch ausgezogen. Eine Schande, wie man mit den Leichen hier umging. Hochachtungsvoll! (Ich habe die Orthographie verbessert.) So wurde in Bayern »Ruhe und Ordnung« hergestellt. Ich mag nicht dran denken. Der Gedanke an Landauers schreckliches Ende läßt mich nicht mehr los – und an der Stätte seiner Ermordung eingesperrt zu sein! – Mir geht's nicht sonderlich mit der Gesundheit. Heut war ich beim Arzt und habe mir Brom verordnen lassen, da ich

keine Nacht schlafen kann. So hoffe ich, daß ich am Montag wenigstens ausgeruht vor Gericht erscheinen kann. Gestern war endlich Dr. Baudorf hier. Der erste Eindruck war unsympathisch. Immerhin scheint der Mann kein Dummkopf zu sein, und seine arrogante Art mag vielleicht vor dem Standgericht, das nach einer Bestimmung vom Jahre 1813 zusammengestellt ist, zweckmäßig sein. Ich habe ihm erklärt, daß der einzige Punkt, in dem ich mich zu verteidigen wünsche, der Vorwurf ist, ich hätte aus Gewinnabsichten gehandelt. Im übrigen fühle ich mich nur dem Proletariat gegenüber auf dem Verteidigungsposten und werde im Gegenteil dem Staatsanwalt selbst Material liefern dafür, daß ich nicht erst seit dem 4. April auf dem Standpunkt des Rätesystems gestanden habe. Er müsse sich darauf gefaßt machen, daß ich ihn desavouiere, wenn er dem Gericht zum Munde redet. – Übrigens sehe ich der Prozeßverhandlung sehr ruhig entgegen, ärgere mich aber, daß man mich mit sieben Mitangeklagten zugleich prozessieren will. Für die stenographische Aufnahme wird, wie Zenzl mir schrieb, mein Vetter Walter Mühsam sorgen. Ich beabsichtige, falls der Verlauf meiner Erwartung entspricht, später daraus eine Broschüre draus zu machen. [...]

Stadelheim, Freitag, d. 4. Juli 1919

[...] Die Sozialisten aller marxistischen Richtungen treiben mit ihren Unitaritätsphantasien ein bedenkliches Spiel. Statt der kommunalen Autonomie die Wege zu ebnen, wozu sich Lenin längst hat entschließen müssen,[48] befestigen sie den Zentralismus, aus dem sich der Obrigkeitsstaat und mithin der Kapitalismus stets neu entwickeln muß. Es ist bitter für mich, das Verderben neu fundieren zu sehen und mit meiner Einsicht ganz allein zu sein. Einmal wird der Tag kommen, wo die bayerischen Bauern sich gegen die preußische Präponderanz erheben werden, und gegen die Bauern wird der Sozialismus, der dann im Werden sein wird, einen schweren Stand haben. Vielleicht werden dann die Revolutionäre von heute begreifen, warum ich der KPD niemals beitreten konnte. Zentralisation im Kampf, selbstverständlich! Aber diese Zentralisation darf nur die Völker umspannen, die den gleichen Kampf miteinander kämpfen wollen. Aber für Aufbau und Entwicklung, Selbständigkeit,

Autonomie, Freiheit bis in die einzelnen Gemeinden, bis ins einzelne Haus! Und Föderation, Vertrag, Gemeinschaft, die nirgends an Staatsgrenzen stoßen darf. Dann ist Sozialismus, Kommunismus, Freiheit der Menschen und der Völker möglich. Aber wann wird diese Erkenntnis die Parteihürden sprengen? Die Weltrevolution hat einen langen Passionsweg vor sich.

München (Neudeck), Samstag, d. 12. Juli 1919
Zehn Uhr vormittags. Um zwölf Uhr ist Urteilsverkündung. Die ganze Woche hindurch hat der Prozeß gedauert, und gestern sind die Plädoyers gehalten worden. Der Antrag des Staatsanwalts gegen mich lautet auf zehn Jahre Zuchthaus und zehn Jahre Ehrverlust. Doch glaube ich kaum, daß das Gericht auf Zuchthaus erkennen wird, obwohl ich es dauernd durch die Betonung seines Klassencharakters gereizt habe. Ich selbst habe im Schlußwort erklärt, daß die Konstruktion des Staatsanwalts, daß es sich nur um Beihilfe zum Hochverrat handle, gewaltsam sei und daß das Standgericht nur die Möglichkeit habe, mich freizusprechen oder den Weg zu schicken, den Leviné gegangen ist. Am Schluß meiner Rede ertönten lebhafte Bravorufe im Zuhörerraum, und ich darf mir sagen, daß durch den Verlauf des Prozesses meine Rehabilitation beim Münchner Proletariat vollkommen ist. Ja, wie mir gestern bestimmt versichert wurde, sei die Arbeiterschaft entschlossen, für den Fall, daß auf Zuchthaus gegen mich erklärt wird, in den Streik einzutreten, so hoch wird mir meine Haltung vor dem Standgericht, dem ich allerdings Grobheiten genug gesagt habe, angerechnet. [...]

Nachmittag (gegen 6 Uhr?)
Nun wissen wir also Bescheid. Wenn es nach dem Willen des Standgerichts geht, habe ich die nächsten fünfzehn Jahre meines Lebens in Festungshaft zu verbringen. Ich denke, daß die Dauer meiner Absperrung zwischen fünfzehn Wochen und fünfzehn Monaten betragen wird, jedenfalls aber das Ende der »Strafe« dem fünfzehnten Tage näher liegen wird als dem fünfzehnten Jahre. Im Urteil wird angesprochen, daß ich als treibende Kraft des ganzen »Hochverrats« anzusehen sei, daß ich deshalb nicht, wie der Staatsanwalt beantragt, bloß wegen Beihilfe, sondern wegen Teilnahme zu verurteilen sei, daß zwar

mildernde Umstände angenommen worden sind (sonst hätte man mich zum Tode verurteilen müssen), daß aber mein an Psychopathie grenzender Fanatismus (von jetzt ab werde ich bei den Schmöcken als gerichtsnotorischer Irrsinniger gelten) die Aussetzung der Höchststrafe rechtfertige. Ich habe das Urteil ohne besondere Emotionen entgegengenommen, und meine Zenzl – das weiß ich – wird ebensowenig davon erschüttert sein. [...]

Stadelheim, Montag, d. 14. Juli 1919

[...] In der ›Zukunft‹ vom 14. Juni, die mir Lederer[49] schickte (wie mir Mila schreibt, soll der in Berlin abhanden gekommen, also wohl verhaftet sein), schreibt Harden im Zusammenhang mit Betrachtungen über den Justizmord an Leviné und die Konterrevolution in München über mich ein paar Worte: »Der von Seichtlingen bespöttelte Dichter Erich Mühsam kam aus dem Dickicht seines Literatur-Anarchismus noch nicht in Klarheit, war aber im Ethos des Wollens unbeirrbar. Eines wohlhabenden Apothekers Sohn, der aus hansischer Bourgeoisbehaglichkeit ins dunkel ungewisse Leben der Ärmsten schreitet: Hut ab, ihr Lümmel«, etc. etc.... Ich glaube, daß mich aus dem Dickicht des »Literatur-Anarchismus« nun doch das neue Licht aus dem Osten in Klarheit geführt hat. Ich habe vor Gericht ausgesprochen, daß der Bolschewismus die Brücke schlägt zwischen Marx und Bakunin. Hier ist der Überbau aller kommunistischen Erkenntnisse. Das Rätesystem mit der weitestgehenden Autonomie der lokalen Sowjets, der Internationalismus bis zur Konsequenz der Aufhebung aller Staatsgrenzen, die proletarische Diktatur als Mittel zum Zweck der Sozialisierung der Wirtschaft, der vollständigen Beseitigung jeder Ausbeutung und endlich der Eliminierung des Proletariats selbst, die Herbeiführung der wirtschaftlichen Gleichheit der Konkurrenzbedingungen zwischen den Individuen und damit einer Gerechtigkeit, auf die der verjüngte Begriff der Demokratie in einer von allem Pharisäismus, aller Demagogie und Verlogenheit gereinigten Bedeutung Geltung gewinnt, die unbeirrbare Rücksichtslosigkeit im Destruieren kapitalistischer und staatsautoritärer Rudimente bei gleichzeitigem Neuschaffen sozialistisch-kommunistischer Grundlagen der Gesellschaft, die Besinnung auf die Organisierung der Produktion als Magd des Konsums und auf die Dezentralisation der Wirtschaft zum Zweck ihrer Intensivierung – das alles sind die praktischen Ergebnisse des Bolschewismus, die den Bonzen aller sozialistischen und anarchistischen Richtungen den Weg zeigen sollten, auf dem die Einigung des Proletariats und der Völker sich vollziehen kann, ohne daß die Frage, ob der große Affe Marx einen blauen oder einen feuerroten Arsch hat, die Gemüter zu erhitzen brauchte. Ob Lenin selbst aber diese ganze ungeheure Bedeutung seines Werks als Fundament der über alle Theorien und akademische Streitereien triumphierenden revolutionärsozialistischen Internationale ganz erkennt? Vielleicht bleibt es mir vorbehalten, den sittlichen Sieg des Bolschewismus der revolutionären Welt und mit ihr auch den Bolschewisten selbst aufzuzeigen und dazu beizutragen, daß in den bevorstehenden Endkämpfen der Weltrevolution der Bruderkrieg zwischen den Revolutionären selbst vermieden wird und der Geist des Bolschewismus sich als das versöhnende Element der Liebe und der Gerechtigkeit über alle Orthodoxie und Voreingenommenheit hinweg bewähren kann. Dann wird uns der Sieg sicher sein.

Stadelheim, Samstag, d. 19. Juli 1919
Der Hofspaziergang mit Toller steht noch bevor. Doch war ich heute schon längere Zeit mit ihm in der Badezelle beisammen, wo wir zugleich ein Wannenbad nehmen durften. Er berichtete mir aus der Zeit der zweiten Räterepublik eine Reihe peinlicher Vorfälle. So hat man Landauer ein paar Tage vor seinem Tode aus einer Versammlung, in der er nur als Zuhörer anwesend war, hinausgejagt mit der Begründung, daß man einen Anarchisten, der niemandem verantwortlich sein wolle, nicht dulde. Leviens Arbeit. Meine gleich bei der Gründung der KPD geltend gemachten Befürchtungen, daß das Bonzentum und mit ihm die verkappte Reaktion durch Parteigeist und Intoleranz wieder groß werden müßten, hat sich erschreckend berechtigt gezeigt. Levien, Leviné, Dietrich,[50] Morten,[51] Schumann[52] – alle die Unbekannten, die plötzlich auftauchten, plötzlich ohne Ahnung von den Münchner Spezialverhältnissen die Führerschaft an sich rissen, haben böse Schuld auf sich geladen. Das Merkwürdige ist, daß ihr Wirken, obwohl sie doch zum großen Teil

Russen waren[53] und den Bolschewismus in Erbpacht zu haben glaubten, so gänzlich dem Sinn der bolschewistischen Ideen entgegengesetzt war wie nur irgend möglich. Der revolutionäre Massenwille darf nie und nimmer einem Parteiwillen untergeordnet sein, sonst haben wir genau das wieder, was wir in der sozialdemokratischen Partei und den Gewerkschaften bekämpfen: Bürokratie und Kasernenhofdisziplin. Das Bekenntnis allein muß die Massen einigen, das Bekenntnis zu Sozialismus, Kommunismus, Rätedemokratie und Internationale. Dem Verlangen der Bonzen nach unbedingter Anerkennung von Parteivorstandsbeschlüssen führt zum Kadavergehorsam und führt zu der Zersplitterung des Proletariats, der wir alles Scheußliche der letzten Monate zuzuschreiben haben. [...]

Stadelheim, Sonntag, d. 20. Juli 1919
[...] Mein Hofspaziergang war gestern eine wirkliche Erholung. Toller und ich hatten uns viel zu erzählen. So erfuhr ich von ihm die Abenteuer, die er von seiner Flucht bis zu seiner Ergreifung erlebt hat. Sein Reklamebedürfnis – von dem sein Prozeß deutlich Zeugnis gab (drei Anwälte, darunter Haase, und eine ganze Schwadron literarischer Sachverständiger, die ihm seine dichterische Genialität bezeugen mußte) und seine mächtige Eitelkeit kamen voll auf ihre Rechnung. Aber er ist bei alledem ein lieber Kerl und ein im Wollen und Denken sauberer Mensch. Schauderhaft war mir's, als er mich noch einmal zur Exekutionsmauer führte und mir die Hautfetzen zeigte, die neben den Blutspuren trotz aller Mörtelverkleisterungen immer noch von der Schande der Bamberger Massenmörder zeugen. Mir war gleich anfangs bei meinen Rundgängen aufgefallen, wie niedrig großenteils die Schüsse in die Mauer geschlagen sind. Ich erklärte mir das aus der Besoffenheit der Weißgardisten, die ja von allen Augenzeugen bestätigt wird. Toller wußte eine andere, einleuchtendere und scheußlichere Erklärung dafür. Die Wächter, die dabei waren, haben ihm erzählt, daß sich diese Burschen einen Jux daraus machten, bei der Erschießung der Frauen und Mädchen auf die Geschlechtsteile zu zielen. So unvorstellbar eine so tierische – nein! Tiere sind nicht zynisch! – eine so entsetzliche Grausamkeit ist, die Einschläge in die Mauer bestätigen die Tatsache. Aber die Ver-

brecher sind ja wir, nicht die gedungenen Lümmel der Herren Noske, Hoffmann und Schneppenhorst. [...]

[...] Gestern hatte ich während des Spaziergangs mit Toller Gelegenheit, den Mörder Eisners von Angesicht zu Angesicht zu sehen. Er wurde, den Kopf noch dick verpackt, über den Hof geführt. Mein Gott! was für ein Jüngelchen! Rotbackig, mit einem Babymund, eine Zigarette rauchend, kindlich freundlich, mit offenen blauen Augen, noch ohne eine Spur von Bart, mich neugierig musternd, so stellte sich mir die historische Persönlichkeit des Grafen Arco-Valley dar.[54] Sehen so die Mörder aus? Ich faßte erst lange, nachdem er verschwunden war, den Gedanken, daß dieser säuglingsähnliche Knabe eine schreckliche Tat begangen habe, zu der ungeheurer Mut, unglaubliche Energie und ein vollkommener Verzicht aufs Leben gehörte. Feige Mordtat! schrien damals die revolutionären Blätter, wie bei anarchistischen Attentaten immer die reaktionären Zeitungen feige Mordtat! geschrien hatten. Nein, feige war die Tat des jungen Menschen gewiß nicht. Sie war über jede Kritik tapfer, und verbrecherisch nur aus dem Gesichtswinkel des Revolutionärs. Sollte ich einmal in dem Revolutionstribunal sitzen, das Arco abzuurteilen hat – ein Todesurteil wüßte ich zu verhindern. Man möchte sich solch entschlossene jugendliche Helden auf unserer Seite wünschen. Ein Schuß, der so sicher wie die, die Eisner gefällt haben, ein Jahr früher Wilhelm II. oder Ludendorff getroffen hätte – ich glaube, durch ihn wäre der Menschheit unendlich viel Blut erspart worden. [...]

»Festung« Ebrach, Sonnabend, d. 26. Juli 1919

Abends neun Uhr. – Seit halb ein Uhr mittags bin ich an Ort und Stelle und war bis jetzt in bester Gesellschaft mit Freunden und Genossen in Umständen, die, an dem Zustand seit dreieinhalb Monaten gemessen, wie Freiheit schmecken. Ich berichte aber nach der Reihe. Am Mittwoch wollte es mein gutes Glück, daß das Essen von Zenzl selbst gebracht wurde, die es mit ihrer erstaunlichen Energie fertigbrachte, mir in der Zelle beim Pakken zu helfen. Mir erleichterte das Bewußtsein den Abschied, daß die ungeheure Arbeit, die mein Aufenthalt in Stadelheim ihr verursachte, nun aufhört, und daß wir uns doch jedenfalls noch vor ihrer Abreise in die Schweiz hier noch einmal sehen werden, wo wir endlich auch einmal wieder allein sein dürfen. Um halb vier Uhr wurde ich in den Zeiserlwagen verladen, durfte aber, da ich der einzige Fahrgast war, im Raum zwischen den Käfigen beim Begleiter Platz nehmen. Es ging über Neudeck, wo ich in ein Transportauto zu etlichen Leidensgenossen umsteigen mußte, zum Polizeipräsidium. Dort wurde mir ein Empfang zuteil, den ich nicht erwartet hatte, der mir aber eine riesige Freude machte. Ich stieg als der letzte aus dem Wagen, als ich plötzlich aus Dutzenden von Mündern »Mühsam!« rufen hörte. Mein Erstaunen war sehr groß. Als ich mich umsah, sah ich alle Fenster voll von Köpfen, die mich mit Zurufen, Bravos und Händeklatschen begrüßten. Lauter gefangene Genossen. [...]

Die Bamberger Umgebung ist landschaftlich wunderschön, so daß die Fahrt, die ein dreiviertel Stunden dauerte, sehr reizvoll war, zumal die absonderliche Situation den Reiz noch erhöhte. Um halb ein Uhr mittags kamen wir an. Herr Rabenstein, der Aufseher, begrüßte mich mit freudigem Handschlag, dann wurden wir in das Gebäude geführt, das früher ein Bestandteil des Zuchthauses war, dann durch ein angehängtes Pappschild dank unserer Einlieferung im April zum Untersuchungsgefängnis umgetauft war, und an dem jetzt ein neues, sogar gedrucktes Pappschild mit der Aufschrift »Festungsgebäude« hängt. Schon der Empfang hinter diesem Eingang bewies, daß jetzt wirklich eine Änderung im Geiste des Hauses vor sich gegangen war, denn ein Chor von vierzig vergnügten Hochverrätern stand dort zusammengedrängt, umschloß mich und sang die ›Arbeitermarseillaise‹, während mir von einigen Genossen Rosen und rote Nelken in die Hand gedrückt wurden. Ich war ehrlich gerührt, auch hier, wie am Mittwoch im Polizeigefängnis, gleich mit dem Beweis der allgemeinen Liebe begrüßt zu werden. – Es ist jetzt bald elf Uhr, und so lange wird das Licht gebrannt. Ich will mich aber nicht im Dunkeln ausziehen und gehe jetzt schlafen. Morgen Fortsetzung über den ersten Nachmittag meiner fünfzehnjährigen Strafvollstreckung.

Nach der Empfangsoration wurden uns Neuen die Zellen angewiesen. Ich bekam die ehemals Wadlersche[55] mit der Nummer
69. Der Zuchthaussträfling, der uns schon früher bediente,
brachte mir das Essen (Spinat und Brot), und dann konstatierte
ich die Neuerungen. Der Lokus ist aus der Zelle herausgenommen, leider auch nachts, so daß ich mir wahrscheinlich doch
noch einen Topf ausbitten werde. Im übrigen fand ich in der
Zelle im Gegensatz zu früher ein Bierseidel, eine Tasse, ein
Besteck, zwei Teller und sogar einen Aschbecher. Eine weitaus
wichtigere Neuerung ist aber, daß unsere Zellentüren bei Tag
und Nacht geöffnet bleiben, so daß wir einander nach Belieben
besuchen können. In der Halle unten steht ein großer Tisch mit
Bänken und Stühlen, auf dem eine Unmenge Zeitungen ausge-
legt sind. [. . .] Von zwei bis fünf Uhr ist (außer den Vormittags-
stunden von neun bis elf) Erholungszeit im Freien, zu dem ein
großer Garten zur Verfügung steht, in dem man für uns Sitzgelegenheiten geschaffen hat und wo es sehr fidel zuging. Ring-
kämpfe, Wettläufe wurden veranstaltet. Einige spielten Brett-
spiele (auch Schachpartner habe ich schon gefunden), und alle
reden hoffnungsvoll von den kommenden Dingen der Revolution. Jeden Abend von sechs bis acht ist in der Halle allgemeine
Zusammenkunft, bei der jeder Wochentag sein eigenes Programm hat. Gestern erstattete Waibel[56] den Überblick über die
politische Lage, an den sich eine lebhafte Diskussion schloß.
Dann zog man sich, da dann die Gitter abgesperrt werden, die
die Etagen voneinander trennen, in die verschiedenen Stock-
werke zurück, wo die Nachbarn einander noch bis elf Uhr
besuchen können. Ich zog es vor, das Tagebuch vorzunehmen,
wozu ich heute die Stunde zwischen fünf und sechs Uhr benut-
ze. Heut vormittag wurde ich zu einer wichtigen Konferenz in
Klingelhöfers Behausung gerufen. Es handelte sich um die
Gründung einer Kommune, die wir hier vorbildlich einrichten
wollen. Die Obliegenheiten (Bibliothek, Zeitungswesen, Basar-
einrichtungen usw.) sollen unter den geeigneten Genossen verteilt werden. Eine eigene Küche soll eingerichtet werden – sie
ist schon von der Regierung bewilligt worden –, in der zwei
Köche, die wir unter uns haben, für uns sorgen sollen. Nun ist
die Schwierigkeit die, daß wir viele völlig unbemittelte Genos-

sen unter uns haben, die wir mit durchschleppen müssen. So
hatten wir genügend Beratungsstoff. Besonders lebhaft wurde
die Frage diskutiert, ob wir nicht, wie ich vorgeschlagen habe,
im Hause nur mit Blechmarken zahlen sollen. Wir müssen noch
die Kaufleute hören. An einem der nächsten Abende wird dann
das Plenum über alle diese Dinge entscheiden und die Kommis-
sariate wählen. Der Sonntag – heute – ist der Kunst gewidmet.
Es werden, wie ich höre, Gesangsvorträge, Musikstücke und
Gedichte geboten werden. Ich werde den Genossen das Gedicht ›1919‹[57] vorlesen. [...]

Ebrach, Montag, d. 28. Juli 1919
Abends neun Uhr. Nur ein paar kleine Notizen. Der Kunst-
abend gestern verlief sehr nett. Ein Schauspieler Gärtner[58] trug
schlecht und recht unterschiedliche Gedichte vor: Hermann
Conradi,[59] Rudolf Herzog (!)[60] und neben Belanglosigkeiten
von Finckh[61] und anderen Dörmanns[62] ›Ich liebe die hektischen
kranken Narzissen‹, ein Gedicht, für Revolutionäre so geeignet
wie Schlagsahne für Leoparden. Ein Genosse Reichert las aus
Latzkos[63] schönem Buch ›Menschen im Kriege‹ den ›Ab-
marsch‹ und dann gab ich einige Revolutionsgedichte aus dem
›Kain‹[64] zum besten, wovon das ›Trutzlied‹ mit dem Refrain
»Wir geben nicht nach!« mächtigen Beifall fand. Auch ›1919‹
wurde sehr günstig aufgenommen. Vorher hatte ich den Genossen meine ›Räte-Marseillaise‹[65] diktiert, die inzwischen etliche-
mal im Chor gesungen wurde und jetzt schon das allgemeine
Bruderlied ist. [...]
Heut abend war Aussprache über die Konstitution unserer
Kommune. Jeder Genosse mußte in einem Kommissariat einen
Posten übernehmen. Ich wurde ins Kunstkommissariat ge-
wählt, habe aber außerdem ein Amt übernommen, das mich
täglich zwei Stunden Arbeit kosten wird. Von morgen ab werde
ich täglich von zwölf bis zwei Uhr Sprechstunden abhalten, um
den Kameraden in allen Rechtsangelegenheiten, als Ratgeber,
Briefsteller, Tröster etc. zur Verfügung zu stehen. Also Winkel-
konsulent der Festungskommune. Ich werde wohl viel Arbeit
damit haben, glaube aber, den Freunden auch wirklich nützlich
werden zu können. Auch unserm Genossen Niekisch haben
wir eine tüchtige Arbeit aufgepackt, das Archiv der Kommune

zu schaffen. Die Verteilung der Ämter ist also erfolgt. Jetzt muß sich's zeigen, ob die Kommunisten, wo sie aufeinander angewiesen sind, kommunistisch werden arbeiten können. [...]

Für den Winter droht eine unerhörte Kohlennot, der Zentner steigt schon jetzt auf zehn Mark, Butter kostet in München rationiert fünf Mark das Pfund, und die Ernte wird natürlich elend werden, da der Boden seit fünf Jahren vernachlässigt ist. Alles das ist natürlich unsere Hoffnung. Es kann nicht schlimm genug kommen, um dem Volk die Augen darüber zu öffnen, daß alles Geschrei von Ruhe und Ordnung Schwindel ist und daß das Bestehen der kapitalistischen Wirtschaft selbst, nachdem sie ihre Existenzberechtigung und -möglichkeit durch Krieg und Zusammenbruch widerlegt hat, jede Rückkehr geregelter Zustände ausschließt. Es kann gar nicht genug gestreikt werden, um die Katastrophe, die doch unvermeidlich ist, zu beschleunigen, da jeder Aufschub nur mehr Opfer verlangt und der Reaktion weitere Gelegenheit schafft, ihr Ende in Proletarierblut schmerzloser zu machen. [...]

Ebrach, Dienstag, d. 29. Juli 1919
Vorerst eine höchst erfreuliche Neuigkeit. Von Zenzl traf heut nachmittag ein Telegramm ein: Gedichtbüchl und Tagebücher gekommen. Welche Freude! Der Verlust besonders aller meiner Verse seit 1914 hatte mich seit drei Monaten entsetzlich deprimiert und merkwürdigerweise auf meine Produktion völlig lähmend eingewirkt. Außer dem Gedicht ›1919‹ habe ich seit meiner Verhaftung nichts Poetisches zustande gebracht, da doch die Absperrung sonst gerade den Trieb zu dichten hätte befeuern sollen. Gott sei Dank wird das jetzt vorbei sein – mir ist eine furchtbare Last vom Herzen. – Einen kleinen Dämpfer auf diese Freude setzte mir eben die Sitzung unserer Kommune, die sich noch mit ihrer Konstitution zu befassen hatte. Schon jetzt bei den allerersten Gehversuchen zeigt sich der instinktive Widerstand der Menschen gegen die Zumutung, irgend etwas von der eigenen Bequemlichkeit dem Gesamtnutzen zuliebe preiszugeben. Ich sprach gegen das Hasardspielen, das unter einer kleinen Gesellschaft von Genossen eingerissen ist und schon dazu geführt hat, daß ganz Mittellose, die aus den Mitteln, die von den übrigen, die doch alle nicht reich sind, zusammenge-

steuert waren, Unterstützung erhalten hatten, das Geld sofort an bessersituierte Kameraden im Mauscheln oder 21 verloren. Ich schlug vor, daß bares Geld innerhalb der Kommune überhaupt nicht mehr in Umlauf kommen solle, sondern Blechmarken einzuführen seien, die rationiert abgegeben werden sollen, damit sich keiner besser oder schlechter in der Frequenz der Kantine und des Basars stelle als der andere. Für Kartenspiele solle der Grundsatz aufgestellt werden, daß sie nicht um Geld gehen dürfen.

Große Entrüstung bei den Beteiligten. Niemand will sich in seiner individuellen Freiheit beschränken lassen, und die Berufung auf soziale Pflichten verweht im Winde. Wir werden noch böse Hindernisse im Wege finden und alle gemeinsame Energie aufwenden müssen, um der Welt trotz allem zu zeigen, daß Kommunisten doch fähig sind, eine Kommune zu schaffen. Erziehung der Menschen ist alles. Ich kam während der peinlichen Auseinandersetzungen, in denen sich der primitive Egoismus der Leute so plump enthüllte, auf den Einfall, ein Beispiel wirken zu lassen und gab die Erklärung ab, als man gerade die Möglichkeiten zur Geldbeschaffung erwog, daß ich meine ›Räte-Marseillaise‹ hiermit zur Verfügung der Ebracher Festungskommune stelle, d. h. daß sie vervielfältigt und ganz zugunsten der Kommune verbreitet werden solle. Man rief zwar Bravo, wird aber morgen wieder ebenso starrköpfig an der kleinsten Gewohnheit und dem eingebildetsten Bedürfnis festhalten wie heute. So war's schon vor achtzehn Jahren in der Neuen Gemeinschaft, so bei den Anarchisten, bei den Genossen vom Sozialistischen Bund und bei meiner Gruppe Tat: Die Sache wird begriffen und für gut befunden, die Idee nimmt Gestalt an und soll Praxis werden – und da steht den Menschen der Mensch im Wege. Das Menschliche scheitert an den Menschlichkeiten. Aber mein Glaube ist stark zum Bergeversetzen. Die Widerstände müssen überwunden werden. Sie werden überwunden werden.

Dieser Tag wird mir zeitlebens in freundlicher Erinnerung bleiben. Nicht bloß, weil heute von Zenzl außer einem Korb mit viel Gutem (Wäsche, neue Stiefel, Speck, Kaffee mit Kochapparat, Anzug, Krawatte, Lektüre etc.) und mein geliebtes Notizbuch – diesmal das richtige, lang und schmerzlich vermißte – ankamen, sondern wegen der entzückenden Feier, zu der sich die Hochzeit unseres Kameraden Spohrer gestaltete. [...]

Aus dem Garten waren Lorbeerbäume, aus den Zellen alle vorhandenen Blumentöpfe herbeigeschleppt worden, und die Festtafel, die sich in imposanter Länge durch die Halle streckt, war festlich gedeckt – mit Bettleinen, das man der Gefängnisverwaltung zu diesem Zweck abgebettelt hatte. Außer der Braut waren noch drei Frauen, Gattinnen oder Freundinnen anderer Genossen, anwesend. Das Diner entsprach freilich nicht ganz der Aufmachung. Ein Topf Suppe und ein Topf Wirsinggemüse für jeden – und dafür standen feierlich zwei Teller und ein Besteck mit Messer und Gabel vor jedem Platz. Aber kaum je wird es eine fröhlichere und in sich einigere Hochzeitsgesellschaft gegeben haben als unsere 55 Festteilnehmer. Dann wurde Bier kredenzt, einer stiftete Zigarren. Und als es dann Kaffee gab, zu dem unsere Köche einen Kuchen gebakken hatten, wurde mir zum ersten Mal mein heut von Zenzl erhaltener Kaffeekrug mit prachtvoll starkem, echtem Kaffee serviert. Ich hielt dann die eigentliche Festrede auf das junge Paar, bei der ich die freie Ehe als ideale Ehe pries, nämlich die, die innerlich frei ist und in Freiheit sich auswirkt und ihre Kinder in Freiheit großzieht. [...] Der Coup der Veranstaltung war aber eine groteske Parodie auf den katholischen Pfaffendienst, die – aus der Perspektive eines Frommen – die tollste Blasphemie darstellte, die ich noch erlebt habe. Pfeiffer führte den Umzug an, statt eines Kreuzes einen Besen vor sich hertragend. In Badetüchern und weißen Decken, mit Zylindern und sonstigen grotesk-komischen Kopfbedeckungen und Bekleidungen, auf Gießkannen und ähnlichem Gerät blasend, bewegte sich der Zug mehrmals um die Halle, wobei er ganz in dem Ton der kirchlichen Lethargie einen unglaublich zotigen Text sang. Da wir alle Gottlose waren, wurde kein Ohr gekränkt, und wir konnten unbefangenen Herzens Tränen lachen. – Am

Ende des Programms wurde getanzt. Bedauert wurde nur, daß wir nicht die Erlaubnis erhalten hatten, einen Photographen kommen zu lassen, der uns die schöne Feier zu späterem Gedächtnis festgehalten hätte. Spohrer – ein Münchner Friseur – und seine junge hübsche Frau haben eine Hochzeit zwischen Gefängniszellen gefeiert, wie sie nicht leicht ein Ehepaar in aller Welt erlebt hat. Wir alle aber, die daran teilnahmen, werden diesen Tag als versöhnendes Intermezzo in unserer Gefangenschaft mit ins künftige Erinnern nehmen, und was ihn schon heute so wertvoll macht, ist der Beweis der Kameradschaft, der erfindungsreichen Solidarität, die in wenigen Stunden ein reizendes Festprogramm entwarf und ohne Störung naiv und schön, vielgestaltig und doch einheitlich zu Ende führte. Mir selbst kamen bei dem ersten Teil des Programms, den alle meine blasierten Freunde als Ausbund von Kitsch bezeichnet hätten, Tränen in die Augen, und bei den humoristischen Vorträgen und Darbietungen, bei denen man in jedem Varieté »geschmacklos« geschrien hätte, habe ich gelacht wie seit der Kindheit nicht mehr. Heute fühlte ich, wie tief ich diesen proletarischen Prachtmenschen in meiner Seele verbunden bin.

Ebrach, Samstag, den 9. August 1919

Abends. Es steigen Wolken auf am Horizont unserer Festungshaft. Aus Passau kommt die Nachricht, daß aus Oberhaus, unserer Schwesterfestung, 25 unserer Genossen geflüchtet sind. Wie bei uns scheinen auch dort etliche recht unsichere Kantonisten unter die Gefangenen geraten zu sein. Die Zeitungen melden, daß man einige Flüchtlinge in München am Bahnhof in Empfang nahm (schon die Dummheit, mit der Bahn bis München zu fahren!) und daß die mit ganz unglaublicher Aufrichtigkeit erzählt haben, wie sie die Flucht bewerkstelligt haben, wobei sie überdies ausplauderten, die Wachen hätten geschlafen. Nun war heute der Minister Müller-Meiningen hier. Wir haben ihn zwar nicht zu sehen gekriegt, aber Klingelhöfer hatte nachher eine Besprechung mit Wirthmann,[66] und jetzt fand eben in seiner Zelle eine Konferenz im engen Kreise statt, dem er Bericht erstattete. Danach drohen uns schon für die allernächste Zeit scheußliche Schikanen, die durch die Herausgabe einer Hausordnung – die diesmal von der Regierung erlassen werden soll – ermöglicht werden sollen. Unsere Freiheiten, soweit man davon hier reden kann, sollen in der empfindlichsten Weise beschnitten werden. Die Besuche sollen eingeschränkt, die Besucher durchsucht werden. Briefe, die politische Betrachtungen oder Mitteilungen über unsere Kommune oder sonst irgend etwas enthalten, was die Öffentlichkeit über unser Ergehen aufklären könnte, sollen zurückgehalten werden. Der Assessor hat Anweisung, schon jetzt in weitem Umfang mit der Einführung dieser reizenden Neuerungen zu beginnen. [...] Wir werden uns darauf berufen, daß die Behandlung der Festungsgefangenen gesetzlich festgelegt ist und daß wir die Bestimmungen nicht bloß nicht einschränken lassen werden, sondern ihre volle Durchführung verlangen werden, da darin auch Urlaub und andere Vergünstigungen vorgesehen sind, von denen wir bisher noch gar nichts gemerkt haben. Offenbar will die konterrevolutionäre Horde die Festungshaft durch Verordnungen allmählich in Gefängnis umwandeln, so daß wir womöglich auf unsere Geselligkeit und alle übrigen Merkmale der custodia honesta verzichten müssen. Das tollste ist, daß Beschwerden nicht mehr herausgelassen werden sollen, so daß wir einen umfangreichen Kassiberdienst einrichten müssen, wenn wir die Außenwelt orientieren wollen, wie es uns geht. Und damit wollen die Idioten der Regierung ihre Position festigen! Sie werden sich täuschen. Sie schaffen neuen Haß, neue Ressentiments, besonders bei unseren Frauen, und verhindern natürlich die Verbindung zwischen uns draußen doch nicht. [...]

»Festungshaftanstalt« Ansbach, Montag, d. 8. September 1919
Samstag früh ging's also los. [...] Unter dem Gesang meiner ›Räte-Marseillaise‹ verließen wir den Zellenbau, der mich vom 15. April bis zum 26. Juni und vom 26. Juli bis zum 6. September beherbergt hat. Im Bahnhof schloß sich uns Frau Hagemeister mit ihren beiden Kindern, die gerade zu Besuch waren, an. [...] Wieder unter Gesang ging es weiter nach Ansbach, ins Amtsgerichtsgebäude, dessen von uns bewohnten Korridor man jetzt feierlich Festungshaftanstalt nennt. Vier Genossen, die bisher in Landsberg untergebracht waren, begrüßten uns: Max Mehrer[67] vom Münchner Soldatenrat, Dosch,[68] Polizeipräsident während der zweiten Räterepublik, Wollenberg,[69] Tol-

lers Generalstabschef und der kleine Markus Reichert, dem ich gleich freudig um den Hals fiel, weil doch einer von der echten Münchner Garde dabei war. Sie waren am Tag vorher angekommen und hatten sich widerstandslos nachts einsperren lassen. Wir erklärten sofort, unter keinen Umständen den Verschluß der Stuben zuzulassen. Der Anstaltsleiter, ein Staatsanwalt Edelmann, kam. Lange Auseinandersetzung, bei der ich das Wort führte und körperlichen Widerstand in Aussicht stellte, falls der Versuch gemacht würde. Der Mann sah ein, daß er nichts ausrichten könne und erklärte, Bericht an die Regierung machen zu wollen und von dort Bescheid abzuwarten. Wir sind also bisher nicht eingesperrt worden. [...]

Ansbach, Freitag, d. 19. September 1919
Gestern ist im Seidelprozeß[70] das Urteil gesprochen worden. Doppelte Todesstrafe gegen Seidel und Schickelhofer, einfache Todesstrafe gegen vier weitere Angeklagte, drei Freisprüche und gegen die übrigen je fünfzehn Jahre Zuchthaus. Nie ist ein Tendenzprozeß tendenziöser durchgeführt worden als dieser. [...] Wie sich die Regierenden die spätere Wirkung ihrer Taten vorstellen, wissen die Götter. Wer nach unserer Befreiung versuchen wollte, die erregten Massen zu bremsen, würde selbst zerrissen werden. Ich selbst bin allmählich, sehr im Gegensatz zu meiner Vergangenheit, so weit, daß ich die grundsätzliche Abkehr vom Blutvergießen nicht mehr verantworten kann. Die Reaktion hat uns gezeigt, wie gearbeitet werden muß, um die Gegner kleinzukriegen. Wir sind durch unsere Menschlichkeit verantwortlich geworden an all dem Blut und Jammer in Bayern. Wenn Noske sich jetzt zu der Anschauung bekannt hat, er wolle immer wieder das Leben von ein paar Tausend Tollköpfen opfern, um Hunderttausenden von Bürgern die Ruhe zu sichern, so müssen wir sagen: Besser das Leben einiger tausend Konterrevolutionäre aufs Spiel setzen als Hunderttausende Proletarier umbringen lassen. Ich bin durch die Ereignisse seit fünf Monaten ein anderer geworden. Tolstoi ist überwunden – ich kenne und will nur noch Bakunin. Mit dem beschäftige ich mich intensiv. Immer deutlicher wird mir meine geistige und seelische Abstammung von diesem Rebellen sans phrase. Ich bin aber nun auch darauf gekommen, daß die

Lehren Lenins durchaus von Bakunin kommen und nicht von Marx.[71] Daß sogar Lenin selbst das leugnet und Marx und Engels als seine Evangelisten hinstellt, ist nur ein neues, fast tragikomisches Licht auf dem Lebensbild Bakunins. Sein ganzes Leben hindurch hat der Idealist und Enthusiast von dem abstrakten Ökonomiker und ganz unrevolutionären Temperament Marxens Schläge bekommen. Jetzt, wo sich Bakunins Methoden – das Rätesystem ist ganz sein Eigentum – praktisch durchsetzen, muß er sogar noch auf die Vaterschaft der Idee zugunsten des Säulenheiligen verzichten, der nun einmal nach der traditionellen Proletarierbibel das Privileg hat, daß alle Wahrheiten von ihm stammen müssen. Als Bakunin mit der Pariser Kommune eine herrliche Bestätigung seiner Ansichten erfuhr, da wollte ja auch Marx die ganze Organisation seinem Verdienst zuschreiben. Mein Übertritt zur KPD, der mir nicht leicht geworden ist (die Erklärung[72] wird wohl in diesen Tagen in der kommunistischen Presse erscheinen, wenn nicht die Bonzen etwa ihr Veto einlegen), hat nicht zum mindesten den Zweck, Bakunin die Stellung im internationalen revolutionären Proletariat wiederzugeben, die ihm gebührt. Meine Broschüre ›Die Einigung des revolutionären Proletariats‹[73] wird den Versuch dazu im größeren darstellen. War es möglich, nach fünfzigjähriger Besessenheit vom Marxismus die Arbeiter zur Erkenntnis zu bringen, daß wir sachlich recht hatten, dann kann auch vielleicht das schwerere Werk gelingen, die Persönlichkeit zu rehabilitieren, der die Revolution alles dankt und die zu entthronen, die das Unglück der Entseelung des revolutionären Temperaments zum großen Teil verschuldet hat. Wann ich die Broschüre beginnen werde, weiß ich noch nicht. [...]

Ansbach, Samstag, d. 27. September 1919

[...] Als wir noch beim Abendbrot saßen, erschienen der zweite und der dritte Staatsanwalt. Letzterer ist erst seit Anfang der Woche im Hause und wirkt nun hier als Zensor und als unser Professionsschurigler.[74] Ein Schnösel, der es gleich von Anfang an mit dem Ton des forschen Korpsiers versuchte. Ich hatte als erster schon am ersten Tage eine sehr stürmische Auseinandersetzung mit ihm. – Die beiden Herren eröffneten uns also, daß das Ministerium ihnen Befehl gegeben habe, uns von nun ab um halb zehn Uhr in die Zellen einzusperren, und daß sie mit Bedauern zwar, aber ohne Einrede diesen Befehl vollziehen würden. Natürlich gab es unheimlichen Krach. Wir erklärten einmütig, daß wir uns nicht fügen, sondern gegebenenfalls gewaltsam Widerstand leisten würden. Indem wir uns gegenseitig empfahlen, uns unser Verhalten noch einmal zu überlegen, zogen die beiden ab, und wir berieten dann, wie wir uns verhalten würden. [...] Währenddessen war es halb zehn geworden, und das Drama begann. Die beiden Staatsanwälte traten ein, hinter ihnen in der offenen Tür des Gemeinschaftsraumes standen die Wärter. Neben den beiden betrat ein Wachtmeister der Ansbacher Ulanen das Zimmer. In langer Rede forderte der zweite Staatsanwalt uns noch einmal auf, uns in unsere Zellen zu begeben, da er sonst Gewalt anwenden werde. Der Wachtmeister fragte dazwischen: Wollen die Herren gehen oder nicht? Wir hörten alles stillschweigend an, erst ganz allmählich antworteten wir in vollkommener Ruhe und setzten wiederholt auseinander, daß wir eine rechtswidrige Handlung in diesem neuen Zwang erblicken und daß unser Entschluß feststehe. Währenddem sahen wir, daß sich hinten auf dem Korridor Ulanen sammelten, bewaffnet mit Bajonetten und Handgranaten, die sich die Verhandlungen neugierig mit anhörten und ganz offenbar sehr erpicht darauf waren, die schlimmen Spartakisten mores zu lehren. Es hat sich herausgestellt, daß die Weißgardisten gegen den Willen der Staatsanwälte hinaufgegangen waren, deren Situation dadurch nicht einfacher wurde. Hagemeister[75] machte schließlich den Vorschlag, wir würden alle im Gemeinschaftsraum bleiben, die Zellen könnten dann ruhig verschlossen werden, aber in Einzelhaft ließen wir uns nicht sperren. Das Kompromiß wurde nach langem Hin und Her angenommen, also ein großer Sieg für uns. Unsere Staatsanwälte versprachen überdies, alles zu versuchen, um das Ministerium zur Zurücknahme der Anordnung zu bestimmen. Es wurde ausgemacht, bis die Entscheidung des Ministeriums da sei, würde die Einsperrung aller Genossen zusammen im Gemeinschaftsraum erfolgen. Fiele die Antwort dann negativ aus, würden wir in den Hungerstreik eintreten. Die Weißgardisten zeigten deutlich ihre Unzufriedenheit mit diesem Ergebnis und verlangten, daß wir in die Zellen sollten. Die Genossen Dosch und Reichert bekamen

Nervenanfälle, und unser Leben war schwer bedroht. Nach längerer Zeit erst gelang es den Staatsanwälten, die Leute zum Fortgehen zu veranlassen. Die Nacht verblieben wir dann, auf dem Boden schlafend, im Gemeinschaftsraum, sehr stolz auf unseren Sieg, beschlossen aber angesichts der ungeheuren Roheit, uns mit undisziplinierten weißen Garden zu bedrohen, sofort in den Hungerstreik einzutreten. [...]

Ansbach, Freitag, d. 3. Oktober 1919

Vorgestern abend haben wir nach fünf Tagen Hungern zuerst wieder Nahrung eingenommen. Ich bin matt, habe Leibschmerzen und spüre jeden Nerv. Wir haben den Streik verloren, da wir unsern Zweck nicht erreichten. Die Zellen bleiben nachts verschlossen, ja, heute hat uns der III. Staatsanwalt (Dr. Vollmann heißt der tüchtige Beamte) einen Schrieb des Justizministers verlesen, wonach er sich den Erlaß einer ganz neuen Hausordnung vorbehält, falls wir uns nicht brav verhalten. Bedenkt man, daß alle Vorwände, die Verschärfungen vorzunehmen, von der reaktionären Presse erfunden worden sind, dann weiß man, was diese Ankündigung bedeutet. Wir mußten die Demonstration aufgeben, weil das Befinden, besonders Reicherts, derart bedrohlich wurde, da wir die Verantwortung nicht tragen konnten, die Herr Müller und seine Willensvollstrecker kaltlächelnd auf sich nehmen. Das ist der positive Ertrag des Hungerstreiks, daß wir jetzt wissen, daß Herr Müller-Meiningen lieber die Opfer seiner Parteijustiz verrecken läßt, als daß er von seiner rechtswidrigen Verordnung abstünde, und ferner, daß die Aufmerksamkeit des ganzen Reichs auf die Zustände in der Ansbacher Festungsanstalt hingelenkt worden ist. Besonders die Soldatenattacke auf uns erregt großes Aufsehen. Die Mannheimer ›Rote Fahne‹ z. B. bringt einen sensationellen Artikel über einen »Mordanschlag« auf die Ansbacher Festungsgefangenen. Die offiziöse Correspondenz Hoffmann verbreitet dagegen eine Nachricht, die den Anschein erwecken soll, als ob nur ich in den Hungerstreik getreten wäre. Man merkt die Absicht. Über den Verlauf der fünf Tage ein paar Notizen. Am dritten Tag (Montag) dispensierten wir Westrich[76] von der Teilnahme. Er ist magenkrank und schützte Lebensgefahr vor. Da wir seinen Charakter kannten, hielten wir es für besser, Dispens zu erteilen als Streikbrecher zu züchten. Gleichwohl ist es sehr wahrscheinlich, daß Mehrer und Dosch in den Tagen ohnedies kräftig gefressen haben, vielleicht auch Riedinger,[77] der übrigens plötzlich als Zeuge nach München fortmußte. Am Montag erlitt Dosch eine Art epileptischen Anfall (schon in der Nacht von Freitag auf Samstag hatte er etwas Ähnliches gehabt), und wir gaben auch ihm Essensfreiheit, und am Dienstag fing auch Renner,[78] der im Felde einen Unterleibsschuß davontrug und ein Bein so weit einbüßte, daß eine Maschine es funktionstüchtig machen muß, wegen seiner Herzschwäche, die am vierten Hungertage eine Katastrophe befürchten ließ, mit unserem Einverständnis zu essen an. Am schlimmsten war unser kleiner Markus Reichert dran. Er war schon von Sonntag ab bettlägerig. Im Felde hatte er einen schweren Nervenschock; bei seiner Verhaftung wurde er von Weißgardisten grauenvoll mißhandelt, er ist damals dem Tod kaum entronnen. Furchtbare Schläge auf den Kopf, stundenlang fortgesetzt, Kolbenstöße gegen den Rücken des ohnehin gebrechlichen, am Stock gehenden Invaliden – und schließlich haben ihn die fürchterlichen Menschen sechsmal unter Androhung der Erschießung an die Wand gestellt, um Denunziationen von dem kleinen Helden herauszulocken, der aber fest blieb. Als Folge blieben Nervenanfälle, die sich unter der Wirkung des Hungerstreiks grauenvoll steigerten. Am Dienstag, überhaupt dem schlimmsten Tag dieser denkwürdigen Demonstration, hatte der arme Junge – er ist ein Kind und dalberte, solange er sich gesund fühlte, wie ein Elementarschüler zwischen unsere ernsten Gespräche – einen Anfall von erschütterndem Ausmaß. Der Anblick des zuckenden Leibes, der schreiend auf dem Boden lag, zwischen zerbrochenen Tellern, die er im Fallen zertrümmert hatte, meine Versuche, mich dem bewußtlosen Genossen verständlich zu machen, die Hilflosigkeit auch des Arztes, der zufällig zur Stelle war – über den Anstaltsarzt hier, dem das Wohl seiner Patienten ganz einerlei ist, wenn er sich nur die Zufriedenheit der Staatsbehörde nicht verscherzt, wäre ein spezielles Kapitel zu schreiben –, die ganze Episode machte einen schrecklichen Eindruck auf mich. Es ergab sich jetzt die Notwendigkeit, für die Nacht für die ganz schwer Kranken, vor allem für Reichert, Vorsorge zu treffen, daß sie Hilfe jederzeit bereit fänden. Reichert hatte trotz all unserem Zureden den Abbruch des Streiks, ehe nicht wir – Hagemeister, Hartig,[79] ich, Olschewski[80] und Waibel – kapitulierten, konsequent abgelehnt. Deshalb trug ich dem Staatsanwalt schon am Montag einen Kompromißvorschlag an, indem ich ihm auseinandersetzte, wir könnten den Konflikt aus der Welt schaffen, wenn er aus eigener Machtvollkommenheit anordnete, daß im Interesse der durch Krankheit unmittelbar am Leben Gefährdeten vorerst die Zellentüren offen blieben, damit, wenn sie rufen, wir ihnen Beistand leisten könnten. Ihm schien das einzuleuchten, er meinte aber, allein nichts verfügen zu können, und so kam der Dienstag. Auch Dosch hatte an diesem Tage einen sehr schweren epileptischen Anfall. Am Nachmittag verfügten Staatsanwälte und Ärzte plötzlich, daß Dosch und Reichert sofort ins Garnisonslazarett nach Nürnberg sollten. Todkranke Menschen, die seit vier Tagen nichts gegessen hatten! Und in ein Militärlazarett, direkt in die Klauen der Feinde! Beide weigerten sich rabiat und stellten den äußersten tätlichen Widerstand in Aussicht. Der Transport unterblieb tatsächlich. Nun verlangte ich aber entschieden, daß die Zellentüren offen blieben, da der Zustand Reicherts höchst bedenklich war. Es gab eine äußerst erregte Auseinandersetzung zwischen mir und dem Dr. Vollmann. Wir schrien beide nach Noten, wobei er insofern im Vorteil war, als er erstens seit Samstag alle Mahlzeiten gewissenhaft eingenommen hatte und ich keine, und daß er über disziplinare Strafmittel gegen mich verfügte, ich aber nicht über ihn. Der Mann hatte wahrhaftig den guten Geschmack, mir das Verbot von Besuchsempfängen anzudrohen und furchtbar über meine »Drohungen« zu zetern, als ich ihm den Appell an die Öffentlichkeit in Aussicht stellte. Zur Charakteristik des Mannes: Am ersten Tage unserer Bekanntschaft, als ich Ursache hatte, ihm erregt Vorhaltungen zu machen, verbat er es sich, daß ich ihn »antöne« und »anpflaume«. [...] Besonders bezeichnend fand ich es für ihn, als neulich ein Handwerker hier war, dem er einen Einwand zurückweisen wollte. Er hätte »trotzdem« sagen können oder »nichtsdestoweniger«. Sein Ausdruck war aber: »Nichtsdestoweniger-trotz!« – Casino – Kneipe – Mensurboden: damit ist der ganze Kerl fertig. – Unser Disput am Dienstagabend schloß damit, daß der Staatsanwalt mit der Versicherung davonlief, daß er Unterhaltungen mit uns künftig nicht mehr führen werde. Die Zellen sollten also zugesperrt werden. Die Verantwortung übernahm er, was leicht war, wenn man sich nur dem Justizminister, aber sehr schwer, wenn man sich auch dem eigenen Gewissen verantwortlich fühlte. Vorher hatte mir der Mann aber noch eine recht interessante Tatsache mitgeteilt, nämlich, daß ich meine Genossen zu dem Hungerstreik terrorisiert habe. Beweise dafür habe er schwarz auf weiß von Genossen selbst. Ich könne sie sehen, bloß nicht gleich. Als ich gestern einen Brief hinunterschickte, mit dem Ersuchen, mir das Schriftstück vorzulegen, schrieb er zurück, er habe nur gesagt, er könne die Beweise schwarz auf weiß vorlegen, nicht aber, er wolle es auch. Nach meinem aggressiven Verhalten und meinen fortgesetzten Drohungen mit der Öffentlichkeit habe er aber keine Veranlassung, mich in seine Akten einblicken zu lassen. Es ist für uns alle klar, daß der Verräter unter uns Mehrer ist, wie sich denn längst zwei Parteien herausgebildet haben, deren eine, Mehrer, Dosch, Westrich und Riedinger vom kleinen Reichert den bezeichnenden Namen »Bourgeoisklub« beigelegt erhalten hat. Renner, ein braver Kerl, aber kreuzeinfältig und ein schrecklicher Nerventrampel, pilgert brav hinüber und herüber. Er hat von der Spaltung anscheinend noch gar nichts gemerkt. Am Mittwoch früh sahen alle ein, daß der Streik sich nicht durchführen lasse. Für Fortsetzung waren bloß noch Hagemeister (ein Prachtkerl von Charakter), ich und der sterbenskranke Reichert. Ich gab meinen Widerstand dann mit Rücksicht auf Reicherts Leben auf, ebenso auch Hagemeister. Wir setzten aber, sehr gegen den Geschmack besonders Waibels und Hartigs, dadurch, daß sich Olschewski unserer Auffassung anschloß, durch, daß wir wenigstens bis Mittwoch abend halb sieben weiterhungerten. Freitag um halb sechs Uhr abends hatten wir die letzte Mahlzeit vor dem Streik eingenommen, so daß wir dann die Aktion genau fünfmal 24 Stunden durchgeführt hatten, so daß also das äußerste und gefährlichste Kampfmittel Gefangener gegen die Kerkermeister durch uns nicht kompromittiert war. – Für mich wird diese Kampagne vielleicht noch ein böses Nachspiel haben. Als am Freitagabend die beiden Staatsanwälte uns den Ukas des Müller brachten, geriet ich so in

Wut, daß ich losbrüllte: »Müller-Meiningen ist ein ehrloser Lump, bitte teilen Sie ihm das mit, damit ich es öffentlich beweisen kann!« Ich habe dann noch hinzugesetzt, auch der Minister Hoffmann sei ein ehrloser Lump. Gestern hat nun unser Staatsanwalt Olschewski mitgeteilt, er habe meinem Wunsch gemäß die Äußerung an den Herrn Justizminister übermittelt. Jetzt bin ich gespannt, ob mich der vor Gericht stellen läßt. Wenn mir auch die Aufregung eines neuen Gerichtsverfahrens und die Möglichkeit, vielleicht ein Jahr in Einzelhaft gesetzt zu werden, den Wunsch nahelegt, die Sache möchte unterbleiben, so wäre andererseits die Gelegenheit, einen politischen Prozeß, in dem ich die ganze Korruption dieser konterrevolutionären Halunken aufdecken könnte, vor einem ordentlichen Gericht auszubreiten, politisch so wertvoll, daß ich auch eine Entscheidung, die mich von neuem Zentrum eines Bürgerspektakels werden ließe, mit Ruhe und im Gefühl, der Revolution nützen zu können, hinnehmen würde. Augenblicklich bin ich sehr matt. [...]

Ansbach, Sonnabend, d. 11. Oktober 1919
Also wieder mal richtiggehend eingesperrt – aber dieses Mal nicht aufgrund einer eingeleiteten Untersuchung oder in Erfüllung eines ordentlichen Rechtsspruchs, sondern auf unbestimmte Zeit, deren Grenze fünfzehn Jahre ist, auf einfachen Befehl des von mir der ehrlosen Gesinnung bezichtigten Ministers Müller zur Bestrafung einer Äußerung, die ich nie getan habe. [...]

Jedenfalls haben wir nun den dokumentarischen Beweis, daß die »Genossen« Dosch, Mehrer, Riedinger und Westrich in diesem Tagen, wo der Bogen bis zum äußersten gespannt ist, wo die Solidarität, die sie zum Beginn der Hungerstreiks am lautesten bekundet und dann zuerst gebrochen haben – wir wissen jetzt bestimmt, daß von Anfang an bei Mehrer heimlich gegessen wurde –, unsere ganze Waffe gegen die Brutalität unserer Kerkermeister ist, hinter dem Rücken der Kameraden mit den Feinden konspiriert und uns durch ihre Intrigen in die scheußliche Lage versetzt haben, die jetzt an Waibel und mir manifestiert wird.

In dem Exposé an den Landtag, das ich Radbruch[81] gegenüber erwähnte, kramt Müller-Meiningen bekannte Ladenhüter aus, erzählt von dem Terror, der gegen die anständigen Elemente[82] in den Festungen verübt wird (mir klingen die Ohren) und bringt Zitate aus den Briefen dieser »anständigen Elemente«, die von dem sittlichen Tiefstand zeugen, mit dem wir »Rabiaten« diese armen Denunzianten und Spitzel peinigen. Material für meinen Prozeß: Hat der Kerl Ehre, der die Verräter der eigenen Genossen, die Zuträger und Überläufer als anständige Elemente empfindet? Daß er sie für seine Zwecke braucht, nehme ich ihm nicht übel. Aber daß er öffentlich eine solche Gesinnung anständig nennt, das kennzeichnet sein eigenes sittliches Niveau. – Für die kommende Revolution sind Erfahrungen mit solchem Genossengesindel natürlich äußerst wertvoll. Soweit Nachrichten von den anderen Festungsanstalten hergelangen, zeigen sich überall die gleichen trüben Erscheinungen, die wir ja auch schon in Ebrach beobachtet haben. Aber vier von elf ist doch ein recht hoher Prozentsatz an Verrätern. [...]

Ansbach, Dienstag, d. 14. Oktober 1919
Am meisten beschäftigt mich mein Eintritt in die KPD, der von meinen Freunden mit sehr gemischten Gefühlen aufgenommen wird und dem ich selber noch mit recht gemischten Empfindungen gegenüberstehe. Mein alter, treuer, bewährter Genosse Albert Reitze schmetterte mir auf die Erklärung, die die kommunistische Presse von mir brachte, ein »Herzliches Beileid!« zu, das ich äußerst bitter empfand. Ein Brief, den er mir hinterhersandte, war dann freundlicher. Aber er spricht von politischer Extravaganz und läßt schlimme Befürchtungen für mein Seelenheil durchblicken. Heut habe ich ausführlich geantwortet. Nein – ein Bonze will ich nicht werden, und wenn ich in die Partei gehe, so geschieht es, um den Parteigeist von innen heraus zu bekämpfen. Maßgebend für den Entschluß waren mir die häufigen Vorwürfe der besten Kameraden [...], daß alles anders gekommen wäre im April, wenn ich damals schon Parteimitglied gewesen wäre. Ich glaube das selbst. Die Überraschung in der Nacht zum Fünften im Kriegsministerium, wo die drei uns allen damals noch ganz unbekannten Vertreter der Partei, Schumann, Dietrich und Leviné, plötzlich mit der Absage kamen, wäre uns erspart geblieben. Angenommen, Leviné

hätte mich auf seinen Standpunkt gebracht, so hätte ich bestimmt verhindern können, daß die Ausrufung beschlossen worden wäre, da ich den Revolutionären Arbeiterrat bearbeitet hätte, oder meine Meinung wäre gegen die Levinés durchgedrungen, dann wäre die entsetzliche Spaltung des Proletariats im entscheidenden Augenblick nicht erfolgt, die Hinausschiebung bis zum 7. April wäre verhindert worden, Schneppenhorst und Konsorten wären nicht in die Lage gekommen zu intrigieren, und vielleicht wäre alles gut geworden. Sobald ich wieder draußen bin, will ich an der Stelle arbeiten können, wo ich meine Arbeit selbst für am wichtigsten halte, und es kann leicht sein, daß es die Arbeit an der Partei sein wird, sich über den Charakter als Partei zu erheben und das Aufnahmebecken für alle wirkliche Revolution zu werden. Ein Preisgeben meiner Ansichten, Absichten, Ziele und Ideale liegt demnach nicht in meinem Parteibeitritt. Ringelmann[83] ist natürlich glücklich darüber, ebenso Waibel, Reichert und die übrigen Festungskommunisten. Ob sie in der Partei viel Freude an mir erleben werden? – Vielleicht werde ich schneller wieder draußen sein als ich hineingekommen bin: Wenn nämlich die Doktrinäre, die jetzt schon gegen die Sünder von der syndikalistischen Seite die große Feme aussprechen, Oberwasser kriegen. Nein, zum Bibelgläubigen sollen sie mich nicht machen. Ich bleibe Anarchist und Bakunist. Was mich zum Bolschewisten macht, ist die Erkenntnis, daß wir um die proletarische Diktatur nicht herumkönnen. Levien ist ebenfalls viel eher Schüler von Bakunin als von Marx. Darüber will ich in meiner Broschüre über ›Die Einigung des revolutionären Proletariats‹ den Beweis führen. Damit werde ich wohl in den nächsten Tagen anfangen, nachdem ich gestern das Manuskript meines neuen Gedichtbandes ›Brennende Erde. Verse eines Kämpfers‹ an den Kurt-Wolff-Verlag abgesandt habe.[84] Es soll Zenzl gewidmet sein, deren Liebe über alle Begriffe schön ist. Ihr soll mein Leben in Treue gehören, wenn ich's fertigkriege, sogar in körperlicher. [...]

Ansbach, Dienstag, d. 21. Oktober 1919
[...] Ich werde zur Zeit durch ekelhafte Erscheinungen am eigenen Körper in der Erinnerung an die Vortrefflichkeit der freistaatlichen Einrichtungen Bayerns wachgehalten. Ein Schnupfen, daß mir dauernd die Nase trieft, ist auf die Gewöhnung ans Haus mit seiner unterschiedlichen Temperatur zurückzuführen. Seit ein paar Tagen leide ich aber an einem Ausschlag, der mit scheußlichem Jucken verbunden ist. Der Arzt hat Einreibungen verordnet und behandelt jetzt auf Krätze, obwohl die Symptome etwas anders sind. Entsetzt aber war ich vorhin, als ich statt des Juckens plötzlich auf dem Rücken ein schauderhaftes Kitzeln fühlte und schnell hintereinander zwei Läuse erjagte. Bei meiner ängstlichen Reinlichkeit. Verdammte Zuchtanstalten! Wenn ich alles vergessen sollte, was jetzt an Niedertracht gegen uns ausgesonnen wird – dieser Schweinerei will ich gedenken, dafür gibt's keine Verzeihung!

Ansbach, Mittwoch, d. 29. Oktober 1919
[...] Ich hätte gern noch etwas über die Spaltung der KPD geschrieben, die mich nun nach sechs Wochen Parteizugehörigkeit wieder zum freien Mann macht.[85] Aber ich bin müde. Nur soviel: Ich habe das Gefühl, als hätte ich einen zu engen Hut abgenommen, der mir die Stirn eingeklemmt hatte. Es war eine Mordsdummheit gewesen.

Ansbach, Freitag, d. 14. November 1919
[...] Hier im Hause werden die Zustände täglich unmöglicher. Heut ist die Spannung zwischen den beiden Parteien zur Explosion gekommen. Es hat Prügel gesetzt. Riedinger – den wir noch glaubten als vorübergehend verirrt in Gnaden wieder in unsere Gemeinschaft aufnehmen zu können, hat wegen eines Briefes an Koberstein, in dem er und die drei anderen als Verräter und Häuserschleicher bezeichnet waren, heute früh Waibel im Waschraum überfallen und ihm die Nase blutig geschlagen. Grassl[86] verprügelte dann Riedinger. Mehrer, der bösartigste der angenehmen Gesellschaft, beschimpfte Grassl, drückte sich aber, als es ihm an den Kragen gehen sollte. Als die beiden Helden dann die Frechheit hatten, sich mittags zum gemeinsamen Essen einzufinden, nahm sich Grassl Mehrer noch nach-

träglich vor. Die Folge war, daß nicht Riedinger, sondern Grassl in Einzelhaft kam. Der Staatsanwalt ließ uns übrige sieben, die wir inzwischen beim Waibel auf der Bude saßen, einsperren, um jede Intervention unmöglich zu machen. Wir hatten dann Einzelauseinandersetzungen mit ihm, ich fast eine Stunde lang, und ich habe ihm wieder allerlei Liebenswürdigkeiten gesagt und ihm die Parteilichkeit gegen die Genossen, die Charakter zeigen, zugunsten der anständigen Elemente geradeheraus vorgehalten. Unsere Beschwerde an Justizministerium wird natürlich unberücksichtigt bleiben. Neulich hatte Mehrer von seiner Frau Besuch und empfing sie in seiner Zelle, während Olschewski seine beiden Söhne in Gegenwart eines Aufsehers im Besuchsraum empfangen mußte. Als O. es ihm vorhielt, erhielt er zur Antwort: »Wie man sich benimmt!« Also ganz offene Belohnung für Spitzeldienste. Aber es ist scheußlich, daß man die Revolutionsspekulanten, die uns draußen schon das Leben verbittert haben durch ihre Lumperei, im Kerker auch noch um sich dulden muß. Vielleicht schon in der nächsten Woche will Zenzl zu mir kommen. So erbittert ich sein werde, wenn ich in den kalten Raum zu ihr herunter muß, wo kein freies Wort zwischen uns gewechselt werden kann – ich werde in dem brutalen Eingriff in unsere Ehe die Anerkennung sehen, daß ich ihnen auch noch in Fesseln ein verhaßter Feind bin. Einverstanden!

Ansbach, Donnerstag, d. 20. November 1919
[...] Starken Eindruck in meiner Rede machte es augenscheinlich, als ich mitten in erregten Vorwürfen gegen die gehässige Amtsführung Vollmanns auf ihn zeigte und ausrief: » – und morgen wird er wieder meine Briefe lesen und Quälereien gegen mich ausdenken. Ich hatte bestimmt auf mindestens sechs Monate gerechnet. Das milde Urteil wird allgemein als schwere Niederlage der drei Staatsanwälte und Müller-Meiningens empfunden. Die Zeitungen, soweit sie bis jetzt Berichte gebracht haben, verschleiern natürlich den Eindruck des während der Verhandlung entstandenen Bildes ganz. Morgen werde ich wohl wieder etliche Beschimpfungen gegen meine Person und meinen Charakter lesen. [...]

Häusliches: Zwischen dem ersten Stock, wo die Gefängnissträf-
linge, und dem zweiten, wo wir unsere Behausung haben, wurde gestern die Treppe durch eine neue, schwere Käfigtür vergit-
tert. Kein Zuchthaus der Welt kann seine Insassen besser verwahrt halten, als es jetzt mit uns geschieht. Müßten wir auf die
Freiheit warten, die auf dem Wege des Ausbruchs erfolgt, dann
könnten wir weiße Haare kriegen und immer noch in diesem
elenden Verlies sitzen. Meine kleine Zelle bekommt freilich
plötzlich ein höchst vornehmes Aussehen. Toni Waibel und
Renner haben gestern und heute gearbeitet, um Tapeten über
die Bettecke zu kleistern, und darauf sind die Zeichnungen
von Grete Weisgerber[87] geheftet. Morgen werden die anderen
Wände mit rotem Papier dekoriert und mit Bildern behängt:
Landauer, Tolstoi, Bakunin, Kropotkin, mein toter Freund
Schultze-Morax und mein sehr lebendiger Freund Toni selbst,
wie er in Würzburg am 7. April von einem Auto herunter die
baierische[88] Räterepublik proklamiert und ferner Zenzl werden in Photographien um mich herum gruppiert. Wahrscheinlich kriegen wir in diesen Tagen noch eine Reihe Photographien von uns selbst und zwar als Gruppe und in Einzelbil-
dern. Das Nexö-Geld[89] ist für diesen Zweck ausgeworfen
worden. [...]

[...] Ich wollte eigentlich noch über die Diskussion des Abends
heute referieren, die sich um die wirtschaftlichen Maßnahmen
bzw. um die Auslandspolitik drehte, die wir nach Ergreifung
der Macht zu befolgen haben würden. Ich will nur die Meinung
niederlegen, die ich persönlich äußerte. Ich fand, daß wir für
den Fall, daß unsere soziale Revolution kommen sollte, ehe die
Ententeländer und ehe Norddeutschland soweit sind, zunächst
für die Sättigung der Menschen sorgen müßten. Dazu brauchen
wir Kredit und kursfähiges Geld. Da wir die Versailler Bedingungen unbedingt erfüllen müßten, bliebe nur ein Weg, um die
Einfuhr der nötigen Existenzmittel zu erreichen: Verpfändung
der Naturkräfte und der Verkehrsmittel. Um aber die Beschlagnahme der baierischen Wälder, Eisenbahnen, Elektrizitätsanla-
gen etc. durch kapitalistische Konsortien zu verhüten, sollten

wir die Verpfändung auf Umwegen vornehmen, nämlich uns unter die Vormundschaft Rußlands begeben, durch Vermittlung der Sowjetrepublik Kredite aufnehmen und die Pfänder als Garantie ihr in Verwaltung geben. – Diese Andeutung wird zu meiner Erinnerung genügen. – Eine große Genugtuung erlebte ich durch einen Brief, mit dem sich Sinowjew[90] im offiziellen Auftrag des Exekutionskomitees der kommunistischen Internationale an das Proletariat wendet, der eine Ohrfeige für die KPD-Zentrale bedeutet. Da wird die Einigung mit Syndikalisten und Anarchisten verlangt und das Bekenntnis zum Parlamentarismus als untergeordnete Frage aus den prinzipiellen Streitereien ausgeschaltet. Dann sollten sich die revolutionären Proletarier in einer toleranten großen kommunistischen Partei einigen. Fast ganz mein Einigungsprogramm. Nur für Deutschland keine Partei, sondern eine Föderation!

Ansbach, Dienstag, d. 27. Januar 1920

[...] Mein Brief an den Mehrheitler Eschenbacher hat seine Wirkung getan. Heut war er mit seinem Kollegen vom Arbeiterrat Czerny zu einer Unterredung mit mir hier. Dabei erhielten wir Aufklärung über das eigenartige Verhalten der Ansbacher Arbeiterschaft, speziell der Kommunisten, gegen uns. Die Herren zeigten mir einen Brief der Ansbacher KP als Antwort auf ihre durch meinen Brief veranlaßte Anfrage. Es ging daraus hervor, daß offenbar Mehrer und Riedinger, die ja zu allen Infamien Zensurfreiheit genossen, die abscheulichsten Intrigen gezettelt hatten, die den Genossen den Glauben beigebracht haben, wir seien alle nicht wert, den Namen Revolutionäre zu tragen. Aber der Hauptgrund liegt noch woanders, nämlich in meiner Person. Ich sei aus der KPD ausgeschlossen, und da ich ein Anarchist sei und man mit kommunistisch-anarchistischen Wirrköpfen nichts zu tun haben wolle, bestehe keine Anlaß, sich meiner oder der USP-Mitglieder anzunehmen. »Wirrköpfe«: wie oft habe ich das Wort nicht von den Sozialdemokraten gehört im Laufe der langen Jahre meiner öffentlichen Tätigkeit! Jetzt hat die Zentrale des Dr. Levi[1] es wieder aus dem Schutt gezogen (so daß es auch Ringelmann in seinem letzten Brief mit schöner Geläufigkeit anwandte), und nun kriege ich es – und mit mir zugleich sämtliche Mitgefangene – von den Tröpfen der Ansbacher Kommunistenpartei an den Kopf geworfen, die die Klarheit der »wissenschaftlichen« Marxweisheit mit Löffeln gefressen zu haben scheinen. Kain[2] will morgen ein Schreiben an die kleinen Parteipäpste loslassen, das ihnen die Köpfe waschen soll. Zugleich hacken die Bibelgläubigen der andern Seite auf mir herum. Rudolf Grossmann poltert im ›Freien Arbeiter‹ wütend gegen mich los[3] und beweist, daß Anarchismus und Bolschewismus unvereinbare Begriffe seien. Dabei leistet er sich die niedliche Unterstellung, mein Umschwenken zu Lenin erkläre sich aus der Möglichkeit, daß ich als Bolschewist zu Amt und Würden in der Räterepublik kommen wolle. Es ist ein Jammer, daß sich mit diesem Kaliber Dispute über theoretische

Doktorfragen nur mit der Jauchespritze in der Hand führen lassen. Im Hinblick auf das Ziel kann einen Wehmut und Gänsehaut beschleichen. Aber trotzdem!

Ansbach, Sonntag, d. 22. Februar 1920

[...] Die tapferen Ansbacher Ulanen plärrten schon gestern durch die Straßen: »Siegreich wollen wir Frankreich schlagen!« – Die Menschen haben also von der Sorte in fünf Jahren noch nicht genug bekommen. Trotz aller reaktionären Gewaltpolitik, die ungeschwächt am Werke ist, scheint der Gedanke, daß die Freiheit schon am Kerkertor steht, nicht utopisch zu sein. Aber bei allem Heimweh, das ich oft genug fühle – mein Wunsch wäre die Amnestierung jetzt durchaus nicht. Was täte ich jetzt draußen? Ich könnte mich in München wahrscheinlich nicht einen Tag ohne schwerste Lebensgefahr aufhalten. Es wäre ein dauerndes Versteckspiel vor Spitzeleien und Polizeischikanen. Die öffentliche Agitation in Versammlungen oder in Proklamationen würde sicher verhindert. Ich würde also wahrscheinlich entweder irgendwo weit vom Schuß privatisieren müssen, was ich einfach nicht aushielte, oder ins Ausland gehen, jedenfalls zu Nexö – der jetzt in Baiern ist – nach Dänemark. Wüßte ich, daß ich von dort aus Gelegenheit fände, nach Rußland zu kommen, wär's recht. Dann könnte ich natürlich nützlich arbeiten. [...]

Ansbach, Montag, d. 15. März 1920

Ich weiß noch nicht, ob ich heute werde zum Arbeiten die innere Ruhe finden. Es ist morgens. Eben kam die Zeitung. In Berlin ist der gegenrevolutionäre Umsturz da – natürlich erfolgreich. Reichskanzler: Generallandschaftsdirektor Kapp,[4] Reichswehrminister: General v. Lüttwitz. Die Sache ist von der Marinebrigade mit Baltikumtruppen zusammen gemacht worden. Die entgegengeschickten Reichswehrtruppen haben natürlich sofort fraternisiert, ebenso die zum Schutz der Regierungsgebäude in der Wilhelmstraße und Umgebung postierten Truppen. So ist die Geschichte ganz unblutig verlaufen. Die Reichsregierung ist flüchtig, erläßt von auswärts (vermutlich Weimar) einen Aufruf zum Generalstreik. Reizend: die Arbeiter sollen streiken, damit nicht Lüttwitz, sondern wieder Noske auf sie schießen läßt. [...] Die Gefahr, die aus der neuen Lage für mich persönlich und für meine Genossen erwächst, unterschätze ich nicht. Und doch bin ich froh. Es ist ein großer Schritt vorwärts auf unsere Bahn. Die Nationalisten werden jetzt zeigen, daß sie so wenig vermögen wie die anderen. Das Volk, das in letzter Zeit ganz in reaktionären Hoffnungen schwelgte, wird eine neue furchtbare Enttäuschung erleben, und dann kommen wir und werden wirklich Ordnung schaffen, die allerdings die Besitzenden weh tun wird. Angst habe ich vor der Verwilderung in Berlin – ich fürchte Pogrome. Die Soldateska ist losgelassen. Tritt die Arbeiterschaft in den Generalstreik – Herr Kapp droht dagegen und gegen Sabotage äußerste Gewalt an –, so sicher nicht für Ebert,[5] Noske, David, Heine und tutti quanti, sondern für sich selbst. Ob sich der Generalstreik aber zum bewaffneten Aufstand wird auswachsen können, ist vorläufig zweifelhaft, da das Proletariat gar keine Waffen hat und die Reichswehr völlig in den Händen der gegenrevolutionären Offiziere ist. Immerhin: das Chaos steht vor der Tür. Und das Chaos brauchen wir, um der Revolution durchzuhelfen. Daß ich mich doch jetzt mit jemandem aussprechen könnte!

Ansbach, Dienstag, d. 23. März 1920

[...] Das Buch[6] ist spätestens übermorgen fertig. Dann schreibe ich das Ganze ab, um vor der Konfiskation bei der Zensur gesichert zu sein. Das Ganze ist ein großer Hymnus auf Bakunin. Es ist seltsam, ich habe ihn noch gar nicht recht gekannt und auch jetzt kein einziges seiner Werke gelesen, alles nur aus Werken über ihn und seinem Briefwechsel mit Herzen[7] und Ogarjow[8] zusammengesucht. Früher habe ich überhaupt nur über ihn einiges wenige gewußt, von ihm gar nichts gekannt. Und nun finde ich eine Übereinstimmung der Ansichten bis in die Einzelheiten, die mich verblüfft. In den gleichen Worten, in denen ich diesen und jenen Gedanken schon geäußert habe – die Abneigung gegen die Vergottung der Wissenschaft etc. –, finde ich ihn bei ihm antizipiert. Wenn Theosophen mit ihrer Reinkarnationslehre recht haben, möchte ich glauben, in mir wiederhole sich Bakunin. Seinem Pech sähe es auch ganz ähnlich, wenn sein Geist ausgerechnet in den Leib eines deutschen Juden gefahren wäre. Ich lese jetzt Briefe Karl Liebknechts aus dem Felde und aus dem Zuchthaus. Ein wundervoller Mensch – so rein wie wenige. Seine Mörder und die Landauers laufen frei durch die Welt. Wie lange noch? – Ich bin guten Mutes. Denn ich glaube an die ewige Gerechtigkeit.

Ansbach, Mittwoch, d. 24. März 1920

Todestag meiner Mutter. 21 Jahre! Das Ereignis lag genau in der Mitte zwischen meiner Geburt und jetzt, und mit ihm fing in der Tat ein anderer Mensch in mir an, lebendig zu werden. Der Widerstand gegen meinen Widerstand war mit dieser Frau hingegangen – der Rebell brach durch. Wäre sie am Leben geblieben und statt ihrer der Vater gestorben, mein Leben wäre in anderen Bahnen verlaufen, mindestens in ebneren, sanfteren. Ich weiß nicht, ob ich's hätte wünschen sollen. Meine Kämpfe haben mich doch sehr reich gemacht. – Der ›Fränkische Kurier‹ ist wieder da. Jetzt habe ich einigen Überblick und bin froh. Die Sachen stehen wieder gar nicht schlecht. Das ganze Ruhrgebiet ist in den Händen der Arbeiter, die eine richtige Rote Armee geschaffen haben und siegreich vorrücken. Es hat viel Blut gekostet, dort und anderswo. Aber das Proletariat hat Wunderbares geleistet. Ich bin so sehr glücklich darüber, daß diese geschmähten deutschen Arbeiter so herrlich erwacht sind. Vielleicht werden sie ihre Positionen diesmal noch nicht halten können, die Widerstände der Bourgeoisie sind furchtbar stark, und sie verfügt noch über das ganze Militär. [...]

Morgen wird das Buch fertig. Dann kommt das Abschreiben. Mir graut. Und dann kommt das Schlimmste; das Ding in die Welt schicken. Gelingt es, das Manuskript glücklich aus dem Hause zu schaffen, dann wird es gelesen werden und Sensation machen. Meine Lösung der Einigungsfrage ist die einzig mögliche. Und der Weg wird auch gegangen werden. Ich hoffe auf Rühle[9] – und auf ein Machtwort Lenins. Denn die deutschen Parteitrottel brauchen Machtworte. Sonst versumpfen sie völlig. – Ich freue mich dieses Buches. Da habe ich einen guten Dienst getan.

(71. Geburtstag der Mutter). Heute kam der ganze Pack Zeitungen nachgeliefert. Ich las fast den ganzen Vormittag, so daß ich heute im 2. Akt des ›Judas‹[10] nicht weit gekommen bin. Das Bild, das ich mir von der allgemeinen Lage gemacht hatte, braucht nicht viel retuschiert zu werden. Die Reichswehr ist trotz aller Drohungen mit dem Generalstreik ins Ruhrgebiet einmarschiert, hat wieder schauderhaft gehaust – das baierische Freikorps Epp scheint grauenvoll gewütet zu haben – und SPD, USP, KPD, Gewerkschaften und Regierungen sind ganz einer Meinung, daß durchaus die Zeit für einen neuen Generalstreik nicht günstig sei.[11] Zenzl hat mir berichtet, daß die Münchner Arbeiterschaft am lautesten nach mir verlangt. Komme ich frei, soll sie sich nicht in mir täuschen. Ich werde nie ein »Führer« werden, sondern nur ein Aufwiegler. Meine Aufgabe wird sein – und ich hoffe da, in Kain die stärkste Stütze zu finden, das ganze Gesindel von Führern endgiltig zu entthronen und dem Volk selbst auf den Kutschbock zu helfen. [...]

Gefängnis Ansbach, Montag, d. 19. April 1920
Ich bin aus merkwürdigen Gründen gezwungen, vor der Zeit ein neues Tagebuchheft anzufangen. Müller-Meiningen hat einen Gewaltakt begangen, der alles bisher Geleistete in den Schatten stellt. Heut früh erschien bei mir der Verwalter mit zwei Aufsehern – ich wollte mir gerade die Zähne putzen – und erklärte, eine Visitation vornehmen zu müssen. Zunächst an mir selbst. Man fuhr mir in die Taschen, und ich mußte sogar die Strümpfe wieder ausziehen. Dann wurde ich gegenüber in eine andere leere Zelle gesperrt, wohin ich nicht mal Papier und Bleistift mitnehmen konnte (trotzdem ist dort ein Gedicht entstanden). Inzwischen wurde meine Zelle völlig ausgeräumt, und als ich um halb drei endlich wieder herüber durfte, hatte ich lange zu tun, um die Sachen einigermaßen wieder an Ort und Stelle zu bringen. Sieben Stunden habe ich ohne jede Beschäftigung drüben zubringen müssen. Um neun Uhr kam der Verwalter und las mir einen Wisch vor von der Staatsregierung. »Die Festungsgefangenen und Mühsam« sind gründlich zu durchsuchen. Sie werden bis auf weiteres in Einzelhaft gesperrt, der Hofspaziergang fällt weg, keine Zeitungen kommen herein,

Besuche werden gänzlich ausgeschlossen. Gründe: Niemand weiß von etwas. Von meinen durchsuchten Sachen vermisse ich bis jetzt: meine sämtlichen Tagebücher vom Oktober 1918 ab; das Reinschriftmanuskript der Einigungsbroschüre (die Kladde ist Gott sei Dank da), die Photographie Albert Reitzes, das dicke Notizbuch mit den Gelegenheitsgedichten und das Heft mit den losen Blättern meines gestern beendeten ›Judas‹-Dramas, also so ziemlich alles, was für mich persönlich, künstlerisch, beruflich und historisch Wert hat. Ich habe mich den ganzen Tag bemüht, den Staatsanwalt zu sprechen, vergeblich. Was draus wird, ist nicht abzusehen. Also vollständiger Abschluß von der Außenwelt – ich vergaß noch: Wir dürfen nur noch Briefe geschäftlichen und familiären Inhalts schreiben und bekommen Briefe mit politischen Erörterungen nicht mehr ausgehändigt. Keine Zeitungen! [...]

Ansbach, Montag, d. 3. Mai 1920

Der letzte Abend in diesem trüben Verlies, und morgen, denke ich, wird großer Glückstag sein. Ich hatte vorhin den Besuch des Staatsanwalts. Er war sehr entgegenkommend. Zenzl darf hinaufkommen. Wir dürfen eine Stunde allein in der Zelle sein, und aus einer Bemerkung in einem Brief, daß ich ihr eventuell mein Stück vorlesen möchte, nahm der Mann von sich aus Anlaß, mir zu sagen, daß ich das eventuell oben im Gemeinschaftsraum tun könne, er habe auch nichts dagegen, wenn die anderen Genossen dabei wären. Dagegen könne ich ihr das Manuskript noch nicht mitgeben, er müsse es erst durchsehen, da er sich doch auch literarisch interessiere und mich als Dichter kennenlernen möchte. Dann kam etwas Heikles. Er habe die Mitteilung bekommen, in meinem Tagebuch stehe die Absicht vermerkt, meine Broschüre herausschmuggeln zu wollen. Ich habe ihm erklärt, daß mein Tagebuch Stimmungen enthalte, auf die ich nicht festgelegt zu werden wünsche. Im übrigen würde ich meine Frau nicht zu derartigen Diensten veranlassen, um mir ihre Besuche nicht zu verbauen. Es wurde dann ausgemacht, daß sie, was sie mitbringt, in Gegenwart eines Beamten auspakken, und daß das Paket, das ich ihr mitgeben will, dafür unter Aufsicht eingepackt werden soll. – Jedenfalls werde ich in Zukunft meine Einzeichnungen so abfassen müssen, daß sie nicht nur gegen meine Genossen, sondern auch gegen mich selbst unverwendbar sind. In bezug auf die Tagebücher erklärte Helmes, er wisse genausowenig wie ich, wo sie seien und ob ich sie zurückbehalten werde oder nicht. Möglicherweise befinden sie sich in den Pfoten des Vollmännchen, der weiß Gott alles andere als ein Voll-Mann ist. Der könnte da wenigstens Studien über sich selbst machen. [...]

Ansbach, Donnerstag, d. 3. Juni 1920
Die Spannung ist noch ungelöst. Die Wahlen am kommenden Sonntag werden vielleicht das Signal sein zu neuen Kämpfen, die für uns Gefangene mit Tod oder mit Freiheit enden werden. Aber die »Freiheit« wird neue und vielleicht die bittersten Kämpfe bringen. Ich hatte vorige Woche nach langer Pause die Korrespondenz mit Ringelmann wieder aufgenommen, der jetzt – nach der Auflösung Eichstätts als Festungsanstalt – in Lichtenau ist. Gestern erhielt ich seine Antwort. Der arme Junge ist derart in Abhängigkeit der übelsten Demagogen geraten (die ihn vorher selbst aus der Partei herausintrigiert, ihn nach dem Peccavi aber in Gnaden wieder aufgenommen haben), daß er in unglaublicher Verblendung jede Opposition gegen die KPD als Verrat ansieht. Die vielen Genossen, die angesichts der ruchlosen Opportunitätspolitik Levis und Genossen zur KAP übergetreten sind, nennt er »Verräter« und »Gesinnungslumpen«. Mich persönlich sieht er ebenfalls schon im trübsten Licht und unterscheidet nur noch aus alter Anhänglichkeit zwischen dem Menschen Mühsam und dem Politiker. Rina de Haan[12] hat offenbar einmal einen meiner Briefe in der Amsterdamer ›Tribune‹ veröffentlicht, der den Ochels[13] schwer auf die Nieren gegangen ist. Ich sehe aus Ringelmanns Brief, der natürlich nur die Auffassungen der Bonzen wiedergibt, daß man mir besonders übelnimmt, daß ich die KPD vor Ausländern als opportunistisch bloßgestellt habe. Ich soll ferner »Geschichte gefälscht« haben bei der Darstellung der Verhältnisse in Baiern nach Eisners Ermordung. Ich habe Rina, von der vor einigen Tagen eine Sendung mit holländischen Lebensmitteln eintraf, gebeten, mir den Brief zu schicken, damit ich weiß, worum es sich überhaupt handelt. Toll ist der Vorwurf, ich arbeite gegen die KP, um mich bei der Zensur für die Freilassung zu empfeh-

len, was Rina allerdings »vorläufig« noch nicht annehmen wolle. Jedenfalls aber bin ich »Konterrevolutionär«. Die KP ist also schon genau da angelangt, wo die alte Sozialdemokratie aufgehört hat, bei persönlicher Verleumdung, Verdächtigung, Verächtlichmachung, um die eigene Jämmerlichkeit zu bemänteln. Und so ein junger unerfahrener Mensch wie der Ernst wird in dieses System eingefangen. Es ist noch lange nicht sicher, ob ich nicht eines Tages statt von Offizieren von Parteikommunisten an die Wand gestellt werde. [...]

Ansbach, Dienstag, d. 15. Juni 1920
[...] Die revolutionäre Bewegung in Deutschland ist leider tief gespalten. Ich sehe die einzige Rettung in der kommunistischen Föderation. Aber die Bonzen! Und große Schwierigkeiten sehe ich bedauerlicherweise auch noch von Moskau kommen. Dort orientiert Radek[14] die Genossen über die deutschen Angelegenheiten, und der vertritt ganz die Politik Levis. Hätte ich nicht meinen unerschütterlichen Glauben an Recht und Wahrheit, dann hätte ich Grund, recht trübe gestimmt zu sein. Aber die allgemeinen Auspizien sind günstig. Dazu nehme ich auch das neueste Gerücht, die Gegenrevolution in Rußland sei siegreich angebrochen, Trotzki sei (wieder einmal) tot, Lenin auf der Flucht und General Brussilow[15] Diktator. Daß die Bourgeoisie immer wieder solche Lügen braucht, um ihre Gefolgschaft bei Stimmung zu erhalten, beweist ihre Schwäche. Die Weltrevolution läßt sich deswegen doch nicht aufhalten. Sie wird auch in Deutschland vordringen und über die Wilhelminer und Demokraten ebenso hinweggehen wie über die Bonzenkommunisten, die die Märzrevolution[16] verraten haben. Ich werde noch in diesem Jahr unter den Meinigen stehen.

Ansbach, Montag d. 2. August 1920
[...] Mit Grassl werden Auseinandersetzungen immer unmöglicher. In unbeschreiblicher Überhebung erklärt er sein völliges Umschwenken zum Parteikommunismus, also ganz alten sozialdemokratischen Ödigkeit für Ausreifung, die ich noch zu begreifen zu alt und verbohrt bin. Diese Häßlichkeiten färben auch auf das persönliche Verhalten ab. Seit vielen Wochen ist hier nicht mehr gesungen worden. Jetzt – vor einer halben

Stunde – sagten mir die Genossen gute Nacht, und jetzt höre ich sie in einer ihrer Zellen meine ›Räte-Marseillaise‹ singen. Ich werde also bewußt ausgeschlossen von derlei Abwechslungen. Natürlich möchte ich lieber heute als morgen weg von hier (Jetzt singen sie mein ›Lied der Roten Armee‹.[17] Der Autor ist es nicht wert, daran teilzunehmen). [...] Das wäre alles zu ertragen, wenn diese Menschen nicht die einzigen wären, die in Wochen und Monaten die ganze Gesellschaft um einen bilden. Ich sehne mich nach geistiger Regsamkeit, nach scharfen Diskussionen mit kluger Dialektik, originellen Ideen, kritischer Beargwöhnung aller Meinungen und nach Gesprächen über allgemein Menschliches, auf etwas höherem Niveau als der Tratsch und die Zoten, die hier außer Zeitungsnotizen das einzige Thema bilden. [...]

Ansbach, Donnerstag, d. 16. September 1920
Zenzl war hier. Die sechs Stunden verrannen viel zu schnell unter Gesprächen und Zärtlichkeiten, und jetzt, da sie wieder fort ist, fallen mir alle möglichen Dinge ein, die ich ihr noch hätte sagen, sie noch hätte fragen wollen. [...] Von München hierher hatte sie eine englische Genossin begleitet, und Helmes hatte nach einigen Kämpfen die Erlaubnis gegeben, daß auch sie mich sprechen dürfe: von sechs Uhr ab eine Viertelstunde im Besuchsraum. Wir gingen also um sechs hinunter, und ich lernte die Frau kennen. Die junge Person [...] heißt Rose Witcop[18] und ist zum Besuch ihres Schwagers Rocker in Deutschland. [...] Sie bestellte mir Grüße von Guy Aldred,[19] der in London an der Spitze einer Richtung steht, der auch Rose angehört und die ganz die Tendenzen verfolgt, die ich vorläufig allein in Deutschland propagiere: eine Kombination von Bolschewismus und Bakunismus. Die Genossin ist der Ansicht, daß die Bedingungen der 3. Internationale[20] am Widerstand der revolutionären Arbeiterschaft in England zerbrechen werden, und wir waren einig in der Ansicht, daß Lenin nach seinen wunderbaren Leistungen für die Revolution jetzt auf einen toten Strang gefahren ist und daß die Revolution über ihn hinweg weitergeführt werden muß. – Ich erlebe immer wieder Überraschungen: Jetzt erfahre ich zufällig, daß mein Name bei den englischen Genossen in besonders hoher Geltung steht: Und

hier unter fünf Gefangenen habe ich nur einen, mit dem ich über das, was mich bewegt, überhaupt sprechen kann. Die anderen sind derartig »reif«, daß ihnen jede Diskussion mit mir überflüssig scheint. [...]

Ansbach, Freitag, d. 24. September 1920
Es liegen schauderhafte Tage hinter mir. Scheußliche Schmerzen, dicke Backe, Einschnitt ins Zahnfleisch, Bohren links und rechts, Unfähigkeit, Festes zu essen, Schlaflosigkeit, Fieber, kurzum: Krankheit in aller Form, die mich gestern sogar ans Bett fesselte. Da spürt man, was Gefangenschaft heißt: Keine Pflege, keine Rücksicht – dafür aber Aufregung, Zank und – Prügel. Jawohl, ich bin heute geschlagen und mißhandelt worden. Natürlich von Weber.[21] Er hatte schon gestern die Gelegenheit, als ich hilflos im Bett lag, benutzt, um mich mit seinen neuesten politischen Erkenntnissen zu malträtieren und mich damit wütend zu machen, daß er von Rühle, der nicht mit den Moskauer Beschlüssen tanzt, behauptete: »Ich garantiere, daß Rühle zu feige ist, sich vor ein Maschinengewehr zu stellen.« Ich bezwang mich stark, sagte aber doch, daß er mir nicht zu einer solchen »Garantie« befugt scheine. [...] Heut vormittag kam Weber wieder bei mir an. Diesmal hatte er sich Siegfried Jacobsohn[22] ausersehen, um unflätig und perfid zu lästern. Und natürlich mußte der Dreckjude heran. Ich vergaß in meinem Fieberzustand leider, daß man dem Mann mit der Geduld eines Irrenwärters gegenüberzutreten habe und verwies ihm die Takt- und Geschmacklosigkeit, in der Zelle eines Juden jemanden damit zu widerlegen, daß er Jude sei. Natürlich war dadurch das Rad erst geölt, und der Kerl konnte es doch nicht unterlassen, Giftigkeiten gegen Zenzl auszuspritzen. Darauf verwies ich ihm die Rede. Er weigerte sich aber zu gehen, so daß ich hinauslief und dann voll Wut, als er nachkam, ein Schimpfwort (ich glaube »Bandit«) sagte. Darauf fuhr er in Gegenwart von Paul Grassl im Gemeinschaftsraum auf mich los. Im ersten Moment legte sich der dazwischen und verhinderte Gewalttätigkeiten, dann aber sah er zu, wie der Mensch sich auf mich fieberkranken schwachen Mann stürzte und mit der Faust auf mein ohnehin geschwollenes Gesicht einschlug. Als Weber einen Moment davon abließ, ging Grassl hinaus. Das

benutzte der Irre, mich aufzufordern, den »Banditen« zurück-
zunehmen, wobei er mich aber als »Lump«, »Verräter«, »gemeiner Jude«, »Volksbetrüger« etc. beschimpfte. Ich nahm den
Banditen ohne weiteres zurück. Darauf brüllte er: »Knie nieder! Schuft!« Ich bereitete mich zu einem Widerstand zum
Engkasten vor, da ich dieses Theater denn doch nicht gespielt
hätte. Ich drängte also an ihm vorbei, um hinauszukommen,
wobei der Mensch mich anspuckte. – Nicht der Wahnsinnsaus-
bruch eines verantwortungslosen Psychopathen hat mich em-
pört, aber die Erkenntnis, daß ich als Kranker ihm gegenüber
bei Grassl keinen Schutz finde. Warum nicht? Weil ich die
Bedingungen der Moskauer Internationale nicht anerkenne. So
albern es ist – es ist so. [...]

Niederschönenfeld, Donnerstag, d. 21. Oktober 1921
Morgen früh werden ich nun eine Woche hier sein, und daß
alles inzwischen Erlebte derweil nicht notiert wurde, liegt daran, daß ich hier unausgesetzt von lieben Genossen und Freunden mit Beschlag belegt bin. Ich will – nur um nicht den Zusammenhang zu verlieren – ganz kurz referieren. Freitagnacht
die Reise mit zwei Gendarmen in Zivil. Sie unterhielten sich mit
mir über Bolschewismus – ich hörte komprimiert sämtliche
Einwände des nichtswissenden Spießers mit seinen Geldinteres-
sen. [...] Von Rain aus ging's zu Fuß die Landstraße hinunter,
und als wir in Sicht kamen, sahen wir aus der Anstalt Tücher
schwenken, und aus vielen Männerkehlen erklang die ›Räte-
Marseillaise‹. Der Empfang unten bei den Beamten war allerdings toll. Überall Aufseher und Soldaten mit Flinten behängt,
im Empfangsraum Taschendurchsuchung und Abtastung. Endlich hinauf – zuerst ich allein. Hinter dem Gitter des ersten
Stocks drängten sich die Genossen und brachten ein Hoch auf
mich aus. Dann öffnete sich die Eisenpforte, und ich lag in den
Armen meiner Nächsten. [...] Ich mußte dann Dutzende von
Händen drücken und Namen hören von Kameraden, die ich
erst kennenlernte. Man wies mir zwei winzige, enge, einander
gegenüberliegende Jammerzellen an, da keine größere Zelle,
wie sie die anderen Freunde meist haben, frei war. Die Freunde
des zweiten Stocks mußten uns dann verlassen, da hier die
schändliche Einrichtung besteht, daß die Gefangenen noch in

der Anstalt voneinander abgesperrt werden. Nur in der Hofzeit werden alle Stunde die Gitter für fünfzehn Minuten geöffnet, dann kann man Besuche machen und muß aufpassen, daß man spätestens um fünf wieder zu seinen Penaten kommt. Abends um neun werden die drei Gänge in jedem Stockwerk obendrein noch gegeneinander abgesperrt, im Gang selbst allerdings wird man nicht noch einmal extra eingeschlossen, sondern kann mit den Anwohnern die ganze Nacht zusammenbleiben. [...] Meine Beruhigung wegen des Empfangs war groß. Ich erfuhr, daß Grassl mit seinen Versuchen, mich zu verlästern, scharf abgefahren war. Er und Schwab[23] laufen viel miteinander. Meine Freunde verkehren nicht mit ihnen. Sie schließen sich an andere an. Grassl aber hat hier zu verbreiten versucht, ich hätte ein »Bewährungsfristgesuch« eingereicht. Das Rindvieh! Damit macht er auch alle übrigen Verleumdungen unglaubhaft, denn das hat ihm natürlich niemand geglaubt. [...] Klingelhöfer berichtete mir dann, daß Reichert behaupte, ich hätte in Ansbach Gelder, die für alle bestimmt waren, unterschlagen. Ich mußte daher an Zenzl Mitteilung machen, um dem kleinen Fanatiker in München diese Art Kampf gegen mich unmöglich zu machen. [...]

Niederschönenfeld, Freitag, d. 22. Oktober 1920
[...] Die »Intellektuellen« also bilden hier eine Partei: Klingelhöfer, Toller, Niekisch, die beiden Hartig und ein kleiner Anhang, während unsere Gruppe sich sehr scharf dagegen abhebt. Mein Prinzip war von Anfang an dies: Ich nehme keine Partei in Angelegenheiten, die ich selbst nicht miterlebt habe. So stelle ich mich auch durchaus freundschaftlich zu Rudolf und Valtin Hartig und ignoriere es, daß sie von meinen nächsten Freunden geschnitten werden. Ich mied den Verkehr von Anfang an nur mit Grassl, Westrich und Schwab (der bisher kein Wort mit mir geredet hat und mir ängstlich aus dem Wege zu gehen scheint). Nun kam ich aber gleich in eine bewegte Situation hinein, die mich zwang, in einer wichtigen Sache sofort Partei zu ergreifen. Die Hausarbeiten werden hier gegen Bezahlung von sechs Mark täglich von eigenen Genossen geleistet. Nach dem Eintreffen der Ansbacher und Plassenburger Genossen mußte der dritte Gang in den Etagen in Benutzung genommen werden, so

daß die Arbeit erheblich vermehrt war. Die Genossen verlangten daher entweder die Einstellung eines vierten Genossen pro Woche – es wird wöchentlich abgewechselt und zur Zeit je drei Genossen beschäftigt – oder die Erhöhung des Lohns auf acht Mark. Die Verwaltung lehnte den vierten »Hansl« grundsätzlich ab und vertröstete wegen der Lohnerhöhung auf den Bescheid des Ministeriums, der wochenlang nicht kommen wird, mutete aber den Genossen zu, inzwischen die bedeutend vermehrte Arbeit unter den alten Bedingungen weiter zu leisten. Eine Versammlung des Stockwerks am Sonntag soll dazu Stellung nehmen, nachdem der zweite Stock sich schon ganz entschieden für Streik ausgesprochen hatte. Die »Intellektuellen« waren für Weiterarbeiten. Ich griff in die Debatte ein und stellte mich selbstverständlich auf einen ganz prinzipiellen Standpunkt wie übrigens die Mehrzahl der Hausarbeit tuenden Proletarier selbst. Der Streik wurde schließlich beschlossen, und ab nächsten Tag lagen die Gänge voll von Dreck, um so mehr, als aus den Zellen aller Abfall auf den Korridor geschmissen wurde. Am Mittwoch früh war Toller bei mir. Da kam Olschewski und berichtete, daß Niekisch und Kiesewetter im Gang auskehrten. Toller meinte sofort, sie werden den Dreck wohl bloß etwas beiseite räumen, hatte also sein Kompromiß gleich bei der Hand, während ich erklärte, das sei offener Streikbruch, für mich seien die beiden Herren erledigt. Die Sache brachte natürlich große Aufregung ins Haus. Niekisch, der eigentliche Macher der Räterepublik, gewählter Landtagsabgeordneter, greift persönlich zum Besen, um streikenden Arbeitern, die noch in der Gefangenschaft ihr einziges kleines Machtmittel anwenden, in den Rücken zu fallen, ebenso Kiesewetter, der sich als Syndikalist geriert. Die wirklich revolutionären Genossen waren einig in der Beurteilung des Falls. Unsere »Intellektuellen« dagegen suchten Entschuldigungen, erklärten, es sei gar kein wirklicher Streik und daher kein Streikbruch und brachten die fadenscheinigsten Argumente für diese Auffassung. Karpf[24] schickte am Abend einen Zettel an den Staatsanwalt des Inhalts: Die Frage der Hausarbeit habe sich vorläufig in der Weise geregelt, daß die F. G. Niekisch und Kiesewetter die Arbeit kostenlos übernommen hätten. Eine Abschrift des Zettels schlug er gestern früh an das schwarze Brett an. Wir freuten uns natürlich sehr über den guten Witz, anders die Toller, Klingelhöfer, Hartigs und Genossen. Lausbüberei etc. Toller war mindestens viermal bei mir, um mich zu überzeugen, daß nur Karpf und keineswegs die beiden Arbeitswilligen zu verurteilen seien. Ich erklärte mich mit Karpf solidarisch und sagte zu Toller: »Du gehörst zu den Leuten, die das Unglück haben, sich immer an der unrechten Stelle zu entrüsten.« Daß Karpf an den Staatsanwalt geschrieben habe, sei ganz einwandfrei: Er habe sich einfach mit der Partei zur Orientierung in Verbindung gesetzt, die die Streikbrecher ergriffen haben. Toller ist ein guter Kerl, aber er gehört zu denen, die sich aus einer breiigen Allerweltsliebe heraus zum Proletariat »herabgelassen« haben und niemals aus dem Herzen des Proletariats werden empfinden lernen. Nun haben wir zwei deutlich geschiedene Gruppen, die nicht verfeindet sind (nur mit den Streikbrechern lehnen wir den Kontakt ab), aber zwei unvereinbare Anschauungen repräsentieren. Ich gab ihnen den Namen, der gleich akzeptiert wurde: die Streikbrecher und die Lausbuben. [...]

Niederschönenfeld, Dienstag/Mittwoch,
d. 16./17. November 1920

Mitternacht. Ich habe mich bei der Kerze in meine Arbeitsklause gesetzt, die langsam heimlich wird, da ich Tisch und Bücherregal (auch Schrank und Holzschuhe) nun endlich erhalten habe und meine Bücher zum Teil schon eingeordnet sind. Aber der Drang zum Tagebuch entstammt besonderen Umständen, die höchst unerfreulich sind und ihren Ursprung wieder mal bei Grassl haben. Vorige Woche erhielt ich durch Siegfried Jacobsohn zur Verteilung 1000 Mark zunächst angekündigt. Sie sollten unter bedürftige Festungsgefangene verteilt werden, wobei nur die Bedürftigkeit maßgebend sein und auch die Genossen in den anderen Anstalten berücksichtigt werden sollten. Ich setzte mich, um jeden Verdacht der Parteilichkeit zu vermeiden, mit Rudolf Hartig und Murböck[25] zusammen, und wir beschlossen, 300 Mark nach Lichtenau zu senden, die übrigen 700 Mark, damit jeder Empfänger doch eine verwendbare Summe in der Hand habe, unter vierzehn Genossen in Raten zu je 50 Mark zu verteilen. Noch ehe das Geld da war, war der Spektakel da. Es zeigte sich, daß, wenn unter 70 Leuten vierzehn etwas kriegen, ungefähr 56 Unzufriedene entstehen. Es gab schauderhaften Stunk. Endlich kam das Geld – zugleich aber noch eine Postanweisung, ebenfalls von Jacobsohn, über 764 Mark, dem Rest der gesammelten Gelder der ›Weltbühne‹ mit der ausdrücklichen Weisung an mich, die Verteilung vorzunehmen, wie ich's für recht halte. Ich setzte mich diesmal nur mit Murböck zusammen, und wir beschlossen, 150 Mark nach Lichtenau zu senden, 150 Mark an Pestalozza,[26] den wir herbestellt haben, damit er eine Reihe von Prozessen für Genossen übernehme (ich selbst will mit ihm nichts Persönliches besprechen, sondern die Möglichkeit erörtern, wie man durch Strafanträge gegen die Vorstände die Rechtswidrigkeit des Strafvollzugs abstellen kann), ferner 200 Mark für den Anwalt des kleinen Olschewski, [...] und die übrigen 250 Mark wurden, nachdem der Rest von 14 Mark der Kantine zugewiesen war, unter weiteren fünf Genossen verteilt. Murböck, ein prächtiger, charakterfester Genosse, und ich waren einig, daß wir, um Spektakel zu vermeiden und nicht wieder wie wegen der 1000 Mark in die ekelhaftesten Schweinereien gezogen zu werden, über diese zweite Sendung gar nichts sagen wollten. Aber Gott lenkt. Der Spektakel fraß leise weiter. Ich war der Sündenbock, und ich merkte, daß allerhand Gerüchte über mich umgingen. Eins davon lautete dahin, ich hätte schon in Ansbach im Lauf der Zeit 38 000 Mark (ausgerechnet!) für die Genossen bekommen, aber nur 2000 verteilt, das übrige für mich behalten. [...] Ich nahm das blöde Geschwätz natürlich nicht sonderlich tragisch. – Auf der anderen Seite hatte ich mir aber auch den Groll der sattelfesten Parteikommunisten zugezogen, weil ich Gnad bedacht hatte (in Wirklichkeit hatte ich Murböck und Hartig fast allein die Auswahl überlassen). [...] Gnad war im Zuchthaus, also »Lumpenproletarier«, und mein Standpunkt, ihn gerade deshalb besonders behutsam zu behandeln, wird von den Gläubigen des ›Kommunistischen Manifests‹ sehr verachtet. [...] Abends haben mir die Genossen noch berichtet, was in der Versammlung noch alles vorging. Man hat einen regelrechten Angeklagten in meiner Abwesenheit aus mir gemacht. Grassl wurde extra geholt, um gegen mich auszusagen, und Westrich, den wir ja auch von Ansbach schon hinlänglich kennen, soll bereits mit dem Staatsanwalt bzw. mit Vollmann vereinbart haben, daß gegen mich Material herangeschafft wird, um mir die Unterschlagung jener 36000 Mark nachzuweisen. Ich habe Gott sei Dank die besten Genossen auf meiner Seite. [...] Aber doch, wie gräßlich zu denken, daß ich der Bougeoisbande die Freude machen soll, mich vor Gericht gegen den Vorwurf zu verantworten, ich hätte meine Genossen betrogen. Daß die Staatsanwälte alles tun werden, um [...] alles erdenkliche Material zusammenzusuchen, ist ja klar; und wenn ich auch meine Hände vollständig sauber weiß – semper aliquid haeret; weiter wollen ja diese Leute auch nichts. Dabei ist die arme Zenzl todunglücklich, weil sie das Geld nicht zusammengebracht hat, hierher zu fahren, und ich bin in Ängsten, ob sie genügend zu essen und ein warmes Zimmer hat. [...] Welch ein Gesindel! Und damit muß ich monatelang und mit manchen von ihnen vielleicht Jahre auf einem Gang zusammenleben! Mir graut im tiefsten. [...] – Ein Trost ist in all dem Widrigen und Gemeinen: Die Russen siegen wieder. Die Armee des Generals Wrangel[27] in der Krim ist so gut wie zerschmettert. Und bei uns verleumden die Gelegenheitsrevolutionäre von 1919 als Patentkommunisten einen Mann unter ihnen, der seit zwanzig Jahren auf dem Posten steht und nie den Mut verlor. Wie grenzenlos beschämend!

Niederschönenfeld, Mittwoch, d. 5. Januar 1921
Um sieben Uhr – ich war gerade dabei, einen neuen Ukas des
Vorstands zu verlesen – wurde ich zum »Oberwerkführer«,
Herrn Schneider, zitiert. Von dem erhielt ich einen Zettel fol-
genden Inhalts: »An den F. G. Herrn Mühsam. Sie haben den
Befehlen auf Ablegung der Sowjetzeichen zunächst nicht Folge
geleistet, vielmehr durch Anlegung von Hakenkreuzen und
Anempfehlung der Anlegung von solchen Zeichen unter den
anderen F. G. aufreizend zum Zwecke der Nichtbefolgung der
Anordnung gewirkt. Zugleich haben Sie durch Ihr bezeichnetes
Verhalten die Anordnung im Kreise der F. G. verhöhnt. – Wegen dieses die Sicherheit und Ordnung schwer gefährdenden
Verhaltens werden Sie bis auf weiteres abgesondert unter
gleichzeitigem Rauch-, Besuch- und Schreibverbot. – Zugleich
wird Ihnen bis auf weiteres das Lesen von Zeitungen und die
Benützung der Kantine verboten. N'feld, d. 5. 1. 21. Festungshaftanstalt, Schröder, Oberregierungsrat.« So leben wir. Ich
hocke nun also im Erdgeschoß in einer kahlen Gefängniszelle
und darf für einige Wochen über die Schönheit der Welt nachdenken, ohne zu erfahren, was draußen vorgeht, ohne mir die
Zeit durch Rauchen zu vertreiben (zu welchem Verzicht ich
noch nicht recht fest entschlossen bin) und ohne an Zenzl oder
sonstwen Briefe schreiben zu können. Vielleicht hat auch das
sein Gutes. Mein Roman ›Ein Mann des Volkes‹[1] ist nachgerade
so lange im Gehirn gewälzt und erwogen worden, daß es mir
nicht drauf ankommt, bald ans Werk zu gehen. Ferner spare ich
viel Geld an Briefporto, und endlich kann ich mich doch mal
konzentrieren, wozu mir der lärmende Geselligkeitsbetrieb der
letzten Zeit wenig Ruhe gab. Aber die Sache selbst gibt sehr zu
denken. Der militärische Überfall[2] gestern kam aus heiler Haut.
Fühlt sich die Reaktion so sicher im Sattel, daß sie sich traut,
jetzt unter blanker Verspottung ihrer eigenen Gesetze alles gegen uns wagen zu dürfen? Die Maßnahme gegen mich ist eine
unglaubliche Sache. Es ist mir gar nicht eingefallen, irgendwen
»aufreizend zum Zweck der Nichtbefolgung der Anordnung«

ermutigt zu haben. Ich habe mir – und das war eine Privatange-
legenheit – das Sowjetzeichen über ein papierenes Hakenkreuz
gesteckt, womit die staatsgefährdende Wirkung des Sterns ja
wohl kompensiert war. [...]

Einzelhaft (15. Tag). Donnerstag, d. 20 Januar 1921
Kurz vor neun Uhr abends. Will sehen, wie weit ich komme. –
Auf dem Hof schmiß mir heut mittag Gruber[3] einen Wisch aus
dem Fenster zu: »Es ist mir mitgeteilt worden, daß Sie mir 50
M. überweisen wollen. Es ist mir unerklärlich, wie Sie wagen
können, mir Geld anzubieten, von dem ich nicht erfahre woher
es kommt. Die Revolution für die ich gekämpft habe, kennt
keine philantropischen Allüren und keine Wohltätigkeitsge-
stien (sic!), sondern die Revolution kämpft um die Solidari-
tätsprinzipien der kommunistischen Gesellschaft. Behalten Sie
Ihren Schmutz oder wählen Sie ein anderes Opfer zur Korruption, mir genügen meine Erfahrungen, um mit offenem Wisier
gegen Sie zu kämpfen. Michael Gruber.« Ich habe dem Mann
nie was zuleid getan und sehe, daß die Westriche und Genossen
meine Absonderung benutzen, um harmlose Esel wie diesen
Gruber gegen mich scharf zu machen. Wiedenmann[4] hat es mit
seinem Schrieb glücklich erreicht, daß auch die Auszahlung an
die Kantine verweigert wird, so daß also ganz ungewiß geworden ist, was aus dem Geld werden soll, und Vollmanns Verleumdung, ich wolle mir Anhänger kaufen, wird von charaktervollen
»Genossen« fröhlich aufgegriffen. Es ist mir schlechterdings
rätselhaft, weshalb ich mir diesen abgründigen Haß zugezogen
habe. [...] Mir graut bei dem Gedanken, daß gute Menschen
wieder werden helfen wollen und mir dabei ihr Vertrauen schenken könnten. [...]

Einzelhaft, Freitag, d. 21. Januar 1921
Das neue Dilemma ist schon da. Ein Genosse Gottschalk aus
Brooklyn, der meinen Brief an Genossen Steiner in New York
gelesen hat, schreibt mir einen prächtigen Brief. Er hat gesammelt und schickt jetzt über 2000 Mark an mich.[5] Da er ausdrücklich Verteilung unter die Genossen in Niederschönenfeld
bedingt, obwohl er mich »ausdrücklich mit der Vollmacht be-
traut, darüber zu verfügen und festzustellen, wo es am meisten

nottut«, und obwohl er es für »gleichgesinnte Genossen« bestimmt, wird mir nichts anderes übrig bleiben, als die Verräter Westrich etc. und die Spitzel wie Götz[6] zu gleichen Teilen partizipieren zu lassen. [...] – Mein Seppl,[7] der arme Kerl, hat den 16. Januar, den Tag seiner ihm vom Gericht bewilligten Entlassung, nicht nur weiterhin auf Festung, sondern sogar in Einzelhaft zubringen müssen. In der Nacht zu dem Tage, auf den er sich so lange gefreut hatte, erlitt er einen schweren Anfall, einer dieser sonderbaren hysterisch-epileptischen Zufälle, wie sie erst seit dem Kriege, dem »Stahlbad des Volkes«, in die Pathologie eingegangen sind: mit tobsuchtartigen Erscheinungen bei völliger Bewußtlosigkeit. Dosch litt daran, Markus Reichert, Vogel hier und auch unser Wittmann-Seppl, alles Leute, die verschüttet waren. Sie haben nach dem Erwachen keine Ahnung, was los war, und Seppl erzählte mir, er habe bloß dumm geträumt, und nachher, als er aufwachte, hätten plötzlich die Aufseher um ihn herum gestanden. Er will's nicht zugeben, daß ihn die Verlängerung der Strafe aufregt, aber ich buche diesen Anfall, der natürlich furchtbar Kraft verzehrt, den Herren Schröder,[8] Menzel[9] und Kühlewein[10] aufs Schuldkonto. [...] – Im Reichstag hat man über den andauernd verschärften, mit der Reichsverfassung unvereinbaren Ausnahmezustand in Baiern diskutiert. Die Reichsregierung ist natürlich zu feige, sich mit Kahr[11] einzulassen. Der demokratische Innenminister Koch[12] hat unter vielen Verbeugungen nach München hin einiges nicht unbedenklich gefunden und in Aussicht gestellt, nichts dagegen zu tun. Otto Runge aber, Liebknechts Mörder, hat ein umfassendes Geständnis seiner scheußlichen Tat veröffentlicht, das die Offiziere des Edenhotels, die Herren Pabst, Vogel und Konsorten und zugleich den Kriegsgerichtsrat, der die Verhandlung gegen ihn geleitet hat, schwer belastet und als Anstifter und Begünstiger des Mordes bloßstellte. Es wird ihnen nichts geschehen,[13] aber sie werden versuchen, Runge um die Ecke bringen zu lassen, was ja auch keine strafbare Handlung im Urteil der gegenwärtigen deutschen Justiz wäre. Auch die Flensburger Mörder[14] befinden sich bereits außer Verfolgung. Dagegen hat die »sozialistische« Regierung in Sachsen die Amnestierung von Hoelz[15] abgelehnt. Gott sei Dank haben sie ihn nicht. Und die Leute bilden sich ein, diesen stinkenden Saustall als dauerndes

Heim deutschen Rechts und deutscher Sitte konservieren zu können. Im eigenen Dreck werden sie eines Tages ersticken. Mag dieser Tag nicht fern sein! Wer noch Mensch ist in Deutschland, lechzt nach ihm.

Einzelhaft, Sonntag, d. 23. Januar 1921
Der dritte Sonntag in diesem Käfig. [...] Die Revolutionsbewegung in Deutschland sieht trübe aus. Die VKP[16] beweist ihre Existenzberechtigung durch bloße Schaumschlägerei. Da die Russen nur sie – und allenfalls die zu Kreuze kriechende KAP[17] anerkennt, das heißt unterstützt, ist der Kampf allen nicht opportunistischen, entschiedenen Revolutionären ungeheuer erschwert. Lenin übersieht die Dinge nicht richtig. Kennte er den deutschen Volkscharakter, wüßte er, wie autoritätsgläubig der Deutsche ist – er nützte die Autorität, die zur Zeit gerade er genießt, besser aus. Ich sehe es hier im Hause wieder: Da die 3. Internationale die KAP als sympathisierende Partei zugelassen hat, verkehrt man mit deren Mitgliedern. Sie kleben ja wenigstens überhaupt Wapperln. Mich hingegen verachtet man aus dem Grunde, und das Lustige ist, daß die ach so rebellischen KAP-Leute – Gruber ist von ihnen angeworben – mit den echt Gestempelten völlig im Takt marschieren. Der große Bann in Ansbach gegen mich hatte denselben Grund wie hier die große Hetze. Gott sei Dank ist die Revolution nicht von den »Revolutionären« abhängig, die sie für ihr Monopol halten. Aber die Widerstände gegen jede revolutionäre Elementarität verstärken diese legitimen Erben der alten Sozialdemokratie ungemein. Bei aller ehrfürchtigen Liebe zu den Bolschewiki wegen ihrer eigenen Revolution – ihre Politik zur Ausbreitung der Revolution ins Weltmaß ist abscheulich dumm, da sie von dem Wahn befangen ist, die Masse müsse sich zu Programmen bekennen, und deshalb der Masse mit opportunistischen Konzessionen entgegenkommt und – genau wie die früheren marxistischen Päpste – alles ausschließt, was von links her dagegen opponiert. – Gottlob macht die Unionisten-Bewegung[18] bei uns trotz alledem gute Fortschritte, und was mich vor allem freut und beruhigt, ist, daß die revolutionären Arbeiter auch die AAU gespalten haben, da sie Konzessionen an die Moskauer Internationale beschloß. Die Gründung der Sozialistischen In-

dustrie-Arbeiter-Union war die gegebene Antwort auf die Beschlüsse der Leipziger AAU-Reichskonferenz. Die vorübergehende Schwächung der B. O.-Bewegung[19] macht nichts. Abspaltungen nach links beweisen immer, daß der gute revolutionäre Geist lebendig ist, und alle Erfahrung beweist, daß aktiv gewordene Revolutionen nur die links stehenden Sammelbekken füllen – und die bewährtesten und besten unserer Kämpfer, die Genossen von Braunschweig, Ostsachsen, Düsseldorf und wichtige Ruhrbezirke haben sich schon auf diesem äußersten Flügel zusammengefunden. Ich wünschte, die Syndikalisten fänden bei Wahrung ihrer Eigenheit nahen Anschluß bei diesem Vortrupp. Sie wären geeignet, endlich mal der Marxomanie im deutschen Proletariat entgegenzuwirken, ihm den wissenschaftlichen Spleen zu nehmen und ihm den Glauben an Willen und Tat beizubringen. Nachher wird die »Taktik« schon von selber kommen. Wie wunderbar groß wären Lenin und seine Freunde, wenn sie keine Schulmeister sein wollten!

Niederschönenfeld, Sonnabend, d. 19. Februar 1921
[...] Seit ich von der Einzelhaft wieder oben bin, ist es unter uns fünf so fad geworden, daß ich mich oft zu Paul Förster hinüberdrücke. Mein ganzer Trost ist der Seppl. Ich habe den Jungen so lieb wie einen Bruder oder Sohn. Die Stunden nach Gitterschluß am Abend, wo ich jeden Abend noch mit ihm bis Mitternacht auf dem Gang spazieren laufe, erhellen mir das Leben, das ich dem guten, reinen, jungen Menschen zum zweiten Mal scheine danken zu sollen. Vor zwei Jahren befreite er mein körperliches aus den Fängen der Dürr,[20] Seyffertitz[21] und Gelichter. Jetzt gibt er dem Herzen Sonne und Freude. Gebe Gott, daß ich es ihm einmal vergelten kann!

Niederschönenfeld, Dienstag, d. 8. März 1921
[...] Inzwischen spukt mir ein Gedanke im Kopf herum, mit dem ich glaube, den Stein der Weisen gefunden zu haben, der wieder mal identisch ist mit dem Ei des Kolumbus. Nämlich: Alle Internationalen haben sich bisher ihre Aufgaben falsch gestellt. Die politischen Zusammenschlüsse der proletarischen Revolutionsorganisationen sind nur nebenbei wichtig. Worauf es ankommt, ist mit einer wirtschaftlichen internationalen Ver-

bindung dem Problem des Kommunismus direkt auf den Leib zu rücken. Es wäre notwendig, eine Internationale von Betriebsorganisationen zu gründen, die sofort im größten Maßstab den wirtschaftlichen Mobilisationsplan für alle Länder zu entwerfen hätte, nämlich bis ins Einzelste hinein die Feststellung, wo Rohstoffe lagern, wo sie überflüssig sind, wo benötigt werden, welche Arbeitskräfte zur Verfügung stehen durch Nicht- oder Falschbeschäftigung, wie der Austausch zwischen revolutionären Ländern zu regeln ist, wie die Produktion dem Bedarf angepaßt werden kann, was und wie sofort zu sozialisieren ist. Jeder Betrieb hätte Listen aufzustellen über Materiallieferungen und Absatz, der gesamte Verkehr wäre auf eine praktische Umstellung hin zu untersuchen, kurzum, der Aufbau müßte bis in die Dörfer hinein in allen Ländern vorbereitet werden, damit im Augenblick der politischen Revolution die konstruktive Arbeit sofort planmäßig von den Betriebs- und Bauernräten aus aufgenommen werden kann. Daran sind alle diese großen sozialen Bewegungen gescheitert, daß man das Wichtigste der augenblicklichen Eingebung überließ, während die Bourgeoisie beispielsweise den Krieg bis in die kleinsten Details vorbereitet hatte, so daß jeder Soldat am ersten Mobilisationstage wußte, wohin er sich zu begeben habe, jeder Kaufmann wußte, was er in der ersten Stunden und an wen liefern mußte, jeder seine Aufgabe bis ins Gleichgültigste hinein vorgezeichnet fand. Stützt sich meine kommunistische Tat-Internationale, die eine Räte-Internationale sein muß, ganz auf die schaffenden Kräfte selbst, so leistet sie die denkbar beste revolutionäre Erziehungsarbeit und verhindert von selbst die Etablierung einer Partei- oder Personen-Oligarchie. Es ist ja dumm und mir selbst kaum verständlich, daß ich erst jetzt auf die Idee verfalle, und es ist sehr möglich, daß die Revolution alle Vorbereitungsarbeiten überholt und uns wieder vor die Notwendigkeit stellt, Stegreifarbeit zu machen; aber ich finde, deswegen muß man doch versuchen, die statistischen und registratorischen Vorarbeiten zu machen, und so praktisch Revolution zu treiben, auch ehe die Revolution da ist. – Wie immer, wenn ich eine Idee versuchen will, trug ich auch diese zuerst meinem Seppl vor, der ernst zuhörte. Dann sagte er nach seiner Gewohnheit einfach: »Stimmt« – und da war ich zufrieden und sprach mit dem Benz (Wolf) darüber, der, als er die Sache verstanden hatte, die Größe der Idee sofort begriff, aber sehr viele Schwierigkeiten voraussah, an denen ein solcher Plan scheitern könnte. Ich sagte ihm, daß ich das wisse, daß Millionen Detailbedenken erwogen und Millionen Differenzen in Einzelfragen entstehen werden, aber ich setzte alledem mein eigenes Wort entgegen: Die Gegenwart hat an die Zukunft keine Fragen zu stellen, sondern Forderungen. – Sollte mein Gefühl sich bewähren und die Freiheit ist eines Tages da, dann fange ich, solange nicht unmittelbarer Revolutionsdienst zu leisten ist, mit der Propaganda dieser Idee an, zu der ich Syndikalisten und linke, parteifeindliche Unionisten zu gewinnen hoffe. Zu neuen Ufern –

Niederschönenfeld, Dienstag, d. 15. März 1921
Der Erfolg in Mannheim[22] war nach den brieflichen Berichten, die ich bis jetzt habe, tatsächlich sehr stark. Die Mitwirkenden und das Arbeiterpublikum waren so bei der Sache, daß die armen Teufel, die die Soldaten spielten, wirklich verhauen wurden. Die Begeisterung soll mächtig gewesen sein. Ich warte aber noch die Presse ab, ehe ich mich irgendwelchen Siegergefühlen hingebe. Es wäre schön, wenn sich Zenzls Meinung erfüllen würde, daß das Stück über viele Bühnen gehen müsse. Sie könnte eine kleine Kassenauffüllung gut brauchen. – Wie die Entwaffnungsdebatte im Reichstag[23] ausgegangen ist, wissen wir noch nicht. Höchst albern ist jedenfalls in der Behandlung der Londoner Forderungen und Sanktionen[24] die Haltung der Kommunisten. Die Deutschnationalen treiben die gleiche Illusionspolitik wie während des ganzen Krieges, lassen sich von Phrasen und Studentenkundgebungen benebeln, machen aber mit ihrer halsstarrigen Vabanquepolitik immer noch eine weit bessere Figur als etwa die Sozialdemokraten. Die Unabhängigen machen reine pazifistische Politik, immerhin ein Standpunkt, wenn auch nicht meiner. Die Kommunisten dagegen proponieren den Bourgeois im Reichstag in Anträgen ein Schutz- und Trutzbündnis mit Sowjetrußland, weil sie anscheinend sonst überhaupt nichts wissen, stimmen aber im übrigen mit der USP, also für die Innehaltung der Verträge von Versailles und die Forderungen von Paris. Alles Drumrum ist leeres Gerede. Statt jetzt, auf die Gefahr hin, mit den Nationalisten in

einen Topf geworfen zu werden – das fürchten sie wie die Pest – klare Katastrophenpolitik zu treiben, alles zu unterzeichnen, was die Konflikte zwischen den Kapitalisten der verschiedenen Länder fördern muß! Bedenkt man, wie sie seinerzeit die USP beschimpft haben, weil sie für den Versailler Vertrag eintrat, und sieht, wie sie jetzt genau dasselbe machen, dann kann einem angst und bange werden. Aber die Beteiligung am Parlamentarismus mußte ja zur Aufgabe jeder prinzipiellen Revolutionspolitik führen. Bayern bleibt – Gott sei Dank – »fest«: offene Fronde gegen die Reichsparolen. Unsere Knebler sind unsere Befreier. Sie werden notwendig die schwersten Repressalien der Entente heraufbeschwören, das Elend wird dadurch grenzenlos werden, und die Revolution wird mächtig gefördert werden. – Im Hause wenig Neues. Ibel wurde, weil er Vollmann bei der Unterredung jedenfalls gründlich die Wahrheit sagte, gleich unten behalten, hat außerdem acht Tage Hofentzug. – Einem Gerücht zufolge soll gegen uns Radikale ein neuer großer Schlag geplant sein. Man will von Attentatsabsichten gegen die Anstalt wissen und will angeblich mit dem Sprengstoffgesetz gegen uns ausrücken. Es ist den Leuten kein Geschwätz zu blödsinnig. Wahrscheinlich soll wieder wie im letzten Jahr »Material« geliefert werden für die Notwendigkeit der Sipo und Einwohnerwehr. An der ganzen Geschichte ist nicht das geringste dran, aber ekelhaft ist, daß offenbar im Hause selbst derartige Albernheiten im Umlauf sind und das Ganze auf Denunziationen von »Genossen« zurückgeht (falls überhaupt was dran ist). Diese Leute sind durch Entgegenkommen jetzt so weit gebracht, daß sie uns andere glatt ans Messer liefern würden. Zu Ostern dürfen sie ihre Frauen ohne Aufsicht in den unbewohnten Zellen des ersten Stockwerks empfangen, während wir ihnen nicht mal schreiben dürfen. Aber man lernt seine Leute kennen, das ist auch was wert, wenn auch nicht viel.

Niederschönenfeld, Sonntag, d. 27. März 1921
[...] Übrigens schreibt mir Zenzl, daß die Sowjetregierung durch einen Dresdner Verlag meinen ›Kain‹ – das ganze Werk – angefordert hat. Man scheint sich also doch noch für mich zu interessieren in Moskau, und vielleicht wird es wirklich einmal Tatsache, daß ich mit Zenzl im plombierten Waggon aus

Deutschland nach dem Osten davonrolle.[25] Mir sollte es recht sein, und die Revolution hätte gewiß keinen Schaden davon.

Niederschönenfeld, Sonnabend, d. 2. April 1921
Die Revolution wächst, allen beschönigenden Meldungen des W. T.[26] zum Hohn. Zwar sind wichtige Positionen gefallen, aber täglich entstehen neue Herde, und der Streik greift um sich, der zum mindesten den wirtschaftlichen Zusammenbruch beschleunigen muß. Die Führung scheint von der KAP übernommen zu sein, die wirksame Apostrophen ins Proletariat schickt, während die VKP mit marxistischen Phrasen, Deutungen, Erklärungen, Erläuterungen arbeitet und wieder mal nicht begreift, daß es hier nicht um historisch-philosophische Deduktionen geht, sondern um Aufruhr, der zündende Parolen braucht. Die Reaktion arbeitet wieder mit dem bewährten Mittel des systematischen Meuchelmords in der gesetzlichen Bemäntelung des Fluchtversuchs. So wurden drei Arbeiter, die die Gefangenen im Leunawerk zu befreien suchten, »auf der Flucht« erschossen, und nun ist ein weiteres Opfer nach dieser Methode gefallen, das aber wahrscheinlich das Eingreifen des Berliner Proletariats zur Folge haben wird. [...] Die Weltrevolution ist mitten im Werden, und in Deutschland erleben wir zur Zeit den entscheidenden Moment, sie akut zu machen.[27] So erfüllt das Geschehen draußen mein Herz mit stärksten Hoffnungen. Die damit verbundenen Befürchtungen betreffen nicht den Ausgang, nur die schrecklichen Episoden, bei denen viel kostbares Proletarierblut fließen wird.

Niederschönenfeld, Dienstag, d. 5. April 1921
Leider geben die Ereignisse draußen weiterhin wenig Anlaß, unmittelbare Folgen von ihnen zu erwarten. Der Generalstreik wird, wo er überhaupt ausgebrochen war, von VKP und KAP wieder abgebremst. Doch gehen die Bandenkämpfe weiter. Auf Hoelz' Kopf sind jetzt 100000 Mark ausgesetzt. Man behauptet, er habe das Siegessäulenattentat[28] und alle übrigen Dynamitaktionen arrangiert und die gesamte mitteldeutsche Bewegung organisiert. Was für ein herrlicher Kerl! Der erste und einzige, der bisher die Notwendigkeiten einer deutschen Revolution voll begriffen hat. Mit Einschüchterung und Terror ar-

beitet die Bourgeoisie, mit Einschüchterung und Terror muß gegen sie gearbeitet werden. Individualakte und Bandenkrieg, verbunden mit wirtschaftlichen Kämpfen – das sind die für Deutschland jetzt einzig möglichen und notwendigen revolutionären Mittel. Kein Bürger darf seines Lebens und seines Eigentums sicher sein, so kann allein die moralische Widerstandskraft der Kapitalisten gebrochen werden. Hoelz hat das verstanden und hat sich als der Mann erwiesen, der seine Einsicht in praktische Tat umzusetzen weiß. Großartig ist seine Ubiquität: Immer im rechten Augenblick spurlos verschwinden, immer im rechten Augenblick am rechten Ort wieder auftauchen; großartig seine umsichtige Entschlossenheit in der Durchführung seiner Pläne, großartig seine Dreistigkeit – so hat er ganz kalt Zeitungsreporter zu einer Aktion eingeladen, die er zusehen ließ, wie er als Befehlshaber und Eroberer arbeitet, um sie dann wieder wegzuschicken, wenn er nicht mehr wünscht, daß man seinen Aufenthalt kennt. Vollständig richtig beurteilt er die Psyche des Proletariats – er soll selbst Tagelöhner gewesen sein –, wenn er allen seinen Handlungen den romantischen Nimbus wahrt, der nun einmal dazugehört. Ich habe gestern ein Hoelz-Lied[29] auf die Melodie ›Es blasen die Trompeten‹ geschrieben; ich wollte, er kriegte es noch selbst in die Hand, und seine eigene Garde sänge es bei ihren Zügen. Ich bin glücklich, daß so ein Mensch, eine proletarische Napoleonnatur, aus der deutschen Revolution erstehen konnte. Das gibt Hoffnung für das Volk und seine Sache. [...]

Niederschönenfeld, Mittwoch, d. 13. April 1921
Zwei Jahre in Gefangenschaft. Seit vollen zwei Jahren kein weiches Bett mehr unter dem Buckel und keine der Bequemlichkeiten, die ich liebe. Seit zwei Jahren die Ehe zerrissen, das Leben versaut. Kein Schritt ohne Aufpasser, kein Brief, der nicht von Unberufenen, von Feinden gelesen wird. Zwei Jahre sind eine lange Zeit, und wenn's nach dem Willen der Bürger geht, sollen ihnen noch dreizehn weitere solcher Freudenjahre folgen. Sie täuschen sich aber. Das dritte Jahr wird nicht mehr rund werden. Die Kahr-Regierung wird fortmüssen, ehe sie alle Schurkereien vollendet hat, die sie noch beabsichtigt. In München wird verhaftet, daß alles aufhört. Die Polizei (Pöhner[30]) veröf-

fentlicht Schreckensberichte über Dynamitpläne, denen die Spitzelarbeit an der Stirn abzulesen ist. Ich kann mir nicht denken, daß die Kommunisten wirklich große Mengen Pikrin gehabt haben sollten zu dem Zweck, die bairischen Truppentransporte nach Mitteldeutschland durch Sprengung von Eisenbahnbrücken zu verhindern, und dann nachträglich mit all den Plänen reinzufallen, nachdem sie die Zeit, sie auszuführen, verschlafen hatten. Oder ist's doch so? Die VKP hat in der ganzen Sache eine recht peinliche Rolle gespielt, die des Provokateurs, der um alles in der Welt keine Wirkung seiner Provokationen erleben will. [...]

Niederschönenfeld, Pfingstmontag (16. Mai) 1921
Meine drei Freunde (Seppl, Adolf[31] und Clemens[32]) befinden sich bei einer Sitzung der VKP-Mitglieder und werden wohl das Gelüst der Schwab, Sauber, Wiedenmann etc., hier eine Parteidiktatur über alle Genossen zu verkörpern, kaputtmachen. Walters[33] Solidaritätsbruch und die Verhängung des Boykotts gegen ihn durch die Kommission, die wir nicht anerkannt haben, hat Konflikte lebendig gemacht, die endlich zum Ausbruch gebracht oder beigelegt werden müssen. Sie nennen es ja »Diktatur des Proletariats«, wenn sich ein Klüngel zusammensetzt und Dekrete erläßt. Außer dem Seppl wüßte ich im ganzen Haus keinen, der meine Auffassung von proletarischer Diktatur, der Diktatur der Klasse über die andere, sie jetzt ausübende, begreift. Darüber hinaus gibt es nur noch die Diktatur der Revolution selbst, nämlich den Terror der Aktiven über die Passiven als Mittel gegen die Sabotage proletarischer Saboteure, aber keine Zentralgewalt. Daß man gar hier unter uns Gefangenen eine Despotie einiger lächerlicher Oligarchen einführen will, zeigt die ganze Absurdität jeglicher Parteipolitik. [...] Eben war Karpf bei mir und erzählte einiges von der Parteiversammlung. Es handelt sich eigentlich um eine Offensive gegen mich. Man möchte mich gern isolieren, da ich mich dem Klüngelzwang nicht füge. Aber das wird nicht gelingen. Außer meinen drei Nächsten steht darin auch Karpf zu mir, und auch Hagemeister wird schwerlich zu einer gegen mich gerichteten Attacke zu haben sein, obwohl gerade er mit Wiedenmann Vertrauensmann der VKP ist. Gespannt bin ich, wie

Kain sich verhält. Er ist ein kluger, durchtriebener Redner, der gewiß die Parteiinteressen übertrieben hoch stellt, aber alle Chancen abzuwägen weiß und zu mir persönlich in guter Beziehung wird bleiben wollen. – Amüsant wird es werden, wenn eines Tages die Sowjetregierung mich anfordert. Dann werden die Splitterrichter hier Augen machen. Ich selbst bin nach den scheußlichen letzten Wochen in Ansbach recht gleichgültig geworden. Ich tue, was mir im Interesse der großen revolutionären Sache recht scheint und überlasse das Urteil über mein Verhalten dem Verlauf der Dinge.

Niederschönenfeld, Dienstag, d. 17. Mai 1921
Krach. Die »Einheitsfront« im zweiten Stock ist durchbrochen. Schon gestern beim großen Aufwaschen unter den Parteikretins muß es anmutig hergegangen sein. Tatsächlich hat die Bande all den alten Dreck, der von Westrich und dem Ansbacher Geschmeiß herrührt, wieder hergebracht und mir Unterschlagung, Diebstahl und Gott weiß was vorgeschmissen – natürlich in meiner Abwesenheit. Sauber soll das Maul am weitesten aufgerissen haben. Dieser Hampelmann von Schneppenhorst und Dürr hat's notwendig. [...] Man vertritt hier ja das reizvolle Prinzip, gegen »politische Gegner« ist jedes Mittel recht. Komisch ist nur, daß bei diesen Leuten immer nur der Revolutionär als politischer Gegner betrachtet wird, der ihnen Mangel an revolutionärer Tatkraft vorwirft. »Klassenkämpfer!« [...] Augenblicklich ist Fortsetzung der Parteiwäsche. Meine drei Freunde haben unter Protest die Sitzung verlassen, so weiß ich schon, was vorging. Wiedenmann hat erklärt, in seinen Augen sei ich ein Dieb, was ihn bis jetzt nicht gehindert hat, unermeßlich freundlich mit mir zu reden. Dann hat Kain dem Seppl vorgeworfen, er habe gestern mit Walter geredet. Er mache also den Spitzel für Walter, und demnach sei zu erwarten, er werde ihn auch beim Staatsanwalt machen. Ich hörte den guten Jungen rufen: »Leckts mich allesamt am Arsch da herinnen!« Dann ging er hinaus, gefolgt von Adolf Schmidt und Schreiber. Als »Herr Wittmann« wurde er betitelt – und nun werden wir also wohl den Boykott gegen die »Mühsam-Gruppe« haben. Gespannt bin ich, wie Ringelmann und Weigand[34] und auch wie Karpf sich verhalten werden. Bei Olschewski ist wohl kein

Zweifel mehr; der springt jetzt auf jede Parole: Parteipostenpolitik wie bei den meisten. Sie glauben, von Partei wegen terrorisieren zu dürfen, wie sie mögen. Da sie an mich mit ihrer »Parteidisziplin« nicht herankommen, machen sie mich persönlich zum Lumpen. – Meine Vergangenheit schützt mich also vor nichts, und der Gedanke, daß ich um des Kommunismus und der Revolution willen schon verfolgt wurde, als sie das Wort noch nicht einmal lallen konnten, stört sie nicht. Seppl aber belangen sie (weil er mein Freund ist) wegen Boykottbruchs, obwohl ausdrücklich auf Boykott verzichtet wurde. Unangenehm wird es ihnen sein, daß Schmidt bei uns ist, ihr Landtagsabgeordneter, ein »Funktionär« ihrer eigenen Partei: Jetzt bin ich auf die Intrigen gespannt, die sie gegen uns aussinnen werden. Sie haben mit alledem nur gewartet, bis Vollmann fort sei. Jetzt trauen sie sich mit dem ganzen Schmutz vor: Solidarität halten sie für überflüssig geworden. Sie werden sich vielleicht täuschen. Der neue Mann macht nicht den Eindruck, er werde uns entgegenkommen. Wir hatten vereinbart, daß von uns aus nichts geschehen soll, um mit der neuen Verwaltung in Verbindung zu treten oder Änderungen herbeizuführen. Wie das von den ganz Konsequenten durchgeführt wird, zeigte sich heute. Günther[35] erhielt ein Paket. Er verlangte, bevor er es annahm, die Anfrage, ob die Durchsuchung und Rückbehaltung der Verpackung immer noch nach alter Methode vor sich zu gehen habe und wie der neue Vorstand darüber bestimmt habe. Natürlich kam die Antwort, es gehe vorerst alles weiter wie bisher. Als ob nicht durch solche Provokationen erst der Anreiz geschaffen würde, nichts zu ändern! Jetzt werden wir vier, allenfalls – wenn Karpf, Gnad, Ringelmann und Weigand zu uns stehen – höchstens acht, unsere Entscheidungen allein treffen. Und etwas mehr Charakter als die Diktatur-Westriche werden wir wohl aufbringen.

Niederschönenfeld, Donnerstag, d. 19. Mai 1921
Unsere Isolierung ist so ziemlich durchgeführt. Schon seit gestern mittag sind wir aus dem Speisesaal ausgezogen und essen jetzt in meiner Bude zu viert. [...] Wiedenmann erklärte, ich sei ein Dieb, Egensperger,[36] der mich bis in die letzten Tage dauernd angeschnorrt hat, der von mir und durch mich alles mögli-

che erhalten hat, der mich bei jeder Gelegenheit seiner Freundschaft versicherte, schrie: Wer mit Mühsam spricht, ist kein Kommunist, Kain, der jeden Abend mit mir den Gang auf und nieder patrouillierte, verlangte, ich müsse nicht bloß bei den Kommunisten, sondern auch bei den Anarchisten und zwar international vernichtet werden, Schwab zog, als er die Konjunktur wieder für günstig hielt, mit Ansbacher Schweinereien daher (Meine Briefe, die ich dort vorgelesen hätte, hätten immer mit »wir« angefangen; darum eben habe ich sie ja vorgelesen!), und Sauber behauptete, er besitze überführende Beweise für meine Unehrlichkeit. Ich erklärte den beiden Abgesandten zunächst, daß eine Verteidigung für mich nicht in Frage käme, in die Lage eines Angeklagten ließe ich mich nicht bringen. Die ganze Sache habe politische Motive, weil ich nicht nach der Parteiflöte tanze, und sollte etwas gegen mich unternommen werden, so würde ich mich mit allen Mitteln meiner Haut und meiner Ehre zu wehren wissen. Dann gab ich über die einzelnen Fälle kurz sachlichen Aufschluß mit dem Ergebnis, daß beide sich Punkt für Punkt für befriedigt erklärten. [...] Es kamen aber noch andere Beschuldigungen. Ich erhielte auffallend viele Pakete, und es bestehe der Verdacht, daß ich unter Inanspruchnahme persönlicher Beziehungen für die Gefangenen überhaupt persönliche Vorteile erziele. Hagemeister war selbst verlegen, als er das vorbrachte, und man ging, als ich einfach lachte, schnell darüber hinweg. Am Ende kam dann der eigentliche Punkt, der einzige, bei dem die Leute selbst glauben, was sie behaupten: Ich beeinflusse mit meinen politischen Ansichten kommunistische Genossen, vor allem Wittmann, aber auch Schmidt und Schreiber, auch bei Ringelmann und Weigand sei schon mein disziplinstörender Einfluß bemerkbar. Ich antwortete, daß ich selbstredend meine Meinung vertrete wie sie ist, ohne hingegen – im Gegensatz zu anderen – je Versuche gemacht zu haben, jemand von seiner Organisation abspenstig zu machen. [...]

Niederschönenfeld (Einzelhaft) Donnerstag, d. 26. Mai 1921
Ich muß wieder einmal vor der Zeit ein neues Heft anfangen,
und diesmal, da ich Zenzl nicht verständigen konnte, für eins zu
sorgen, eines, das nicht zu den anderen paßt, obwohl es mich 15
Mark gekostet hat. Ob und wann ich oder ein späterer Leser
den Inhalt dieses Buches mit den früheren Aufzeichnungen zu-
sammenflicken kann, läßt sich kaum entscheiden. Nachdem ich
gestern wegen meiner Sorge um Walter und um Zeit zu erhalten, »Erwägungen anzustellen«, in Einzelhaft gekommen bin,
wurde mir heute nachmittag »auf Anordnung der Verwaltung«
alles Papierne herausgeholt, darunter das gerade im Gebrauch
befindliche (aber fast volle) Tagebuch und das gesamte Kladde-
manuskript meines Romans, an dem ich gerade anfangen wollte, weiterzuarbeiten. Also eine Wiederholung des ganzen Vor-
gangs vom 19. April 1920. Nur jetzt insofern schlimmer, als
kein Grund da ist oder auch nur vorgetäuscht wird, irgendeine
Untersuchung in einem Strafverfahren dadurch zu fördern. Außerdem kann ich mich an niemanden hilfesuchend wenden und
stehe einfach dem von keiner Rechtsformalität mehr zurückge-
haltenen Ausbruch eines wahrscheinlich von Antisemitismus
bedienten brutalen politischen Hasses gegenüber, der mich zum
Opfer will. Ich rechne damit, daß der Inhalt der Tagebücher
von Kraus[37] zum Vorwand gemacht werden wird, neue Arten
seiner fühlbaren Belehrungen zu entwickeln. [...] Die Hausordnung aber, auf deren § 22 sich Kraus extra beruft, kennt als
Disziplinarstrafe nur Hofentzug, den der neue Herr gerade
nicht anzuwenden scheint. – Was der Haussuchung – (wie mir
von oben heruntergeschrien wurde, hat man auch oben meine
Zelle ausgesucht) – für weitere Schritte folgen werden, ist nicht
zu erraten. Gutes erwarte ich mir um so weniger, als die fanati-
sche Wut, mit der Kraus ohne jeden stichhaltigen Grund und
obwohl ich jeder Provokation sorgfältig ausgewichen bin, über
mich hergefallen ist, doch offenbar nur den Zweck hatte, Vorwände zu schaffen, um mich mit ausgesuchten Martern zu verfolgen. Aber ich bin gefaßt. Mehr als umbringen können mich
auch diese Leute nicht. [...] Nun werden wieder neugierige
Reaktionäre in meinen Tagebüchern nach Verschwörungsspu-
ren suchen und so wenig Glück damit haben wie mit den alten.
So ehrlich ich meine Tagebuchaufzeichnungen mache – schließ-

lich kann mich ja niemand verpflichten, in Selbstgesprächen in meiner Kritik sonderlich zurückhaltend zu sein –, so würde ich doch, selbst wenn auch etwas zu sagen wäre, was besser diskret bleibt, niemals der historischen Pedanterie wegen andere Leute Gefahren aussetzen. Politische Münze werden sie also wohl aus ihrem Fund nicht schlagen können. Von meiner ursprünglichen Absicht, mich ans Justizministerium zu wenden, sehe ich vorläufig ab. Daß mir von da Hilfe käme, ist nach allen Erfahrungen nicht anzunehmen, und da Kraus mich ohnehin außerhalb aller Gesetze behandelt, würde das vielleicht erst recht zu neuen Brutalitäten führen. Vorläufig sehe ich allem mehr interessiert als geängstigt zu und erkenne immer deutlicher, daß wir ungeheure Esel waren, als wir keinem unserer politischen Feinde ein Haar krümmten, als wir dazu unumstritten die Macht hatten. Jetzt zeigen sie selbst uns, was Klassendiktatur bedeutet. Trotzdem: schämen kann ich mich nicht, kein Kraus, sondern ein Esel zu sein.

Einzelhaft, Dienstag, d. 31. Mai 1921

Ich wurde zu Schneider zitiert und zwar zu dieser »Eröffnung«: Der Festungsgefangene Mühsam erhält zu seiner Absonderung als Verschärfung eine Woche Hofentzug und die gleiche Dauer hartes Lager. Grund: Ich habe seinerzeit dem F. G. Wittmann eine Abschrift meines Max-Hoelz-Liedes gegeben. Darin werden die Taten Hoelz' verherrlicht, die Arbeiter zum Verlassen der Fabriken, zum Aufstand und zu Gewalttaten aufgereizt usw., was sich mit dem Strafzweck durchaus nicht vertrage. Aus Gründen der Sicherheit werde ich also gemäß § 22 der Hausordnung mit Hof- und Bettentzug bestraft. Sollte diese Maßregel nicht den beabsichtigten Zweck erreichen, so werden mir weiterhin die allerschärfsten Disziplinierungen in Aussicht gestellt. Man hat mir sofort das Bett mitsamt Kissen, Decken und Matratzen herausgeholt und einen Holzkasten in die Bude gestellt, auf dessen Latten ich frieren, und wenn ich's fertig bringe, auch schlafen darf – und das eine ganze Woche hindurch. Ich erwarte nun auch noch Kostentzug – ein Grund wird sich schon noch in meinen alten Sünden finden. [...] Ich denke an Benachrichtigung des Rainer Gefangenenbeirats, glaube aber kaum, daß der sich um einen berüchtigten Kommunisten sehr annehmen würde. Ich werd's also vorläufig mal in Geduld auf mich nehmen. Man muß schließlich alles selbst durchgemacht haben, um mitreden zu dürfen. Und die acht Tage werden ja auch einmal herumgehen.

Einzelhaft, Sonntag, d. 5. Juni 1921
Das ganze Stockwerk ist in größter Erregung. Morgen soll ein Hungerstreik inszeniert werden – mit welchen Zielen, ist mir noch nicht ganz klar. Ich werde mich nicht daran beteiligen, auf die Gefahr hin, als Verräter und Streikbrecher angesehen zu werden. Als ich unter fadenscheinigen Gründen festgesetzt wurde, rührte sich kein Mensch deswegen. Der Boykott blieb in Kraft, und die schamlosen Verleumdungen sind – trotz der Überzeugung Hagemeisters und Günthers von ihrer Grundlosigkeit – nicht zurückgenommen worden. Die Aktion, die zur gegenwärtigen Situation geführt hat, ist ohne unsere Verständigung und gegen den früheren Beschluß inszeniert, also mag sie auch ohne uns fortgesetzt werden. [...] Im übrigen ist Hungerstreik in diesem Augenblick ungefähr das Dümmste, was überhaupt gemacht werden kann. Einen größeren Gefallen kann man ja den Herren Roth, Menzel und Kraus gar nicht erweisen. Die Leute, die ihn durchführen wollen – es sind meiner Rechnung nach sechzehn oder siebzehn –, haben in der Mehrzahl noch keinen mitgemacht. Da sie zumeist Lebensmittel in ihren Schränken haben, haben sie keinerlei Kontrolle, ob sich nicht mancher das »Durchhalten« sehr erleichtern wird. Von den übrigen wird einer nach dem anderen in drei, vier, fünf Tagen abfallen, und die paar Konsequenten werden vielleicht kaputtgehen, wonach kein Hahn krähen wird, oder aber, was viel wahrscheinlicher ist, den Hungerstreik ergebnislos abbrechen, was die Position der Verwaltung nur festigen würde. Bei der gegenwärtigen politischen Lage ist mit einer Änderung des Systems ohnehin in allernächster Zeit zu rechnen. Man braucht also gegen Kraus noch keine Mittel anzuwenden, die die eigene Gesundheit untergraben müssen. Natürlich wird unsere Stellung zwischen den übrigen jetzt noch viel ekelhafter werden, als sie schon vorher war. Aber weder das noch die Erwägung, daß möglicherweise die Regierung in den allernächsten Tagen schon stürzt und sich die Hungerer die dadurch automatisch eintre-

tenden Besserungen hier innen auf ihr Verdienstkonto schreiben werden, kann mich veranlassen, etwas mitzumachen, was ich für verkehrt halte und denen – ohne die Zusammenhänge zu kennen – Solidarität zu erweisen, die mich geächtet haben. [...]

Einzelhaft, Montag, d. 6. Juni 1921

Heute vor zwei Jahren um diese Zeit genau (drei Uhr) wurde Eugen Leviné auf dem Bluthof in Stadelheim erschossen. Es wäre würdig gewesen, den Tag hier in irgendeiner ernsten Form gemeinsam zu begehen. Das soll nicht sein. Unter all dem Geschrei von Zelle zu Zelle habe ich heute noch kein Ruf vernommen, der dem toten Genossen galt. Statt dessen wüstes Schimpfen auf uns, die wir den Hungerstreik ignorieren. Wir sind größere Lumpen als die unten – natürlich! [...] Wie liegt denn der Fall? Ich halte es für nötig, ihn zu fixieren, um später jeder Fälschung entgegentreten zu können. Es bestand der strikte Beschluß, mit der Verwaltung über die Aufhebung der Zwangsmaßregeln in keiner Form zu verhandeln, in völliger Passivität den Moment abzuwarten, wo sie entweder von selbst aufgehoben würden oder die politische Lage eine Änderung herbeiführe. Ausdrücklich wurde bei Vollmanns Abgang betont, daß eine Änderung unseres Verhaltens deswegen nicht in Frage komme. [...] Ganz abgesehen davon, daß der Hungerstreik jetzt geradezu unsinnig ist, ist es eine unglaubliche Zumutung, von denen, über deren Köpfe weg man den Beschlußbruch begangen hat, zu verlangen, die Folgen dieser Solidaritätsverletzung mit auf sich zu nehmen. So hörte ich vorhin Kain die Parole ausgeben: Jetzt zeigt es sich, wie recht wir hatten, sie zu boykottieren! Demagogen – und damit soll das Volk zur Revolution geführt werden! [...] Trotz alledem ist mir gar nicht wohl in meiner Haut. Rings um mich Menschen, Genossen, die die Nahrung verweigern, die größtenteils doch in völlig ehrlicher Überzeugung, damit einen revolutionären Kampf auszukämpfen, schwerste Schädigung ihrer Gesundheit, sogar Gefährdung ihres Lebens auf sich nehmen, und ich sitze dazwischen und beteilige mich nicht an der Aktion und werde deswegen von diesen ehrlichen Genossen für einen Lumpen und Verräter gehalten. Aber ich kann nicht etwas tun, was gegen meine Überzeugung geht, vor allem kann ich meine nächsten Kameraden, die die meiner Ansicht nach richtige Haltung einnehmen, nicht um der solidarischen Geste willen desavouieren. Ihnen bin ich vor allem Solidarität schuldig. Aber mein Essen will mir gar nicht schmecken. [...]

Einzelhaft, Donnerstag, d. 9. Juni 1921

Mir ist todelend zumute. Der Kaffee wäre die nötige Medizin. Ohne jeden Anlaß, ohne jede Begründung ist es verboten, daß ich ihn kriege. Heute mittag, als ich vom Hof heraufkam, standen die Freunde am Herd. Der Kaffee war fertig. Die Aufseher verhinderten, daß ich ihn mitnahm. Mich verläßt die Empfindung nicht, daß Kraus es mit allen Mitteln darauf absieht, mich leiden zu lassen. Das Telegramm an Pfemfert, dessen ganzer Inhalt war: »Mit Honorar einverstanden«,[38] als die rein geschäftliche Antwort auf einen Brief, der mir durch die Zensur zuging, scheint er nicht passieren lassen zu wollen. Wenigstens erhielt ich heute ohne ein Wort der Aufklärung das Geld zurück, das ich für das Telegramm mitgegeben hatte. Ich habe Adolf gebeten, einen Eilbrief an Pestalozza für mich zu schreiben, der, soviel ich weiß, auch von den anderen erwartet wird. Es sind ja geradezu tolle Zustände. Das Hungern der sechzehn Genossen scheint gar keinen Eindruck zu machen. Einige haben überdies – außer Einsperrung und Hofentzug – auch noch hartes Lager. Und ich bin mit meinen Nerven ziemlich am Ende. Schließlich ist's keine Kleinigkeit, was ich ausstehe. Seit sieben Monaten habe ich Zenzl nicht gesehen, seit dreieinhalb kann ich ihr nicht schreiben. Das Briefverbot fügt mir schweren wirtschaftlichen Schaden zu: Ich kann mich nicht um meine Arbeiten kümmern, muß Zenzl in allem ohne Rat lassen, bekomme natürlich auch keine Pakete mehr von vielen, die auf Antwort warten. – So schreibt mir Genosse Steiner aus Amerika einen geradezu entrüsteten Brief, daß ich ihm seine verschiedenen Sendungen nicht quittiert habe usf. Meine Tagebuchaufzeichnungen sind beschlagnahmt, mein Gesamtvermögen gepfändet, darunter der eventuelle Ersatz für die Plünderung vom Jahre 1919. Dazu die qualvollen Maßregelungen. Die sechs Tage Bettentzug haben mir furchtbar zugesetzt. Mit 43 Jahren, nach über zwei Jahren Einsperrung ist das für einen, der kein Soldat war, keine Kleinigkeit. Über die bei der Durchsuchung konfiszierten Sachen habe ich noch keinen Bescheid, und so hängt – womöglich wegen meiner Tagebuchaufzeichnungen – das Damoklesschwert unbekannter neuer Peinigungen ständig über mir. [...] Was am meisten an den Nerven zehrt, ist der Konflikt mit den Genossen. Ich denke selbst stark an Hungerstreik, möchte ihn aber nicht von heute auf morgen beginnen, sondern ultimativ eine Frist stellen, bis zu der ich mit den nächsten Kameraden gleichgestellt sein will, um dann erst mit der Aktion, die – das erkenne ich klar – bei meiner geschwächten Gesundheit Selbstmord sein kann, zu beginnen. Solange ich noch irgend andere Möglichkeiten sehe, will ich denn auch warten. Zenzl rät mir im letzten Brief zu Fatalismus. Gewiß: Mich hat noch immer der Gedanke getröstet, daß kein Zustand Dauer hat. Aber der Körper läßt nach, das ist das Verfluchte. Hat die Entwaffnung die Folgen, die ich annehme, dann ist ja zu erwarten, daß auch unter den Genossen selbst wieder Kameradschaft und Versöhnlichkeit einkehrt. Die Parteibesessenheit derer, die mal Funktionäre werden wollen, wird wohl in verträglichere Bahnen geleitet werden können, wenn hier durch Wiederherstellung gesetzlicher Zustände die Atmosphäre behoben ist, die sich in hysterischer gegenseitiger Beargwöhnung und fanatischer Gehässigkeit gegeneinander entlädt. – Über die Lage in der Politik weiß ich noch nichts, da ich die neuen Zeitungen heute noch nicht bekommen habe.

Einzelhaft, Montag, d. 13. Juni 1921
[...] Was in Rußland vorgeht, ist gar nicht zu erkennen. Radek soll in der Wiener ›Roten Fahne‹ eine vernichtende Bilanz der bolschewistischen Politik gezogen haben – von welcher Seite her er sie angreift, ist nach den Notizen der bürgerlichen Presse unklar. Andere Nachrichten sagen, die Sowjet-Republik gehe offensiv gegen Rumänien vor und fordere die ukrainischen Aufständischen auf, proletarische Solidarität zu üben. Nach den Erfahrungen, die Machno[39] mit Moskau gemacht hat – erst half er den Sieg gegen Wrangel erkämpfen, entschied ihn sogar, dann verurteilte man ihn zum Tode, weil er sich der Parteidespotie nicht unterwarf, und brachte Tausende seiner Anhänger um –, wird man für einen rumänischen Feldzug,[40] der doch ein Angriffskrieg zu sein scheint, kaum mehr Begeisterung bei die-

sen Opfern des eigenen Machtwahns wecken. Ich habe das Gefühl, als ob die Trotzki-Bucharin-Bewegung[41] das Symptom
der völligen Zersetzung der bolschewistischen Parteidiktatur
überhaupt ist. Parallel damit läuft der Zerfall der kommunistischen Partei in Deutschland, die – wenn ich von hier aus noch
halbwegs urteilen kann – nur noch die Bedeutung eines gleich-
gültigen politischen Vereins hat. Daß sich in diesem Augenblick
hier im Hause die Herren Kain-Sauber-Schwab-Wiedenmann
sozusagen als omnipotente »Zentrale« zu etablieren suchen,
zeigt die grenzenlose politische Naivität dieser großen Politiker. Sie merken nicht, daß das Rohrgeflecht ihres Stuhls schon
völlig zerfressen ist und daß sie gewissermaßen mit dem blan-
ken Hintern in der Luft hängen. Wir aber, die das Gefühl dafür
haben, sind halt »Verräter«. Es ist schlimm, daß Lenins Fiasko,
das seinen Grund eben darin hat, daß er aus der Sowjetrepublik
wieder einen Obrigkeitsstaat gemacht hat, dessen Hauptkampf
gegen revolutionäre Proletarier, die nichts von Bonzenherr-
schaft wissen wollen, gerichtet ist – daß diese Enttäuschung
weithin das Vertrauen zur Räterepublik überhaupt erschüttern
muß. Nur wenn die neue Revolution, die allem nach kurz bevorsteht, eine konsequent rätekommunistische ist, kann die Re-
signation des westeuropäischen Proletariats verhindert werden.
In Deutschland gibt es für den Revolutionär nur eine Forderung: Zertrümmerung der Parteien und Gewerkschaften, Aufbau der Betiebsorganisationen! Wenn mein Buch – dem, wie
mir Pfemfert schreibt, Rühle und er Vorreden beigegeben haben – bald herauskommt, kann es auch jetzt noch zur Klärung
manches beitragen. [...]

Niederschönenfeld, Sonntag, d. 20. Juni 1921
[...] Seit langem stellen mich gewisse Leute, allen voran der
widerliche Demagoge Pierre Ramus in Wien und ein Neffe
Landauers in Heidelberg, Walter Landauer, wie einen Lügner
hin, weil ich den toten Freund gegen die verruchten Versuche in
Schutz nahm, ihn zu einem Schwarmchristen zu machen, dessen revolutionäre Gesinnung vor allen revolutionären Taten
haltmache. Trotz Landauers Unterschrift unter den Proklamationen der Räterepublik, worin die Bewaffnung des Proletariats
als erste Forderung aufgestellt war, behaupten diese Gesellen

dreist, er sei strikter Gegner jeder Waffengewalt gewesen. Um Beweise fürs Gegenteil wäre mir nicht bange, wenn man mich nicht als völlig unglaubwürdig und tendenziös voreingenommen verschriee – und ich bin ja durch die Zensur verhindert, mich zu wehren und den Toten zu schützen. Jetzt aber erfuhr ich gestern etwas, was mir völlig neu war und ungeheuer charakteristisch für Landauers wahres Wesen ist. Ertl,[42] ein durchaus zuverlässiger* Genosse, erzählte mir ganz zufällig von dem Sturm auf den Bahnhof in München am 13. April 1919 nach meiner und meiner Kameraden Festsetzung beim Palmsonntagsputsch. Damals hat Landauer persönlich an dem Versuch, uns zu befreien – wir waren ja aber schon verschleppt – teilgenommen, und zwar mit dem Gewehr in der Hand, und hat kräftig daraus geschossen. Ich bat Ertl, sich ganz genau zu besinnen, ob kein Irrtum möglich sei, was er als vollständig ausgeschlossen bezeichnete. Landauer habe in der Bayerstraße im Eingang zum Café Glaßner gestanden. Er sei in der Lage, mindestens zwanzig Augenzeugen dafür zu benennen. – Ich glaub's unbesehen. Landauer hat immer betont, daß man wohl wünschen darf, die Revolution möge möglichst unblutig verlaufen; ich habe ihn aber auch einmal geradezu zornig gesehen, als er gegen die Phrase »Kein Blutvergießen!« loszog. Er sagte damals wörtlich – ich erinnere mich sehr deutlich –, »Kein Blutvergießen ist Unsinn! Wer Revolution will, muß sie ganz wollen und in Kauf nehmen, was sie mit sich bringt. Bis jetzt hat es noch nie eine unblutige Revolution gegeben, wir müssen sehen, möglichst wenig Menschenleben zu opfern.« 1909 in Zürich in der Versammlung in der »Eintracht« gab Gustav Landauer das Signal zum gewaltsamen Hinausschmeißen der Sozialdemokraten, bei der ersten Sitzung des Münchner Arbeiterrats, als wir die Gewerkschaftsbonzen aus dem Deutschen Theater rausfeuerten, hat Landauer fest mit den Fäusten zugegriffen.** Sein angeblicher Kampf gegen die Bewaffnung der Arbeiterschaft beschränkte sich auf die Warnung, man möge um Gottes Willen

---

* Dies Urteil mußte revidiert werden. Doch bleibt gerade die Angabe über Landauer glaubhaft. (Durchsicht im Mai 22) [E. M.]
** Als es am 7. April hieß, Studenten wollten das Wittelsbacher Palais stürmen, nahm L. eine Handgranate zur Abwehr in die Hand (Zeugen Toller, Niekisch etc.). [E. M.]

nicht die Maschinengewehre unter die Verfügung der Gewerkschaftsfunktionäre stellen. Ich könnte eine ganze Serie von Äußerungen Landauers zur Gewaltfrage feststellen, lege mir aber mit Rücksicht auf die latente Drohung, daß dieses Heft den Weg seiner Vorgänger gehen könnte, Zurückhaltung auf. Daß ich jetzt weiß, Landauer hat seinerzeit, um mich und die übrigen aus den Fäusten der Aschenbrenner-Sippe zu befreien, selbst am Straßenkampf teilgenommen, verschönt mir sein Bild unbeschreiblich. Ich werde dafür sorgen, daß der Vorgang durch Augenzeugen in genügender Zahl, allen Fälschungen dieses großen Revolutionscharakters zum Trotz, bleibend für die Geschichte festgelegt wird. Das bin ich meinem Lehrer, Freund und Kampfgenossen schuldig.

Niederschönenfeld, Mittwoch, d. 22. Juni 1921
[...] Von einem Brief von Fritz Weigel[43] erhielt ich bloß eine Hälfte, die andere wurde »wegen agitatorischen Inhalts« zum Akt genommen. Doch geht aus dem mir ausgehändigten Teil hervor, daß Hoelz im Besitz meines Liedes ist und sich sehr darüber gefreut hat. Das tröstet mich völlig über die sechs »harten« Nächte hinweg, die ich dieses Liedes wegen aushalten mußte. Der Hoelz-Prozeß geht immer noch weiter und ist eines der wichtigsten Ereignisse dieser Zeit. Hoelz steht wundervoll tapfer vor seinen Richtern: ganz als Ankläger, als Entlarver, als Kämpfer. Sein Leben ist aller Erwartung nach verloren, und er selbst nennt das Verfahren eine Affenkomödie. Vor ihm stand Ferry (Häring) vor dem Sondergericht wegen des Anschlags auf die Siegessäule, dieses ekelhaften Symbols militaristischen Größenwahns. Auch er stark, schön, mutig – und natürlich bis zuletzt von den Patentkommunisten als Spitzel und Provokateur verdächtigt: Acht Jahre Zuchthaus hat man ihm aufgeknallt. [...]

Niederschönenfeld, Donnerstag, d. 23. Juni 1921
[...] Die Interpellation im bayerischen Landtag über den Mord an Gareis[44] hat natürlich zu einer völligen Niederlage der Linken und zu einem verstärkten Vertrauen zu Kahr-Roth-Pöhner geführt. Das Maß von Heuchelei, das in der gemeinsamen Erklärung der Koalitionsparteien, in den Reden der Herren Kahr,

Roth und Schweyer[45] und ganz besonders in den Ausschleimungen der Presse, deren abgründige Verworfenheit nie so schamlos zur Schau gestellt wurde wie jetzt in Mordbayern, ist widerlich. Ein politisch besonders verhaßter Mann, auf den die Brachialteutonen wochenlang mit der Pistole gezeigt haben, wird in einer politisch ungeheuer unruhigen Zeit auf dem Rückweg von einer von ihm selbst als Referenten veranstalteten öffentlichen politischen Versammlung ermordet, nachdem ungezählte Morde seiner Richtung nahestehender Politiker in Deutschland seit zwei Jahren an der Tagesordnung stehen, die fast ausnahmslos ungesühnt geblieben sind (nach einer Gumbelschen Statistik[46] sind bis März 1921 314 Morde von rechts in Deutschland verübt worden, wovon sechs zur Aburteilung gelangt sind (einmal lebenslängliche Festung – Arco – und 31 Jahre drei Monate Einsperrung), denen fünfzehn Morde von links gegenüberstehen, von denen vierzehn abgeurteilt sind mit acht vollzogenen Todesurteilen – sämtlich in Bayern, unsere sogenannten »Geiselmörder« – und 176 Jahren zehn Monaten Zuchthaus und Gefängnis) – ein ganz vorn sichtbarer Politiker also wird unter solchen Umständen ermordet –, da wagt es die Regierung, das Parlament und die Journaille, zu behaupten, daß für die Annahme, es handle sich um einen politischen Mord, nicht der Schatten eines Beweises vorliege. Herr Dr. Roth aber hat noch besonders unter dem Applaus des Hauses, dem auch die »Demokraten« beistimmten, versichert, daß die Handhabung des Rechts in Bayern so rechtschaffen betrieben würde wie nirgends in der Welt. Klassenjustiz? – Gibt's ja gar nicht. Wir in Niederschönenfeld sind nun völlig beruhigt, da es der Justizminister ja selbst gesagt hat. – Eine Zeitungsnachricht aber ist heute ein Quell großer Freude für mich. Man hat es nicht gewagt, Hoelz zum Tode zu verurteilen. [...]

Niederschönenfeld, Freitag, d. 24. Juni 1921
Zenzl war hier – zwei ganze Stunden! Unter Aufsicht des Herrn Gehauf, der mit am Tisch saß. Über Politik oder Vorgänge in der Anstalt zu reden, war uns verboten – letzteres ist sehr verständlich. Sie sah etwas angestrengt, aber sonst gesund aus. Diese Konstatierung war die ganze Freude, die mir von dem Besuch blieb. Auch sie war tapfer und weinte nicht. Nach

sieben Monaten zwei Stunden unter solchen Beschränkungen! Herrn Kraus hat sie gar nicht zu sehen bekommen; das wenigstens ist ihr erspart geblieben. – Ich war zuerst sehr deprimiert, bin aber schon etwas ruhiger. Eine einzige Pflicht erwächst uns allen, die wir das jetzt ausstehen: Nie – nie – nie vergessen! Vom Feinde lernen und ohne große Worte, aber mit heißem Gefühl der Stunde harren, wo das Gelernte verwertet werden kann!

Niederschönenfeld, Sonntag, d. 26. Juni 1921
[...] Bei Zenzls Besuch erfuhr ich nebenbei durch den Überwachenden, daß mein Romanmanuskript, nachdem es schon freigegeben war, einer nochmaligen Prüfung unterliegt, weil ich in meinen Tagebüchern so tolle Dinge stehen habe (auch eine Begründung!). Ich erwarte demnächst Dr. Löwenfeld[47] hier und will womöglich einen Vertreter des Schutzverbandes kommen lassen, da es augenscheinlich beabsichtigt ist, mir die letzten Möglichkeiten beruflicher Betätigung abzuschneiden. Ob diese Herren allerdings vorgelassen werden? Graf Pestalozza war hier und mußte wieder umkehren. Damit ist also zum Prinzip gemacht, daß wir außerhalb alles Rechts stehen – Beschwerden sind ja ohnehin schon verboten. Sie gelangen nur bis zum Zensor, also bis zu der Instanz, gegen die die Beschwerden gerichtet sind und werden mit Disziplinierungen beantwortet. – Zu erwähnen ist noch, daß seit einiger Zeit verboten ist, abends eigenes Licht zu brennen. Mir wurde schon während der Einzelhaft unten meine Petroleumlampe konfisziert, und die von der Frauenhilfe gesandten Kerzen wurden beschlagnahmt. Gründe? Gehen uns ja nichts an. Was in Bayern im Laufe von zwei Jahren aus der »Ehrenhaft« gemacht ist, ist schon grotesk. Aber ich glaube, daß die hinlänglich gespannte Seite kurz vor dem Reißen ist. [...]

Niederschönenfeld, Montag, d. 25. Juli 1921
[...] Heute habe ich den Herrn Staatsanwalt Kraus in Person kennengelernt. Er ließ mich am Vormittag hinunterrufen und empfing mich im Rapportzimmer in Gegenwart des Regierungsrats Schmauser. Vor ihm lagen Corpora delicti, die bei der Durchsuchung am 26. Mai konfisziert waren. Zuerst das Tage-

buch. Beim Blättern darin wurden dicke rote Striche unter ganzen Zeilen sichtbar. Meine Erwartung, es werde nun gleich ein heiliges Donnerwetter niedergehen, erfüllte sich jedoch nicht, wie denn der Ton im allgemeinen zwar scharf und entschieden akzentuiert, aber ziemlich beherrscht blieb. Ich hatte mir schon vor Eintritt vorgenommen, möglichst wenig zu sprechen, um nicht für nichts und wieder nichts in Einzelhaft zu müssen, und verlor auch keinen Augenblick die Ruhe und die Überlegung, daß vor mir ein Mann sitzt, der über große physische Machtmittel verfügt und oft gezeigt hat, daß er sie recht unbedenklich anzuwenden weiß. Ferner wollte ich mehr beobachten als mich der Beobachtung aussetzen. Also das Tagebuch wurde zuerst vorgenommen, wobei mir die bemerkenswerte Frage vorgelegt wurde, ob ich im Kopf hätte, was alles drinstehe. Auf meinen Einwand, daß derartige Aufzeichnungen völlig private Selbstgespräche seien und daß niemand je einen Einblick darein erhalte, ging man nicht ein. Es seien schwere Beleidigungen gegen Dr. Vollmann darin, und das Heft gehe daher zum Akt (meines Wissens müssen es aber zwei Hefte sein). Dazu eine Predigt: Es sei gegen das Führen von Tagebüchern gar nichts einzuwenden. Aber es gebe genügend Stoff dazu und ich habe mir stets bewußt zu halten, daß ich Festungsgefangener sei, andernfalls – –. Dann kam das Hoelz-Lied noch einmal dran. Derartige Gedichte zu machen, sei mir hier durchaus verwehrt, ich hätte mich in meinen Gedichten jeder politischen Hetzerei zu enthalten etc. Eine Abschrift der Rätemarseillaise, die dutzendemal gedruckt ist und in ganz Deutschland gesungen wird, wurde gleichfalls beschlagnahmt, ebenso mein Aufruf vom vorigen Jahr über die Gründung einer Festungsproduktivgenossenschaft, den Herr Kraus ironisierte. Obwohl ich versicherte, dieses Manifest habe der Hauszensur, dem Oberstaatsanwalt und dem Ministerium bereits vorgelegen, erhielt ich ihn doch nicht wieder. Endlich kam das Heft dran, in dem Adolf Schmidts und mein »Krippenspiel«, ›Die Mörderzentrale‹[48] steht, das wir zum letzten Weihnachten verfaßt hatten und das dann wegen der peinlichen Geschichten im oberen Stock unaufgeführt blieb. Dieser harmlose Ulk erregte den starken Unwillen des Vorstands, weil darin die heilige Familie in ganz unzulässiger und geschmackloser Weise persifliert werde. Bei alledem immer wieder dringliche Verwarnungen, keine Gedichte zu machen und nichts zu schreiben, was der Verwaltung nicht gefällt. Ich beabsichtige, meine Tagebücher wie bisher zu schreiben, objektiv und wahr, und wenn der Geist über mich kommt (was leider selten genug noch der Fall ist) und gibt mir Verse ein, dann sei's drum: muß ich deswegen »büßen« – ich kann's nicht ändern. – Spazierhof!

Niederschönenfeld, Mittwoch, d. 27. Juli 1921

[...] Bei Adolf und Clemens ist durchsucht worden, und ich habe unter Umständen »eine sehr peinliche und fühlbare Belehrung« zu gewärtigen, die mir Herr Kraus am Schluß der Eröffnung in Aussicht stellt, die mir vorhin vorgelesen wurde. Sie bezieht sich auf das, was mir schon mündlich mitgeteilt worden ist, und entwickelt noch einmal einzeln meine Verfehlungen, wie sie die Durchsuchung vom 26. Mai zutage gefördert hat. Tagebuch, Rätemarseillaise, Aufruf zur Festungsproduktivgenossenschaft, Krippenspiel. Dies alles wird zum Akt genommen, und »bis zum Ablauf meiner Strafzeit, nicht etwa bis zu einer möglichen früheren Entlassung« verwahrt. Der Staatsanwalt ist also der Meinung, daß seine und der Seinen Allmacht auch 1934 noch in Geltung stehen wird. Ich bin anderer Auffassung. – Jetzt frage ich mich aber, ob man bei den Durchsuchungen heute nicht wieder Ulkverse von mir gefunden haben wird aus der Zeit, als die Versfüße noch nicht nach der Marschmusik eines Staatsanwalts Stechschritt zu machen hatten, und ob die Verfügung »über den Festungsgefangenen Mühsam« also nun mit rückwirkender Kraft in Erscheinung treten wird. Die Belehrung, mag sie noch so peinlich und fühlbar ausfallen, wir mir auch nichts anderes mehr beibringen können, als was ich schon weiß: daß das differenzierteste Hirn von einem Klosettdeckel blöd geschlagen werden kann und daß es schwer ist, gegen eine Fuhre Jauche anzustinken.

Niederschönenfeld, Donnerstag, d. 28. Juli 1921

Zenzls Geburtstag – der vierte, den ich mit der Staatsfaust im Genick verleben muß. 1918 in Traunstein, Zwangsaufenthalt bei dreistündlicher Meldung im Lager, also sozusagen Festungshaft in wesentlich erleichterter Gestalt. 1919 Ebrach, Festungshaft in gesetzlicher Form nach der Verordnung von 1893. 1920 Ansbach, verschärfte Festungshaft mit Müller-Meiningenschen Raffinements und Entwürdigungen; immerhin noch unter Wahrung gewisser Rechte als Ausübung des Berufs ohne wesentliche Behinderung, Besuche ohne Aufsicht, Fortbestand der Ehe. 1921: Niederschönenfeld, »Festungshaft« à la Roth-Kraus bei absoluter Vernichtung jeder Eigenbetätigung, Auflösung der Familie, ständiger Bedrohung. Eine anmutige Entwicklung. Nun bin ich gespannt, wie sich der Tag 1922 anlassen wird. Geht's im bisherigen Stil weiter, dann brauche ich mir wohl keine Gedanken mehr darüber zu machen, dann hat Herr Xylander[49] wohl schon dafür gesorgt, daß ich den Platz zwischen den Mauern mit kurzem Aufenthalt an der Mauer mit einem Dauerplätzchen hinter der Mauer vertauscht haben werde. Oder aber Niederschönenfeld ist überhaupt schon eine Erinnerung, und ich erwache am Morgen von Zenzls Geburtstag fröhlich in ihrem Bett. [...]

Niederschönenfeld, Mittwoch, d. 3. August 1921
Ob die entsetzliche Hungerkatastrophe jetzt nicht doch die Katastrophe der bürokratischen »Scheinsowjet-Republik«[50] herbeiführen wird? Tschitscherins[51] offiziöse Dementis über Unruhen und Kämpfe werden kaum noch irgendwo geglaubt. Die Hilfsaktionen – alle – sind lächerlich. Sollen wirklich in Europa 50 Millionen Arbeiter auf den Tagesverdienst einmal im Monat verzichten – ein Gedanke, der phantastisch ist –, so wäre 50 Millionen hungernden russischen Arbeitern und Bauern für einen Tag im Monat geholfen. Geldspenden sind Unsinn bei dem Ausmaß der Not. Harden macht den besseren Vorschlag, Maschinen und Waren im größten Stil und in internationaler Zusammenarbeit nach Rußland zu schaffen und Ingenieure, Ärzte, Medikamente hinzuschicken. Aber das von kapitalistischen Organisationen zu verlangen, ist ebenso phantastisch wie die Idee, das internationale Proletariat könne durch Sammlungen die Rettung der russischen Hunger- und Seuchenopfer bewirken. Nur der Zwang des Proletariats, die von ihm geschaffenen Werte nach seinem Willen zu gebrauchen, könnte Hardens Idee fruchtbar machen: das heißt, die Revolution – und die scheint von der »Kommunistischen Internationale« selbst preis-

gegeben. – Die predigt den Wahnsinn der Massenparteien, mit denen einmal die Macht erobert werden soll. Ich denke da ein wenig blanquistisch. Gestern habe ich Zäuner[52] und Sandtner[53] eine kleine Rechnung aufgemacht. In München waren – von beiläufig 400 000 erwachsenen Proletariern, Männer und Frauen – allerhöchstens 20 000 während der Zeit des Umsturzes revolutionär aktiv, also fünf Prozent der »Masse«. Von diesen 20 000 waren mindestens 17 000 erst durch die akut gewordene Bewegung selbst in Bewegung gesetzt worden. Es waren also – höchstens! und das ist meiner Beobachtung nach noch viel zu hoch gegriffen – 3000 Personen, die vor Ausbruch der Revolution wirklich revolutionären Willen gehabt haben: noch nicht ein Prozent der »Masse«. Die Masse selbst aber besteht aus Spießern, auch die proletarische, die antibourgeois nur in dem Sinne sind, daß sie die Bourgeois beneiden und selbst gern Bourgeois sein möchten. Das Wesen des Spießers äußert sich im wesentlichsten in Erfolgsanbetung. Das Gros sympathisiert mit absolut allem, was Erfolg hat. Landauer hat den ausgezeichneten Satz gesprochen: Wir brauchen keine Revolutionäre; wir brauchen Revolution! Ist die Zeit reif zur Revolution, so muß das erste Prozent sie veranstalten: Fünf Prozent werden sogleich geweckt werden und die Tatsache der Revolution befestigen. Sie genügen gegenüber der stagnierenden passiven Masse vollauf zum Erfolg, und haben wir den, so haben wir außer dem einen Prozent, der auf der andern Partei den Willen zur Tat hat, und den vier Prozent, die sich denen beim Akutwerden der Tat zugesellen würden, die neunzig Prozent, die sich »auf den Boden der Tatsachen stellen«. Als ob wir's im August '14, im November '18 und im April '19 nicht handgreiflich vor uns gesehen hätten. Die Kommunisten aber predigen jetzt wie ehedem die Sozialdemokraten: Zählt Stimmen, und wenn wir die »Mehrheit« haben, ist die Zeit reif zur Revolution. So buhlt man denn um die Banausen, die Philister, die Passiven und Indifferenten und – sehr natürlich – man macht Konzessionen an ihre Banalität, Philistrosität, Passivität und ihren Indifferentismus. Elan und Temperament, Entschlossenheit und revolutionäre Kraft – alles ist hin. Vom revolutionären Ziel, vom Kommunismus, von der Räterepublik – was ist übrig? Schlagworte, Versammlungsklischees. Die »Kommunisten« haben den

Kommunismus preisgegeben. Man erlöse ihn aus der Partei –
und wir werden wieder Kommunisten haben.

Niederschönenfeld, Donnerstag, d. 11. August 1921
[...] August Sandtner erzählt, aus Rußland zurückgekehrte Genossen berichteten, daß am Kreml die Bilder der gefallenen und
gefangenen bekannten Revolutionäre aus aller Welt außen an
einer Mauer verewigt seien, und unter den Deutschen sei da
auch neben den Bildern Liebknechts, Luxemburgs, Landauers
etc. das meinige angebracht, da kein Unterschied der Richtung
hervortrete. Wie unangenehm für unsere Patentkommunisten
hier, wenn sie es erfahren. Sie werden sich gewiß beeilen, an
Lenin zu berichten, daß ich inzwischen für konterrevolutionä-
res Verhalten boykottiert werden mußte. Wenn diese guten
Leute nur einmal begreifen wollten, wie albern sie das macht,
was sie für ihren Charakter halten!

Niederschönenfeld, Sonnabend, d. 20. August 1921
Drei neue Zeitungsverbote seit gestern für mich allein: Reitzes
›Seefackel‹, der holländische ›Jonge Communist‹ und der Wiener ›Rote Soldat‹. Die speziellen Exemplare wegen agitatorischen Inhalts zu den Akten genommen, die Blätter allgemein
von jetzt ab für die Festungsgefangenen überhaupt gesperrt,
»weil ihr Inhalt einem geordneten Strafvollzug Nachteile berei-
tet«. Unsere vollständige Nichtinformation über alles, was unsere eigenen Angelegenheiten betrifft, wird nun wohl so ziemlich garantiert sein. Dafür wird aber der ›Miesbacher Anzeiger‹
keineswegs als Hetzblatt betrachtet – hetzt er doch nur zum
Mord gegen alles, was uns nahesteht, und hetzt er doch nur
zum Hochverrat von der andern Seite, von der Seite, deren
Verfassungsbrüchen die Herren Kahr, Pöhner, Roth, Kraus
e tutti quanti ihre von keinerlei Rücksicht auf Gesetze beein-
trächtigtes Walten sowieso zu danken haben. Ich hatte und
habe besorgte Stunden durch die Miesbacher Dreckschleuder.
Man begnügt sich nicht mehr mit Verleumdungen, Beschimpfungen, Beschmutzungen der Personen selbst, die man die teutsche Kraft seit dem Moment, wo sie sich nicht mehr wehren
können, gewaltig spüren läßt – man darf auch ihre Frauen und
Kinder nicht in Ruhe lassen, will man vor den Teutonen und

Bajuwaren wahrhaft heldenhaft bestehen. Ein kraftbaierisches Schwein hat jetzt seine schmierigen Borsten für ein entsprechendes Zeilenhonorar an meiner lieben, armen Zenzl gerieben. Zum ersten Mal seit fünf Jahren ist sie zu ihrer Erholung aufs Land gegangen – nach Gotzing bei Thalham, einem Örtchen im Wirkungsbezirk des Miesbacher gesetzlich geschützten und behördlich geförderten Totschlagsblatts. In Zenzls Begleitung ist mein treuer Fritz Weigel und Zenzls Schwester Resl. Der Aufenthalt dieser gefährlichen Gesellschaft ist von den Heim-Thoma-Eckschen Treibjägern[54] (für entsprechendes Zeilengeld) aufgespürt worden, und unter dem Titel ›Ein Idyll am Taubenberg‹ wird in der antisemitischen Kloake gegen die drei Menschen neubayerischer Gestank aufgerührt. Es wird von einem Beobachter erzählt, daß sie im Gotzinger Hof zu essen pflegen, daß es Dampfnudel gegeben habe, welche Bemerkung Zenzl im echten Dialekt München-Ost (sie ist aber aus der Holledau – und angeblich doch »landfremdes Element«) dazu gemacht hat, daß die Schlemmerei 36 Mark gekostet hat (zu dritt! Ich möchte wissen, ob der Miesbacher Mordhetzer weniger für seine Mahlzeiten ausgibt als zehn Mark in diesen Zeiten). Dann wird verraten, um wen es sich handelt, und natürlich eine schmutzige Anspielung auf Weigels Trösteramt bei Zenzl hingezotet. Ich habe, da ich fürchte, Zenzl könnte das Ganze als eine belanglose Gesinnungsäußerung dessen ansehen, was heute im »Freistaat« Bayern allein als Gesinnung respektiert wird, ohne die Gefahr zu sehen, sofort einen Eilbrief an sie geschrieben mit der Bitte, die Gegend schleunigst zu verlassen. Zum wenigsten beweist mir der Artikel, daß die Spitzel dieser gewissenlosen Mordbuben ihr und Fritz unausgesetzt auf den Fersen sind und ihre kleinsten Bewegungen beaufsichtigen. Vorläufig versucht man, die Bauernlümmel der Gegend gegen den Kommunisten und das Revolutionärs-Mensch aufzuputschen. Gelingt das nicht, so ist vielleicht dieser oder jener Held selbst bereit, ihnen den »Gareis« zu machen: daß den Betreffenden nichts passiert, ist ja im vorhinein garantiert. – Mit diesen Halunken verbündet, ihr getreuer Schildhalter und Förderer ist Ludwig Thoma! Er ist bereit, jeden Mord gutzuheißen, der an einem Menschen (oder dessen Angehörigen) verübt wird, der zur Obrigkeit, zu Pfaffen und Offizieren, zur Reaktion und Gesinnungsunterdrückung heute noch so steht, wie Thoma 25 Jahre lang dazu gestanden hat. Ein solches Maß von Verlumpung ist doch wohl ungewöhnlich. Wedekind hat den Mann, auf dessen Redlichkeit ich geschworen hätte, richtig beurteilt. – Eben kommen Zeitungen, die ich erst lesen will, ehe ich zu ihrem wahren und erlogenen Inhalt übergehe. [...]

Niederschönenfeld, Sonntag, d. 28. August 1921
Der Hausarzt ist seit vorgestern in Urlaub. Ich erfuhr es, da ich mich gerade an diesem Tag wegen meines Ohrenleidens meldete und von ihm an den Vertreter gewiesen wurde. Der hat also gestern sein Amt angetreten. Zufällig wurden gestern früh Brote ausgegeben, die zum großen Teil Schimmel angesetzt hatten. Viele gaben ihr Brot zurück, und Schreiber meldete sich zum Arzt, um ihm die verdorbene Eßware vorzulegen. Er erhielt die Antwort: Schimmliges Brot sei nicht gesundheitsschädlich, das solle man nur ruhig essen! Für bayerische Festungsgefangene ist es also gut genug. Legt's zum übrigen; aber fein führt sich der neue Mann der Wissenschaft gleich wieder ein! – Mein Ohr hat er angesehen. Meine Forderung, Gelegenheit zu spezialärztlicher Behandlung zu erhalten, lehnte er glatt ab, versicherte mir aber, daß ich damit rechnen müsse, das Ohrensausen nie loszuwerden und das Gehör des rechten Ohrs in absehbarer Zeit völlig zu verlieren. Morgen soll ich wiederkommen. Ich werde mein Verlangen nachdrücklich wiederholen. Kann ich schon nicht die Behandlung haben, die ich brauche, dann will ich wenigstens die Verantwortung rechtzeitig den Ärzten zuschieben, denen ein »geordneter Strafvollzug« im Sinne Kahr-Roths wichtiger ist als eine geordnete Therapeutik für den Patienten. Es ist Zeit zum Mittagessen.

Niederschönenfeld, Dienstag, d. 18. Oktober 1921
[...] Übrigens – der Arzt. Ich bin jetzt bei ihm in Behandlung wegen meines Ohrenleidens, habe aber natürlich nicht das Vertrauen, daß seine Bauerndoktorei imstande ist, auch nur die richtige Diagnose bei einer so komplizierten Sache zu finden. Deshalb verlangte ich spezialärztliche Behandlung. Der Mann war augenblicklich beleidigt, wenn er es auch bestritt. Er machte auf die Kosten einer Konsultation aufmerksam, wenn der

Spezialist extra herkäme, und erklärte mir auf die Frage, ob er die Spezialuntersuchung befürworten werde: Er könne nicht einsehen, wieso die von mir befürchtete Taubheit mir als Schriftsteller in meiner Berufstätigkeit Abbruch tun könne. Darauf meldete ich mich zum Rapport zum Vorstand, der heute stattfand. Herr Hoffmann[55] schien in der Sache weit entgegenkommender zu denken. Er forderte mich auf, nach Verständigung mit meiner Frau über die Person des Arztes, die Art der Konsultation (Ich verlangte Transport zum Spezialisten, sei es nach Augsburg, Ingolstadt oder München) und die Kostendeckung in einer schriftlichen Eingabe an ihn, meine Wünsche und Anträge zu fixieren; er werde tun, was ihm möglich sei. Ich träume also schon davon, daß ich womöglich nach München fahren werde und da am Ende sogar erlaubt kriege, meine Wohnung zu besuchen und mit Zenzl ein paar Stunden allein zu sein. Das beste hoffen! – Ich benutzte die Gelegenheit, um gleich wieder auf meine Weinflasche zu sprechen zu kommen, und es gelang mir, das treffliche Getränk ausgehändigt zu erhalten: »versuchsweise«. Der Standpunkt sei der: Man müsse verhindern, daß Gelage veranstaltet werden. Wenn das auch bei einer einzelnen Flasche nicht zu befürchten sei, so könne es doch vorkommen, daß mal alle F. G. über eine Flasche Wein verfügen, und dann sei eben das Übel da. Ich muß nun die leere Flasche abliefern, damit festgestellt wird, daß sich kein Vorrat geistiger Getränke ansammelt, der zu Mißbrauch führen kann. Bis die Flasche nicht zurückgegeben ist, darf mir auch kein Schnaps mehr ausgeschenkt werden. Ich verkniff es mir, in ein Kindergelall auszubrechen, wie es diese Bevormundung gerechtfertigt hätte. [...]

Niederschönenfeld, Sonntag, d. 23. Oktober 1921
[...] Eine ganz haarsträubende Begründung des Verbots, Gäste zu bewirten, wird jetzt bekannt. Hoffmann hat die Erlaubnis, Besuchern Tee, Kaffee oder dergleichen vorzusetzen (Sogar Schlaffers[56] kleines Kind, das seit fünf Uhr morgens unterwegs und sehr ausgelaugt war, durfte nicht mit etwas Warmem erfrischt werden), mit dem Hinweis darauf verweigert, daß keine Frühstücksstunde zulässig sei, denn sonst bekäme die Anwesenheit der Angehörigen ja den Charakter eines Besuchs. Besu-

che gäbe es in der Festung grundsätzlich überhaupt nicht, es gäbe nur »Sprechgelegenheit«. Dieses Prinzip hebt nun auch formell unser Anrecht auf die uns selbst in der ungesetzlichen Müllerschen Hausordnung zugebilligten Besuche auf. Die gänzliche Umwandlung unserer Festungshaft in Militärgefängnis ist damit besiegelt. [...]

Niederschönenfeld, Freitag, d. 28. Oktober 1921
[...] Radbruchs Berufung zum Reichsjustizminister macht natürlich im Hause einen Mordseindruck. Viele schon ermüdete Hoffnungen sind wieder lebendig – und momentan bin ich es, der den zügellosen Illusionen die Bremse einhängt. So geht es doch nicht, daß der zweifellos vorhandene gute Wille des Mannes ganz einfach aus dem Handgelenk die Reaktion aus der deutschen Justiz ausmistet. Die Widerstände sind so groß, daß ich starke Zweifel habe, ob Radbruch die Brutalität des Willens aufbringt, um sie zu brechen. Schließlich kann er ja gar nicht tun, was wir in revolutionärem Zugreifen tun könnten: die unbequemen Leute einfach beim Kragen nehmen und rausschmeißen. Er muß den Apparat übernehmen mit allem Gerümpel von ehedem, wie es seine Vorgänger Landsberg[57] und Schiffer[58] unangetastet gelassen haben. [...]

Niederschönenfeld, Sonnabend, d. 26. November 1921
[...] Radbruch soll also im Reichstag sehr kräftige Töne gegen Bayern gefunden haben. Er habe verlangt, daß sich die bayerische Justizpflege den Reichsgesetzen anpasse und besonders den Niederschönenfelder Strafvollzug als reichsrechtswidrig angegriffen. Der Reichstag hat darauf – das geht auch aus den Blättern hervor – einen Untersuchungsausschuß beauftragt, die Anstalt hier zu besichtigen. In Bayern soll nun alles aus dem Häuschen sein, wobei originellerweise Mehrheitler und Gewerkschaftler am meisten für uns lärmen. Jedenfalls handelt es sich darum, daß man in Bayern den gesamten reaktionären Apparat, zu dem auch die Regierung selbst gehört, aufgeboten hat, um mit einem Generalangriff gegen Radbruch den Sturz des Kabinetts Wirth[59] – und also die Durchkreuzung der Reichs-Erfüllungspolitik zu bewirken. Wir sind wie bei allem nur Mittel zum Zweck und ganz zufällig die Exponenten des gegenwär-

tigen Konflikts, wodurch sich die plötzliche Sympathie der Bande, die uns selbst in diese Lage gebracht hat und nichts mehr fürchtet, als uns wieder bei sich zu sehen, zwanglos erklärt. In der Politik können die gewaschenen Intriganten so und anders. (Wenn meine Denkschrift,[60] die jetzt in der ersten Niederschrift fertig ist, bekannt werden sollte, werden die bayerischen Sozialdemokraten und noch manche anderen Leute ungemütliche Stunden haben.) Wir wissen also heute kaum mehr als vorher. Zenzl telegraphiert mir, daß sie heute früh nach Berlin fahre. Sie soll dort morgen zur Konferenz für die Russenhilfe als Delegierte erscheinen.[61] Aber der Hauptgrund ihrer Reise ist sicherlich ein anderer; auch meine geschäftlichen Angelegenheiten, die sie dort erledigen wird, reichen nicht aus, um einen solchen Entschluß zu erklären. Ich vermute bestimmt, daß sie mit Radbruch sprechen und auf ihn einzuwirken suchen wird. [...]

Niederschönenfeld, Dienstag, d. 13. Dezember 1921
Ich bin krank: Schwindelanfälle, Brustbeschwerden und noch allerlei, was ich auf meine Herzerweiterung zurückführe. Solange es irgend geht, werde ich dem Körper nicht nachgeben und alle Energie aufwenden, durch möglichstes Ignorieren der Störung, die mir sehr widerwärtig ist, Herr zu werden. Ich habe mich zum Arzt gemeldet – wenn ich auch zu dessen gutem Willen, Festungsgefangenen zu helfen, nicht viel Zutrauen habe. Jedenfalls hört dieser gute Wille da auf, wo die Mittel zur Hilfe von der Strafvollstreckungsbehörde lästig empfunden werden könnten. [...]
Den armen Radbruch beneide ich nicht um sein Amt. Nachdem er im Reichstag aufgetrumpft hat, er werde Bayern zur Innehaltung der Reichsgesetze zu zwingen wissen, huft er jetzt vor Preyer[62] wieder einmal meilenweit zurück. Der beruft sich – statt auf die Reichsverfassung – jetzt auf Vereinbarungen vom Jahre 1897, wonach Bayern seinen Strafvollzug nach Belieben handhaben könne und »Mängelrügen« vom Reich nicht entgegenzunehmen brauche. Und Radbruch erklärt schon ganz bescheiden, daß ihm Rügen fernliegen und daß er nur um Informationen gebeten habe. Ein interessanter Aufsatz wird aber in der ›Frankfurter Zeitung‹ aus einer Berliner Zeitung der Deut-

schen Volkspartei zitiert, worin der bayerischen Regierung besorglich geraten wird, nun, wo sie doch nicht mehr sagen könne, der Reichstag vergewaltige Bayern, den Reichstagsausschuß selbst zur Besichtigung von Niederschönenfeld einzuladen. Die hartnäckige Weigerung, unparteiischen Stellen den Einblick zu gestatten, könne sonst leicht ins Gegenteil der in München beabsichtigten Wirkung umschlagen. – Man wird sich hüten. So weit, wie man die Lügenpolitik gegen uns und die Rechtsbeugungen jetzt schon getrieben hat, wäre das Bekanntwerden der Wahrheit die Katastrophe für die bayerischen Justizbehörden. Und das ist das Gute für uns. Der Pessimismus, der sich schon wieder überall im Hause eingenistet hat, findet bei mir keinen Boden. Niederschönenfeld ist heute ein Parolewort für reaktionäre Brutalität in der ganzen zivilisierten Welt. Die Vertuschungen der Regierungen können nur noch auf Details wirksam sein. Daß vertuscht wird, ist nicht mehr zu vertuschen und wird als ungeheurer Skandal empfunden. Es heißt, Niekisch habe eine Broschüre über Niederschönenfeld erscheinen lassen, die großen Absatz finde.[63] Mag sich das Gas nur weiterhin im Kessel sammeln. Je länger es dauert, bis die Explosion da ist, um so kräftiger wird sie ausfallen. [...]

Niederschönenfeld, Sonntag, d. 25. Dezember 1921
Grauenhafte Weihnachtstage verlebe ich. Das Ärgste, was mir überhaupt widerfahren kann, ist geschehen. Die ›Münchner Post‹ hat einen Artikel gebracht: ›Der Kommunismus der Kommunisten oder Erich Mühsam als praktischer Kommunist‹, in dem Schwabs erster Anschlag[64] abgedruckt wird und mir, Zenzl und Weigel nun ganz unverblümt der tollste Eigennutz auf Kosten der übrigen Gefangenen vorgeworfen wird. [...] Entsetzlich ist mir das Hineinziehen Zenzls in diesen maßlosen Schmutz. Jetzt bleibt nichts mehr übrig, als öffentlich mit allen Mitteln die Wahrheit zu sagen und auch vor Prozessen nicht zurückzuschrecken. Dazu habe ich mein ganzes Leben für die revolutionäre Sache geopfert, alles preisgegeben, was mir an bequemer Lebensführung geboten war, dafür von allen die an Zeit härteste Strafe auf mich genommen, um nun als Lump und selbstsüchtiger Gauner öffentlich durch den Dreck gezerrt zu werden: Und meine arme, gute Frau mit ihrem er-

greifenden Idealismus steht da wie eine Diebin am Gut der Armen. Ich bin sehr, sehr unglücklich und habe nur den Trost, daß meine Freunde hier drinnen entschlossen zu mir stehen und selbst auch noch draußen meine Ehrenrettung energisch betreiben. – Aber es gibt sonderbare Zusammentreffen. Eben beginnt die Presse mit der Veröffentlichung der Auszüge aus der Regierungsdenkschrift gegen uns, die das gleiche Konglomerat von Verleumdungen und Fälschungen zu sein scheint, wie es von dieser Seite zu erwarten war. [...] In dieser Denkschrift also figuriere auch ich mit einer ganzen Anzahl von Zitaten, die meine revolutionäre Fürchterlichkeit beweisen sollen. Ich kann ja nicht nachprüfen, ob ich all das wirklich geschrieben habe – es scheint aus den mir weggenommenen Tagebüchern zu stammen –, jedenfalls ist nichts darin, was ich als Revolutionär nicht verantworten dürfte. Daß »Rache kalt genossen« werden muß, lernen wir ja täglich hier drinnen von der andern Seite. – Ich wundere mich nur, daß ich für diesen ganz richtigen Gedanken keinen originelleren Ausdruck gefunden haben sollte. Aber man kann Rache ja auch heiß genießen, wie es die Weißgardisten in den Maitagen in München gemacht haben. Wenn ich geschrieben habe, ich will kein Führer, sondern ein Aufwiegler sein, die Führer müßten von ihren Böcken herunter, das Volk gehöre auf den Kutschersitz etc. – so sage ich noch heute bravo! dazu – und wenn ich ferner prophezeie, die nächste Revolution werde furchtbare Formen haben, so zeigt schon das Wort furchtbar, daß mich das nicht im mindesten freut. Aber was die Reaktion heute sät, kann ja nur schauderhaft aufgehen. Dies alles – und auch das Hoelz-Lied – kann und will ich vertreten und kompromittiert mich nicht. Aber im gleichen Augenblick, wo man mich dem erschrockenen Bürger in dieser blutigen Maske zeigt (denn daß die Tagebücher noch allerlei anderes enthalten, woraus man entnehmen könnte, daß ich am Ende kein schlechteres Herz im Leibe habe als andere Leute, verschweigt man natürlich), zerrt man mich von der anderen Seite als Schwindler vor die Öffentlichkeit, und was da von den Kommunisten ausgegangen und von den Sozialdemokraten ans Licht gestellt ist, wird sich die Bürgerpresse natürlich nicht entgehen lassen – und der Revolutionär Mühsam wird als Gauner um jeden Kredit gebracht und sein Radikalismus in dieser

Beleuchtung natürlich wenig schön aussehen. So weit ist es jetzt also wirklich mit mir gekommen – weil ich bemüht war, für Rechtsschutz für alle politischen Gefangenen Garantien zu schaffen! – Dabei keine Möglichkeit, die Dinge mit Zenzl ungestört zu besprechen – der Polizeiwachtmeister säße ja zwischen uns und fände jeden dritten Satz beanstandbar –, und so muß es denn wohl getragen werden, und alle meine Hoffnung muß ich auf die Hilfe setzen, die mir von anderen wird, und auf das Vertrauen in meine Ehrlichkeit, das die, die mich wirklich kennen, doch wohl haben. Aber daß die Grauligmacherei der Staatsdenkschrift und die Dreckigmacherei der Kommunisten gegen mich in ihrer Gleichzeitigkeit zufällig seien, das macht mir kein Mensch weis. [...]

Niederschönenfeld, Sonnabend, d. 31. Dezember 1921
Gestern kam endlich Nachricht von Zenzl, aber erst, nachdem die Zensur nachhaltig und unter Vorlegung von Telegrammen dazu bewogen war, endlich meine Post extra herauszusuchen. Als ich die Briefe hatte – drei auf einmal –, knickte ich erst richtig zusammen und hatte lange zu tun, um die Kraft zum Lesen wiederzugewinnen. Gottlob ist Zenzl stark und tapfer wie immer und hält auch diesen Schlag aus. – Inzwischen tritt deutlich zutage, wie hier drinnen gegen mich gearbeitet wird. Vierzehn kommunistische Genossen hatten an die Münchner Bezirksleitung eine Ehrenerklärung für mich geschickt. Sie ist zu den Akten genommen worden. Eben erhielt ich den Bescheid, daß meine am 27. aufgegebene Erklärung für die ›Welt am Montag‹, die von dort verlangt war, um mir zu helfen, ebenfalls zum Akt genommen wurde, da sie über die persönliche Rechtfertigung hinaus agitatorischen Zwecken dienen soll. Dabei ist die Erklärung absolut sachlich gefaßt. Murböck durfte die Verleumdung gegen mich, die der Zensur als Verleumdung bekannt war, unbeanstandet an die ›Münchner Post‹ und den ›Vorwärts‹ schicken. Mir aber wird die Verteidigung meiner primitivsten Ehre unmöglich gemacht. Es ist für mich jetzt kein Zweifel mehr möglich, daß die Freunde des Duske,[65] Murböck und die Verwaltung hier zusammenarbeiten, um mich moralisch zu vernichten. Aber ich werde mich wehren. So ekelhaft es mir ist, Beleidigungen vor bürgerlichen Gerichten austragen zu

lassen – dieses Mal gibt es keinen anderen Weg. Und ich habe vor, Klage zu stellen gegen Duske, die ›Münchner Post‹ und ein deutschvölkisches Blatt. Man soll vor aller Welt sehn, wer alles gegen mich verbündet ist. – Inzwischen schreit sich die Pressebande die Kehle wund: Ich bin überall der überführte Betrüger. Die guten Genossen hier drinnen tun alles Erdenkliche zu meiner Verteidigung. Auch unten ist man rührig, und ich muß es lächelnd ertragen, daß Tollers unersättliches Reklamebedürfnis sich weidlich an dieser Sache auslebt. – Ich habe eben an Weidner[66] einen Eilbrief (fünf Mark Porto!) abgesandt, in dem ich unter Verzicht auf Details nur die Behauptungen als Verleumdungen bezeichne und mitteile, daß ich Klage stelle. 1921 geht heute vorüber. Ich glaube, in summa war es wohl das ärgste Jahr in meinem nicht eben an argen Jahren armen Leben. Zenzl habe ich im Ganzen zweimal, gleich fünf Stunden, gesehen – und unter was für schändlichen Umständen! – Wie wird sich das kommende Jahr zeigen? – Für mich fängt es trübe an, das ist sicher. Aber mein Optimismus ist nicht kleinzukriegen; und im Rheinland streiken die Eisenbahner!

Niederschönenfeld, Mittwoch, d. 4. Januar 1922
La verité est en marche. Mein Brief an Weidner kam noch
rechtzeitig an, um der ›Welt am Montag‹ die Feststellung, daß
ich verleumdet wurde, schon letzten Montag zu ermöglichen.
Ich hatte diesen Brief ganz als Privatbrief fassen müssen, und so
hat man auch vorn die Bemerkung passieren lassen, daß mir die
Aufklärung für die Presse unmöglich gemacht werde. Bis jetzt
ist aus den Zeitungen nur zu entnehmen, daß das Blatt auch das
erwähnt hat. Zugleich wird berichtet, Weigel habe im Münchner Stadtrat die Erklärung abgegeben, die von der Zentrale ein-
gesetzte Kommission der KPD habe ihn nach Kenntnisnahme
der Urkunden aufgefordert, seine Funktion weiter auszuüben,
da alle gegen ihn erhobenen Vorwürfe Verleumdungen seien,
und endlich veröffentlichten die ›Münchner Neuesten Nachrichten‹ und wohl eine Reihe anderer Blätter ebenfalls eine Erklärung des Rechtsanwalts Dr. Loewenfeld, die eine volle
Rechtfertigung für Zenzl, mich und Weigel und die schwerste
Kompromittierung Duskes bedeutet, und aus der übrigens her-
vorgeht, daß Duske »bis vor kurzem« Vorsitzender des Bezir-
kes Südbayern der KP war, also inzwischen – wahrscheinlich
auf Wink von Eberlein-Pieck,[1] die sich sehr anständig – nämlich
völlig korrekt – verhalten haben, abgehalftert ist. [...] Meine
Freunde sind ganz glücklich über die günstige Wendung, die
die Sache anzunehmen scheint, und ich muß stark bremsen.
Denn ich gebe mich keiner Täuschung darüber hin, daß der
Weg durch den Kot noch nicht hinter uns liegt. Nur ist soviel
gewiß, unsere Ehrabschneider werden schwerer durch den
selbstgehäuften Dreck hindurchkommen als wir, die wir drin
ersticken sollten. [...] Die Denkschrift ist insofern wertvoll, als
eine Menge von Zitaten aus Briefen von Festungsgefangenen
den Beweis dafür erbringen, daß wir von Spitzeln geradezu
umstellt sind. – Ich bin überzeugt, daß die Regierung mit dieser
haarsträubenden Publikation sich ebenso in die Nesseln setzen
wird wie Duske und Schwab mit ihren Fälschungen. Jeder
Mensch weiß, daß die gegen Gefangene und an ihrer Verteidi-

gung Behinderte erhobenen Beschuldigungen von Leuten ausgehn, die selbst damit Beschuldigungen von sich abwehren wollen, deren Beweis sie mit allen Mitteln der List und Gewalt hintertreiben. Da muß ja der Dümmste stutzig werden, wenn er nicht selbst Partei ist. – Aus all dem Vielen, was in der Welt geschieht, nur die traurige, aber selbstverständliche Meldung, daß der Eisenbahnerstreik von den Gewerkschaftsführern verraten wurde und mit einem sehr kläglichen Kompromiß, in Wahrheit mit einer glatten Niederlage, geendet hat. Aber warum bin denn ich Verräter und Konterrevolutionär? Weil ich den Arbeitern sage: Solange ihr in den zentralen Gewerkschaften seid, werdet ihr immer betrogen sein. Das liegt am Apparat. Die Marxisten aber plärren nach wie vor: Rein in die Gewerkschaften! Denn wer soll ihnen anders zu Beamtenposten helfen? – Armes deutsches Proletariat!

Niederschönenfeld, Sonntag, d. 29. Januar 1922
Heute wird in Nürnberg, veranstaltet von der ›Proletarischen Tribüne‹ und unter der Regie Rolf Gärtners (meines Festungsgenossen in Ebrach) mit Kräften und im Hause des Nürnberger Stadttheaters mein ›Judas‹ aufgeführt.[2] Ein Brief von Gärtner, den ich erst vor wenigen Tagen erhielt, war alles, was mit mir persönlich über die Veranstaltung verhandelt wurde, und dieser Brief enthielt nichts über Regie, Besetzung oder Aussichten, Ansichten und Absichten, sondern nur die Bitte, ich möchte auf den Malik-Verlag einwirken, die Tantiemen möglichst billig zu berechnen. Wie immer: Wo etwa mal ein bißchen zu verdienen wäre, was Zenzls Lage erleichtern könnte, soll ich verzichten. Pfemfert zahlt nicht für das Einigungsbuch, mit dem er zuerst mal seine ›Aktion‹ füllt – mir ist es trotzdem lieber, daß die Arbeit wenigstens vor völliger Vergessenheit bewahrt wird –, der Kurt Wolff Verlag hat die Abrechnung über die ›Brennende Erde‹ vorgelegt, aus der sich ergibt, daß das zum Massenvertrieb ungewöhnlich geeignete Buch in wenig mehr als 700 Exemplaren abgesetzt ist, so daß noch längst nicht einmal der Vorschuß gedeckt ist; mein Roman ruht, da ich schon die ersten beiden Kapitel bei der Hauszensur einsargen und infolgedessen wegen der Hoffnungslosigkeit keine weiteren – nach den noch fertigen beiden folgenden schreiben konnte; sonstige Arbeiten

werden bestimmt ebenfalls nicht herausgelassen. Meine revolutionären Lieder und mein Rechenschaftsbericht über die Münchener Räterepublik lagern bei irgendwem draußen, und niemand denkt daran, sie herauszugeben; mein Kriegsbuch,[3] das als Fragment immerhin von Wert ist, wurde von Lederer, der es nicht anbringen konnte, hier hereingeschickt, der Versuch, es nun herauszuschicken, wäre Verlust der Arbeit. [...] Die Wiener Graphische Werkstätte, die mein altes Lustspiel ›Glaube, Liebe, Hoffnung‹ zum Verlag erworben hatte, ging plötzlich in nationalistischen Besitz über, und ich muß prozessieren. Meine Tagebücher – fünf oder sechs Hefte, die noch bis nach Traunstein (Oktober '18) zurückreichen, sind in den Händen des Oberstaatsanwalts von Augsburg (Kraus!!) oder auch bei Kühlewein selbst und erfüllen die schöne Pflicht, den Ordnungsblock der Bürger und Bauern in Angst und Wut zu setzen, wenn die bayerische Regierung gegen ihren verhaßtesten Gefangenen Stimmung zu machen wünscht (Es werden sich wohl noch viele Brocken darin finden, die ohne Zusammenhang mit dem übrigen Text sehr schrecklich klingen). Herr Steinebach endlich, der meine früheren Arbeiten gegen Entgelt gedruckt und vertrieben hat (Und er hat alles hoch über den Satz bezahlt gekriegt), hat nicht nur den Gewinn in die eigene Tasche geschoben und jede Abrechnung verweigert, sondern einen Teil meiner Bücher (die Kain-Kalender) einfach einstampfen lassen und auf Weigels Drohung mit Schadenersatzklage höhnisch geantwortet: »Herr Mühsam muß wohl viel Geld haben.« Der Schutzverband Deutscher Schriftsteller, der seit anderthalb Jahren aufgerufen ist, nun meine dringlichsten Interessen zu verteidigen, rührt sich nicht, und niemand ist da, der der armen Zenzl ein wenig zur Hand geht, wenn sie in diesen schwierigen geschäftlichen Dingen Rat braucht. Weigel meint es gewiß recht gut mit mir – aber von diesen Dingen versteht er nichts, und ich selbst bin so aus dem Bild über die derzeitigen wirtschaftlichen Verhältnisse draußen (Dr. Mayer,[4] der von seinem vierzehntägigen Urlaub zurück ist, berichtet abenteuerliche Dinge), daß ich ganz hilflos bin. [...] Die Justizbehörde aber, die mit einer solchen Ausdauer und mit solchem Erfolg diese Not geschaffen hat und unerbittlich steigert, teilt mir mit, daß ich über genügend »Einnahmen« verfüge, um füglich auf fiskalische Bekleidung verzichten zu können. So feiere ich denn die Aufführung in Nürnberg heute in hängenden und dreckigen Lumpen aus der Ferne mit. [...]

Niederschönenfeld, Montag, d. 30. Januar 1922
Toller hat mir heute eine große Freude gemacht. Er hat mir Hölderlins Werke in der vierbändigen Kiepenheuerschen Ausgabe geschenkt. Damit hat er mancherlei wieder gutgemacht – um so mehr, als das offenbar auch seine Absicht war. Ich war ganz gerührt und hatte Mühe, ihn das nicht merken zu lassen. Ich werde jetzt mein Verhalten gegen ihn etwas ändern, denn ich hab's ihm bisher bei jedem Gespräch zu fühlen gegeben, daß mir seine Unterschrift unter Vollmanns Erpressungsrevers,[5] der uns monatelang die gräßlichste Pein verursachte, nicht aus dem Gedächtnis geraten ist. [...]

Niederschönenfeld, Donnerstag, d. 16. Februar 1922
[...] Was heute in der Politik Rußland angeht oder mitbetrifft, ist alles unerfreulich zu erörtern. Mein ganzes Gefühl stemmt sich gegen Lenins Opportunismus – und doch kann ich mit dem Verstand und mit dem Herzen nicht verurteilen, sondern nur klagen. Die Not ist gräßlich in dem Land. Die furchtbaren Naturkatastrophen – alle Plagen Ägyptens scheinen sich potenziert über dieses arme, herrliche Land ergossen zu haben, das allein aller Menschheitszukunft den rechten Weg gewiesen hat. Sonnenbrand und Frost, Heuschrecken und Seuchen – alles ist auf einmal gekommen, und Millionen Menschen verhungern und verkommen, vertieren und verzweifeln. Die wundervolle Hingabe einzelner, die Opferfreudigkeit des gesamten revolutionären Weltproletariats zur Rettung des schöpferischsten Volkes aller Geschichte vermag leider sehr wenig Hilfe zu bringen, da der Weltkapitalismus darüber einig ist, daß man lieber ganze Nationen verelenden und im Kannibalismus versinken lassen soll, als eine Handbewegung zu ihrer Rettung zu tun, die sich nicht verzinst. Fridtjof Nansen,[6] der längst berühmt war als Polarforscher und der nun den besten Ruhm unvergleichlicher handelnder Menschenliebe erwirbt, hat schon in Genf der ersten Versammlung des »Völkerbunds«[7] das ganze Grauen der fürchterlichen Katastrophe aufgezeigt; er hat das Gewissen die-

ser Kapitalverbrecher rühren wollen, aber einsehen müssen, daß sie statt eines Gewissens nur einen Kassenrapport anerkennen. Rußlands Revolutionäre aber sind vom Proletariat Europas im Stich gelassen, zuerst und zumeist vom deutschen. Ich will nicht rechten, wieviel Schuld daran die eigene Politik, die marxistische Verbohrtheit, der Formalismus der 3. Internationale, die konterrevolutionär wirkenden Ausschlußbedingungen der 20 Punkte[8] gegen links etc. trägt; wie die Dinge sich gestaltet haben, mögen die Bolschewiki heute gar nicht mehr anders können als sie tun: Die Zukunft der Gegenwart opfern – einfach um Menschen zu retten.[9] Grauenhaft ist der Gedanke, daß die einzig wirksame Hilfe, die dem armen Volk endlich zuteil werden soll, aus geschäftlichen Spekulationen kommt. Fürchterlich zeigt sich daran, was die deutsche Arbeiterschaft gesündigt hat, als sie die Revolution, kaum begonnen, preisgab. Sie hat die Zukunft der Gegenwart nicht geopfert, sondern verraten.

Niederschönenfeld, Mittwoch, d. 8. März 1922
Jeder Tag dieser wahnwitzigen Epoche ist angefüllt von Ungeheuerlichkeiten, die in der Geschichte ihren bleibenden Platz finden werden; aber wir Mitlebende, zumal wir zwischen die Mahlsteine der Zeit Geratenen, erkennen kaum in all dem Sterben und Werden, Schaffen und Zerstören die Drehpunkte des Weltgeschehens und müssen uns bei den täglichen Aufzeichnungen auf ein Säckegreifen beschränken, ohne zu wissen, ob wir nicht die allerbeträchtlichsten und umwälzendsten Ereignisse ganz übersehen. Vielleicht ist der neue Putsch in Fiume[10] in seinen Folgen bestimmt, das ganze italienische und jugoslawische Konfliktslager in Feuer zu setzen, den ganzen noch ungelösten Knoten der Balkanprobleme bloßzulegen und zu lösen. Vielleicht ist es ein gleichgiltiger Nebenvorgang in einem Komplex von Wirrnissen, die wir noch gar nicht überblicken. Die Autonomerklärung Irlands[11] innerhalb des British Empire bedeutet wahrscheinlich nicht den Abschluß des irischen Befreiungskampfes, sondern einen Anfang. Darauf deutet die Homerule-Bill für Ägypten[12] hin (die unseren zu Hause in ihrer Freiheitlichkeit so bescheidenen Zeitungen nicht weit genug geht. Sie verlangen Amnestie – für die ägyptischen Verschwö-

rer!). Irland – Ägypten: England hat sehr weit nachgegeben und steht in beiden Ländern vor weiteren schweren Erhebungen – und dabei fühlt man, daß diese beiden Brandherde nur Leuchtfeuer nähren für die Brandstätte, auf der die Glut noch nicht zu offener Flamme aufzuschlagen wagt, für Indien. Dort liegen die gewaltigsten Ereignisse der Weltrevolution in Reserve, aber wir ahnen nur die Kräfte, die der Entfesselung harren, wir ahnen nur die Art, in der sie früher oder später losbrechen werden.[13] Wie weit wird bis dahin der erwachte Riese Rußland durch Waffen und Entkräftung, durch Hunger, Dürren und Frost, durch Betrug und Korruption wieder eingeschläfert sein? Davon hängt wohl alles ab – für Europa und fürs Proletariat, die Bauern, die Völker der Welt [...]

Niederschönenfeld, Freitag, d. 10. März 1922
[...] Nun kündigen die Kommunisten für den 18. März umfassende Demonstrationen mit der Parole: Befreiung der gefangenen Revolutionäre – Amnestie – an, und mir ist soviel gewiß, daß unsere Lage in dem Augenblick ungeheuer ausssichtsvoller wird, wo die Straße zum ersten Mal für uns aktiv wird Als vor einigen Tagen der Seppl aus der Zeitung die Notiz vorlas, in der diese Demonstration zuerst angekündigt wurde, war mein erstes Wort: Dann gibt's in den nächsten Tagen hier oben noch Krach! – Zehn Minuten später erfuhren wir, daß unter »den Kommunisten« bereits eine neue Hetze gegen mich im Gange sei, da ich gesagt oder geschrieben haben soll, es bestehe eine Arbeitsgemeinschaft zwischen dem Mittelgang und der Verwaltung. Taubenberger wollte mich deswegen »niederschlagen«. Hagemeister erzählte mir dann, wie man bei Tisch über mich losgezogen sei (Man tut das in Augusts Gegenwart, eben damit er mir davon berichtet). Lump, Schuft, Verräter, Konterrevolutionär, Antibolschewist sind gewohnheitsmäßige Liebenswürdigkeiten gegen mich. Dann kamen auch gleich die Racheschwüre für dereinst, wenn man die Macht haben würde. Denn alle diese armen, haftkranken Tröpfe bilden sich wirklich ein, die Diktatur des Proletariats werde nur von ihnen ausgeübt werden, sie und nur sie werden frei nach ihrem Haßbedürfnis schalten können, die Aufgabe des Proletariats jetzt sei, nur zu warten, bis sie draußen sind und mit dem Herumhetzen anfan-

gen und später, auf ihr Kommando, an die Wand zu stellen oder einzusperren, wer von ihnen dazu bestimmt wird – vor allem aber Mühsam unschädlich zu machen. So hat der naive Gläubige Seffert[14] geschworen, ein zweites Mal werde ich nicht so glimpflich davonkommen wie am 7. April im Kindlkeller;[15] die meisten haben verlangt, ich müsse ohne weiteres erschossen werden – die wildesten sinnen dazu sogar spezielle Foltern aus –, aber Kain hat dann milde beschlossen, daß ich »nur« eingesperrt werden soll, aber bei Rauchverbot und Entzug des Bohnenkaffees. – Inzwischen scheint von den Drahtziehern die Richtung des Manövers, mit dem regelmäßig, wenn die Arbeiter sich für die politischen Gefangenen interessieren, ihre Mißstimmung gegen die Niederschönenfelder erregt wird, vorläufig wenigstens von mir abgelenkt zu sein. Man will scheinbar diesmal einen neuen Krach innerhalb der Krachgruppe[16] selbst inszenieren. Im Lauf der Woche wird das wohl noch klarer werden. Aber eins weiß ich gewiß: Kommt wirklich eines Tages die allgemeine Befreiung, und schlägt wirklich dann die Flamme der Revolution wieder hoch – und die heute in Niederschönenfeld delirierenden »Kommunisten« kommen ans Ruder, was in dem Augenblick möglich wird, wo der Rückschlag kommt und die »Disziplin« siegt über das revolutionäre Temperament und den Schwung der Begeisterung –, dann werde ich von der »Freiheit«, die das Regiment Sauber-Schlaffer-Wiedenmann-Schwab-Kain auszeichnen wird, nicht lange Gebrauch machen. Dann passiert mir all das, was die verhetzten Hysteriker jetzt gegen mich herbeiwünschen und noch Ärgeres. Nur eines weiß ich: Möge mich schließlich an die Wand stellen, wer mag – erschossen kann ich immer nur von rechts werden.

Niederschönenfeld, Freitag, d. 24. März 1922
23. Todestag meiner guten Mutter. Sie könnte – mit 73 Jahren – noch gut leben. Aber ich glaube nicht, daß sie mein Wesen und Tun anders verstanden hätte als nur mit dem Willen, den Sohn nicht direkt schlecht zu finden. Ihr früher Tod hat ihr viel erspart, mir infolge der Verbitterung des Verhältnisses zum Vater, zwischen dem sie als Ausgleich fehlte, viel auferlegt. Mit all der Liebe, die mir so völlig abhanden gekommen ist, wenn ich an den Vater denke, pflege ich das Gedächtnis an die Frau, die

mit endlos gütigem Herzen mich zu verstehen suchte, was ihr doch nie gelang und wohl auch nie gelungen wäre. – Vielleicht hätte sie Zenzl noch kennenlernen müssen, um mir ganz folgen zu können. Diese wunderbare Frau – in jedem neuen Brief wird sie mir schöner – hätte wohl vermocht, aus ihrer glühenden Frauenseele heraus der Mutter das Wissen des Herzens zum Erkennen des Verstandes zu erweitern. – Ich habe Zenzl gebeten, herzukommen. Trotz allem. Es ist wieder ein volles halbes Jahr herum, seit wir uns zuletzt sahen. Ich weiß im voraus, daß der Besuch unter den Umständen, die ihn begleiten werden, eine entsetzliche Depression hinterlassen wird – aber das Heimweh verlangt einmal seinen Tribut. Ich erwarte nun ihre Antwort, ob sie es über sich zu bringen meint, unter der quälenden Aufsicht eines jedes Wort, jeden Handdruck belauernden Polizisten mit mir zu sprechen. Und dann kommt es noch darauf an, ob die Verwaltung nicht etwa einen Strich durch unsere Rechnung macht. [...]

Niederschönenfeld, Montag, d. 27. März 1922
[...] Dann erfahre ich, daß auch Professor v. Stieler tot ist, unser »Vater Rhein« vom Schachtisch im Stefanie. Auch ihm ist ein gutes Andenken bei mir gesichert: unsere amüsante Kutschenfahrt am Tage der Beerdigung des alten Prinzregenten; und dann die Geschichte, die mir Zenzl einmal bei einem Ansbacher Besuch erzählte. Als die Weißgardisten im Mai '19 ins Café Stefanie kamen und die Wirtsleute ihnen alle Gäste denunzierten, die mit mir oder Levien dort verkehrt hatten, sprang der alte Herr wütend auf und rief: »Und hier – ich auch. Ich habe mit Mühsam hundertmal Schach gespielt. Denunzieren Sie mich nur auch gleich! Ich bin der Syndikus der Kunstakademie Geheimrat v. Stieler – und jetzt gehe ich, und mich sehen Sie hier nicht mehr wieder!« Und damit verließ der prächtige Alte sein Stammlokal, in dem er fast zwanzig Jahre lang täglich gesessen hatte, und kam nicht mehr wieder. Das will ich ihm nie vergessen. [...]

[...] Wie weit die Bourgeoisie bereits auf die schiefen Bahnen der Tobsucht geraten ist, zeigen täglich die Artikel des ›Miesbacher Anzeigers‹, der zweifellos in all seiner Hemmungslosigkeit den wirklichen Geisteszustand der in Bayern herrschenden Mächte wiedergibt. Gestern wurde der tote Erzberger[17] in ganz unglaublicher Weise besudelt und zum Schluß die Vermutung ausgesprochen, er tanze wohl längst mit Rosa Luxemburg zusammen in der Hölle einen Foxtrott. Der heutige Leitartikel ist noch gemeiner und abgeschmackter. Kurt Tucholsky[18] hat in der Weltbühne eine Reihe roh ermordeter Revolutionäre aufgezählt, deren Tod nicht gesühnt ist, und sie als edle Menschen gerühmt. Daraufhin fordert der Miesbacher völlig unverblümt das Blut Tucholskys, indem er ausdrücklich die Offiziere und nationalen Studenten in Berlin angreift, daß der »Lumpenhund« sich noch auf der Straße zeigen dürfe. Dabei werden Rosa Luxemburg, Liebknecht, Jogiches,[19] Landauer, Eisner mit einem Zynismus beschimpft und mit den rohesten Bajuwarismen beworfen, wie ich es doch noch nicht gelesen habe. Selbstverständlich wird die krasse Aufforderung zum Mord, für die ein kommunistischer Arbeiter jahrelang ins Zuchthaus müßte, straffrei bleiben – Klassenjustiz ist hierzulande ein unbekannter Begriff –, aber es wird Material geschaffen, dessen sich eines Tages die passiv Mitschuldigen schämen werden; und das garantiert den Zusammenbruch dieser »Politik« an der Morschheit ihrer eigenen Moral. Bayern stinkt vom Blut Ermordeter. [...]

Niederschönenfeld, Freitag, d. 7. April 1922

Grad jetzt habe ich zum xten Mal meine Bibel gelesen: Kropotkins Werk über die gegenseitige Hilfe. Das Buch ist geschrieben (es wird einmal das Lesebuch der Jugend in allen Schulen sein), der einmal ausgesprochene Gedanke hat seine Wirksamkeit in sich. In diesem Buch ist der Staat, der Zentralismus, die Partei, die Obrigkeit ein für allemal widerlegt. Unsere »Utopia« war Wirklichkeit zur Zeit der Gilden und Brüderschaften im Mittelalter – es wird an uns liegen, den zähen Willen aufzubringen, der allein sie wieder zum Leben bringen kann. Und die groteske Übersteigerung der nationalistischen Haßkapriolen zeigt mehr als alles andere, wie innerlich unwahr die Idee schon ist, die mit ihnen verteidigt werden soll. Eben bekam ich einen Brief von meinem Bruder Hans, in dem er mir eine neue Heldentat der Münchner Studentenschaft berichtet. Professor Einstein,[20] mit dem er eng befreundet ist, war eingeladen worden, München zu besuchen, um über seine Relativitätstheorie zu sprechen. Der Rektor berief den Studentenausschuß ein und fragte, ob bei den Vorträgen Einsteins Ordnung, Ruhe und persönliche Sicherheit des Referenten zuverlässig verbürgt sei. Antwort: Die Studentenschaft lehnt die Bürgschaft ab! – Der größte Gelehrte unserer Zeit, der in Frankreich – gerade jetzt – gefeiert wird, der nach Japan eingeladen ist, damit man ihn sehen, hören und feiern kann, darf sich im eigenen »Vaterland«, wo es am allervaterländischsten ist, drei Jahre nach der Revolution nicht blicken lassen, ohne befürchten zu müssen, von den Jüngern der Wissenschaft erschlagen zu werden.

Niederschönenfeld, Mittwoch, d. 31. Mai 1922
[...] Der Markkurs kreist nun schon seit vielen Wochen um den ungefähr gleichen Stand herum – 270 bis 310 vom Dollarkurs aus: Aber die Preise gehen rapider in die Höhe, als wir's je gesehen haben. Die Zeitung, für die ich im Mai 24 Mark zahlen mußte, kostet vom 1. Juni ab 40 Mark. Meine Ovomaltine, die Kraftnahrung, die ich der Nerven wegen täglich zum Frühstück brauche (Friedenspreis drei Mark) ist seit sechs Wochen von 35 auf 45 Mark gestiegen. Milch kostet – statt früher zehn Pfennig jetzt zehn Mark pro Liter. Mit Kartoffeln, Brot und allen wichtigen Nahrungsmitteln, auch Obst, sieht's noch windiger aus. (Aber in diesem Hause hält man daran fest, daß mehr als fünf Mark Taschengeld für einen Festungsgefangenen die Ordnung und Sicherheit stören müßten. Da ein Pfund Kirschen 25 Mark kostet und ein Postpaket neun Mark, so erhellt, daß jemand, der ein Paket heimgeschickt hat, sich in der gleichen Woche den Genuß von Kirschen versagen muß oder noch keine Postkarte schreiben kann. Das Recht, sich auf Bestellzettel von seinem Konto weg beliebig Käufe besorgen zu lassen, das früher bestand, ist ja auch schon lange aufgehoben. Daß die Festungsgefangenen jedoch unter Kuratel gestellt seien, wird schlankweg bestritten). [...]

Böse Tage. Mein Zustand wird nicht besser, sondern eher schlimmer. Ich fühle mich krank, obwohl die eigentlichen Symptome der ersten Tage nicht mehr vorhanden sind. Die Übelkeit ist weg, aber ich bin so schwach, daß es mir schwer wird, mich auf den Beinen zu halten. Die vom Arzt verordneten Tropfen – anscheinend Anis-Äther mit ausgeprägtem Absinthgeschmack – haben insofern Wirkung, als akute Schwindelanfälle damit überwunden werden, doch fühle ich die Kräfte allgemein derartig schwinden, daß ich mich ernstlich fragen muß, wie lange es mir noch gelingen wird, dagegen anzugehen, ohne mich hinzulegen. Die Sache beunruhigt mich insofern, als Zenzls Besuch bevorsteht, und wenn sie mich krank vorfindet – man muß mir das schlechte Befinden deutlich anmerken –, dann ist nicht nur die Freude am Wiedersehen verdorben, sondern es bleibt vor allem nachher die ärgste Angst, die bei der Pein, gar nichts zur Hilfe tun zu dürfen, auf ihre eigene Gesundheit schlimmste Wirkungen haben muß. Es ist klar, daß mein Zustand mir den Gedanken daran, daß ich in der Gefangenschaft werde sterben müssen, sehr nahelegt. Wenn ich auch nicht glaube, daß die Attacke jetzt mich gleich umbringen wird, so erkenne ich doch recht deutlich an ihr, daß es mit dem Herzen nicht zum besten bestellt ist. Jedenfalls habe ich die Erschöpfungsanfälle, die sich ja mitunter früher schon einstellten, noch nie in dieser Zeitdauer und auch noch nie in dieser Intensität erlebt und täusche mich nicht über den Ernst der Sache, wenn die Festungskur noch lange genug dauert, um weitere Stöße dieser Art zu fördern. Daß die Befreiung aus der Haft für lange Zeit auch die Erlösung von der Krankheit wäre, steht wohl fest. Aber anders habe ich wohl bestimmt mit dem Tode in nicht sehr langer Zeit zu rechnen. Ich fürchte den Tod nicht, mache mir auch kein altruistisches Theater vor, indem ich mir einbilde, Zenzls wegen sei ich absolut notwendig. Sie verhungert nicht, wenn ich sterbe. Nicht einmal schlechter würde es ihr wirtschaftlich gehen, da ich ihr in den letzten drei Jahren schon eher Kosten verursacht als ihr geholfen habe. Und im Gegenteil: Bin ich tot, so werden meine Bücher plötzlich marktgängig werden, mein Nachlaß wird unendlich mehr einbringen als je meine Produktion, solange ich da bin. Trotzdem müßte ich lügen, wenn ich mich gegen den Gedanken an den Tod hier drinnen ganz gleichgültig stellen würde. So wenig Schreckliches der Tod an sich für mich hat, so habe ich doch durchaus noch nicht den Wunsch, das Leben hinter mich zu legen. Ich sehne mich unsinnig nach dem Leben draußen, und wäre es das Leben der größten Armut. Aber ich möchte die Liebe noch mal schmecken, ich möchte küssen – ohne daß ein Kühlewein-Märtyrer[21] dabei Voyeur spielt –, ich weiß, daß Zenzl sich ebenso nach mir sehnt wie ich nach ihr, ich möchte zu ihr ins Bett, und erst, wenn wir beide aneinander keine Lust mehr finden, mag mich der Teufel holen. Und dann möchte ich auch noch allerlei schaffen, wozu hier drinnen ja doch die Seelenruhe sich nicht einstellt: Ich möchte meinen Bröschke-Roman fertig schreiben und noch allerlei Literarisches schaffen – an Ideen mangelt's mir wahrhaftig nicht –, vor allem aber – und hier ist der einzige Punkt, bei dem der Gedanke an den Tod mich ängstigt – möchte ich meine große entscheidende Revolutionsidee, die mir für das Gelingen der Revolution wesentlich zu sein scheint, in geeignete Hände gelegt haben, ehe ich demissioniere: Nicht auf die Herbeiführung der Revolution kommt es an – die führt sich schon selber herbei, wenn ihre Stunde da ist (nur dürfen wir sie nicht aufhalten, indem wir mit der Konterrevolution langfristige Kompromisse schließen, uns in ihre Parlamente einnisten und an Stelle des Kampfes die »Realpolitik« treten lassen). Auch über die Formen der Revolution in ihrer destruierenden Periode brauchen wir uns nicht zu sorgen: Die deutsche – ganz besonders die bayerische – Arbeiterschaft hat Anschauungsunterricht in genügendem Maße genossen, um zu wissen, daß Schwäche gegen den Feind Selbstmord ist. Aber das darf nicht wieder sein, was noch jede Revolution nach ihrer heroischen Gebärde in den Sumpf gestoßen hat: daß das Neue nicht vorbereitet war. Wir brauchen den rechtzeitigen Plan einer Revolutionsmobilisation, sonst geht's uns genau wie den Franzosen, die nach dem 9. Thermidor nicht weiterwußten und das Direktorium – nach Babeufs Erledigung[22] – Bonaparte zum Konkursverwalter einer aus herrlichem Material bestehenden, aber nicht rechtzeitig zusammengefügten Masse machen ließen, wie uns selbst, als wir mit der richtigen Idee der Räterepublik und des Kommunismus eine planlose »Sozialisierungs«-Orgie nach revolutionärer Laune und Temperament einreißen ließen; wie den Russen, die die ganze Destruktionsperiode prachtvoll bewältigten und dann anstelle eines vorbereiteten Aufbauplans eine akademische Theorie praktizierten, als ob die Erneuerung der Gesellschaft sich um Parteirichtlinien scherte und als ob es bei der Umgestaltung der gesamten Wirtschaft auf Buchweisheit und nicht auf ganz nüchterne Berechnungen statistischer und praktischdetaillierter Art ankäme. Es ist zu errechnen, wie trotz der Zerschlagung des gesamten Funktionsapparats durch umfassende, ins Einzelne – sogar auch ins Personale gehende Wirtschaftsmaßnahmen – nicht gesetzliche Dekrete! sondern fahrplanartige Direktiven – die gesamte Produktion in Industrie, Landwirtschaft und Handwerk mitsamt aller Zirkulation in Bank und Handel, Warenbeschaffung und Austausch, Güterverkehr und Krediten – durch Abstellung und Umstellung von Betrieben, Vermehrung oder Verminderung von Personal, Beständen und Verarbeitungen, kurzum durch eine Art ökonomischen, revolutionären Aufmarschplan für die Arbeiter- und Bauernräte auf den Bedarf der Konsumenten einzustellen ist. Dann ist ein Knochengerüst der neuen Gesellschaft geschaffen und Aufgabe bleibt nur, ihm im eigentlichen Revolutionskampf mit Waffen und Begeisterung Fleisch und Blut zu geben; zu kämpfen, ohne fürchten zu müssen, mit dem vollen Sieg über die Bourgeoisie den Abstieg von der Höhe antreten zu brauchen, indem man nach Genua und Rapallo geht und des geordneten Rückzugs wegen die besten und konsequentesten Räterevolutionäre mit den inquisitorischen Mitteln der tückischsten Reaktion dem kapitalistischen Retter aufopfert. – Das ist also mein inniger Wunsch: nicht zu sterben, ehe ich die Idee der revolutionären Mobilisation in Angriff genommen wüßte. Dazu müßte ich sie solchen Genossen entwickeln, die Kenntnis und Fähigkeit haben, ihr Unterlagen zu geben, und dazu müßte ich Niederschönenfeld im Rücken haben. Vielleicht wären Laufenberg und Wolffheim[23] die richtigen Männer, um die Sache organisatorisch in die Hand zu nehmen; sie wären jedenfalls nützlicher beschäftigt als mit dem Betreiben ihrer Kateridee eines Ludendorffschen Revolutionskriegs, und die Idee wäre vor der größten Gefahr beschützt, einer halbrevolutionären Partei in die Finger zu geraten, die sie opportunistisch verbiegen und das Proletariat zugunsten einiger Bonzen von ihrer Realisierung ausschalten würde. – Nein, es wäre ärgerlich, wenn ich in diesem Hause sterben müßte. Die Revolution litte Schaden. Ich möchte noch leben!

Niederschönenfeld, Montag, d. 26. Juni 1922
Bloß ein paar Worte kurz vor dem Abendessen. Zenzl war hier. Es war sehr schön, es war sehr scheußlich. – Durch sie erfuhr ich die große Neuigkeit: Am Samstag – also am Johannestag – ist Walter Rathenau[24] in Berlin ermordet worden. Näheres wissen wir fast noch gar nicht. Die Aufregung draußen soll ungeheuer sein. Alle Urteile sind zurückzustellen, besonders über die Folgen. Ich bin entschieden der Ansicht, daß es sich – wie im Falle Erzberger – um ein Signal zum Losschlagen handelt, und wenn Wirth nicht diesmal außerordentlich kräftiger zuschlägt als damals, dann kann in diesen Tagen bestimmt mit dem Ausbruch des revolutionären Massenterrors gerechnet werden. Alle Möglichkeiten erheben sich wieder zu aktueller Geltung. Sollten die Arbeiter aus allen früheren Erfahrungen immer noch zu wenig gelernt haben, so ist die wahrscheinlichste ohne Zweifel die, daß am Ende auch dieser Affäre lange Freiheitsstrafen stehen werden, deren Objekte wie immer nur das Proletariat stellen wird. – Die nächsten Stunden müssen für unser persönliches Schicksal über mindestens die nächsten Monate entscheiden.

Niederschönenfeld, Dienstag, d. 27. Juni 1922
[...] Ich unterlasse vorerst alle Prophezeiungen, aber im Gegensatz zu allen meinen Genossen sehe ich die Offensive der Nationalisten noch lange nicht als gescheitert an und erwarte Endgültiges zum Verlauf des heutigen und der nächsten Tage. Ich habe Zenzl gebeten, im Moment, wo es anfängt, brenzlich zu riechen, die Wohnung zu verlassen und zu sichern, unverdächtigen Freunden zu gehen (hierbei wurde das Gespräch unterbrochen; das sei politisch! – Wenn man das Leben seiner Frau geschützt sehen möchte!). Übrigens liegen alle Möglichkeiten offen. – Und das hebt meine Stimmung ungemein, obwohl ich nicht verkenne, daß auch die Möglichkeit darunter ist, daß wieder alles beim alten, wir hier drinnen, Ebert-Wirth an

der Spitze der Deutschnationalen bis zum nächsten Mal mit dem Finger am Abzug bleiben. Jede andere Lösung des Konflikts wäre mir lieber und keineswegs die unliebste der Sieg der Angreifer, der mitten in der gefährlichsten Wirtschaftskrise die inneren Gegensätze zugleich mit schärfsten Auslandskonflikten auf die Spitze treiben und dadurch die revolutionäre Situation schaffen müßte, die nur noch revolutionär benutzt zu werden brauchte, um mit einem Schlage das Unterste zuoberst zu kehren und ganze Arbeit möglich zu machen. Daß die Zeit bis dahin für uns hier drinnen schrecklich sein würde, ist mir klar. Darauf kann es aber nicht ankommen. [...] Mich juckt's in allen Poren nach Aktivität; ich fühle mich als junger Kerl, Zenzls Küsse haben mir wohlgetan – wenn ich auch den Aufseher hätte erwürgen mögen –, und meine Himmel haben blauere Tiefen, es ist wieder Leben unter der Erdoberfläche, und vielleicht gibt's auch für mich zu tun in der Welt. Selbst die Kerkerhaft schmeckt heut nach Freiheit.

Niederschönenfeld, Mittwoch, d. 28. Juni 1922
Kritischer Tag höchster Ordnung. Heut – vermutlich in der Nacht von heut auf morgen – wird die Entscheidung zu erwarten sein, darüber nämlich, ob die Völkischen nachstoßen oder das Feld wieder räumen werden. Das zweite – was meine Genossen fast ausnahmslos annehmen – kann ich schwerlich glauben. Nach dem Erzberger-Mord ließen sie sich von Wirths Entschiedenheit zurückschrecken. Aber niemand wiederholt seine eigenen Dummheiten (Jeder macht immer neue, indem er die Dummheiten anderer Leute nachmacht.) Wenn mir entgegengehalten wird, dann hätten sie unmittelbar nach dem Mord losschlagen müssen, so überzeugt mich das nicht. Ich denke mir, die Schüsse auf Rathenau bedeuteten: Klar zum Gefecht! (Die Sprache der Marine ist am Platze, weil fast immer nur Marineoffiziere an die gefährlichsten Posten geschickt werden. So ist jetzt auch in München (!) ein Kapitänleutnant Hoffmann verhaftet worden, der verdächtig sein soll, die Blausäurespritze gegen Herrn Scheidemann[25] benutzt zu haben.) Wahrscheinlich haben die Rebellen Mobilisationstage vorbereitet, die vom Abknallen des Ministers an zu rechnen sind – und eines Nachts (vermutlich eben heute), wenn alles an Ort und Stelle ist, die

Waffen ausgegeben sind, die letzten Vorbereitungen und Parolen herum sind, klappt's: Verhaftungen, Tötungen, Besetzungen der strategisch und politisch wichtigen Plätze etc. Ob's gelingt, ist fraglich, aber keineswegs ausgeschlossen. Es käme darauf an, ob dem Generalstreik der Arbeiterschaft hinreichende Abwehrmaßnahmen entgegentreten können. – So ergeben sich eine Fülle von Möglichkeiten – auch für uns. Wird der Putsch unternommen und gelingt, dann haben wir persönlich allerlei neue Bedrückung zu erwarten. Dagegen teile ich die Furcht, man werde uns umbringen, durchaus nicht. Erst, wenn die Hakenkreuzler ihre Positionen eines Tages wieder räumen müssen – sei es durch Arbeiterrevolten, sei es, was eher zu glauben ist, durch Einschreiten ausländischen Militärs – wären wir gefährdet. Ich denke da an den Rückzug aus der Picardie 1916 und an den endgültigen Abbruch der Front in Frankreich 1918; in der Verzweiflung – nicht im Siegen sind sie sinnlos brutal. [...]

Niederschönenfeld, Montag, d. 31. Juli 1922
Ich hatte Besuch! Mein Bruder Hans war da, und wir waren vier Stunden beisammen, nachdem wir uns sieben Jahre lang nicht gesehen hatten. Er ist inzwischen ein stattlich proportionierter, allmählich ergrauender und zu Embonpoint neigender Herr geworden und gefiel mir besser als jemals früher, viel freier im Wesen und toleranter in den Auffassungen, dabei sichtlich erschüttert von dem Eindruck dieses Gefängnisses. Zu seiner seelischen Weichheit mag wohl auch das Ergebnis der gründlichen Untersuchung beigetragen haben, der er mich unterzog und die sich auf Herz, Lunge, Bauch, Rückenmark, Nerven etc. erstreckte. Ich hatte den Eindruck, als ob er von meinem Zustand recht bedenkliche Empfindungen bekam und insbesondere mein Herz unerfreulich krank fand. Was die beabsichtigte Briefstellerei mit unserm Dr. Steindl[26] für Ergebnisse haben wird, werden wir ja sehen. Große Erwartungen auf intensiver betriebene Heilmethoden hier drinnen hege ich einmal nicht. Hans hatte, was ich deutlich wahrnahm, von den Verhältnissen hier drinnen einen niederschmetternden Eindruck. Meine Erfahrungen aber, die er ja nicht hat, hätten ihm bestätigt, daß sein Besuch in ungewöhnlich entgegenkommen-

der Art vor sich ging. (Ein studierter Mann hat hier, wo Klassenunterschiede bekanntlich nie gemacht werden, immer eine bessere Behandlung zu erwarten als unsere Frauen oder Besucher weniger angesehener Berufszugehörigkeit.) Krumbholtz überwachte und unterbrach kein einziges Mal, obwohl ich und noch mehr Hans in mancher Kritik ziemlich weit ging. Vielleicht ist der Mann nach dem Eingriff bei Zenzls Besuch, als er die Besprechung geschäftlicher Angelegenheiten verhinderte, so zusammengestaucht worden, daß er es jetzt vorzieht, lieber etwas zu überhören als noch mal vorbeizuhauen. – Nun, Hans sah die jammervolle Gefängniszelle mit der vergitterten Fensterluke, er sah die käfigartigen Verliese, in denen wir hausen müssen, und sah, daß man Niederschönenfeld nennen kann wie man mag, nur nicht »Festung« im Sinne des Strafurteils. Er versprach denn auch, alles mögliche zu unsern Gunsten zu versuchen. Er habe Beziehungen zu Wirth, werde auch zu Radbruch gehen (dem ich zu bestellen auftrug, er soll, nachdem er schon sonst nichts für uns erreicht habe, wenigstens das Reichsstrafvollzugsgesetz beschleunigt durchzusetzen suchen). Ferner hat Hans einen Reichstagsabgeordneten der Deutschen Volkspartei zum Patienten. Es kann natürlich nicht schaden, wenn auch so ein Mann mal Bescheid bekommt, was für Niederträchtigkeiten ihn seine politische Disziplin billigen lassen muß. Erfreut war ich von der Frage, die mir Professor Einstein stellen ließ, ob er sich in irgendeiner Form, bzw. in welcher, unserer annehmen kann. Natürlich konnte ich nicht aussprechen, daß er ja nur eine öffentliche Erklärung mit seinem Namen unterzeichnet loszulassen brauche, um Niederschönenfeld neuerdings in den Mittelpunkt des Weltinteresses zu rücken. Ich hab's, da sonst der Besuch in Gefahr geraten wäre, abgebrochen zu werden, so gut ich konnte, angedeutet. – Was Hans mir erzählte an persönlichen, prinzipiellen, allgemeinen und sonstigen Dingen, informierte mich wieder ein bißchen besser über die wilde Verwirrung aller Lebensbeziehungen draußen. So ist Einstein z.B. trotz seines Weltruhms, der ihm Einladungen in alle Weltgegenden einträgt, im eigenen »Vaterland« seines Lebens nicht sicher. Er ist Jude und Pazifist – infolgedessen droht ihm in dieser glorreichen Republik auf Schritt und Tritt der Tod. – Die Preise müssen ins absolut Aschgraue gehen (Der

Markkurs steht augenblicklich mit 630 – auf den Dollar bezogen – auf seinem vorläufigen Höchstpunkt.) Was werden soll – niemand weiß es, und wie es scheint, steigt selbst in Bürgerkreisen die Hoffnung wieder, eine Revolution werde einmal mindestens Klarheit schaffen. [...]

Niederschönenfeld, Freitag d. 11. August 1922

[...] Schandbar ist, daß das russische »Revolutionstribunal« – mit welchem Recht können die Leute, die nach Genua gegangen sind, eigentlich noch Revolutionstribunale arbeiten lassen?[27] – gegen die Sozialrevolutionäre tatsächlich fünfzehn Todesurteile gefällt hat. Es heißt, die Vollstreckung solle sistiert werden, bis sich zeige, ob die Sozialrevolutionäre – also andere Personen als die Verurteilten – nun Ruhe geben werden. Mithin: Man behält die politischen Gegner als Geiseln, um sie, wenn sich revolutionäre Erhebungen zur Wiedereinführung des Sowjetsystems oder gegen die Konzessionen an den Privatkapitalismus ereignen sollten, zu erschießen. – Meine Empfindungen bei dieser Entscheidung sind hauptsächlich die einer großen Traurigkeit. Ich bin durchaus nicht aus sentimentalen Gründen für die Angeklagten – die sich übrigens prachtvoll tapfer vor das Gericht des Exekutivkomitees, dessen Mitglied der Jammerkerl Brandler[28] ist, gestellt haben – ich bin überhaupt gar nicht für die Opfer, sondern soweit sie Kerenski-Leute[29] und Verbündete der Sawinkowhorden[30] sind, schroff gegen sie. Aber ich habe die Bewegung von 1905[31] zwar aus der Ferne, aber mit tiefster Herzensbeteiligung miterlebt, und mich kränkt die Demagogie, daß das Weltproletariat bewußt falsch informiert wird, indem man verschweigt, daß der linke und der rechte Flügel der Sozialrevolutionäre weniger miteinander zu tun haben als Menschewiki und Bolschewiki unter sich. Man wirft das alles zusammen, wie man ja auch die Anarchisten und Maximalisten, die man gefangen hält, einfach als Konterrevolutionäre denunziert, gerade weil sie revolutionäres Gewissen genug gerettet haben, um sich mit der Halbheit in Rußland nicht zufrieden zu geben. – Trotz alledem kann ich, so sehr ich den Drang hätte, mich öffentlich zu rühren – und einen Protest würde Gollwitzer[32] am Ende durchlassen, um keinem Zwist zwischen Revolutionären Abbruch zu tun –, das keinesfalls probieren. Denn niemand kann einen so tiefen Ekel gegen die Proteste empfinden, die in der Sache von der Sozialdemokratie herausgeplärrt werden. Die Partei Noskes, die Liebknechts und Rosa Luxemburgs Ermordung begünstigte, die Leviné erschießen ließ, die in Berlin, Bremen , München, im Ruhrland – ach, wo in Deutschland eigentlich nicht? – Proletarierleichen über Proletarierleichen häufte, die uns, weil wir gegen ihre durch unsere Revolution ermöglichte Regierungserschleichung revolutionäre Mittel ergriffen, von den Offizieren der alten Armee zu vielen Tausenden von Jahren Zuchthaus, Gefängnis und Festung verurteilen ließ, nach dem »Hochverratsgesetz« der Monarchie!, – die nichts getan hat, um uns nach all den Jahren wieder freizubringen – die in Bayern speziell sogar gegen jede, auch nur teilweise Amnestie ausdrücklich gestimmt hat und Roßhaupter[33] die Bewilligung aussprechen ließ, man dürfe uns so rechtlos behandeln, wie man wolle, nur Jämmerlinge könnten sich beklagen, wenn man sie infolge ihrer Taten mißhandle – die Verräter an allem, was Revolutionären heilig ist, die Schleppenträger der Hohenzollern und ihrer Lakaien und die Erbschleicher der Revolution, die von ihr selbst sagten, sei »ohne ihr Zutun« gemacht und also gegen ihren Willen (wozu hätte Auer[34] sonst Militär gegen die Republik angefordert, deren Minister er 36 Stunden später war?) durchgeführt, die damit ausgesprochen haben, daß sie auch gegen die Republik waren, die sie heute als ihr Palladium ausgeben und mit ihren Amtsschurkereien vergiften – sie sollen es nicht wagen, ihr Schmutzmaul aufzureißen für Revolutionäre, die andere zum Tode verurteilen und gegen Revolutionäre, die nicht, um der Bourgeoisie gefällig zu sein wie sie, die Opfer wählen, die sie glauben fordern zu sollen. Man möchte glauben, sie seien neidisch, daß nicht sie diesmal wieder die Henker machen dürfen, da doch ihre Hände von Arbeiterblut so triefen wie nie die Hände eines Klassengegners davon getroffen haben. – Nein, – mit denen mache ich keine Proteste zusammen. Ihnen mein Ekel, mein Haß, meine Verachtung und mein Wille zu Rache, zur Abrechnung. Mir ist Mord keine Freude und Hinrichtung keine Befriedigung. – Aber säße ich im Tribunal, das die Ebert, Scheidemann, Auer, Noske, Schneppenhorst e tutti quanti abzuurteilen hätte, ich käme mir als Verräter vor an der Sache der Revolution, an den

Opfern der Revolution, stieße ich den Daumen nicht nach unten: Auslöschen!

Niederschönenfeld, Montag, d. 28. August 1922

In München war wieder großer Spektakel und zwar einer, der der ganzen Aufmachung nach auf Endgiltiges abgezielt zu haben scheint. Die völkischen Hakenkreuzler, die Nationalsozialisten, die Bünde von Frontsoldaten, deutschgesinnten Kriegsbeschädigten und was noch alles zum »Ordnungsblock« zählt, hatten zu Freitag abend zu Riesendemonstrationen gegen die Berliner Abmachungen und gegen den Umfall der bayerischen Regierung aufgerufen.[35] Pistolen und Schlagwerkzeuge seien mitzubringen – und das Ganze war auf große Aktion angelegt. Die Polizei verbot diesmal den Rummel auf dem Königsplatz und sperrte ihn sogar ab. Da aber der Karolinenplatz nahebei und auch ziemlich groß ist, demonstrierte man trotzdem recht tüchtig und Herr Xylander war in Person da, um die Sache zu schmeißen. Gott weiß, was passiert sein mag, daß die grünen Polizisten und die, die sie auseinandertreiben sollten, den Moment zum Fraternisieren verpaßten, jedenfalls wurde nichts Rechtes aus der Sache. Dafür ging's im Kindlkeller hoch her. Hitler referierte mit der Vorsicht, die ihm angesichts des Scheiterns der Straßenmache als Österreicher geboten schien, und trat dann seinem Freund Esser[36] das Wort ab. […] Wie ich mir den zukünftigen Verlauf dieser Bewegung vorstelle, ergibt sich aus den eigenen Erfahrungen im Winter und Vorfrühling '19. Damals standen wir Revolutionären Internationalisten und Kommunisten, die wir als offizielles Hauptquartier zur praktischen Machtausübung über den Revolutionären Arbeiterrat verfügten, den republikanischen Regierungen Eisner – und dann besonders Hoffmann in ganz ähnlicher Position gegenüber wie heute die Hitler und Genossen der gegenwärtigen. Wir dirigierten das meiste von der Straße und den Versammlungen aus; bei gelegentlichen Versuchen, uns mit Gewalt stillzukriegen, traten die Massen auf den Plan, und ihr Wille war schließlich und endlich maßgebend. Was wir bei der ständig zunehmenden und von uns lebhaft erstrebten Radikalisierung der Massen übersahen, war die Strohfeuerqualität der um uns jubelnden Begeisterung. Wir nahmen den Lärm besoffen geredeter Volksmengen für Macht, und wir taten, wozu uns diese Menge tatsächlich drängte, was wir tun mußten: Wir erhoben die Hand zum entscheidenden Griff an die Machtkurbel. Dann setzten die Widerstände von außen ein, denen wir deshalb nicht positiv entgegenwirken konnten, weil das Strohfeuer der Anhänger vor der Gefahr erlosch. Die lautesten Jünger verrieten uns, und wir sahen zu spät, wieviel im Innern widerstrebende Anhänger aus Opportunismus so lange zu uns gestanden hatten, bis sie fanden, daß unser Gaul am Ende das Rennen doch nicht so sicher machen würde, wie es schien, und teils passiv abwarteten, teils gleich zum Gegner abschwenkten. Und die regierende Partei – die Sozialdemokratie – tat mit uns mit, soweit es anging, solange sie vermutete, wir würden recht behalten, und sie dürfe dann den Anschluß nicht verpassen. Die Massen, die heute hinter dem Hakenkreuz herlaufen und johlen, drohen und zu Taten drängen, sind durchaus keine anderen als die, die damals hinter der roten Fahne marschierten, johlten, drohten und zu entscheidenden Taten drängten, ja, sie bestehen zweifellos aus den gleichen Personen, die, ohne viel zu kritisieren, die Verhältnisse unerträglich finden und die Schuld daran denen zuweisen, die von den gerade modernsten Parolegebern als Schuldige angegeben werden. Die Enttäuschung an ihnen steht den Xylander-Leuten noch bevor. Freilich ist ihre Aussicht insofern besser, als sie die wichtigsten Posten in der Staatsverwaltung in den Händen ihrer Anhänger wissen, vor allem in der Polizei und in der Justiz. Da hatten wir – dank Eisners irrsinniger Entgegenkommenspolitik, die überall alle Monarchisten auf ihren Plätzen ließ und sie selbst dahin zurückrief – im Gegenteil da das größte Minus, wo sie das größte Plus haben. Dafür aber haben sie tatsächlich nichts der inzwischen unsinnig vergrößerten Volksnot entgegenzusetzen als Phrasen, während wir praktische Mittel wußten und auf das russische Beispiel verweisen konnten. – Wenn es nach meinen Wünschen geht, dann gelingt den Nationalisten in Bayern zunächst ihr Griff. Sie werden dann in dieselbe Lage kommen wie wir im April '19. Ganz plötzlich werden sie sich zugleich unmöglichen Ansprüchen an ihre Organisationsfähigkeiten, den ungeheuersten Widerständen von außen und innen – sie zumal noch mehr durch die Arbeiterschaft als wir durch die Bauernschaft – und

dem Abfall und Verrat der unsicheren Kantonisten gegenüber-
sehen, die scheinbar zu ihnen halten und in Wirklichkeit in
ihnen nur das Sprungbrett sehn, um selbst schwimmen zu können. Es wird, wenn den Xylander-Hitlern der Schwung gelingt,
eine ganz kurze Zeit dauern, in der man freilich mehr Ursache
haben wird als zu unsern Tagen, von »Schreckensregiment« zu
reden – und dann wird die Seifenblase zerplatzen, und Bayern
wird auf Gedeih und Verderb die Politik mitmachen müssen,
die in Berlin und im übrigen Deutschland gemacht wird. [...]

Niederschönenfeld, Sonntag, d. 3. September 1922
Ich erhielt gestern folgende Eröffnung (etwa): Die für den F. G.
Mühsam eingetroffene Postanweisung von 340 Mark, Absender
F. W. Reiwers, Arbeitsgemeinschaft revolutionärer Gruppen in
Köln, wurde unter Verweigerung der Annahme zurückgesandt,
weil nicht ersichtlich ist, ob und wie das Geld verteilt werden
soll und weil über den propagandistischen Zweck der Sendung
kein Zweifel besteht. – Mich kostet diese neue Liebenswürdig-
keit der Verwaltung 1 Mark 55 für die Karte, auf der ich den
Genossen in Köln Bescheid geben mußte, und die Proletarier,
die das Geld gesammelt haben, müssen auch noch den Ärger
schlucken, daß ihnen alle möglichen Schikanen gemacht werden, bis sie es überhaupt an Ort und Stelle schaffen können,
und daß sie eine Verteilung in ihrem Sinne – wahrscheinlich
hatten sie mich aufgefordert, die syndikalistisch und unioni-
stisch gerichteten oder einfach die von mir erwählten Genossen
zu bedenken – gar nicht durchsetzen können. – Seit einigen
Tagen scheint es, als ob die Märtyrer Auftrag hätten, uns zu
provozieren. Sie benehmen sich wieder ganz so wie immer,
wenn »Fälle« von Kühlewein bestellt worden sind. So gab es
gestern abend Anstände, weil es infolge eines Gewitters ziemlich früh dunkel wurde, die Märtyrer aber sich weigerten, das
Licht in unseren Zellen einzuschalten, obwohl sie in ihrer
Wachstube längst Licht hatten. [...] Die Wut dieser Subaltern-
seelen gegen uns ist mir manchmal ganz gut verständlich. Wir
rennen rauchend in den Gängen rum, laufen und turnen täglich
fünf Stunden im Hof, disputieren in unsern Zellen von früh bis
spät, spielen Karten, essen gut, ohne zu arbeiten, liegen, wenn
wir mögen, den ganzen Vormittag im Bett, sitzen sonst vor den

Büchern oder Schreibereien, wie wir selbst es bestimmen – während sie das stundenlang mitansehen müssen, ja dieses Mitansehen ihren eigentlichen Dienst ausmacht. Sie müssen uns die Stunden ausrufen, wann die Gitter für den Hof aufgemacht werden, müssen dann für jeden, der es verlangt, die schwere Eisentür auf- und einschieben, müssen uns, während wir wie die Herren bei Tisch sitzen, das Essen aufladen und sind für richtige Verteilung der Portionen etc. verantwortlich. Daß wir dabei Gefangene sind und noch dazu eine Gefangenschaft erleiden, die unendlich härter ist, als unser Urteil bestimmt hatte, vergessen die Leute, deren Leben ja ganz gewiß auch eine Gefangenschaft ist, die sie ebenfalls vergessen haben. Was wissen sie von Freiheit, die sie nie innerlich erlebt haben und deren Ehrgeiz ist, in ihrem Geschäft des Menschenquälens eine gute Note zu kriegen? Die haben mit uns kein Mitleid; es ist viel, wenn sie keinen direkten Haß gegen uns haben, zu dem sie doch von der Obrigkeit mit allem Raffinement hingestoßen werden. Aber beneiden werden sie uns wohl alle, weil wir zu essen haben, ohne uns zu rühren; und in den Minuten, wenn sie uns abends in den Schlafzellen abzählen und dann das Gitter hinter uns zuschließen können – dann kosten sie es aus, und mancher von ihnen zeigt uns das Gefühl, Rache zu genießen, so deutlich, daß ich manchmal darüber lachen mußte. Wahrhaftig, arme Teufel sind's, Kühleweins »Märtyrer«. Menschen, die Gefangene beneiden – die sind gewiß nicht zu beneiden! – Die letzten Tage also trat die Neigung des Aufsichtspersonals, uns zu hunzen, besonders stark hervor, und vielleicht steht diese – von vielen gemachte – Beobachtung in einem Zusammenhang mit der auffälligen Tatsache, daß sich gestern unter den konfiszierten Zeitungen die ›Bayerische Staatszeitung‹ und der ›Bayerische Kurier‹ befanden, also die beiden eigentlichen Regierungsorgane. Dabei ist zu bemerken, daß die Konfiskationen im allgemeinen weniger geworden sind: durchschnittlich täglich sechs bis acht Blätter gegen zwanzig bis dreißig in den letzten Wochen. Der Verdacht liegt vor, daß beim bevorstehenden Zusammentritt des Landtags wieder über Amnestie oder über Niederschönenfeld gesprochen werden soll und daß Kühlewein dazu Vorbereitungen trifft, indem er seine Presse über neue Exzesse berichten läßt, die den schmutzigen und gierigen

Charakter der politischen Gefangenen beweisen. Vielleicht sind wir wieder nackt und unter schamlosen Gebärden an besuchenden Frauen und Kindern vorbeipassiert, oder man hat etwas Neues dieser Art erfunden. Herr Gollwitzer aber läßt uns keinen Einblick nehmen in dergleichen Berichte, und so werden sie historische Wahrheit, da ja die Angegriffenen selbst kein Wort drauf erwidern – und daß sie niemals von den Behauptungen etwas erfahren haben, braucht man ja in Bayern dem mit Recht empörten Publikum nicht zu sagen. Dessen Empörung gegen die Gefangenen genügt, die braucht man. Christen! [...]

Niederschönenfeld, Sonnabend, d. 16. September 1922
[...] Zenzl saß jüngst mit Fritz Weigel in einem Lokal und kam mit einem am Tisch sitzenden Herrn ins Gespräch, das im Verlauf auf die politischen Gefangenen überging. Der Bürger, ohne Ahnung, wen er vor sich hatte, legte gegen uns los; es gebe denn doch gar zu suspekte Gestalten unter den Festungsgefangenen, so wisse er z. B. von dem Mühsam, daß der ein ganz perverser Wüstling sei. Die Frage Zenzls, wieso und woher er seine Kenntnisse habe, wurde erstaunlich genug beantwortet: Er habe kürzlich in der Bahn zwischen Nürnberg und Augsburg die Bekanntschaft eines Herrn gemacht, der selbst lange in Niederschönenfeld in Festung gesessen hätte und Mühsam also in der Nähe kenne, eines gewissen Elbert.[37] Es sei ganz haarsträubend, was der alles erzählt habe, wie Mühsam die ganze Anstalt mit seinen Perversitäten verseuche. Zenzl meinte dann, daß sie davon doch etwas wissen müsse und gab sich als Frau Mühsam zu erkennen. Der Herr glaubte ihr nicht, und schließlich kam er der Einladung zu einer Tasse Tee bei Mühsams Frau nach und überzeugte sich, daß sie's wirklich war, wie hübsch und wohnlich dort alles ist und daß am Ende der Mann dieser Frau, der Besitzer dieser Bücher und Bilder, doch das Schwein wohl kaum sein werde, als das er ihm geschildert war. Der Herr, ein Bankdirektor, sandte am nächsten Tag an Zenzl einen großen Blumenstrauß. Das ist also die revolutionäre Tätigkeit des großen Kommunisten in der Freiheit, daß er in den Eisenbahnen den Bourgeoisreisenden, Bankdirektoren und ähnlichen, die von ihm selbst in Niederschönenfeld gezettelten Mißhelligkeiten ausbreitet und Menschen verleumdet, die in der Revolution

im Gegensatz zu ihm vornedran zu sehen waren und nicht wie er zweieinhalb, sondern fünfzehn Jahre dafür aufgebrummt gekriegt haben. Ich bin mir ja über die Eigenschaften des Elbert schon lange im klaren. Aber wissen möchte ich eins: Reisen heutzutage die Bankdirektoren schon dritter Klasse, um zu sparen, oder sind die Auftraggeber Elberts so nobel, daß sie ihm gestatten, für die Erfüllung der Pflichten, für die er engagiert ist, bei den jetzigen Preisen Spesen für Reisen zweiter Klasse in Rechnung zu stellen? [...]

Niederschönenfeld, Donnerstag, d. 19. Oktober 1922
[...] In Bayern gedeihen Zustände, die allmählich ans Traumhafte streifen. Die Nationalsozialisten läßt der Ruhm der italienischen Faszistenhorden nicht schlafen, und sie gehen nun auf fröhliche Abenteuer aus. Herr Hitler streift mit seinen stark bewaffneten Banden im bayerischen Oberland herum und wirbt Anhänger für Pogrome und gegen die brandrote Lerchenfeld-Gürtner-Regierung. Kürzlich hat er mit 180 Jüngern ein reguläres Kriegsbiwak auf dem Rosenheimer Marktplatz aufgeschlagen, von keiner Polizei, von keiner Regierung in seinem patriotischen Tun gestört. Jetzt hat er aber sein Hauptstück geliefert. Zu einem in Coburg einberufenen »Deutschen Tag« berief er alle seine Mannen, die in gratis eingelegtem Extrazug (!) mit Gummiknüppeln und anderen Schlagwaffen versehen und unter den Klängen der Wacht am Rhein und verwandter Lieder (»Schmeißt die dreckige Judenbande, schmeißt sie aus dem deutschen Lande, jagt sie nach Jerusalem!«) ihre Reise antraten. Auf dem Bahnhof in Nürnberg ging der Krach schon los gegen die Reisenden des dort haltenden Schnellzugs Berlin-München. In Coburg selbst aber ging's hoch auf. Man verprügelte mit den mitgebrachten Instrumenten friedliche Passanten und drohte den höflich mahnenden Behörden, wenn man sie störe, werde man ein Judenpogrom inszenieren. Und die bayerischen Behörden störten denn auch Herrn Hitler nicht weiter. Im Gegenteil. Nach späteren Berichten von offiziösen Stellen haben sogar Hitlerleute zusammen mit blauer Polizei Arbeiteransammlungen im Sturm gesprengt. Man erteilt diesen Demonstranten also schon behördliche Rechte und Aufgaben. Und das Reich wird sich die Finger erst recht nicht verbrennen

wollen wegen solcher Auslassungen bayerischer Eigenart. Die Noske-Exekutive darf grundsätzlich nur gegen Proletarier mobilisiert werden. Die war da, als in Bayern keine ähnlichen Zustände herrschten, sondern ohne Gewalt ein revolutionäres Regime aufzurichten versucht wurde, das ernstlich entschlossen war, mit Not und Elend, Schieberei und Wucherei aufzuräumen. [...]

Niederschönenfeld, Sonnabend, d. 28. Oktober 1922
[...] Die Vorgänge in Italien[38] sind deshalb so wichtig, weil sie als Vorbilder gelten können für das, was die verwandten Reaktionsorganisationen in ganz Europa, besonders in Deutschland und ganz speziell in Bayern, für Pläne haben. Es ist gar nicht zu bezweifeln, daß die Mussolini-Bande, die Hitler-Garde und die Hejas-Horde[39] längst in gegenseitigem Einverständnis miteinander arbeiten und daß es sich um eine im Ausbau begriffene internationale Bewegung militärisch-antisemitischen Gepräges handelt. In Neapel haben sich die Faszisten zu vielen Tausenden eingefunden, und zwar schon in militärischen Kadres divisionsweise eingeteilt. Diesem Treiben sieht die römische Regierung völlig machtlos zu, ja, sie muß es dulden, daß die Rebellen – ganz ähnlich wie in Bayern – mit Extrazügen von faszistischen Eisenbahnern von Tirol abgeholt und durch ganz Italien an Ort und Stelle transportiert werden. Bis jetzt hört man, daß diese Krachnationalisten ihre Aufnahme in der italienischen Regierung verlangen und zwar gleich durch Inanspruchnahme etwa der Hälfte aller Ministerien, und es sieht durchaus nicht unwahrscheinlich aus, daß die nächste Regierungsbildung unter ihrer Beteiligung vor sich gehen wird. Die italienischen Arbeiter, gegen die diese Leute den schamlosesten Terror ausüben, werden furchtbar gestraft für das Versäumnis, sich rechtzeitig von ihren »Führern« zu befreien, die ihnen noch jede notwendige Aktion sabotiert haben. Jetzt haben sie die Konterrevolution in ihrer scheußlichsten Gestalt, ohne überhaupt die Revolution gehabt zu haben.

Niederschönenfeld, Dienstag, d. 31. Oktober 1922

[...] Mit dem Faszisten-Aufstand ist ein furchtbares Novum in die Weltgeschichte getragen worden. Zum ersten Mal hat sich eine wirkliche Volksbewegung – es wäre albern, ihr diesen Charakter abstreiten zu wollen – gegen das arbeitende Volk der Sozialisten erhoben. Die Angelegenheit ist furchtbar ernst. Niemand kann voraussagen, ob die Aktion gelingt, zu welcher Konsequenz sie führen wird. Aber daß jetzt in Italien Schicksal entsteht, Schicksal für das europäische, zumal aber für das deutsche Proletariat, das steht fest. Die Weltrevolution hat einen ihrer verborgenen Krater geöffnet. Ein mächtiges Erdbeben hat eingesetzt. Wird es noch einmal zur Ruhe kommen oder wird der Lavastrom sich nun unaufhaltsam ergießen und die vom Krieg unterwühlte Weltordnung ganz niederreißen? Und wird es unter seiner glühenden Asche die kapitalistische Schandwirtschaft ersäufen oder müssen wieder die eigenen Kinder der Revolution dran glauben? – In Italien geschieht jetzt, was Verhängnis oder Rettung werden kann. Alles, was sonst jetzt vorgeht, ist fauler Zauber, ist das törichte Händebewegen von Leuten, die den Anschein erwecken möchten, sie täten was, da doch all ihr Wirken sich erschöpft in Kunststücken, um den in allen Fugen geplatzten Boden, auf dem sie stehen, als festen Erdgrund erscheinen zu lassen. [...]

Niederschönenfeld, Sonnabend, d. 25. November 1922

[...] Gestern aber soll in München eine Versammlung der Nationalsozialisten angekündigt gewesen sein mit dem Thema: Vom Kommunismus zum Nationalsozialismus! – Referent: mein Freund von Ansbach – Max Weber! Dem habe ich diesen Werdegang prophezeit. Er wird nun jedenfalls den Hitler-Trotteln erzählen, was ich für ein Schurke sei, daß ich ungeheure Vorräte an Kaffee, Zigarren und Lebensmittel gestohlen und bei mir aufgespeichert gehabt hätte und daß ich vor ihm auf den Knien herumgerutscht sei. Er möge. Bei diesem törichten Gesindel wird an meinem guten Ruf wohl sowieso nicht mehr viel zu ruinieren sein; vielleicht läßt sich Weber beikommen, auch öffentlich derartige Verleumdungen gegen mich loszulassen, und ich kann ihn mal greifen, zugleich seine Charakteristik – als Gesinnungslumpen, als Lügner, Spitzel, Plagiator und Erpresser – publik werden lassen und hätte danach vor all dem üblen Gerede endgiltig Ruhe; und schließlich ist die Selbstentlarvung der schäbigen Kreatur insofern wichtig, als viele ehrliche Arbeiter ihre auf seine Verdächtigungen aufgebauten Urteile über mich und über manchen anderen noch von selbst revidieren werden. [...]

Niederschönenfeld, Dienstag, d. 5. Dezember 1922
Abschrift: »An den Herren Festungsvorstand. Ich beabsichtige, eine Eingabe an das Justizministerium zu richten, die eine Anfrage über die Lebenssicherheit der Festungsgefangenen für den Fall bestimmter Ereignisse zum Gegenstand haben soll. Da ich keinesfalls den Verdacht aufkommen lassen möchte, in diesem Schritt könne ein Angriff gegen die Verwaltung beabsichtigt sein und im Gegenteil Wert darauf lege, die Formulierung der Eingabe zurückzustellen, bis ich mich dem Herrn Festungsvorstand gegenüber mündlich zur Sache geäußert habe, ersuche ich um eine Besprechung. N'feld 5. Dez.

Mühsam«
Mit diesem Schreiben an den Vorstand, das ich heute vormittag hier abschrieb und mittags einem Aufseher zum Abgeben übergab, hat es folgende Bewandtnis. Wir haben erfahren – durch Andeutungen in Briefen, Versammlungsberichte in Zeitungen und Äußerungen eines Besuchers –, daß Hitler seinen Leuten in einer Versammlung auch verraten hat, was er mit uns beabsichtigt. Er soll schauderhaft über uns geschimpft und dann erklärt haben, die Niederschönenfelder Revolutionäre würden einfach massakriert werden. (Vermutlich ist die Bereicherung seiner Schar durch den Ehrenjüngling Max Weber Ursache der Aufmerksamkeit, die uns seit bald vier Jahren Eingeklosterte mit Morddrohungen beehrt.) Nun bin ich persönlich zwar von solchen Anrempelungen nicht leicht zu beunruhigen. Ich kenne die Atmosphäre erregter Volksversammlungen zu gut, um nicht zu wissen, daß dort viel leichter ein Wort gesagt, als eine Tat veranlaßt wird. Trotzdem haben wir Ursache, uns um die Sache zu kümmern. Mag Hitler selbst nicht im Traum an die Ausführung seiner Ankündigungen denken, ich kenne doch auch die Menschen, die ihm zuhören, die sich von ihm begeistern lassen. Es sind bestimmt zum großen Teil dieselben Empörten, die uns

1919 nachliefen und immer denen nachlaufen werden, von denen die hoffen, zur Betätigung ihrer urgesunden und durchaus achtbaren Aktionswut geführt zu werden. Das Unglück dieser naiven Rebellen ist, daß sie ganz unkritisch sind und gar nicht überlegen, welche Konsequenzen aus ihrem Tun erwachsen können. Ich werde nie leugnen, daß im Anhang Hitlers – sowohl bei den verirrten Proletariern als auch bei seinen Studenten und Offizieren – ein hohes Maß opferfreudigen Idealismus lebendig ist – Männer wie Fischer und Korn[40] beweisen es eindringlich –, ja, daß sogar wirklich revolutionäres Gefühl in ihnen die treibende Kraft ist. Das bezeugt z.B. die scharfe Ablehnung des Parlamentarismus, die von Hitler, Xylander, Gräfe,[41] Hergt[42] etc. gepredigt wird, die Einsicht, daß Kampf die Einsetzung jedes einzelnen Körpers, jedes einzelnen Lebens bedingt und nie durch Wählerei, Abstimmerei und Vertretung durch Schwatz- oder Zählbonzen ersetzt werden kann. So heftig ich die Völkischen in sämtlichen sachlichen Aufstellungen bekämpfe, mit einer Gegnerschaft, die nirgends die geringste Möglichkeit zur Verständigung läßt, so erkenne ich in ihnen doch aufrechte Gegner an, die mit revolutionärem Schmiß gegen die bestehende Republik ankämpfen. Sie sind der Auffassung, es sei 1918 ein furchtbarer Umsturz erfolgt, der revolutionär eliminiert werden müsse; ich bin im Gegenteil der Auffassung, daß 1918 der Umsturz, wie er nach der Kriegs- und Niederlagekatastrophe hätte sein müssen, nicht fertiggebracht wurde und daß daher eine wirkliche konzessionslose Revolution noch erfolgen muß. [...]

Niederschönenfeld, Montag, d. 1. Januar 1923
Also es wäre wieder mal ein Gitterjahr hinter uns, und das neue
hat begonnen. Gefühlvolle Betrachtungen kann ich mir ersparen, enthusiastische Hoffnungsarien ebenfalls. Immerhin beginnt das Jahr 1923 angenehm. Es ist herrliches Wetter, und
obendrein ist mir heute früh nach einer so gut wie lange nicht
durchschlafenen Nacht das beste passiert, was ich zu erleben
weiß und was ich seit Jahr und Tag nicht mehr erlebt habe: die
Konzeption einer neuen dichterischen Arbeit, eines satirischen
Lustspiels, das wahrscheinlich den Titel führen wird ›Einerseits –
Andrerseits‹[1] und das in den gröbsten Umrissen zugleich mit
dem Einfall und dem Titel sofort vor mir stand. Ich denke also,
daß ich in diesem Jahr wieder mal etwas Literarisches zuwege
bringen werde. Das verflossene Jahr war literarisch vielleicht
mein ärmstes in zwanzig Jahren. Dies Tagebuch ist nahezu das
einzige, was davon übrig bleiben wird, außer ganz wenigen
Gedichten, von denen das letzte, ›Ewiges Diesseits‹,[2] auch bis-
lang der einzige Ertrag der Religionsgedanken ist, mit denen ich
mich seit mehreren Wochen herumtrage. Ich hoffe, mit dem
Lustspiel bald soweit zu sein, daß ich an die ersten schriftlichen
Niederlegungen denken kann, und habe ich mich überhaupt
erst wieder ins Arbeiten gefunden, dann läßt mich hoffentlich
der Furor nicht wieder los, und ich ermanne mich auch wieder
zur Weiterarbeit am ›Mann des Volkes‹. Vier Kapitel liegen nun
fast zwei Jahre da, und dann hat mich die vierzehnmonatige
Schikane der Zensur zu keiner Neuanspannung der Energie
mehr kommen lassen. [...]

Niederschönenfeld, Dienstag, d. 9. Januar 1923
Ich muß wieder neue Scheußlichkeiten vom Hause notieren, die
mir gestern noch große Aufregung und dann eine unruhige
Nacht verursachten. Ich war gerade mit der Eintragung ins
Tagebuch fertig und wollte meine Briefe schreiben, da wurde
ich ins Rapportzimmer hineingerufen. Herr Fetsch teilte mir
mit, daß Herr Hagemeister den Wunsch geäußert habe, mich zu

empfangen, da er mir den Auftrag geben wolle, seiner Familie Nachricht zu geben. Der Vorstand habe genehmigt, daß ich zu ganz kurzem Besuch zu ihm dürfe und daß das Gespräch, das höchstens nur fünf Minuten dauern dürfe, sich ganz auf diesen Auftrag zu beschränken habe. Ich erwiderte gar nichts, um nicht etwa durch eine unbedachte Äußerung über derartige Rechtsverkürzung, weil jemand krank ist, einen Vorwand zu schaffen, die Unterredung überhaupt zu durchkreuzen, und wurde also zu ihm geführt und zwar in Begleitung des Herrn Werkmeisters Fetsch und des Herrn Sanitätswerkführers Bastian, die mich – einer links, der andere rechts von mir – umstanden, als sollte ich als Delinquent einem Untersuchungsrichter präsentiert werden. Der arme August sah entsetzlich schlecht aus, sehr bleich und mit Schweißtropfen im Gesicht und um die trüben Augen. Es saß nicht im Stuhl, sondern mit ausgestreckten Beinen auf dem Bett, das hinten mit Keilkissen so hochgestützt war, daß der Oberkörper aufrecht sitzen konnte. Die öde Zelle machte einen trostlosen Eindruck. Er reichte mir zum Gruß die Hand, die kalt und feucht war. Dann wurde noch einmal erklärt, was zu sprechen allein zulässig sei. August zog nun einen Briefentwurf vor, den er stenographisch aufgesetzt hatte, und bat mich, mich vor den Klapptisch zu setzen, um das Diktat aufzunehmen. Gleich griff Fetsch ein. Das sei nicht erlaubt worden, Hagemeister dürfe mir nur kurz sagen, was ich der Frau schreiben solle. Natürlich war die Aufregung sofort da. August erklärte – und man sah ihm bei jedem Wort die schwere Anstrengung an, seinen Zorn zu meistern –, er habe vom Arzt keine Aufklärung über seine Krankheit erhalten können; da man ihn aber isoliert habe, ihm so vollkommene Ruhe vorschreibe, daß ihm auch das Zeitungslesen versagt werde (Luttner[3] erhielt gestern noch den ablehnenden Bescheid) und er also offenbar als Schwerkranker behandelt werde, sich auch so fühle, müsse er mit seinem Tod rechnen, und da werde man ihm doch wohl nicht verwehren können, seiner Frau genau das mitteilen zu lassen, was er für nötig halte. Der Herr Fetsch war ohne jedes Empfinden dafür, daß er einen Schwerkranken vor sich hatte, warf sich in Kommandeurspositur, brüllte wie ein Kasernenraunzer und hängte den jedem Gefängnisschinder geläufigen Tierbändigerblick ein, der mich schon oft bei dieser

Art Leute amüsiert hat und mit dem sie zu imponieren und jeden Widerspenstigen zu Räson zu bringen meinen. Hagemeister verbat sich energisch das Anschreien und das Drohen mit den rollenden Augen, während Herr Bastian dastand, als ginge ihn das Ganze nichts an, obwohl er als Vertreter des Arztes doch berufen gewesen wäre, den anderen darauf aufmerksam zu machen, daß der Kranke eben Ruhe brauche und nicht als Rekrut behandelt werden dürfe. Ein Wort gab nun das andere, wobei ich ausdrücklich festhalten will, daß August nicht eine Silbe sagte, die unsachlich oder persönlich gewesen wäre. Er protestierte bloß dagegen, daß man die Krankheit zum Vorwand nahm, um ihn augenfällig zu disziplinieren, während Fetsch, wenn auch nicht in beleidigenden Worten, so doch in der Tonart immer ausfälliger wurde und einfach die Unterredung abzubrechen drohte, dazu sogar schon die Tür aufriß, so daß August, der ängstlich vor Zug geschützt sein soll, direkt kalt angeweht wurde. Erst als er scharf verlangte, daß die Tür geschlossen werde, ließ Herr Bastian sich dazu herbei. Ich war in größter Erregung und Empörung, beherrschte mich aber doch genügend, um den Versuch zu machen, eine Lösung des Konflikts herbeizuführen. Ich ersuchte Fetsch, er möchte doch noch mal zum Vorstand hinüber telefonieren, ob das Diktat nicht gestattet werden könne. Ich erhielt in geübtem Ton die Antwort: »Nein, ich frage nichts mehr an. Ich hab eben erst angerufen.« Dabei blieb es trotz meiner wiederholten Anregung. August erklärte jetzt, wenn man ihn auf diese Weise hindere, seiner Frau die nötigen Mitteilungen schicken zu lassen, dann werde er von jetzt ab die ganze ärztliche Behandlung sabotieren, sich geheilt erklären und die Verantwortung für alles, was daraus folgen sollte, selber tragen. Jetzt griff ich endlich mit dem Vorschlag sein, er solle mir den Brief langsam vorlesen, ich werde, da mein Gedächtnis recht stark ist, versuchen, ihn mir einzuprägen und ihn dann schriftlich reproduzieren. Glücklicherweise gingen beide Teile auf diesen Kompromiß ein, so daß dem armen Freund die abscheuliche Qual erspart blieb, sich an jeder Verständigung der Seinen verhindert zu sehen. [...] Ich schrieb darauf sofort den Eilbrief und brachte ihn selbst hinunter, um ihn Herrn Fetsch zu übergeben. Dabei ersuchte ich ihn, er möge das Schreiben sofort Hagemeister hineinbringen, damit er mir Bescheid geben könne, ob er Streichungen oder Änderungen irgendeiner Art wolle. Ich würde solange im Rapportzimmer bleiben. Aber der tüchtige Beamte sah mich ganz entgeistert an. Das ginge nicht, daß ihn Herr Hagemeister zuerst bekomme. Er werde den Brief aber sofort zum Zensor bringen, und wenn der es gestatte, dürfe auch Hagemeister lesen, was in seinem Auftrag seiner Frau geschrieben wird. Und so geschah es tatsächlich. Die Isolierung wird so stramm als Strafe durchgeführt, daß der Verkehr mit uns, mit seinem ständigen Umgang, allen Zensurschikanen unterstellt ist, mit denen wir sonst an unsere Stellung als bayerische Ehrenhäftlinge erinnert werden. Herr Fetsch benutzte aber auch meinen zweiten Aufenthalt unten zu neuen Beschwerden gegen Hagemeister, dessen Verhalten er als »Provokation« bezeichnete – er, der Kerkermeister, der da als Stellvertreter bayerischer Justizgötter den Schwerkranken wie einen Hundsfott angeschnaubt hatte –, und noch schöner! Er klagte mir – ausgerechnet mir! – sein Leid, daß er dafür, daß er noch extra hinüber telefoniert hat, nicht einmal Dankbarkeit fände. »Aber Dankbarkeit, die will man ja schon gar nicht verlangen! Aber so ein Betragen –« Damit stob der gekränkte Gerechtigkeitssöldling mit dem Brief zur Tür hinaus zum Zensor. – Mich hielt Ekel und Wut über die unsagbar rohe Brutalität nicht bloß der Ausführung, sondern schon der Anordnung all der Scherereien und Schändlichkeiten gegen einen kranken politischen Gefangenen und zugleich natürlich der Kummer über den wirklich recht besorglichen Zustand des Freundes bis zum Abend in der größten Erregung, und ich konnte lange keinen Schlaf finden. [...]

Niederschönenfeld, Dienstag, d. 16. Januar 1923
August Hagemeister ist tot. Ich fühle mich noch nicht imstande, Tatsachen und Gefühle hinzuschreiben. Mein ganzes Ich ist ausgefüllt mit Schmerz und Haß. – Bis morgen schiebe ich alles auf.

Halb vier Uhr. Es wird doch richtig sein, die Ereignisse gleich in kurzer Aufeinanderfolge niederzuschreiben, solange sie ganz frisch sind. Hoffentlich läßt meine Sammlung in der Stunde bis zum Dunkelwerden nicht aus. Kurz nach acht Uhr kam Fetsch zu mir in die Zelle – es war noch dunkel, und ich lag im Bett –

und forderte mich auf, mich sofort flüchtig anzuziehen, der Herr Oberregierungsrat wolle mich sprechen. [...] Unten erwarteten uns im Rapportzimmer Oberregierungsrat Hoffmann, Regierungsrat Anglert und Dr. Steindl. Schon ihre Haltung verriet mir alles. Hoffmann sagte etwa folgendes (ich glaube, es ist wörtlich): »Meine Herren, ich habe Sie als die nächsten Freunde des Festungsgefangenen Herrn Hagemeister rufen lassen, um Ihnen mitzuteilen, daß die Krankheit heute in der Frühe ganz überraschend in einen sanften Tod übergegangen ist. Wenn Sie den Wunsch haben, Ihren Freund, so wie er gestorben ist, noch einmal zu sehen, dann bitte ich Sie mitzukommen.« Wir wurden dann hingeführt in eine Zelle, die der gegenüberliegt, in der ich August gestern vor acht Tagen zum letzten Mal sprach. Er saß im Korbstuhl, völlig zusammengesunken, vom Kopf war nur die Glatze, davor die vorderen Haare und der große Bart zu sehen, vom Gesicht selbst nur ein ganz schmaler Streifen. Die rechte Hand hing von dem auf die Stuhllehne gelegten Arm ausgestreckt hinab. Ferdl und ich sprachen kein Wort und ich glaube, ich habe lautlos geweint. Oben unterrichteten wir die Genossen, und nun brach lauter Zorn los, das Gefühl, das auch in mir rasch die Oberhand über den Schmerz gewann. Ich schloß mich gleich in meine Schlafzelle ein und weinte heftig, dann wusch ich mich und machte mich fertig. Die Aufregung im Hause war und ist noch sehr groß. Gegen den Arzt herrscht kochende Wut, zumal bekannt wurde, daß gestern bei seinem Besuch wieder die größte Aufregung beim August entstand, der die Behandlung weiterhin ablehnte. Der Arzt hat das selbst vorhin Daudistel,[4] der ihn konsultierte, bestätigt. Er hat ihn also nicht mehr behandelt, aber trotzdem nicht seine Hinaufschaffung zu uns veranlaßt. August ist, wie Fetsch Ringelmann erzählte, um zwei Uhr von dem wachhabenden Aufseher, da er eingeschlafen war, verlassen worden, und um dreiviertel sieben Uhr fand man ihn tot im Stuhl. Er hat also offenbar unter großen Schmerzen das Bett verlassen und im Sitzen Linderung gesucht. Da seine Freunde, die ihn hier oben bei den Anfällen stützten, damit er Luft bekomme – und er wird uns gewiß gerufen haben –, nicht da waren und sich niemand um ihn kümmerte, blieb dann wohl das Herz stehen. Er ist ohne Beistand, allein in der schändlichsten kahlen Gefängniszelle gestorben; man hat ihn einfach seinem Schicksal überlassen. – Von halb elf bis elf war ich im Hof. Als ich hinaufkam, wurde mir mitgeteilt, mir, Luttner, Sauber und Toller (den beiden anderen Landtagsabgeordneten)[5] werde gestattet, der Aufbahrung in der Leichenhalle beizuwohnen. Unser trauriger kleiner Zug bewegte sich hinter der mit einem Leintuch verdeckten Bahre her, die von Aufsehern getragen und von Fetsch begleitet wurde, in ein kleines Gemach im vorderen Gebäude mit Eingang direkt vom gemeinsamen Hof aus. Man hatte in aller Eile das Zimmerchen schwarz ausgeschlagen und die schwarz belegten Bretter, auf denen August liegen sollte, mit Gewächskübeln umstellt. Schrecklich war mir das Hinüberlegen des Toten von der Bahre auf den Schautisch. Diese arme Hilflosigkeit, mit der die Glieder sich den Griffen anbequemten, die die Umlegung bewirkten! Die Leiche wurde wieder überdeckt, doch ließ man das Gesicht frei, das so kurz nach dem Einschlafen gar nicht wie das eines Toten aussah. Es wurde auch jetzt kein Wort gesprochen, bis Fetsch laut zu uns hinein das Kommando gab: »So, meine Herren, jetzt müssen wir weitermachen!« – Wir haben beschlossen, am Tage der Bestattung demonstrativ 24 Stunden hindurch die Nahrungsaufnahme zu verweigern, ferner werden fast alle fortan den Arzt völlig boykottieren. Justizministerium und Landtag sollen ausführlichen Bericht über die Umstände erhalten, die der Katastrophe vorangingen und zu ihr führten. Dazu ist wichtig, daß Schiff, der bis gestern in Einzelhaft auf demselben Gang wie August war, so klug war, datierte Aufzeichnungen über die Beobachtungen zu machen, die er treffen konnte. Vom Zwölften hat er Rufe von August vermerkt: »Das ist keine Krankenpflege hier! Man bringt mir nichts zu trinken! Seit drei Tagen ist nicht gelüftet worden, seit vier Tagen ist der Urin nicht ausgeleert. Wenn ich rufe, kommt niemand! Ich habe Anspruch auf Festungsbehandlung; dies ist Disziplinierung« usw. Kurz, jeden Tag gab es nun schreckliche Aufregung, und der Musterarzt hier (gegen den wir Strafanzeige nach § 222 St. G. B., Abs. 2 stellen wollen) hat Daudistel gegenüber heute noch erklärt, er habe zwar keine Herzgeräusche gehört – er hat übrigens sicher eine Fehldiagnose gestellt, indem er erst auf Rheumatismus, dann auf trockene Rippenfellentzündung riet; draußen haben schon früher Ärzte mit Röntgenuntersuchungen eine Verwachsung des Herzbeutels konstatiert –, aber Herr Hagemeister hätte sich nicht aufregen dürfen. Angeblich hat er ihn ja hinunterschaffen lassen, damit wir ihn nicht aufregen; wir alle sind überzeugt, daß er nicht hätte zu sterben brauchen, wenn man ihn oben gelassen, uns Nachtwachen erlaubt und ihm die entsetzlichen Aufregungen erspart hätte, die der Arzt bei jedem Besuch und Fetsch bei jeder Gelegenheit ihm verursachten. Daß der Todkranke die ärztliche Behandlung schließlich verweigerte, um nicht unnötig gequält zu werden, spricht ja für sich. [...] Ziemlich kurz nach der ersten Mitteilung ließ ich den Vorstand noch einmal antelefonieren, er möge den Toten auf unsere Kosten photographieren lassen, was zugesagt wurde. Ekelhaft war dabei die Schmalzigkeit des Fetsch, der mir versicherte, das sei ein sehr guter Gedanke. »Er sitzt ja auch so sanft da!« meinte er und wiederholte tartuffehaft: »So sanft!« – Jetzt sind sie die rührsame Güte selbst, diese Henker, die meinen armen Freund bis zum letzten Tag schikaniert und gequält haben, wie es ihnen nur möglich war. Und leider war es ihnen in einem grauenvollen Maße möglich. – So ist August Hagemeister denn der erste von uns, der den bayerischen Foltermethoden gegen politische Gefangene erlegen ist. Der Strafzweck an ihm ist erreicht! Fluch uns Überlebenden, wenn wir's vergäßen!

Niederschönenfeld, Sonntag, d. 21. Januar 1923
[...] Ganz Deutschland treibt schon wieder im Strom nationalistischer Wallungen. Die Besetzung des Ruhrbeckens geht ununterbrochen weiter, Dortmund, Bochum, Gelsenkirchen – eine Stadt nach der anderen wird einbezogen, und der ›Matin‹ kennzeichnet die ganze Aktion Frankreichs und die Gegenmaßnahmen Deutschlands wohl ziemlich zutreffend als »Wirtschaftskrieg«.[6] [...] Aber während in allen Meinungskloaken im politischen Hauptpissoir das Volk in seiner Eintracht gepriesen wird, stinkt hinten der Öffnungskübel die widerlichsten Dünste der Parteibesudelung aus. Nationalisten, Demokraten, Sozialdemokraten – alles giftet einander Ekel und Pest an; einer wirft dem anderen »Landesverrat« vor, einer macht den anderen für Jammer und Unglück verantwortlich. Die bayerischen Hakenkreuzdesperados aber wittern Morgenluft. Die gehen

wenigstens deutlich und offen heraus mit der Sprache. Die drohen den »Novemberverbrechern« – und dazu gehört alles, was seit 1918 republikanische Gesinnung heuchelt – Mord und Rache an, und selbst die friedliche ›Germania‹ meint, Ableugnen habe keinen Zweck mehr, es stehe was bevor in München (worauf die Regierung Knilling[7] selbstredend nicht anders zu regieren weiß als durch – Ableugnung). Zenzl fährt heut abend nach Köln zum Besuch meiner Genossen, die dort einen Mühsam-Abend arrangieren, und so mag's meinetwegen gern anfangen. Einmal muß diese ewige Spannung sich ja doch wohl lösen. Daß wir kurz vor Ereignissen stehen, die, so oder so, auch unser persönliches Schicksal entscheidend beeinflussen müssen, sagt mir ein deutliches Gefühl. Der Gedanke läßt mich nicht los, als ob der traurige Auszug unseres August Hagemeister von Niederschönenfeld unser aller Verlassen dieser Schreckenskammer signalisiert habe: Er selbst spottete gelegentlich über sein beispielloses Pech und meinte mal: »Es sähe mir ähnlich, wenn ich noch kurz vor der allgemeinen Freilassung hier drinnen sterben müßte.« Heut nacht fiel mir das Gespräch wieder ein, und nun läßt mich der Gedanke nicht los, als ob's eine Prophezeiung gewesen wäre. [...]

Niederschönenfeld, Einzelhaft! Freitag, d. 2. März 1923
»Absonderung bis auf weiteres. Verbunden mit Briefverbot und Zeitungsverbot!« Das hat vor einer Stunde der Herr Oberregierungsrat Hoffmann über mich verfügt, und seitdem befinde ich mich in dem kahlen, schmucklosen, mit Riegeln, Zapfen und Schlössern hinlänglich versperrten Gemach, das mir der »Sicherung« wegen jetzt als Wohnraum dient. Gründe?? Es ist mir, obwohl der Vorstand mich so robust wie ein Rekrutenschleifer angebrüllt hat, auch jetzt noch nicht ganz leicht, die Sünde als Sünde zu erkennen, die ich begangen habe. Ich saß also vor meinem Tisch oben und schrieb am fünften Kapitel Bröschke. Mitten im Satz wurde ich gerufen und hinunterzitiert. Ich war mir so wenig irgendwelcher Schuld bewußt, daß ich meine Füllfeder neben dem geöffneten Manuskript liegen ließ, ja nicht einmal mein Pfeifchen in die Tasche steckte, das ich ganz ausnahmsweise mal fortgelegt hatte. [...] Ich hätte, ging's los, heute früh einen Beamten in durchaus ungehöriger

Weise zur Rede gestellt. Ich war völlig perplex, denn ich entsann mich nur eines einzigen Worts mit einem Märtyrer, das sich in absolut einwandfreier Form um meine Stiefelflickerei drehte. Ich ließ den Mann, der seine Stimme bei jedem Wort steigerte, erst mal zu Ende reden, um zu wissen, was er denn eigentlich wolle, und dann kam's endlich heraus, daß ich dem Sanitätswerkmeister Bastian »Vorhaltungen« gemacht und ihm »Fangfragen« gestellt habe. Ich war nämlich gestern – oder war's schon vorgestern? – jedenfalls nicht heute – Tollers wegen bei Bastian und bat ihn, er solle doch ein Abführmittel hergeben. Auf seine Erwiderung, er dürfe nicht ohne ärztliche Anordnung, meinte ich, und zwar mit vollkommener Ruhe und Höflichkeit, er habe doch früher auch schon selbständig Medikamente verabfolgt (So gab er mir im vorigen Jahr auf einfachen Appell an ihn Brusttee), und bat ihn – tatsächlich: Ich sprach in bittendem Ton zu dem Mann –, es sei doch klar, daß, wenn jemand keinen Stuhlgang habe, er doch ein Abführmittel brauche, ob er denn auch keine Klistierspritze geben wolle. Die Antwort blieb negativ, und ich ging mit den Worten: »Ist schon recht!« hinaus. Der Herr Oberwachtmeister Rainer war mit hineingegangen, mischte sich aber nicht ins Gespräch. Wie sich jetzt herausstellte, war er wohl da, um die »pflichtgemäße« Meldung zu erstatten. Jetzt bekomme ich's zu spüren, wie so eine Meldung lautet, wenn sie »pflichtgemäß« verfaßt ist. Übrigens vermute ich, daß der eigentliche Veranlasser der Meldung, die unter allen Umständen meine Disziplinierung nach sich ziehen sollte, der Herr Anstaltsarzt ist. Denn der bewegte sich, ehe ich zu Bastian eintrat, nervös beim Ganggitter herum und zeigte überdeutlich, wie unangenehm er es empfand, daß ich ausdrücklich Herrn Bastian verlangt und seine Bemühung abgelehnt hatte. Dies ist also der Tatbestand. Nach der Quasi-Anklageschrift, aus der der Herr Oberregierungsrat sein Material schöpfte, soll mein Auftreten sehr provokatorisch ein Zur-Rede-Stellen Bastians gewesen sein und wissentlich und absichtlich mit ganz bestimmtem Zweck auf die »Fangfrage« hingesteuert haben, ob schon immer ärztliche Verordnung zu jedem Abführmittel erforderlich gewesen sei. Dann sollte ich mich äußern. Ich tat das mit vollkommener Ruhe, da ich stark empfand, daß ich durch das ganz unmotivierte Anbrüllen in Erre-

gung gesetzt werden und dadurch erst den Grund schaffen sollte, gegen mich etwas zu unternehmen. Ich bestritt ganz sachlich
jede geringste Verletzung der Form und die Stellung von
»Fangfragen«. Aber ich kam nicht weit mit meiner Rechtfertigung. Das »Hören« des Beschuldigten bestand zumeist darin,
daß der Beschuldiger wie ein Fuhrknecht schrie und dabei einfach all das konstatierte, was ich bestritt: »Ich stelle fest, daß Sie
sich in ungehöriger Form in die Angelegenheit eines Dritten
gemischt haben« etc., daß ich Fangfragen gestellt habe, und das
Schönste: daß ich mit Toller nicht befreundet sei. Ich wollte
erwidern – aber das gab's nicht: »Ich weiß das«, »ich stelle es
fest«, »da können Sie mir nichts erzählen«. Er »stellte« auch
»fest«, daß Toller mir keinerlei Auftrag gegeben habe, ließ dann
aber, als er auch noch behauptet hatte, daß ich ohne Tollers
Vorwissen bei Bastian war, stenographisch meine Feststellung
aufnehmen, daß ich Toller vorher von meiner Absicht, Bastian
aufzusuchen, Kenntnis gegeben hatte. Daß ich um den Kranken
besorgt gewesen sei, wurde glatt bestritten, da meine Freundschaft, wie die Verwaltung weiß, keine »so enge« zu Toller ist,
wie sie etwa zu Hagemeister war. Infolgedessen lügt also ein
Festungsgefangener, wenn er behauptet, er sorge sich um einen
kranken Genossen, auch wenn er nicht der allerintimste Freund
ist. Sogar daß Toller und ich politisch nicht übereinstimmen,
hielt mir der Mann vor, worauf ich replizierte, ich sei politisch
überhaupt isoliert, habe aber doch sehr gute Freunde im Haus.
Kurz und gut, das Ende war, daß mir so brüsk, wie es ging,
erklärt wurde, da festgestellt sei, daß ich mich in die Angelegenheit eines anderen eingemischt habe, der selbst durchaus
schreibgewandt sei, da ich ferner einen Beamten ungehörig zur
Rede gestellt und ihm mit bewußter Absicht Fangfragen gestellt
habe, »verfüche ich«: Absonderung bis auf weiteres, verbunden
mit Briefverbot und Zeitungsverbot. [...]

Einzelhaft, Dienstag, d. 6. März 1923
Zehn Minuten vor vier. So. Jetzt weiß ich Bescheid. Ich hatte
mich nicht getäuscht. Herr Rainer erschien eben bei mir mit
zwei Eröffnungen: 1.) »Aus der Festungsstube des F. G. Mühsam wurden fünfzehn Zettel und ein blaues Heftchen wegen
agitatorischen Inhalts zu den Akten genommen.« 2.) »Aus der

Festungsstube des F. G. Mühsam wurden zehn Hefte mit täglichen Aufzeichnungen wegen politisch-agitatorischen und teils gröblich beleidigenden Inhalts zu den Akten genommen.« – Ich glaube, so heißt's wörtlich. Also alle meine Tagebücher! Ich werde wohl vorläufig nichts dagegen tun können, werde aber dem Untersuchungsausschuß das Nötige sagen.[8] Das wird mir erleichtert durch die Beschlagnahme des blauen Heftchens und der Zettel – allerdings: fünfzehn Stück? so viele waren's meines Wissens lange nicht –, die kaum andere sein können als die mit den vorbereitenden Notizen für den Empfang des Ausschusses. Sollte man etwa den Tapezierkursus[9] auch für agitatorisch gehalten und beschlagnahmt haben? Nun, die Führung von Tagebüchern ist mir vorläufig nicht verboten, und die Haussuchung scheint sich ja auf das Schubfach oben beschränkt zu haben. Jedenfalls ist mein Verdacht bestätigt, daß man den Vorwand brauchte, um mich an unbequemen Aufklärungen für den Ausschuß zu hindern. Kleinkrieg zwischen der Verwaltung und einem Gefangenen. Wollen abwarten, ob Goliath diesmal über David Herr wird oder ob's wieder mal umgekehrt geht.

Einzelhaft, Mittwoch, d. 7. März 1923
Dreiviertel drei. Eben ist nun das Unwetter niedergegangen. »Zum Herrn Oberregierungsrat.« Also mir wurde eröffnet: Die ohnehin nur für kurze Zeit gedachte Absonderung mit Brief- und Zeitungsverbot wird aufgehoben. Zweitens: Es wird neuerlich verhängt: Absonderung mit Brief-, Zeitungs-, Paket- und Besuchsverbot und Rauchverbot, alles bis auf weiteres. Gründe: Die bei mir vorgefundenen bis zum 1. März geführten Tagebücher enthalten Beschimpfungen gröblichster Art gegen die mit meiner Bewachung betrauten Beamten vom Minister abwärts bis zum Aufsichtspersonal. Außerdem habe ich mich als Festungsgefangener vergangen dadurch, daß ich Ansichten staatsgefährlicher Natur geäußert und mich in Drohungen, insbesondere gegen die mit meiner Bewachung betrauten Organe ergangen habe für den Fall, daß meine Pläne einmal wieder gelingen sollten. – »Der Herr Mühsam ist abzuführen.« Ich habe stillschweigend zugehört und keinen Mucks von mir gegeben, um keinen Grund zu schaffen, mich wegen anderer Dinge zu maßregeln als wegen zeugenlos schriftlich geführter Selbst-

gespräche. Jetzt hat man mir meine sämtlichen Rauchwaren weggeholt. – Ich werde nun wohl oder übel die Tagebuchnotizen auf rein Tatsächliches beschränken und mich kritischer Randglossen enthalten. Davon, daß Zenzl über den Nichtempfang von Nachrichten beruhigt werden soll, kein Wort. – Gerade hatte ich angefangen, das sechste Kapitel nun ohne die Aufzeichnungen dazu aus den Tiefen meines Gemüts weiterzuschreiben. Ob ich das ohne Tabak werde durchführen können, ist zweifelhaft. Für heute muß ich's wohl mal mit dem ersten Satz bewenden lassen, der gerade aufs Papier geflossen war: zwölf ganze Worte.

Einzelhaft, Mittwoch, d. 21 März 1923

Viertel nach drei. Ich wurde eben zum Oberregierungsrat gerufen. Meine Meinung, daß er mir die Aufhebung der Disziplinierung oder eines Teils davon mitteilen werde, war unberechtigt. Ich bekam einen Bescheid des Justizministeriums vom 16. März verlesen, der etwa so lautete: »Die Beschwerde der Festungsgefangenen Klingelhöfer, Mühsam, Toller und Luttner gegen die Zurückweisung der früheren Beschwerde betr. den Tod des Aug. Hagemeister wird zurückgewiesen. Sie ist formal und sachlich unberechtigt. Der Satz in der Eingabe – folgt Zitat, wonach wir mit aller Deutlichkeit erklären müßten, daß H. in einer strafwürdigen und rechtswidrigen Weise vernachlässigt unter eines Rechtsstaats unwürdigen Verhältnissen hilflos habe verenden müssen –, bedeutet eine Disziplinwidrigkeit. Von einer disziplinären Maßregelung ist indessen abzusehen, weil den vier Unterzeichnern die große Erregung, die durch den Tod des Aug. Hagemeister bei vielen Festungsgefangenen hervorgerufen wurde, zugute gehalten werden soll. Dies ist den vier Unterzeichnern zur Kenntnis zu bringen.« – Ich habe mir die Ministerialentschließung schweigend angehört und wurde nach der Verlesung schweigend wieder entlassen. [...]

Einzelhaft, Mittwoch, d. 28. März 1923

[...] Als ich beim Mittagessen saß, kam Herr Rainer, hinter ihm ein Aufseher mit einer großen Kiste, die meine Pfeifen, Zigarren, Tabakpakete und Streichhölzer enthielt: Das Rauchverbot sei von heute ab aufgehoben. Ein erster Sonnenstrahl. Ich rauchte im Hof gleich zwei Zigarren und las dabei den Brief, der eben von Zenzl aus Berlin eintraf. Leider hat mir eine Nachricht darin die Freude am übrigen Inhalt und die am Rauchen sehr getrübt. Sie habe erfahren, daß die Frau von Leonhard Frank[10] (Lisa Ertl) vor vierzehn Tagen gestorben sei. Sie will sich noch erkundigen und hofft, daß es nicht wahr sei: Ich fürchte schon, daß die Nachricht stimmt. Die arme Frau kränkelte schon immer, die Lungen waren nicht fest. Das ist für Frank bitter hart, aber die Frau selbst tut mir unendlich leid. Soviel Treue, Güte und Tapferkeit. Am 16. Januar 1919 saßen wir zusammen in einem kleinen Münchener Weinlokal beim Essen. – Landauer, die beiden Franks und ich, da kam Weigel mit der entsetzlichen Nachricht von der Ermordung Liebknechts und Rosa Luxemburgs. Dann die groteske Szene, wie ein Leutnant mit seinem Mädel hereinkam und sich mit dem Weinwirt laut und freudig beglückwünschte. Wir zahlten und ließen unser Essen stehen. Auf der Straße dann die Telegramme und die grinsenden Gesichter der Bürger und leider auch vieler Proletarier. Lisa Frank weinte herzbrechend. Auch wir anderen wußten, daß das der Beginn der furchtbarsten Tragödie sei, die das deutsche Volk je durchgemacht hat. Lisa war eine treue, stille Revolutionärin, ihr Herz war gut, ihr Geist rein. Ich bin traurig.

Niederschönenfeld, Dienstag, d. 1. Mai 1923
Zenzls Besuch verlief unter Aufsicht des Herrn Sauer (die ich wohl früheren Tagebuchglossen zu danken hatte) über alles Maß qualvoll. Gleich bei meinen ersten Worten wurde ich – im Tenor der Unteroffiziersschule – ermahnt: »Herr Mühsam, Sie müssen laut und deutlich sprechen, damit ich jedes Wort verstehen kann.« Ich hatte keineswegs geflüstert, mußte nun aber bei jedem Wort zur eigenen Frau zunächst daran denken, daß ich es eigentlich an Herrn Sauer zu richten hätte. Bei dem Auftrag an Zenzl, den Schutzverband zu veranlassen, sich für die sichere Verwahrung der Tagebücher zu verwenden, kam der Befehl, über die Tagebücher dürfe nicht gesprochen werden, und ich dürfe überhaupt nur von Familienangelegenheiten reden. Ich bestand darauf, auch meine geschäftlichen Angelegenheiten zu erörtern, und es gab den üblichen Zusammenstoß, wobei Herr

Sauer erklärte, die Tagebücher gehörten auch nicht zu meinen geschäftlichen Angelegenheiten. »Das kann ich auch beurteilen.« Der Gefängnisaufseher erklärte sich also als kompetent in literarischen Dingen. Während der Auseinandersetzung erschien, herbeigelockt vom lauten Reden, Herr Fetsch, der in seiner cholerischen Weise anfing, auf Zenzl, die sich überhaupt nicht an dem Streit beteiligt hatte, einzureden und zwar gleich mit der Drohung, den Besuch abzubrechen. In der Tagebuchsache verzichtete ich natürlich darauf, den beiden Herren verständlich zu machen, daß die täglichen Aufzeichnungen aus vier Jahren für einen Schriftsteller das allerstärkste literarische und geschäftliche Interesse hätten. Es gelang mir auch rasch, die nötige Ruhe wiederzugewinnen, so daß wenigstens Zenzls Entfernung und meine Abführung in Einzelhaft vermieden wurde – vielmehr in Absonderung. Denn als Zenzl einmal von der Zeit meiner Einzelhaft sprach, unterbrach Herr Sauer – immer in seinem eigenartigen wie im Automaten aufgezogenen Ton – und bedeutete: »Es gibt keine Einzelhaft hier!« Ich klärte Zenzl auf, die ein sehr erstauntes Gesicht gemacht hatte, daß es nur eine Absonderung gebe. Den Unterschied wird sie wohl so wenig begreifen, wie wir dazu imstande sind. Daß der harmlosere Ausdruck eine bedenkliche Sache ist, merkte sie an meinem sehr nervösen Zustand. – Von ihren Berichten waren mehrere für mich recht wichtig. Vor allem die, daß die Austauschverhandlungen von Rußland aus tatsächlich geführt werden, und zwar handelt es sich nicht um eine größere Zahl auszutauschender Gefangener, sondern in diesem Fall nur um den einen polnischen Geistlichen, der zu lebenslänglichem Zuchthaus verurteilt wurde, und mich. Da sich die deutsche Presse besonders aufgepumpt hatte über das Urteil – einer der beiden Pfaffen wurde zum Tode verurteilt und hingerichtet, und um den zweiten geht der Lärm –, wird jetzt ebenso wie im Falle der Sozialrevolutionäre, wo Timofejew gegen Hoelz verlangt wurde, der Austausch gegen mich vorgeschlagen. Zenzl hat mein Bild für ›Sichel und Hammer‹ hergeben müssen, da soll ich nun also neben einem hohen katholischen Priester ausgestellt werden. Die Sache ist politisch sehr klug von den Russen gedacht. Interessiert an der Freigabe des Pfaffen ist der ganze katholische Klerus. Möge also die Kirche in dem Land, in dem sie unumschränkt herrscht, das Ihrige tun, um einen gefangenen Juden, Revolutionär und Literaten freizubringen, dann kann Polen seinen Pfaffen wiederhaben. Ich bin also in der komischen Lage, mein Schicksal momentan am Interesse des Vatikans hängen zu wissen, und es ist keineswegs ausgeschlossen, daß ich durch die Bemühungen des Nuntius in München tatsächlich herausgegeben werde, daß ich also meine Rettung dem Papst zu danken haben werde. Ich habe mich entschlossen, in diesem Falle anzunehmen unter der Verpflichtung – falls man mich fragen sollte –, Deutschland so lange nicht wieder zu betreten, wie meine Strafe gesetzlich nicht als verbüßt angesehen wird. – Übrigens bin ich weit entfernt, schon mit einem Erfolg der Aktion zu rechnen. Möglicherweise ist der Austauschpriester der Klerisei im Zuchthaus ein so gutes Propagandaobjekt, daß man in Rom davon absieht, seinetwegen der bayerischen Regierung einen ihr immerhin unbequemen Befehl zu geben – will sagen ihr etwas der Reaktion Lästiges zu empfehlen. – Dann: Die Liga für Menschenrechte arrangiert einen Riesenaufruf an das deutsche Volk oder die Menschheit oder sonstwen, in dem gegen die Niederschönenfelder Schande protestiert werden soll. Was in Kunst- und Kulturwelt Namen hat, soll schon unterschrieben haben. Nützen wird's vorerst nichts, aber als Stimulans wird man es schätzen dürfen. Graf Keßler,[11] Gumbel und Persönlichkeiten ähnlichen Schlages – also gewiß nicht die Schlechtesten – sind die Hauptförderer des Unternehmens. – Für mich persönlich geht außerdem ein Versuch, mir Behandlung von Ohren, Herz etc. im Krankenhaus zu verschaffen. Hans hat Zenzl überdies gestanden, daß er mehr für meine Lungen als für mein Herz fürchtet. Ich halte jede Aktion dieser Art für absolut aussichtslos. Der Fall Hagemeister hat's ja gezeigt, wie die maßgebenden Instanzen über die Wichtigkeit unseres Gesundheitszustandes denken. [...]

Niederschönenfeld, Montag, d. 7. Mai 1923
Mit der Post kam ein Brief Zenzls und darin eine Mitteilung, die meinen fröhlichen Optimismus ganz bedeutend stärkt, obwohl sie eigentlich den Stand der Austauschangelegenheit unverändert läßt. Die russische Regierung hat mich (und Max Hoelz) zum Ehrensoldaten gemacht und mich und meine Fami-

lie unter den Schutz eines Reiterregiments gestellt. Ich bin nun also glücklich zum Kavalleristen honoris causa aufgerückt. Zenzl hat schon den Paß, der das legitimiert, erhalten. Doch ist als Bild wieder das Porträt Landauers beigegeben, so daß Zenzl noch einige Umstände erwachsen werden. Aber diese dauernde Verwechslung mit dem besten Freund, mit dem ich schon im Leben und eben der Idee wegen so eng verbunden war, rührt mich und mahnt mich. Ich werde, wenn es wirklich zu dem Austausch kommt, nicht einfach meine Befreier preisen und sie unkritisiert tun lassen, was ihnen gefällt. Mein erstes Wort drüben wird Machno gelten, der leider immer noch von den Russen aus dem polnischen Gefängnis heraus verlangt wird, und ich will mich erbieten, wenn es angeht, ihn vor dem Tribunal zu verteidigen. [...] Ich bin nun also Ehrenreiter, und meine possierliche militärische Karriere ist um eine neue Außergewöhnlichkeit bereichert. Im Kriege und vorher stets »dauernd untauglich«, am 7. November 1918 erster bayerischer Soldatenrat, zwei Tage darauf drei Stunden lang Kommandant des bayerischen Kriegsministerium (und in diesen drei Stunden wurde in dem Gebäude und drumherum mehr geknallt mit Flinten und Maschinengewehren als vorher und nachher, seit es steht, zusammengenommen). Jetzt als roter Soldat mit Stempel, Siegel und Trara, Reiter ohne Gaul und Sporen, aber von Ehren wegen. Zenzl ist sehr stolz. Ich für meine Person sehe die Komik der Sache deutlicher als alles andere, und mein Ehrgeiz ist von Hause aus zu wenig auf Orden und Titel gerichtet, als daß ich darüber platzen sollte. Dagegen sehe ich die praktische Seite der Ernennung sehr klar, und daraus erwächst meine Freude darüber. Der Öffentlichkeit wird durch die groß aufgemachte Preiskrönung der Schritt beim Vatikan einleuchtend gemacht. Ferner ist ein Grund geschaffen, einen Paß auszustellen, der vom Betreten russischen Bodens – also schon des Schiffsbodens an – die größten Garantien sowohl für die persönliche Sicherheit als auch für die beste Behandlung bei allen Stellen gibt, und endlich erkenne ich aus der Sache, daß im Kreml ernsthaft die Absicht besteht, mich freizukriegen. Gelänge es doch! Und gelänge es doch auch für den armen Max Hoelz! Ich möchte übrigens sehr gern den Seppl[12] mit nach Rußland nehmen und werde Zenzl fragen, ob sie etwas dafür tun kann. Ich hab's dem

Buben versprochen, daß er bei mir bleiben soll. Seine innigste Sehnsucht ist Rußland, und er ist mein Lebensretter gewesen. – Die Wirkung der Nachricht hier im Hause deutet sich erst an. Gestern kam Schlaffer wieder aus der Einzelhaft herauf, Sauber ist noch unten. Dem wird's am bittersten sein und am unerklärlichsten, daß man den konterrevolutionären ideologischen kleinbürgerlichen Anarchisten vor der ganzen Welt auf den Ehrenschild hebt, und noch dazu da, wo man nie irren kann. Ich vermute, daß nun von allen Seiten Anschluß an mich gesucht werden wird, doch werde ich mich reserviert verhalten. Gestern erschien Schwab bei mir, um mir Versöhnung vorzuschlagen. [...]

Niederschönenfeld, Donnerstag, d. 17. Mai 1923
[...] Zu erwähnen ist die neue Offensive der Verwaltung gegen Schwalbennester. In der Zelle von Aloys Wagner haben die Tierchen ausgebaut, und gegenwärtig bebrüten sie die fünf Eier, die das Nest schon enthält. Da kam der Befehl, das Nest zu entfernen und die Schwalben mitsamt den Eiern zu vernichten. Es muß Toller gelassen werden, daß er sich energisch und ohne die Gefahr zu achten, wegen »Einmischung« zu unbefristeter Gefängnisstrafe verdonnert zu werden, der Sache annahm.[13] Er hatte mit dem Vorstand eine lange Auseinandersetzung, und es gelang schließlich, durchzusetzen, daß die Brut erst am Leben und flügge sein soll, ehe das Nest ausgenommen wird. Der »hygienische Berater« habe strikt verboten, daß in Zellen, in denen ein Festungsgefangener schläft, Nester geduldet werden (es ist die Wohn»stube« Wagners). Wenn der »hygienische Berater« sich nur sonst einmal um unsere Gesundheit bekümmern wollte. Gerade jetzt wieder macht sich die Zugigkeit und die hygienisch völlig unmögliche Bauart des Kerkers niederträchtig bemerkbar. Daran nicht krank zu werden ist ein wahres Kunststück, an Schwalbennestern ist bisher noch niemand hier drinnen erkrankt. – Das Verbot, weitere Nester in den Zellen zu haben, wird natürlich vom Personal buchstabentreu durchgeführt. Toller hatte vom vorigen Jahr her das Nest aufbewahrt und in seine neue Zelle, die nach Westen liegt – Schwalben bauen nur nach Osten an –, mitgenommen und dort – leer und von keinem Vogelpaar mehr begehrt –, als Wandschmuck befe-

stigt. Diesen Schmuck hat er entfernen müssen, und der Vorstand hat heute extra einen Aufseher geschickt, der feststellen sollte, ob dem Befehl Folge geleistet sei. [...]

Niederschönenfeld, Freitag, d. 18. Mai 1923

Max Hoelz erläßt einen öffentlichen Dank an die Rote Armee, worin er den Empfang seines Soldbuchs bestätigt und ein revolutionäres Bekenntnis ablegt. Er bekommt das Soldbuch ausgehändigt, während Zenzl nicht wagen dürfte, es mir hereinzuschicken. Er darf öffentlich politische Erklärungen abgeben: Das sollte ich mal probieren. Allerdings: Er ist im Zuchthaus, aber ich in der »Festung« – und das Zuchthaus liegt in Preußen und die Festung in Bayern. [...]

Niederschönenfeld, Donnerstag, d. 24. Mai 1923

Vorgestern notierte ich den 1500. Tag meiner Gefangenschaft. Die Dauer des Weltkriegs wird bald erreicht sein. Wie sich damals die Formen des Kampfes und die Unterdrückung unerwünschter Ansichten im eigenen Land dauernd verschärften, so wird auch die bayerische Festungshaft von Anfang an und in allmählicher, aber unbeirrter Steigerung kontinuierlich verschärft. Jetzt ist die Einschränkung der Taschengeldanhäufung, die mir persönlich schon im März bekannt gegeben wurde, offiziell mitgeteilt worden. Das geschah bei Gelegenheit der Bekanntgabe der Erhöhung des Wochengeldes auf 2400 Mark. – Da der Dollar soeben seinen bis jetzt unerreichten Höchststand von 57000 erreicht hat, ist das keine »Vergünstigung«, sondern nur eine keineswegs entsprechende Anpassung an die Geldentwertung –, wobei zugleich verkündet wurde, daß im Besitz des einzelnen F. G. jeweils nicht mehr als 3600 Mark gestattet seien. Es wird also ein sehr schwieriges Balancieren mit dem Budget geben, zumal ausdrücklich verlangt wird, daß in die Summe die Briefmarken mit einzurechnen seien. Dies zur Kuratelfrage. [...]

Niederschönenfeld, Sonntag, d. 22. Juli 1923
Vormittag. Ich habe am Nachmittag an Zenzl zu schreiben, und
zwar nach Lübeck, wo sie leider zum ersten Mal nicht in meiner
Begleitung sein kann. Weigel reist mit ihr, der nicht immer die
Delikatesse hat, in seinen Briefen an mich Empfindlichkeiten –
die übrigens nichts mit Eifersucht zu schaffen haben; in dieser
Hinsicht habe ich erstens keine Gründe, Zenzls Versicherungen
ihrer Liebe und Treue im geringsten zu mißtrauen, zweitens bin
ich kein Schutzmann, bei dem Liebe ein Kontrollapparat ist –,
meine Empfindlichkeiten aber im Hinblick auf eine gewisse
seelische Luftraum-Respektierung zu schonen. Er redet in einer
Weise von Zenzl und sich als »wir«, die Zenzl herunterwürdi-
gen könnte, die so zart, taktvoll und in allem so selbstverständlich ist und handelt und die sich W. nicht halb so nah fühlt wie
er ihr. Er hat das Gefühl nicht, daß es eine innere Gemeinsam-
keit gibt zwischen Menschen, die gar nichts Sexuelles an sich
hat, Bettrechte ganz außer Betracht läßt, und in die ein Eindrin-
gen peinlich wirkt. Ich mußte mir das mal schriftlich abreagie-
ren, und in Briefen ist es unter den obwaltenden Zensurverhält-
nissen und bei der Auffassung von Beamtenschweigepflicht, die
der Vorstand auch neuerdings wieder durch Ausplaudern von
Tagebucheintragungen aus meinen Heften an andere Festungsgefangene (wobei er sich sogar klare Entstellungen gestattet) an
den Tag legt, gänzlich unmöglich. Wenn Zenzl das nächste Mal,
vielleicht noch Ende dieses Monats herkommt, werde ich ihr
andeuten, was ich meine. [...]

Niederschönenfeld, Sonnabend, d. 4. August 1923
[...] Die Russen sollen mit großem Nachdruck tätig sein, um
die politischen Gefangenen – speziell in Bayern – freizuhandeln
(ich denke mir, daß sie mit dem Boykott der bayerischen Industrie bei der Vergebung der Aufträge drohen). Sauber (der sich
zu meinem Erstaunen gestern im Hof mir und Schiff anschloß,
tempora mutantur, und die Wuchtigkeit[14] merkt langsam auch,
wie blöd sie war. Ich für meine Person bin zufrieden, wenn ich
wenigstens äußerlich mit allen in Frieden und guter Nachbarschaft lebe. Ich vergesse deshalb nicht das geringste) – Sauber
also erzählte, daß seine Frau, die gestern hier war, sehr optimistisch in dieser Hinsicht sei. Man scheint also außer der Spezial-

aktion für mich die Sache der bayerischen Räterepublikaner überhaupt sehr ernsthaft in die russisch-deutsche Politik einzufügen, wofür auch die kürzlich eingetroffene Nachricht spricht, die Arbeiterschaft in Wjatka, wo auch »mein Reiterregiment« garnisoniert, habe die Patenschaft über Niederschönenfeld übernommen (NB: Das Dankschreiben dafür von uns ging natürlich zu den Akten). Was nun das Interesse an mir besonders anlangt, so hängt vielleicht damit zusammen eine als »Deklaration der russischen Anarchisten« bezeichnete Kundgebung, die die Internationale Presse-Korrespondenz veröffentlicht. Darin werden ganz ähnliche Gedanken entwickelt, wie ich sie vor fast vier Jahren zur Begründung meines Übertritts zur KPD heranzog und wie ich sie, auch als die Voraussetzungen für diesen Schritt sich schon nach fünf Wochen als hinfällig erwiesen hatten, vor über drei Jahren in der von Pfemfert erdrosselten Broschüre[15] anführte. Es wird mit Entschiedenheit die proletarische Diktatur bejaht, was – sofern die russischen Genossen dasselbe darunter verstehen wie ich, meine größte Billigung hat, und es wird, wenn auch nicht der Beitritt zur »Komintern«, so doch die »echte Unterstützung« durch die Anarchisten, jedenfalls aber Unterlassung jeder die Bolschewiken schädigenden und daher der Konterrevolution nutzbringenden Agitation gefordert. Der Aufruf stammt offensichtlich aus jüngster Zeit, und ich nehme, falls die Namen der Unterzeichner wirklich eine Kollektiv-Legitimation da oder dort der ernst zu nehmenden Anarchisten besitzen, als wahrscheinlich an, daß ein Abkommen zwischen der KPR bzw. der russischen Regierung und den Anarchisten getroffen wurde, das gegenseitige Toleranz und nach Möglichkeit Bündnisvertrag bedeutet. Ich wäre glücklich, wenn das zuträfe, und die furchtbare Last, daß in Rußland gute Revolutionäre in Gefängnissen leiden und selbst für ihre Überzeugung sterben müssen, von unserem Gefühl weggenommen würde. Dann wäre auch wohl zu hoffen, daß man von der Verfolgung Machnos absieht, und ich könnte die Aufmerksamkeiten, die mir von Rußland erwiesen werden und die sich dann als prachtvolle Bekundung der Vertragstreue auch auf der Seite der Bolschewiken ausweisen würden, von ganzem Herzen glücklich annehmen. Es werden sich ja wohl in der ›Roten Fahne‹ entsprechende Kommentare noch einfinden, und dann muß sich zeigen, ob man endlich bereit ist, Antiparlamentarier Antiparlamentarier, Anarchisten Anarchisten sein zu lassen und die Bekämpfung des Faszismus international mit allen wirklichen Revolutionären zusammen zu betreiben, oder ob die Tatsache, daß die ›Rote Fahne‹ jetzt Radek und Reventlow[16] schon gemeinsam zum Wort zuläßt und einen Nationalbolschewismus in Deutschland großzüchtet, an dem nur noch der Bolschewismus zweifelhaft ist, eine Abkehr vom Internationalismus, vom prinzipiellen Klassenkampf und von der Weltrevolution bedeutet. Ich würde inbrünstig gern ja sagen zu der Deklaration der russischen Genossen. Möge es keine Enttäuschung geben!

Niederschönenfeld, Dienstag, d. 14. August 1923
[...] Vorgestern abend gab es schon wieder eine antisemitische Demonstration vor der Festung, die selbstredend wieder keinerlei Störung durch die bewaffneten Kräfte der Verwaltung erfuhr. Die Heldenhaftigkeit dieser Teutonen, Gefangene, die im fünften Jahr wegen ihrer Überzeugung wider alles Gesetz gemartert werden, um ihrer Gesinnung willen zu provozieren, wohl wissend, daß sie sich nicht wehren können, ist uns doch schon verboten, auch nur unsere Lieder zu singen, wenn draußen die Abgeschmacktheiten der hakenkreuzlerischen Burschensänger ertönen – diese teutsche Tapferkeit wird hier im Hause respektiert, während man es unseren Frauen und Kindern verbietet, nach dem Besuch hereinzuwinken, ist es ja den Sauberschen Kindern passiert, daß sie, weil sie ihrem gefangenen Vater zugewinkt hatten, bloß eine Stunde bleiben durften. Bleibt eine unserer Frauen dort auf der Straße stehen, wo die Rassenretter ungestört schimpfen, drohen, höhnen und singen dürfen, dann tritt sogleich der Grüne in Aktion und verjagt sie. Die Lieder der Demonstranten aber – vorgestern beschränkten sie ihre »Aktion« auf Singen – werden andächtig bis zu Ende angehört. Immerhin lernen dadurch auch wir die poetische Tiefe dessen kennen, was diese Art Deutschtum in Begeisterung versetzt. Im letzten Ständchen erscholl es schmetternd: »Schmeißt sie raus die Judenbande aus dem deutschen Vaterland, und wir wollen und wir brauchen keine Judenrepublik – «

Niederschönenfeld, Montag, d. 8. Oktober 1923
Mich friert erbärmlich, und ich fürchte für den Bestand meiner Gesundheit, die seit Monaten keinen Anlaß zu Klagen mehr gegeben hat. Aber das teuflisch zugige, bei dem kalten Nebel, der diese Moorgegend an sich so bedenklich macht, immer noch gänzlich ungeheizte Haus muß ja den widerstandsfähigsten Körper unterkriegen. Und – da der Anstaltsarzt von seinem Urlaub zurück ist, sind wir eben ohne Arzt.[17] Heute ist's überdies draußen stürmisch, und es regnet fortgesetzt, so daß ich auch auf das stramme Herumgehen im Hof verzichten muß. Immerhin will ich versuchen, die letzten Neuigkeiten noch zu registrieren, bevor ich die Korrespondenz erledige, die noch vor der neuen Briefportoerhöhung auf fünf Millionen Mark, vom Zehnten ab, fort sollen. [...] Eben wurde uns folgendes eröffnet: Die Verordnung des Generalstabskommissars (über die ich eben schreiben wollte), wonach für Bayern die Herausgabe aller kommunistischen Zeitungen, Zeitschriften, Flugblätter etc., ferner deren Verbreitung, Feilhaltung etc. verboten wird, gibt Anlaß zu der Anordnung, daß in der Festung sämtliche Schriften, Bücher, Broschüren und Bilder bis Mittwoch, den 10. Oktober, nachmittag fünf Uhr abgeliefert, heimgeschickt oder vernichtet sein müssen. Es wird empfohlen, die Frachtsendungen bis morgen um zwei zu bewirken, da dann die Erhöhung der Frachtsätze eintritt. Jetzt ist die Frage: Was ist kommunistisch – und wie kriegen wir die Sachen rechtzeitig weg? Ich werde nun alles stehen und liegen lassen müssen, um diese nette Aufgabe zu erfüllen. [...]

Niederschönenfeld, Montag, d. 12. November 1923
Wir haben heute keine einzige Zeitung ausgehändigt erhalten. Unter den als konfisziert mitgeteilten befinden sich alle bürgerlichen Blätter, die sonst eintreffen, auch die ›DAZ‹. Natürlich bewirkt diese absolute Kenntnislosigkeit der Vorgänge seit dem Achten – noch dazu an einem Montag, dem Tage, der sonst die meisten Blätter bringt – große Nervosität und ein wildes Aufflattern von Vermutungen, Kombinationen und »Latrinen«. Man wird im allgemeinen bei Konfiskationen von Zeitungen immer annehmen können, daß die spezielle Nachricht, die die Verwaltung uns ganz vorenthalten will, eine solche ist, die ihr

nicht lieb ist, während sie Meldungen, durch die unsere Hoffnungen gedämpft werden können, freigebig ausliefert. Diese Erfahrung bewirkt also an einem Tage wie heute großen Optimismus, und keine Nachrichten bedeuten für uns stets gute Nachrichten. Worin diese Nachrichten bestehen, das werden wir allmählich aus den Blättern, die wir später kriegen, nachkonstruieren müssen. Möglichkeiten sind ja genügend vorhanden. Die nächstliegende ist natürlich die, daß am 9. November doch eine Bewegung ausgebrochen ist, die über das übliche lokale Getöse hinaus als Anfang des deutschen Bürgerkriegs anzusehen wäre. [...]

Niederschönenfeld, Donnerstag, d. 15. November 1923
Jetzt wissen wir endlich ungefähr Bescheid. Ungefähr: Denn alle Ereignisse einer ganzen Woche müssen wir aus einer einzigen, gestern abend ausgehändigten Nummer der ›Deutschen Allgemeinen Zeitung‹ heraussuchen bzw. zurechtkonstruieren. Als das Ereignis, das unsere Nerven fühlten, ohne es zu kennen, ergibt sich: Hitler hat losgeschlagen! Der Hitler-Ludendorff-Putsch ist gestiegen – und ist mißlungen! Und alles war anders, als man es erwarten konnte, und die Situation ist so verändert, daß ganz neue Konstruktionen notwendig werden, um für den Verlauf im weiteren eine Richtschnur zu finden. [...] Was unmittelbar nach der Schießerei am Odeonsplatz erfolgt ist, bleibt wieder für uns fraglich. Wir müssen uns mit folgenden Tatsachen begnügen: Hitler wurde am Staffelsee verhaftet, war also nach verlorener Schlacht getürmt. Die Gerüchte, daß Ludendorff Selbstmord versucht oder begangen habe, wurden dementiert; er sitze in seiner Wohnung in Ludwigshöhe. Er ist demnach nicht verhaftet, und es wird ihm nahegelegt, sich umzubringen. Auch aus einer englischen Korrespondenz geht ähnliches hervor. Dort wird bemängelt, daß Ludendorff freigelassen sei, was heißen könnte, daß man ihn schon verhaftet hatte. [...]

Niederschönenfeld, Sonnabend, d. 24. November 1923
Vorgestern begann plötzlich im Hause ein derartiges Durcheinander, daß die regelmäßige Beschäftigung und mithin auch das Tagebuch seitdem ganz aus der Reihe geraten ist. Ob ich die Eintragung heute über den Anfang weit hinaus bringe, ist ange-

sichts des Umstands, daß meine derzeitige Zelle noch der geschickten Hand des Ferdl harrt, nun auch nur halbwegs wohnlich zu werden, recht ungewiß. Am Mittwoch nachmittag bemächtigte sich vieler Genossen große Unruhe. Im inneren Hof unter unseren südöstlichen Fenstern begann plötzlich rege Arbeit. Man zog mit größter Eile Stacheldrahtzäune, schloß den kleinen Hof (der seinerzeit der braven Hälfte unter Vollmann, um uns 25 Bockbeinige zu ärgern, als Extrahof neben dem großen eingeräumt war) nach beiden Seiten ab, schüttete Kies ab und errichtete auch noch einen Zaun, der den Blick vom Eingang zum großen Spazierhof in die neue Absperrung verbaute. Gleichzeitig begann man die Kastanienbäume zu fällen, die neben der Hofplanke entlang eine Allee zur Landstraße hinauf bilden. Einige Genossen hatten an diesem Tage die Herren Kühlewein und Kraus bei der Inspizierung beobachtet. Die plötzliche Umgestaltung wurde zuerst damit erklärt, daß man uns den großen Spazierhof nehmen wolle, um ihn mit den Äckern der Anstalt zu verbinden, von denen diesen nur die Planke und jene Kastanienbäume trennten. Da alle Momente diese Vermutung zu bestätigen schienen, hat kaum je eine solche Depression unter den Genossen geherrscht wie an diesem Nachmittag. Denn den Hof lieben wir alle mit seinen Apfelbäumen, die die Verwaltung erntet, mit seinem einzigen Weg ringsherum, mit seiner sonderbaren Vertiefung, in die wir Lauben eingebaut haben, und mit seinen winterlichen Erdhaufen, die die Erinnerung an die von den Genossen liebevoll betreuten gärtnerischen Anlagen des Sommers wachhalten. Statt dessen sahen wir nun den armseligen Kiesboden zwischen Gefängniswand und Steinmauer ohne Gras, ohne Baum, ohne das Wetterhäuschen und ohne Bänke und Turngeräte und höchstens ein Viertel so groß wie unser schöner Spazierhof, als künftige Oase in unserer Wüste herrichten. Die Nacht zum Donnerstag, in der wir alle in dieser Einbildung einschliefen, war wohl für keinen von uns ohne düstere Gedanken. Am Donnerstag aber wandelte sich die Stimmung sehr rasch. Wir merkten, daß die Seitenzellen hergerichtet wurden, und zwar trug man Seifennäpfe, Teller etc. hinein, also erwartete man keine Kriminal-, sondern Festungsgefangene. Von all den aufgeregten Vermutungen, die teils weit weggingen vom Tatsächlichen, teils auch das Richtige trafen, braucht hier nicht Notiz genommen zu werden. Gegen elf Uhr sahen wir Schupo – etwa zwanzig Mann stark – von der Anstalt weg nach Rain hin abmarschieren. Inzwischen war schon allgemein die Bedeutung des Ganzen klar: daß Schutzhaftgefangene kommen würden. Gegen halb eins rollte der uns Münchnern wohlbekannte Stadelheimer Autobus von Rain heran (in dem ich zum Schneppenhorst-Prozeß[18] und dann von Stadelheim zum Polizeigefängnis befördert wurde). Die neuen Einwohner langten in mehreren Fahrten mit diesem Vehikel an. Mittags wurde uns eröffnet, daß wir samt und sonders am selben Nachmittag noch in den ersten Stock hinunter verlegt würden, und zwar beziehe jeder die unmittelbar unter der seinigen gelegene Zelle. (Ich wohne auf Nr. 104, der neben der Sterbezelle August Hagemeisters gelegenen Zelle) Es ging alles so Hals über Kopf, daß das Ganze offenbar für die Verwaltung eine ebensolche Überraschung war wie für uns. Mit der Einräumerei habe ich jedenfalls noch tagelang zu tun und bin froh, daß wenigstens das Mobiliar jetzt am Platz ist, die Bilder hängen und die Beleuchtung funktioniert. Das Gerümpel muß noch untergebracht und das Penibelste – die Bücher und Papiere – geordnet werden. Während man sich noch die Köpfe zerbrach, ob die neuen Hausnachbarn unsere Genossen oder »Nazi-Sozi« seien, gab es für uns Untere peinliche Überraschungen. In unserem Gang wurde zunächst das innere Scherengitter geschlossen, so daß wir nun den Haftraum um mindestens ein Drittel seines ohnehin sehr engen Umfangs verkleinert und zum Trinkwasserholen nur die Klosettwasserleitung zur Verfügung haben. Dann hat man noch einen Vorhang vor das Gitter gemacht, der bei jedem Hofgang der Oberen zugezogen wird, damit wir nicht einmal sehen können, wenn sie – durch zwei Gitter von uns getrennt – die Treppe hinauf oder herunter laufen. Dann wurde uns im Auftrage des Vorstands eröffnet: Wir hätten uns jedes Versuchs, mit den Schutzgefangenen in Verbindung zu treten, zu enthalten, sie nicht vom Fenster aus zu begrüßen, sie anzurufen etc. Andernfalls werde man uns in den Nordbau verlegen (also in das eigentliche Gefängnis vorn?). Der Speisesaal wird während der Hofzeit der Neuen zugeschlossen, und unsere Hofzeit täglich um eine Stunde – die beiden halben Stunden vor und nach Mittag – gekürzt. Außerdem war von heute ab das Bad, für das sonst – auch, als wir 90 Mann waren – eine halbe Stunde angesetzt war, auf 20 Minuten beschränkt und, wie Toller vorläufig inoffiziell erklärt wurde, soll das wöchentliche Bad nur mehr vierzehntäglich gegeben werden: nach viereinhalb Jahren eine sehr peinliche Verschärfung. Da wir von unseren Zellenfenstern aus in den Hof der Schutzhäftlinge hinuntersehen können, war die Frage, ob Nazi oder Kommunisten, schnell entschieden: es sind natürlich nur Kommunisten, und zwar scheinbar der ganze Münchner Bezirksausschuß, die Führer der Jugendbewegung, kurzum alle, denen man Initiative zutraut. Die Hitlerleute, die doch die Revolte tatsächlich gemacht haben, wird man schon woanders und anders als in Niederschönenfeld unterbringen. [...]

Niederschönenfeld, Montag, d. 26. November 1923
Allmählich kommt wieder Regelmäßigkeit ins tägliche Leben. Mit der Zelle bin ich ungefähr fertig, allerdings noch nicht mit dem Ärger über die sehr empfindliche Raumverengung, die verkürzte Hofzeit und das übrige. Mit den Schutzhaftgenossen fand gestern eine Art Begrüßung statt in einer sicher erlaubten Form, die mich in ihrer naiven Sentimentalität tief rührte. Die Mehrzahl unserer Genossen hat unter Schlaffers Leitung seit langem einen Gesangszirkel gebildet, der regelmäßig alle Sonntage abends ein paar Lieder vorträgt, natürlich, da ja alle unsere Bekenntnislieder verboten sind, volksliedhafte und dem Geschmack einfacher Menschen zusagende, in den Gesangsvereinen übliche Weisen. Während Schlaffer in Einzelhaft saß, waren die Vorträge unterblieben, und gestern zum ersten Mal seit fünf Wochen stiegen die Lieder wieder auf, diesmal auf dem Gang. Kaum war das erste Lied ›Sonntag ist's‹ verklungen, kam vom zweiten Stock die Antwort, irgendein populäres Wanderlied, und nun folgten abwechselnd von den beiden Chören die Vorträge, bis sich von oben eine prachtvolle, wenn auch unausgebildete Baritonstimme mit einem Sololied vernehmen ließ, das aber leider mitten im Satz abbrach, wahrscheinlich vom Aufsichtspersonal unterbrochen. Nach einem von unserem Stock gesungenen Schlußlied war das Konzert zu Ende, das mir, obwohl das Ganze nicht ohne Komik war, seit langer Zeit die ersten Tränen hochdrängte. [...]

Niederschönenfeld, Freitag, d. 7. Dezember 1923
Mir wurde vorhin eine Eröffnung etwa folgenden Inhalts be-
kanntgegeben: »Der F. G. Mühsam läßt in seiner Postkarte
vom 6. Dezember Herrn Richard Oestreich,[19] Berlin, deutlich
erkennen, daß er ihm für die Übersendung von einer Billion
Mark als dem Vertreter seiner anarchistischen Genossen agitatorisch dankt. Es ist dem F. G. Mühsam bekannt, daß für
karitative Sendungen außer den Familienangehörigen nur die
Frauenhilfe für die politischen Gefangenen in München zugelassen ist. Diese Karte wird daher zum Akt genommen.« Über
vier Jahre erhalte ich jetzt jeden Monat eine Geldunterstützung
von den Berliner anarchistischen Genossen. Das ist der Verwaltung bekannt, und sie hat meinen Dank dafür, der stets für alle
Spender als Quittung diente, nie beanstandet. Ich stecke jetzt
eine neue Karte in den Kasten, deren Abfassung, wie ich hoffe,
den allmählich sehr schwierig zu befriedigenden Ansprüchen
genügt. Da der Verwaltung bekannt ist, daß Zenzl sich finanziell recht hart tut, rechne ich natürlich damit, daß die Erleichterung, die mir die treue Solidarität meiner engeren Kameraden
gewährt, verhindert werden soll. Ich habe es mir abgewöhnt,
mich über dergleichen Dinge noch aufzuregen, nur das Wundern verlernt man so leicht nicht. Und erstaunlich ist es ja
immerhin, daß den Peinigern nach fast fünf Jahren immer noch
neue Drangsalierungen einfallen, wo wir naive Leute doch
schon vor Jahr und Tag meinten, schlimmer könne es nicht
werden. [...]

Niederschönenfeld, Dienstag, d. 25. Dezember 1923
Das Weihnachtsfest ist in der Hauptsache vorüber. Mir brachte
es [...] vor allem Zenzls Besuch, wobei natürlich auch ein reicher materieller Segen abfiel. Mit ihr kam die Braut meines
Schwagers Albert, ein harmloses, unschönes, sicherlich sehr
gutherziges Bauernmädel, die nun als Helferin Zenzl nach Berlin begleitet. Zenzl selbst hält sich wunderbar jung. Sie ist mit
ihren fast vierzig Jahren immer noch eine sehr schöne Frau, und
ich verliebe mich bei jedem Wiedersehen von neuem in sie.
Mein Gott, wann wird dieses treue Warten endlich belohnt
werden? Sie selbst ist merkwürdigerweise auch jetzt noch in der
Russensache optimistisch. Ich glaube an diese Austauschge-

schichte längst nicht mehr. Von dem, was sie sonst erzählte, interessierte mich natürlich am meisten das allgemeine Stimmungsbild draußen, das leider nicht übertrieben hoffnungsvoll aussieht. Dumpfe Verzweiflung, allgemeine Gelähmtheit, gar kein Kampfgeist. Die Männer haben den Krieg noch nicht verwunden. Sie sind da um jede Individualität gebracht worden, haben jede Initiative verloren und ertragen scheinbar den Hunger, das Elend und den Übermut der Ausbeuter und wieder an die Oberfläche gelangten Reaktionäre so stumpf, wie sie vier Jahre hindurch das Leben in Tod und Dreck und die Frechheit betreßter Schikaneure ertragen haben. – Für uns persönlich bedeutet der Umzug Zenzls natürlich viel. München, wo ich bestimmt dachte, meine Tage zu beschließen, ist Vergangenheit, unser neues Heim ist in Charlottenburg, Am Lützow 10. Dort wird bei Zenzl wieder Weigel wohnen, ferner auch Willi Münzenberg,[20] der Führer der Kommunistischen Jugend und der Organisator der Hungerhilfe. Ich bin, wie Zenzl berichtet, inzwischen Mitglied des Wjatkaer Sowjets geworden, und die Wjatkaer Kinder, die mich Onkel Erich nennen, haben mir rührende Liebesgrüße sagen lassen. Ich wollte, ich könnte einmal alle die Liebe vergelten, die mir zuteil wird. Den Pfeifentabak, den mir Zenzl brachte, hat ein Wjatkaer Arbeiter für mich gestiftet. Nun, wenn ich die Gelegenheit noch einmal bekommen sollte zu wirken, wie es die Revolution verlangt, so will ich's in dem Geiste tun, der mich mit Freude und Ergriffenheit über alle Anhänglichkeit dankbar erfüllt, das heißt im Geiste getreuer Pflichterfüllung, unbekümmert darum, ob die, die sich meinen Dank jetzt erwerben, mich in allem verstehen oder enttäuscht werden. [...]

Niederschönenfeld, Sonnabend, d. 19. Januar 1924
Überall in Deutschland das gleiche Bild: die Kapitalisten dekretieren unerhörte Arbeitszeitverlängerungen bei gleichzeitiger ungeheuerlicher Beschneidung der Löhne. Das Heer der Erwerbslosen wächst ins Riesenhafte, und wer nicht in Mammutbetrieben zehn, elf, zwölf Stunden arbeiten muß, ist in den kleineren Betrieben zur Kurzarbeit bei völlig unauskömmlicher Entlöhnung verurteilt. [...]
So liest man von allen Gegenden über Lohn- und Tarifbewegungen, vom Verlassen der Arbeitsstätten nach acht Stunden, von Kämpfen und Demonstrationen, bei denen unausgesetzt Arbeiterblut fließt, während doch in Wahrheit die »Errungenschaften« unseres armen bißchens Revolution längst beim Teufel sind und alle diese Versuche bloß noch Nachzüglergeplänkel charaktervoller Proletarier sind, die noch nicht sehen, bis zu welchem Grade sie schon verraten sind. Natürlich ist die Wut der Arbeiter allgemein, und gegen erfolgreiches Aufbegehren hat man ja den von Ebert verhängten (von seinen drei Parteigenossen unter den Stresemannen mitbeschlossen) Belagerungszustand,[1] der selbstverständlich nicht früher aufgehoben wird, als nicht die Unternehmerschaft ihre letzten Ziele so weit gefördert hat, daß sie nicht mehr kaputt zu machen sind. Diese Ziele gehen konsequent auf die Privatisierung der Staatsbetriebe hinaus, was mit schöner Offenherzigkeit von Herrn Stinnes[2] selbst einem französischen Ausfrager entwickelt wurde. Der aufmerksame Leser kann viel aus dem Interview entnehmen. Die Herren wollen nicht nur die Verkehrsmittel in ihren Besitz bringen, sondern, nachdem ihnen die Eskamotierung des Münzmonopols so überraschend gelungen ist, dem Staat auch den eigentlichen Lebensnerv abbinden. Stinnes spricht von der Gründung seiner eigenen – vom Reich unabhängigen! – Bank, der die Steuererhebung zu übertragen wäre. Daß damit auch die Steuerleistungen selbst von den Finanzierern dieser Bank zu bestimmen wären, liegt um so mehr auf der Hand, als ja schon die Rentenbank-Inhaber[3] das Recht zuerkannt erhalten haben,

das Reichsbudget vor dem Reichstag zu genehmigen, zu verändern oder abzulehnen. Wir haben also in Deutschland, dem Lande, in dem die Hypertrophie des Staatsbegriffs – obwohl hier der Staat jünger ist als fast überall sonst – ungeahnte Dimensionen annehmen konnte, das erste praktische Beispiel der Auflösung des Staats. Marx' Lehre von der Akkumulation des Kapitals bestätigt sich – ich gebe das durchaus zu – in erstaunlicher Weise, wenn auch ganz anders, als Marx gedacht hat (nur Rosa Luxemburg war in ihrem Buch über die Akkumulation des Kapitals,[4] das von den Marxpfaffen als Ketzerei ohnegleichen verschrien wurde, auf der richtigen Fährte). Überhaupt finde ich immer, daß Marx in seinen ökonomischen Lehren außerordentlich hellsichtig war und stets da anfängt, Scharlatan zu sein, wo er die Ökonomie mit einer windigen Philosophie vermengt. Daß der Marxismus, trotz der hohen Qualitäten seines Gründers als Wirtschaftsgelehrter, so verheerende Wirkungen ausgeübt hat, liegt daran, daß man diesem Gelehrten die Weihen eines Religionsstifters gab und ihn mitsamt seiner Ideologie und ihrer grauenhaften Anwendung auf die Politik katechisierte. Ohne Marx' Anmaßung, über seine Erklärungen des Entwicklungsgangs der kapitalistischen Institutionen hinaus das praktische Verhalten des internationalen Proletariats schematisch – und noch dazu im Sinne des übelsten Opportunismus – festlegen zu wollen, wäre den europäischen Arbeitern eine Unsumme von Leid, Enttäuschung und Bruderzwist erspart geblieben. In allem Politischen hat der Bakunismus recht behalten, leider aber nur insofern, als seine Nichtbefolgung und die kirchenfromme Anwendung der marxistischen Prinzipien die Richtigkeit der anarchistischen Theorie klar erweist. Ich zweifle nicht, daß die Auferstehung Bakunins im gesamten Proletariat bevorsteht, wenn auch erst, nachdem der Kapitalismus dank der marxistischen Leitung aller werktätigen Menschen weitere fruchtbare Aufklärungsarbeit über die Wirkungen des marxistischen Opportunismus geleistet haben wird. [...]

Lenin tot! Die Nachricht kommt in so bestimmter Form, als ihre Quelle wird eine offiziöse russische Agentur angegeben, daß wir sie als wahr nehmen müssen. Mir wirbeln die Gedanken und Gefühle, und es wird seine Zeit brauchen, bis das furchtbar erschütternde Ereignis in mir zu ruhiger Einordnung unter die Betrachtungen zum Weltgeschehen wird reifen können. Noch bin ich kaum fähig, den Sinn der Meldung zu fassen, und meine Nerven sind überdies durch den Zwang durcheinandergeraten, den ich mir eben im Kreise der Genossen auflegen mußte, um nicht ihr merkwürdig niveauloses Reagieren auf diese Trauerbotschaft mit einem Ausbruch zu beantworten. Es ist wohl keiner im Hause, der Lenins Wirken seit der äußerlichen Stabilisierung des pseudosowjetischen Regimes in Rußland in Hirn und Herz schärfer kritisierte als ich; aber ich fürchte, daß das Erlöschen dieses Genies von keinem der Genossen hier, die blind verteidigen, was er schuf, was er tat, was er leistete und was er im Stich ließ, so bitter schmerzlich empfunden wird wie von mir. Oh, wie sie alle bereit waren (außer Luttner, der still blieb und wohl in der Seele weinte), gleich Namen zu nennen, die nun dem Werk als Schild dienen werden, wie sie mit der dummen Allerweltsweisheit auffuhren, niemand sei unersetzlich! Napoleon hat's erfahren, als er sich in St. Helena seine Taten überleben sah, wie die Kleinen von den Seinen taten, als wäre sein Wirken nur eine Verirrung gewesen, und ihnen bliebe die Aufgabe, die Achse zu drehen, die sie doch nur verschoben hatten, um nicht anerkennen zu müssen, daß sie Jener in Bewegung gesetzt hatte. Ich verneine viel von dem, was Lenin im einzelnen gelehrt und bewirkt hat, ich habe schmerzlich gelitten, als ich seinen Appell zum Opportunismus – die Kinderkrankheits-Broschüre[5] – las, als ich verfolgte, wie er – getreu den darin verkündeten Zynismen – den Wagen der sozialen Revolution bremste, anstelle des Kommunismus den Staatskapitalismus, endlich gar dessen Verquickung mit privater Spekulation, setzte und selbst die Verfolgungen der idealtreuen Revolutionäre billigte, die nicht realpolitisch denken konnten und mochten – ich weiß das alles und noch vieles mehr – und doch ist mein Schmerz unendlich groß, und das Gefühl allein beherrscht mich, daß am 21. Januar – vor drei kurzen Tagen – ein

Riß durch den Erdball ging, daß die Weltgeschichte an einem Kreuzweg angelangt ist und daß ein Volk, das als Ganzes von unbeschreiblicher Schicksalsfähigkeit bewegt wird, der menschlichen Kraft verlustig gegangen ist, die seiner Größe durch die schicksalsvollsten Jahre hindurch die repräsentierende Erscheinung war. Dumpf und erbarmungslos steigen Fragen auf: Rußland ohne Lenin, die Arbeiterschaft der Welt ohne Lenin, die Weltrevolution ohne Lenin! Was nun?

Niederschönenfeld, Sonntag, d. 27. Januar 1924
[...] Das Ereignis Lenin hat bei den Genossen doch inzwischen großenteils stark nachgewirkt. Ein paar Leitartikel in den Zeitungen haben das Gefühl für die Größe der Katastrophe geweckt, und gestern am Beisetzungstage hatte die Mehrzahl die Ausnahmskleidung angelegt, und vormittags marschierten wir geschlossen eine halbe Stunde um den Hof. Oben bei den Schutzhaftgefangenen, die scheinbar erst gestern Kenntnis von Lenins Tod erhalten haben, hörten wir abends eine eindrucksvolle Feier vor sich gehen. Der schöne russische Trauermarsch wurde gesungen, danach die erste Strophe der Internationale und dann erklang das Hoch auf die Weltrevolution. Bei der Einmütigkeit, die nach ein paar kurzen Wochen Haft unter den Leidensgenossen wohl noch besteht, kann man derartige Demonstrationen trotz Verboten und Unterbrechungen machen. Bei uns wäre es Torheit, da nicht bloß Disziplinierungen folgen würden, die man auch mal auf sich nehmen muß, sondern – was zu vermeiden leider unsere erste Aufgabe geworden ist – unerträglicher Zwist im Hause selbst. Nicht einmal für ein Beileidstelegramm an die Berliner russische Botschaft war das Einverständnis aller zu gewinnen, obwohl die Fassung frei ist von jeder politischen Färbung und obwohl auch die Frömmsten, die Holzmacher,[6] ihre Zustimmung gaben, es im Namen aller abzusenden. [...]
   Die Frage, was die Wirkungen von Lenins definitivem Ausscheiden für Rußland unmittelbar sein werden, beschäftigt hier im Hause die Genossen am meisten. Gewisse kalte Realisten (Kain) meinen, Lenin sei ja schon seit einem Jahr tot gewesen, also werde sich gar nichts ändern. Das ist unendlich töricht. [...] Das russische Volk, das viel mehr mit dem Instinkt

lebt und aus dem Gefühl handelt als irgendein anderes – deshalb handelt es im Affekt stets so richtig –, war bisher durch das Bewußtsein der Existenz Lenins innerlich so stark verbunden und an die revolutionären Methoden des »Leninismus« (in all seinen Variationen und Wandlungen) anhänglich, daß sich keine Opposition dagegen mit Erfolg durchsetzen konnte. Dies, obwohl die linken Sozialrevolutionäre, die Anarchisten, Maximalisten und selbst die in allerletzter Zeit unter Trotzkis persönlicher Führung gegen die Neue Ökonomische Politik aufsässigen Bolschewiken mit ihren Tendenzen dem Empfindungswillen der breiten, revolutionsgewöhnten Massen in ihren Forderungen viel eher entsprechen als die dem deutschen Unteroffiziersgeist entlehnten Methoden, deren Träger Stalin,[7] Bucharin, Kamenew[8] etc. sind. Lenins Tod fiel in die Tagung der Rätekonferenz, bei der gerade eben Trotzki zu Kreuze kriechen mußte (daher seine von Teutomanen gleich zu Syphilis vergiftete »Krankheit«). Werden nicht jetzt die Ehrgeizigen und Strebsamen aus den Löchern schleichen und ihre Stunde gekommen wähnen? Und wird das Proletariat, die Bauern, die Soldaten und Matrosen, die die Idee der reinen Sowjets noch als Sehsucht in sich tragen, dabei ruhig zusehn, wenn Geister secundum ordine in Lenins Tartarenstiefeln daherstampfen möchten? [...] Aber da ich glaube – nein, weiß! –, daß Lenin eben deshalb das Genie Rußlands war, weil sich in ihm das ganz wahre, von Dostojewski ahnend geschaute, wilde, unbändige und im besten Sinne gotterfüllte russische Volk personifizierte, deshalb weiß ich auch, daß die neue Bewegung, die dieses Volksmeer wieder in Sturmflut wird aufpeitschen lassen, Revolution und nicht Restauration sein wird und daß die beiden größten Russen, Bakunin und Lenin, dabei der Welt zeigen werden, daß sie nicht tot sind, sondern ihrem Volk und allen Völkern als Lehrmeister wahren Lebens erst auferstehen werden – und dann lebt Tolstoi!

Niederschönenfeld, Freitag, d. 1. Februar 1924
[...] Wie die Leiter der Komintern im allgemeinen die Talente der deutschen kommunistischen Führerschaft einschätzen, erhellt klar aus einem Artikel, den kürzlich der Gesellsche ›Neue Kurs‹[9] aus der ›Prawda‹ zitierte. Da setzt sich Sinowjew mit der

deutschen Bewegung äußerst aggressiv auseinander. Man habe Ende Oktober mit absoluter Sicherheit in Deutschland den Ausbruch der proletarischen Revolution erwartet. Sie sei durch die Unfähigkeit der Parteileitung ausgeblieben, die völlig unrichtige Informationen nach Rußland sandte und der man jetzt »unser Vertrauen in jeder Form entziehen« müsse. Besonders illustrativ wirkt dieser Satz: »Selbständige Köpfe zu verwenden schien unmöglich, da wir ja unsere Parolen und Winke ausgeführt haben wollten; freilich so mechanisch, wie die Repräsentanten der KPD auf jeden unserer Wünsche eingingen, so hatten wir uns die Leitung nicht gedacht.« Dann – hier zitiert der ›N. K.‹ leider selbst nicht wörtlich – führt Sinowjew den Zusammenbruch der Offensivaktionen[10] auf falsche Organisation zurück, womit er wohl recht haben wird, und »er meint, daß die Form der Gewerkschaften, die Form der Partei versagt habe, und daß darum die Gebilde als schädlich und hemmend zertrümmert werden müßten. Er wendet sich vom Zentralismus ab und empfiehlt den Föderalismus.« Das hätten die Bolschewisten uns schon vor einigen Jahren empfehlen sollen; dann sähe es in Deutschland wahrscheinlich anders aus. Er ruft den Arbeitern in den Betrieben zu: »Schickt alle von der Arbeiterbewegung lebenden Kreaturen zum Teufel!« – und verurteilt den parlamentarischen Weg »als in tiefe Verödung führend«. – Fehlt also nur noch die Einsicht, daß das ganze Fiasko auf die falsche marxistische Lehre zurückzuführen ist, der man in blindem Gottvertrauen nachstolpert – und diese Einsicht wäre ja nur die Konsequenz zu der Sinowjewschen Kritik und ihren Folgerungen –, und unsereiner könnte hoffen, endlich doch noch die Maximen bei den Kommunisten in Wirksamkeit treten zu sehn, die wir zu empfehlen uns stets vergeblich angestrengt haben. Ich strebe nicht nach Führerruhm. Mir würde es vollständig genügen, unbemerkt von der öffentlichen Linse auf folgerichtiges und überhaupt richtiges Tun hinzudrängen – um so besser, wenn es von den Personen geschieht, die bisher das Falsche taten. [...]

Niederschönenfeld, Donnerstag, d. 28. Februar 1924
Mindestens vierzehn Tage lang wird wohl das Tagebuch wenig
Eintragungen mehr erhalten. Überall in den Zellen und unter
den einzelnen Gruppen wird die Zeitung geradezu verschlungen. Ich habe eben anderthalb Stunden lang allein die Anklage-
schrift und den größten Teil der Hitlerschen großen Einleitungs-
rede, die vier Stunden gedauert hat, aus den ›MNN‹ vorgelesen.[11]
Um halb fünf – in zwei Stunden – folgt die Fortsetzung. Zum
ersten Mal lernen wir aus der staatsanwaltschaftlichen Anklage-
schrift den Sachverhalt im Zusammenhang kennen, natürlich so,
wie er für Kahr, Lossow und Seisser[12] am glimpflichsten scheint.
Der erste Eindruck ist der, daß die guten Radinazi geradezu
unglaubliche Kindsköpfe und Sprüchklopfer sind. Wahrhaftig,
unsere mit Dummheiten gewiß reichlich bestückte Räterevolu-
tion war gegen die Jämmerlichkeit dieser Bierkellerrevolution
eine wohlorganisierte und besonnen durchgeführte Staatsaktion.
Doch ist nicht zu leugnen, daß Hitlers Rede recht wirksam ist.
Vor allem sie macht den Eindruck großer Ehrlichkeit – nur hat
der Mann offenbar eine Meinung von seiner Bedeutung, die weit
über seine tatsächlichen Fähigkeiten hinausreicht. Ich habe die
Empfindung, daß – und ich weiß gut, wie groß die Verführung
dazu ist – die geschulte Beredsamkeit, die natürlich die in Volksversammlungen politisierenden Massen besticht, sein einziges
starkes Talent ist und daß er selbst durch die damit erzielten
Erfolge verleitet ist, sein geistiges Gesamtniveau unbeschreiblich
höher zu sehen, als es ist.

Niederschönenfeld, Donnerstag, d. 10. April 1924
75. Geburtstag meiner Mutter. Vielleicht ist es gut, daß sie
meine Leidensjahre nicht mit anzusehen braucht. Es wäre ihr
doch wohl schwergefallen, sich in das, was sie verursacht, hin-
einzudenken. Ganz sicher würde sie gar nicht verstehn, was
meinen jüngsten Kummer und Ärger ausmacht. Hans hat sich
von meinen dringenden Bitten, nichts mehr für meine Freilassung vor den anderen zu tun, nicht abschrecken lassen und
schreibt mir einen neuen, furchtbar peinlichen Brief, aus dem
ich bittere Weiterungen befürchte. Man hat ihm alle möglichen
Hoffnungen gemacht, wenn ich um Bewährungsfrist eingebe,
ja, ich würde meine Kameraden schädigen, wenn ich es unter-

lasse, da meine Bewährungsfrist die der anderen nach sich ziehen würde etc. Ich kann's mir denken, wie gern man von mir kompromittierende Gesuche in der Hand hätte, mit denen man auftrumpfen könnte: Seht, wie sich der Mann von hohen Beamten und Kapitalisten protegieren läßt, um freizukommen. Die Leute, die Hagemeister sterben ließen, keinen Kranken in ein Sanatorium beurlauben, die harmlosesten Rotgardisten, die oft keine Ahnung haben, wieso ihre Straftat überhaupt als Hochverrat angesehen werden konnte, bis zum letzten Tag schikanieren und ihre Zeit zu Ende sitzen lassen, sollen ausgerechnet mich herauslassen. Ich bin ganz außer mir, daß ich meinen Bruder nicht bewegen kann, seine entsetzlich kompromittierenden Versuche zu unterlassen. Jetzt habe ich Zenzl gebeten, ihn aufzuklären, hoffe aber am meisten vom Ferdl, dem ich aufgetragen habe, Klarheit darüber zu schaffen, daß für mich nur ein energischer Abwehrkampf, der die Nerven schrecklich angreift, gegen derlei Liebenswürdigkeiten in Frage kommt. Wichtig ist mir, daß Aussicht besteht, daß Pestalozza herkommt. Ich schrieb ihm, und Zenzl hat ihn besucht und seine prinzipielle Zusage erhalten. Es bleibt aber noch zweifelhaft, ob man ihn ohne Aufsicht zulassen wird, und davon wird er wohl den Besuch abhängig machen. Herr Hitler wird wohl in Landsberg keine solche Befürchtungen zu haben brauchen, wenn ihn sein Anwalt besuchen will. Die Völkischen sind schon lebhaft in Bewegung, um ihre vier Verurteilten freizudemonstrieren. Sie haben einen sogenannten »Wahlsieg« errungen und über 400000 Stimmen auf ihre Parteilisten vereinigt.[13] Daß ihnen damit, ebenso wie den Kommunisten schon lange, der Giftzahn ausgezogen ist und sie genau wie jede andere Partei nun parlamentarisch versumpfen werden, werden sie wohl erst allmählich einsehen lernen. [...]

Niederschönenfeld, Sonntag, d. 11. Mai 1924
Im Bett. Daher so kurz wie möglich nur das persönlich Tatsächliche. Mein Befinden war gestern sehr schlecht. Um die Abendbrotzeit (dreiviertel sechs) steigerte sich die Qual so, daß ich kaum ein paar Löffel Suppe herunterbrachte (obwohl es Metzelsuppe war, in dem ewigen fürchterlichen Einerlei unserer derzeitigen Verköstigung, die saftlos, kraftlos, abwechs-

lungslos nachgerade jeden anekelt, eine kleine Erholung). Ich schlich in meine Zelle, ging zu Bett und wunderte mich, daß ich überhaupt noch lebendig bis dahin gelangt war. Das Gefühl unmittelbar bevorstehender Auflösung war aber so stark gewesen wie noch nie, und ich diktierte deshalb dem Zäuner Sepp einen Schrieb an die Verwaltung, des Inhalts, daß sich mein Zustand derart verschlimmert habe, daß ich die Zuziehung ärztlichen Beistands für unaufschiebbar halte, allerdings nach wie vor Herrn Dr. Steindl ablehnen müsse. Um aber nicht in den Verdacht zu kommen, etwa aus Eigensinn Selbstmord zu begehen, wiederholte ich die Gründe, die mich fürchten ließen, gerade durch die Aufregung, mit der für mich die Bemühung Dr. Steindls verbunden sein müsse, zu sterben. Ich erklärte bündig, daß ich mich einer Untersuchung durch ihn nicht gewachsen fühle, stellte seine negative Diagnose nach der Untersuchung durch Hans fest, in der ich den Vorwurf der Simulation gegen mich und der Vorschubleistung gegen meinen Bruder erblickte, erinnerte an sein Verhalten bei Hagemeisters Krankheit und betonte, daß er Antisemit sei und diese Gesinnung Festungsgefangenen gegenüber zum Ausdruck gebracht habe. Ich aber sei Jude. Endlich erklärte ich, mich jedem von der Verwaltung beigezogenen Arzt zur Untersuchung zur Verfügung zu halten mit der einzigen Ausnahme des Medizinalrats Steindl und ersuchte um Konsultation des Landgerichtsarztes von Neuburg für heute (Sonntag). Ich hatte starke Zweifel, ob man von dem Prinzip abweichen werde, obwohl ich geschrieben hatte: Vor die Alternative gestellt, den Medizinalrat Steindl zu befragen oder dem wahrscheinlichen Tode entgegenzugehen, müßte ich mich für die zweite Eventualität entscheiden. So schrieb ich einen Abschiedsbrief an Zenzl, verstaute ihn da, wo schon meine übrigen Aufzeichnungen für den äußersten Fall liegen – meine Freunde kennen das Buch, in dem sie alles finden –, und wurde dann gegen acht Uhr durch den Eintritt eines mir bis dahin unbekannten Sanitäters mit dem Wachtmeister Krebs überrascht. Der Sanitäter, den ich in meiner Schwerhörigkeit zuerst für einen Arzt gehalten hatte, nahm Temperatur und Puls auf – ich bin übrigens dauernd fieberfrei, und der Puls geht normal, wenn nicht zu langsam –, erklärte, daß er ständig zu meiner Verfügung bleibe und ging, da ich sein Anerbieten, bei mir Wache zu halten, abgelehnt hatte. Als um dreiviertel zehn Uhr Schluß gerufen wurde, kam aber plötzlich weiterer Besuch. Der Regierungsrat Badum erschien mit einem Herrn in den Fünfzigern und stellte ihn mir als Dr. Jarresdorffer aus Rain vor. Nachdem ich mich auf dessen Frage bereit erklärt hatte, mich von ihm untersuchen zu lassen, betrat auch Herr Oberregierungsrat Hoffmann meine Zelle, und nun begann ein Hin und Her von Fragen, die ich natürlich alle vollkommen aufrichtig und ausführlich beantwortete. Die körperliche Untersuchung beschränkte sich auf Pulsfühlen (72), Abklopfen und Rückenmarkprobe durch Knieschlag. Der Arzt kam zu dem merkwürdigen Resultat, daß meine Krankheit die Folge übertriebenen Kaffeegenusses sei, also einfach eine Coffeinvergiftung. Vorerst wurde abgemacht, daß ich von jetzt ab statt drei nur eine Tasse Kaffee täglich trinken und das Rauchen womöglich ganz einstellen soll. Eine lebensbedrohliche Erkrankung bestreitet der Arzt mit aller Entschiedenheit. – Aus der Unterhaltung an meinem Bett ein paar Einzelheiten. Der Arzt begann mit Versuchen, mich zur Inanspruchnahme des Dr. Steindl zu überreden. Der Vorstand berichtete dabei ganz aufgeregt über die Hartnäckigkeit und die Konsequenz, mit der ich auf meiner Weigerung beharre, erzählte dabei einen Vorfall, den mir mein Bruder vor etwa einem halben Jahre aus dem Felde berichtet hatte, wo er einem Leutnant gegenüber in einer ähnlichen Lage gewesen sei wie Dr. Steindl mir gegenüber, und daß der Standpunkt Dr. Steindls von ihm wie jetzt auch von Schollenbruch[14] als prinzipiell berechtigt anerkannt werde. Ich erklärte, es müsse doch wohl ein Minimum von Vertrauen des Patienten zum Arzt da sein, was Dr. Jarresdorffer mit den Worten bestätigte: »Das ist allerdings Voraussetzung!« Als er hinzufügte, er selbst lehne es ab, jemanden zu behandeln, der ihm kein Vertrauen entgegenbringe, meinte ich: »Ich begreife Herrn Dr. Steindl nicht, daß er, obwohl er meine Weigerung kennt, darauf besteht, mich zu untersuchen.« Hier unterbrach der Vorstand: »Das führt zu weit!« – Sehr bezeichnend für alle Beteiligten war folgendes Intermezzo. Ich erwiderte dem Arzt bei seinen weitläufigen Belehrungen über mein Verhalten, er möge doch nicht vergessen, daß ich im sechsten Jahr eingesperrt bin und hier nicht ganz so leben kann wie daheim. Der Mann –

eine typische Provinzfigur, die sich als Arzt dazu berufen glaubt, auf jeden Patienten erziehlich einzuwirken, stellte sich in Positur und meinte: »Ich will ja hier keine Politik treiben. Aber – jeder ist seines Glückes Schmied.« Ich mußte das Lachen verbeißen, antwortete aber: »Freilich – unter anderem auch die Herren in Landsberg.« Da fuhr der Oberregierungsrat dazwischen, ganz Würde, ganz Vorstand und Autorität: »Herr Mühsam, das kann ich nicht dulden. Das ist ein Mißbrauch der ärztlichen Konsultation.« – Ich entgegnete: »Ich hatte nicht die Absicht, auf das politische Gebiet zu kommen. Ich habe von der Haft gesprochen, um vom Herrn Doktor zu hören, ob er nicht etwa die Überführung in ein Krankenhaus für nötig hält.« – »Ja, ich weiß, darauf gehn Sie aus«, rief Herr Hoffmann, und da ich darin den versteckten Vorwurf, als treibe ich bloß Politik mit meiner Krankheit, heraushörte, nahm ich das Wort auf und sagte: »Darauf gehe ich allerdings aus. Denn ich glaube nicht, daß die Festung der geeignete Ort ist, um eine Krankheit zu heilen.« Ich fügte hinzu, daß meine darauf bezüglichen Anträge alle weiter bestehen bleiben. Wieder wurde Herr Hoffmann spitzig und fand es sonderbar, daß alle meine Wünsche bestehen bleiben sollen, während ich in der Frage des Arztes nicht im geringsten entgegenkäme. Nachdem der Arzt noch meinen Urin auf Eiweiß kontrolliert hatte – natürlich negativ –, ließen die Herren mich um halb elf Uhr allein. Doch hat, wie ich heute erfuhr, der neue Sanitäter die ganze Nacht im Aufseherzimmer unseres Stockwerkes zugebracht. – Die Behandlung der Sache, die, wie ein Brief meiner Schwägerin Minna[15] verrät, auch schon in die Presse gedrungen ist, zeigt mir, daß man einen zweiten Fall Hagemeister tatsächlich nicht will. Und so habe ich Hoffnung, daß, falls die Freiheit für uns alle wirklich immer noch nicht kommen soll, doch wenigstens erreicht wird, daß meiner Überführung in ein Krankenhaus kein Widerstand länger entgegengebracht wird. Ich habe das Gefühl, sehr krank und bestimmt haftunfähig zu sein. Bleibt die Entscheidung darüber in den Händen des Dr. Steindl, so weiß ich gewiß, daß der Jude hierbleiben muß. [...]

[...] Wie weit die Amnestiefrage schon gediehen ist, kommt besonders markant dadurch zum Ausdruck, daß plötzlich sogar die bayerischen Sozi unwiderstehliche Gerechtigkeitsbedürfnisse verspüren. Die ›Münchner Post‹ bringt eine ganz objektive und darum um so wirksamere Gegenüberstellung von Urteilen gegen die Räterepublikaner 1919 und die Hitlerianer 1924. Sinn dieser Veröffentlichung kann nur sein, wenn es auch nicht ausgesprochen wird: Schluß mit der Rache für die Räterepublik! Natürlich ist's ekelhaft und bitter genug, plötzlich die Brut, die das ganze Unheil durch ihren infamen Verrat über uns heraufbeschworen hat, uns bedauern zu sehen. Aber der Zweck ist mir klar: Man sieht, daß man in der Regierung und in der Bayerischen Volkspartei tatsächlich die Amnestie will, und jetzt möchte man nicht hintan bleiben mit sozialer Gerechtigkeit. Jetzt wird also – nach über fünf Jahren zum ersten Mal diese Walze aufgezogen, um nachher sagen zu können: Endlich ist es unseren unermüdlichen Anstrengungen gelungen, die Opfer der bayerischen Klassenjustiz aus den Krallen ihrer Schergen zu befreien! – Ja, die ›Münchner Post‹ wird unglaublich tolerant: Sogar ich darf in ihren Spalten bemitleidet werden. Die Liga für Menschenrechte veröffentlicht einen Appell an die bayerische Regierung, in dem diese ersucht wird, für die Behandlung meiner Ohren einen Facharzt zuzulassen. Unterzeichnet ist der Aufruf von einer Reihe allerklingendster Namen, darunter Professor Einstein, v. Aster, Valentin,[16] Hans Delbrück,[17] Löbe,[18] Eduard Bernstein etc. und – peinlicherweise – auch Hermann Müller[19] und Stampfer.[20] Mir sind solche Aktionen immer etwas beklemmend. Ich mag nicht vor den Kameraden voraus Extrawürste haben – ein ehemaliger Freund von mir, von egoistischem Charakter und erheblichem Fettgehalt, hielt es mir denn auch gestern vor, als ob ich's der Reklame wegen selbst arrangiert hätte. – Außerdem kommt die Geschichte, da sie nur von den Ohren spricht, reichlich nachträglich, und die Regierung hat es sehr leicht, darauf zu antworten. Die gute Wirkung kann trotzdem davon kommen, daß ein Grund mehr da ist, die allgemeine Ausmistung zu beschleunigen. [...]

Niederschönenfeld, Sonnabend, d. 14. Juni 1924

Eben steige ich aus dem Bad, das ich auf Anordnung des Dr. Aumüller heute zum zweiten Mal erhielt. Ich glaube, es geht mir besser, aber ich traue dem Frieden noch nicht. In der ›Frankfurter Zeitung‹ fand ich eine Notiz ›Die Behandlung des Erich Mühsam‹, die eine von »zuständiger Seite« an die ›München-Augsburger Abendzeitung‹ gegebene Mitteilung über meine Sache wiedergibt. Da wird das Publikum dahin belehrt, daß ich infolge übermäßigen Nikotin- und Coffeingenusses an chronischer Vergiftung leide, organisch, speziell am Herzen, fehle mir nichts. Was das Gehör betrifft, so hätte ich von dem »im Herbst« von der Behörde gemachten Angebot, mir einen Spezialisten kommen zu lassen, keinen Gebrauch gemacht. Die Hörschärfe auf dem rechten Ohr sei »etwas herabgesetzt«, und im übrigen höre ich die üblichen Unterhaltungsfragen sehr gut. Ich habe sofort eine Erklärung an Pestalozza geschickt, richtiggestellt, daß ich von jener Erlaubnis deshalb keinen Gebrauch gemacht habe, weil sie an die Bedingung geknüpft war, ich dürfe nur den von der Verwaltung benannten Arzt zur Ohrenuntersuchung kommen lassen, nicht aber den mir von Schollenbruch empfohlenen, daß die Hörschärfe fast erstorben sei und ich Unterhaltungsfragen zwar gut höre, aber nur, wenn der Frager links von mir steht, und daß die Konstatierung meiner organischen Gesundheit mit den Befunden anderer ärztlicher Untersuchungen kontrastiere. Auch Pestalozza habe ich gebeten, die Strafunterbrechung bzw. die vorläufige Überführung in ein Röntgeninstitut zu beantragen und gegen Fluchtbesorgnisse ehrenwörtliche Verpflichtung, zur Verfügung zu bleiben, anzubieten. Das Gesuch auf bedingte Begnadigung zu erstrecken, habe ich ausdrücklich verboten. [...]

Die Aussicht auf ein baldiges Ende dieser Pein hier macht allmählich die Genossen sehr nervös. Selbst in unserer kleinen Freundesgruppe mehren sich die lauten und aufgeregten Debatten, und zwar besonders jedesmal dann, wenn die täglichen Berichte der anarchistischen und unabhängigen Blätter über die Verfolgungen der Linksrevolutionäre in Rußland zur Sprache kommen. Was die echten, rechten Parteikommunisten sind, so heißt's einfach: Es ist alles nicht wahr, hinter der Verleumdung stecken kapitalistische Kreise, oder diese Anarchisten etc. sind eben von der Bourgeoisie bestochene Konterrevolutionäre. Ein grundehrlicher Mensch wie der Sandtner Gustl macht derartige Reinwaschungen ja nicht mit, ärgert sich aber furchtbar über die Protestkundgebungen und wirft den Protestlern vor, statt sich um die eigenen politischen Gefangenen zu kümmern, jammern sie nur über das, was tausend Kilometer weg passiert. Auf meinen Einwand, daß die Bemühungen um unsere Befreiung dadurch außerordentlich erschwert werden, daß die angeblichen Kommunisten in Rußland ganz das gleiche tun, was sie der westeuropäischen Reaktion vorwerfen, daß die deutschen Kommunisten dazu schweigen und daß zwischen der Brutalisierung von Revolutionären ein Unterschied ist, wenn die kapitalistische Klasse sie ausübt und wenn sie von den eigenen Klassengenossen getrieben wird, höre ich, daß ich voreingenommen, gehässig und nicht objektiv bin, und gerade vorhin gab es deswegen ein Mordsgeschrei. Aber ehe ich nicht Beweise habe, daß die Vorwürfe gegen die autoritären Moskauer Diktatoren falsch sind, werde ich sicherlich keine Einladung dorthin annehmen, es sei denn, man garantiere mir, daß ich mich persönlich von Maria Spiridonowa[21] über die tatsächlichen Verhältnisse informieren lassen kann. Leider glaube ich, daß die Behauptungen der Anarchisten stimmen. Man kann nur irgendeine Äußerung Bakunins über Autoritätsregierungen, provisorische Regierungen, Regierungen überhaupt nachlesen, und man wird finden, daß das Treiben der Tscheka gegen linke Revolutionäre einfach die Konsequenz dessen ist, was die Bolschewiki unternahmen, als sie die Revolution in eigene Regie überführten. Sie haben sie getötet und töten infolgedessen auch die, die noch revolutionäre Ziele weiterverfolgen möchten. Die Geschichte wird ihnen kein gutes Zeugnis erteilen, nur Lenin wird vor ihr bestehen – wenigstens der Lenin von 1917.

Niederschönenfeld, Montag, d. 7. Juli 1924
Ich bin sehr nervös. Gehen unsere Hoffnungen wieder zu Bruch, dann fürchte ich, wird es ebenso mit mir selber zu Bruch gehen. Nicht weil meine gute Meinung von der endlich doch triumphierenden Gerechtigkeit im Staat enttäuscht wäre – diese gute Meinung hat niemals bestanden –, sondern weil der Körper schlechterdings nicht mehr mittun will. Ich fühle allmählich

einen Kräfteverfall, der mich sehr bedenklich stimmt, und es häufen sich die scheußlichen Alpträume, die mit irgendeinem Angst- und Verzweiflungszustand in Schreien und Luftmangel enden. Solche qualvollen Zustände hatte ich hintereinander in den beiden letzten Nächten. Gestern früh wachte ich, über Treppen gehetzt, durch mein eigenes Schreien – das ich deutlich hören kann – auf, und heute früh hatte ich die sonderbare Einbildung, ich brächte die Blätter eines – wenn ich mich nicht täusche – handschriftlich geschriebenen und mit Zahlenrechnungen gefüllten großen Buches nicht auseinander und geriet dadurch in Wut, Angst, Verzweiflung, bis ich unter den furchtbaren Anstrengungen, die zusammenklebenden Seiten voneinander zu lösen, ins Wimmern, Stöhnen, Keuchen und Schreien kam, das ich stark hörte. Ich erwachte aber durch ein Geräusch draußen auf dem Gang, und dann traten zwei Aufseher bei mir ein, um zu sehen, was mir fehle. Da ich in der letzten Zelle des Ganges wohne, habe ich so laut gebrüllt, daß die Wachthabenden es durch die geschlossene Tür an den zehn Zellen des Ganges vorbei bis zu ihrem Platz zwischen den Gittern hörten. Der Zustand danach ist gar nicht nett. Mindestens eine halbe Stunde noch keuche ich mit fliegender Brust, schwitze am ganzen Leibe und komme mir vor wie eben vor dem Ertrinken aus dem Wasser gezogen. Vielleicht tut das Massieren, das mir seit einer Woche etwa der Gustl jeden Morgen besorgt, meinem Herzen, dem es helfen soll, doch nicht gut. Wir werden es nun wieder lassen. Heute bin ich ganz zerschlagen, da ich nach der Attacke, um halb ein Uhr, absolut nicht wieder einschlafen konnte. Aber, ein Vorteil war auch wieder dabei: In den Stunden des Wachliegens bis zum Hellwerden entstand ein lyrisches Gedicht (›Predigt‹),[22] dessen Beurteilung vorbehalten bleiben muß, bis ich Distanz dazu habe. [...]

Niederschönenfeld, Dienstag, d. 15. Juli 1924
Halb zwei Uhr. Eben – vor 20 Minuten ungefähr – hat Toller dies Haus verlassen. Er ist also 24 Stunden vor Ablauf seiner Festungshaft entlassen worden, wie wir vermuten, unter Geleit von Kriminalern, das er ja, solange er noch Festungsgefangener ist, nicht zurückweisen kann. Bei einer solchen Trennung ist natürlich das Gemüt etwas in Bewegung, und so will ich für den

Augenblick nur Tatsachen aufzeichnen. Im Augenblick recken sich die Genossen am Gangfenster noch die Hälse aus, um zu sehn, wann und wie er fortgeht. Ich vermute, daß er gar nicht mehr sichtbar werden wird und daß man ihn im Wagen nach Donauwörth fahren wird, über die Donaubrücke zu unserer Linken, die wir von keinem Fenster aus sehen können. Ein seltsames Vorspiel dieser Entlassung gab es gestern abend, als Ernst Toller, an sein Versprechen erinnert, den Genossen noch einmal aus seinen Werken vorzulesen, auf dem Mittelgang anfing, ›Masse – Mensch‹[23] zu rezitieren. Seit uns der Gemeinschaftsraum gesperrt ist, haben wir ja nur noch die Korridore, um alle beieinander sitzen zu können. Toller las noch keine fünf Minuten, als Herr Oberwachtmeister Rainer erschien und verkündete, es dürfe ohne ausdrückliche Genehmigung des Vorstands kein Vortrag gehalten werden. Es wurde natürlich protestiert und dem Manne bedeutet, es handele sich um keinen Vortrag, sondern um eine Vorlesung, die stets ohne jede Genehmigung habe stattfinden dürfen. Herr Rainer erklärte: Ich verbiete! Toller fuhr indessen einfach mit der Vorlesung fort, da ein derartiges Verbot nur vom Vorstand ausgehen könne, und Millmann, der sich über diesen Eingriff, der uns alle maßlos empörte, so aufregte, daß ihm das Wort »Gemeinheit« herausplatzte, wurde sofort in Einzelhaft abgeführt. Herr Rainer verzog sich dann, und zu unserm Erstaunen konnte Toller nun ohne weitere Störung sein Drama vorlesen (er ist ein glänzender Interpret seiner Stücke, und dieses Stück ist von seinen früheren Arbeiten das weitaus stärkste). Um acht Uhr war er fertig, und gleich darauf erschien zu allgemeiner Überraschung Millmann wieder bei uns oben. Er berichtete: Nachdem er in eine Absonderungszelle gesperrt war, kam Herr Fetsch, der ihm im Auftrag des Vorstands eröffnete, er habe sich zu einer ungebührlichen Äußerung hinreißen lassen, doch solle es für diesmal bei einer Verwarnung sein Bewenden haben, da die Verwaltung wünsche, möglichst »in Harmonie« mit den Festungsgefangenen auszukommen. Zur Sache sei zu sagen, daß eine Abschiedsfeier der Genehmigung durch den Vorstand bedürfe, die sie aber nachträglich erteilt habe. Herr Rainer sei noch nicht lange wieder im Dienst bei uns, (!) und so habe er nicht gewußt, daß sich im gegenseitigen Verhältnis eine Änderung entwickelt habe. – Kurz und gut, eine Schamade, wie sie hier noch nicht erlebt ward. Von den Kommentaren, die sich an diese merkwürdige Episode schlossen, will ich schweigen, will auch heute davon absehen, auf meinen guten Ernst Toller einen Nekrolog zu schreiben. Wir sind als sehr gute intime Freunde geschieden und werden es bleiben. Ich glaube, daß dies Ergebnis wesentlich meinen Tagebüchern zuzuschreiben ist. Eine verärgerte, unfreundliche Bemerkung über Ernst T. ist dem bayerischen Landtag vorgelesen, der bayerischen Presse zur Verwendung übergeben und von Müller-Meiningen in seinem Buch ›Aus Bayerns schwersten Tagen‹[24] gegen uns beide benutzt worden. Diese Möglichkeit hatte ich damals schwerlich voraussehen können, fühlte mich aber schuldig und habe versucht, wiedergutzumachen. So hat uns die ungeheuerlichste Indiskretion von Behörden einander zugeführt und uns, die sie durch Denunziation privater Gelegenheitsempfindungen auseinander- und gegeneinanderbringen wollte, zu Freunden gemacht. [...]

Niederschönenfeld, Freitag, d. 1. August 1924
Zehn Jahre »große Zeit«! Solange ich noch als eines der letzten Opfer der unmittelbaren Kriegsfolgen im bayerischen Menschenkäfig zubringen muß, ist diese reizende Epoche für mich auch im Persönlichen nicht überstanden. Am 3. August werden die Nie-wieder-Krieger ihre Kriegsverliererfarben Schwarzrotgelb schwingen, man wird die Toten des Krieges bewinseln, die ja das Opfer ihres Lebens nicht umsonst brachten. Ebert der Taktvolle regiert Deutschland, und dies Resultat hat schon 12 Millionen Menschenleben gelohnt. Natürlich wird man auch die »Kriegsschuldlüge«[25] breitwälzen: als ob's viel drauf ankäme! Die Welt außerhalb Deutschlands interessiert sich für das weibische Geplärr der Unterlegenen ja doch nur deshalb, weil es unverkennbar zeigt, wie dies »republikanische« Land sich mit den monarchistischen Regierungshanswursten auch jetzt noch völlig identifiziert. Wie stark das der Fall ist, kommt sogar bei den Vorbereitungen zum fünfjährigen Jubiläum der Weimarer Verfassungssetzung zum Vorschein. Ein katholischer Bischof, der seinen Klerikern aufgegeben hat, den Tag von den Kanzeln herunter zu preisen, wird wie eine Fabelgestalt bestaunt, so »mutig« ist es, sich zur bestehenden Verfassung zu

bekennen. In Weimar wird natürlich großes Gedenktheater sein, und nur Bayern tanzt wieder außer der Reihe. Herr Stützel,[26] Schweyers Nachfolger, hat jede Feier unter freiem Himmel verboten; man halte sich in Bayern an die Reichsverfassung, jedoch freue man sich nicht an ihr. Überhaupt ist Bayern wieder auf dem besten Wege, mit den Unbequemlichkeiten gegenüber der Berliner Regierung ein neues, aber nicht sehr verändertes System zu beobachten. Kürzlich hat der Reichstag zwar abgelehnt, den bayerischen Ausnahmezustand aufzuheben, aber beschlossen, daß die verbotenen Parteien überall wieder zugelassen werden müssen. Stützel erklärt dazu, man freue sich sehr, daß durch die Ablehnung des ersten Antrags ein Konflikt mit dem Reich vermieden sei, denn der zweite Beschluß werde sowieso in Bayern nicht ausgeführt werden, da der Reichstag dabei seine Kompetenzen überschritten habe. [...]

Die bayerischen Zeitungen berichten über die letzte Sitzung des Verfassungsausschusses im Landtag. Da sei auch die Beschwerde der Festungsgefangenen wegen Korrespondenzbehinderung mit Reichstagsabgeordneten und -präsidium zur Sprache gekommen. Das Justizministerium ließ erklären, daß eine Anordnung nötig geworden sei, derartige Briefe aus Niederschönenfeld über das Justizministerium in München zu leiten, weil Mühsam verschiedentlich und einmal mit Erfolg (›Lenins Tod‹[27]) versucht habe, aufreizende Gedichte bolschewistischen Inhalts über den Reichstag der Öffentlichkeit zugänglich zu machen. Jedoch sei jetzt trotzdem – also offensichtlich als Wirkung der Eingabe von Sauber und mir – die Anweisung zurückgezogen worden. Dieser Weg ist also wieder frei, und so hat immerhin eine Beschwerde ans Parlament auch einmal einen sichtbaren Erfolg gehabt. Um so besser.

Niederschönenfeld, Donnerstag, d. 11. September 1924
Es herbstelt. Nach zwei schönen Tagen kam vorgestern wieder ein Rückschlag mit Sturm und Regen, und jetzt ist's wieder erbärmlich kalt, und wir müssen die Hoffnung, in diesem Jahr doch noch mal Sonne zu sehen, begraben. Zenzl berichtet von einer fieberhaften Erkältung, die sie ans Bett bindet, und ich bin infolgedessen bedrückt und unruhig. Überdies ist sie meinetwegen andauernd in Sorge, die wohl übertrieben sein mag, im

Kern natürlich aber begründet ist. Sie schreibt, sie habe mich so angegriffen aussehend gefunden wie noch nie und sei in ihrer Besorgnis noch einmal zu Dr. Sonnenschein, dem Jesuiten, gegangen, der sich ihrer so freundlich annimmt. Der Herr habe sich erboten, gegen Ende September oder Oktober selber herzufahren, um mit mir zu sprechen. Ich vermute, daß dies außerordentlich überraschende Anerbieten mit dem Interesse des Nuntius Pacelli,[28] das Zenzl zu erwecken verstanden hat, zusammenhängt. Bevor er Schritte in der Sache unternimmt – es handelt sich um meine Strafunterbrechung zum Zweck einer Röntgenuntersuchung und gründlichen Behandlung, außerdem, wie Zenzl andeutet, um den Versuch, die Wiederherstellung unserer Ehen in München zu veranlassen –, wird der Kardinal jedenfalls von einer persönlichen nicht interessierten, ihm nahestehenden Seite Bericht haben wollen, und so wird wohl das Anerbieten Sonnenscheins auf einen Wunsch Pacellis zurückgehen. Ich habe Zenzl geschrieben, daß ich in meiner Situation ·gezwungen sei, jede Hilfe, die sich mir bietet, anzunehmen, mache aber die Annahme der Gefälligkeit davon abhängig, daß die interessierten Kleriker genau erfahren, für wen sie sich einsetzen: für den Juden und Revolutionär, den Anarchisten, der sich zu keinerlei Gegenleistung verpflichtet, die im geringsten eine Bindung für zukünftiges Verhalten einschlösse. Ich habe mir den Rücken gedeckt; wenn der Priester um Christi willen die Reise tun will, so soll er mir herzlich willkommen sein. Hoffentlich aber kommt es gar nicht mehr dazu. Daß Hitler am 1. Oktober entlassen wird, steht schon völlig fest, und ich glaube fest, daß die bayerische Regierung diese Gelegenheit zu der Geste benutzen wird, zu der sie sich doch allmählich entschließen muß. [...]

Niederschönenfeld, Dienstag, d. 21. Oktober 1924
[...] Der Krieg zwischen Türken und Engländern um das Petroleumgebiet von Mossul scheint losgehen zu wollen. Die Engländer haben von Fliegern erst mal Bomben abwerfen lassen, und die Türkei mobilisiert. Der Völkerbund, der von den Türken angerufen ist, hat nämlich entschieden, daß er sich seine Entscheidung vorbehalte und die Angelegenheit noch prüfe. Inzwischen fangen aber die Parteien das Raufen an. Dafür ent-

rüsten sich aber die Völkerbundleute heftig gegen die Moskauer Regierung, die Georgien drangsaliert. Der Schacher ist dabei derselbe wie überall – es geht auch um Petroleum –, aber man weiß noch nicht, mit welcher Kapitalistenregierung die »Sowjets« – lies die Herren Sinowjew, Bucharin, Stalin, Krassin,[29] Kamenew –, kurz das Dutzend Revolutionsgewinner, das sich der Welt als Diktatur des Proletariats offeriert, das Ausbeutungsgeschäft der georgischen und transkaukasischen Ölquellen abzuschließen gedenkt. Aber dies alles darf man beileibe nicht sagen, denn wer für eine Räterepublik eintritt, wie sie die nie eingeführte Leninsche Verfassung postuliert, ist in »Sowjetrußland« und bei allen seinen europäischen, speziell deutschen Parteifilialen konterrevolutionär. Schon wird ja unwidersprochen behauptet, man habe in Moskau über die großen Toten der Welt Gericht gehalten und Tolstoi, Kropotkin, Schopenhauer und wer weiß ich noch, als »kleinbürgerliche« Ideologie überführt und wegen Volksverdummung zum Einstampfen verurteilt. Die Makulatur soll zu Nachdrucken der Werke Sinowjews, Bucharins etc. verwendet werden. Lächerlichkeit gilt als todbringend. Dann muß man den marxistischen Hanswursten in Moskau wenigstens das eine lassen: daß sie von Todesfurcht frei sind. Aber das gelingt ihnen mit jedem Tag besser: ihren Stammvater Marx unrettbar zu kompromittieren und die Manen seines Durchschauers Bakunin herrlich zu rechtfertigen.

Niederschönenfeld, Donnerstag, d. 2. Dezember 1924
Dreiviertel sieben. Heute haben wir einen Schrieb losgelassen, der folgendermaßen lautet: »An den Herrn Festungsvorstand. Wir bitten in Erwägung zu ziehen, ob der Besuch unserer Frauen und Kinder an den Besuchstagen in der Feiertagszeit in irgendeiner Form ohne Aufsicht gestattet werden kann: Sauber, Olschewski, Mühsam, Karpf.« Ich war sehr froh, alle Namen unter einem derartigen Papier vereinigt zu sehen. Aber jetzt erklärt mir Eugen Karpf, er werde vielleicht morgen früh den Brief noch einmal aus dem Kasten erbitten, um seinen Namen zu streichen, da er mit Leuten, die ihn als Betrüger und Verräter verdächtigen, nicht gemeinsame Aktionen unternehmen mag. Ich hoffe, ihn umgestimmt zu haben und werde dann morgen Sauber ins Gebet nehmen, um möglichst doch den inneren

Frieden zwischen uns paar Leuten herzustellen, gleichviel ob wir nun noch monate- oder gar jahrelang beisammenbleiben müssen oder ob wir in vierzehn Tagen frei sind. Für die letzte Eventualität – das heißt dafür, daß bis Weihnachten oder Neujahr unsere Begnadigung erfolgt, sprechen verschiedene Umstände. Wir liegen jetzt zu fünf Mann auf dem nördlichen Seitengang des ersten Stocks. Das ganze Stockwerk ist infolgedessen brachgelegt, für uns sind mindestens acht Aufseher zu bezahlen, und das Personal selbst hat sich verschiedene Male dahin geäußert, daß auch unter ihnen die Auffassung besteht, daß die Räumung der Anstalt von uns dicht bevorsteht. Gestern war Saubers Frau da. Ihr hat sogar Pestalozza, der stets das Schlimmste geweissagt hat, jetzt Hoffnung gemacht und ihr erzählt, daß unsere Verlegung in eine andere Anstalt schon beschlossen war, was ihm im Justizministerium ausdrücklich bestätigt wurde. Daß man die Absicht offenbar wieder aufgegeben hat, läßt wohl darauf schließen, daß man wirklich Schluß machen will. Geb's Gott! [...]

Sonnabend, 20. Dez. 24

Vormittag, zehn Uhr dreißig. Frei!

Nachwort

Im Nachlaß Erich Mühsams findet sich ein verschlissenes Notizbüchlein von 1891, betitelt ›Tagebuch für meinen Aufenthalt in Sylt‹. In ungelenker Schülerschrift trug der Dreizehnjährige ein, was ihm festhaltenswert erschien: die Bahnstationen auf der Fahrt von Lübeck nach Sylt, die Gänge der (damals überaus üppigen) Mahlzeiten, das Exerzieren am Strand, die Streitereien mit dem großen Bruder und die Strafen, die es dafür setzte. Neunzehn Jahre später fand er wieder Muße, ein Tagebuch zu beginnen, als er wegen des Verdachts der Geheimbündelei in Berlin-Charlottenburg zur Untersuchungshaft einsaß. Seine Erlebnisse sind nachzulesen in den ersten Nummern der Zeitschrift ›Kain‹ (»Mitarbeit dankend verbeten!«). Ein Taugenichts hatte in München eine harmlose Sprengstoffkapsel hochgehen lassen und sich beim Verhör auf den Agitator Mühsam und dessen ›Gruppe Tat‹ berufen. Mühsam reagierte dankbar auf das behördliche Interesse an seiner Person; litt er doch eher darunter, daß die Staatsgewalt, die er als Wurzel allen Übels betrachtete und mit immer neuen Attacken herausforderte, ihn nach Möglichkeit ignorierte.

Der dritte Beginn eines Tagebuches wenig später, im August 1910, leitete eine neue Lebensperiode Mühsams ein. Mit der täglichen Rechenschaft unterstellte er seine spontanen und disparaten Antriebe einer gewissen Selbstkontrolle, nachdem er jahrelang seiner Definition eines Bohemiens (in der Broschüre ›Ascona‹, 1905) gefolgt war als einer, der »drauf losgeht ins Leben, mit dem Zufall experimentiert, mit dem Augenblick Fangball spielt und der allzeit gegenwärtigen Ewigkeit sich verschwistert«. Zwar hatte er sich schon als Dichter, Publizist und Agitator einen Namen gemacht, doch das Herumreisen, die wirre Projektemacherei, die zahllosen Freund- und Liebschaften, die gewollte Planlosigkeit seines Beginnens – all das vertrug sich nicht länger mit seiner anarchistischen Sendung. Als Bohemien mochte er sich selbst genügen; als Anarchist jedoch war er einer Idee verschworen, die ihn ganz forderte, mit allem, was er tat. Statt sich aber einem strengen Regime zu unterwerfen, blieb er, wie er war, mit dem Unterschied, daß er nun mit Hilfe des Tagebuchs die ganze Fülle seines Erlebens und Tuns zur Konfession einer anarchistischen Lebensgestaltung bündelte.

Daß vieles von dem, was er niederschrieb, keineswegs ins Bild einer von ihrer Mission durchdrungenen Persönlichkeit paßte, störte ihn wenig. Im Gegenteil: Mühsam genoß es, die ihm aufgedrückten Lebensmuster zu durchkreuzen und seine vitalen Bedürfnisse zum Maßstab einer »experimentellen« Moral zu machen. Sich vom Korsett der bürgerlichen Konventionen zu befreien, konnte zur Haltlosigkeit führen, zum anderen aber auch dem Nachweis dienen, daß die wahre soziale Vernunft nicht aus der herrschenden Moral, sondern aus dem menschlichen Wesenskern eines jeden Individuums erwachsen muß.

Mühsam entwarf kein abstraktes Bild des anarchistischen Zukunftsmenschen. Er tat etwas viel Mutigeres, indem er es an sich selbst ausprobierte – mit der Ungeduld des Entdeckers, dem Sendungsbewußtsein des Künstlers und der Fehlbarkeit eines Menschen, der ganz auf seine natürliche Sinnlichkeit vertraut, ohne sich über deren soziale Vorprägung immer im klaren zu sein.

Man kann im Tagebuch gut verfolgen, wie er sich im Lauf der Jahre allmählich, wenn auch nicht gänzlich, von den Schlacken unreflektierter Verhaltensmuster befreite – von einer durch Nietzsche inspirierten Misogynie und ähnlichen Marotten, die das Resultat einer spiegelverkehrt gewendeten Spießermoral darstellten.

Nach eigenem Bekennen war Mühsam »schon Anarchist, bevor ich wußte, was Anarchismus ist«. Mit 22 Jahren und dem Beginn des neuen Jahrhunderts entfloh er dem aufgezwungenen Apothekerberuf in die brotlose, aber freie Existenz des Schriftstellers. Das rauhe Klima der explosiv wachsenden Reichshauptstadt bedeutete dem Lübecker keine Heimat, dafür aber die Begegnung mit bewunderten Dichtern wie Peter Hille oder Paul Scheerbart – und mit Gustav Landauer, der ihm die Zügel anarchistischer Disziplin und Gelehrsamkeit anlegte. Mühsam lernte willig, doch mit Vaterfiguren hatte er seine Schwierigkeiten. Viel lieber ging er in die Bohemekneipen des Berliner Westens, deren bereits ergrautes Stammpublikum er mit seinem Diskussionseifer, seinem sarkastischen Witz und seinem Tatendrang aus der Lethargie riß. Der schmächtige Jüngling in der altväterlichen Garderobe, mit unruhevoll bohrendem Blick, wild wucherndem Haar, mit Zigarre, Kneifer und Spazierstock bewaffnet, eine wandelnde Parodie auf den deutschen Spießer, machte sein Erscheinen in der Öffentlichkeit zum Auftritt. Er genoß das Aufsehen, das er erregte, und benutzte es, um sich geltend zu machen: als Bürgerschreck für die einen, als liebenswert-skurrile Verkörperung der Boheme für die anderen. Noch bevor das Kabarett in Mode kam, gab Mühsam zu später Stunde frivole Verse zum besten, improvisierte er Schüttelreime und machte sich lustig über Kaiser und Reich. Hinterher ließ er die Revoluzzermütze kreisen, um die Zeche aufzubringen.

Doch die clowneske Umtriebigkeit war nur die Spielform einer ernsten und durchaus auch schmerzlichen Passion: Er suchte Freunde und Gleichgesinnte, um in seinem Kampf gegen eine Wirklichkeit, die er von Grund auf als falsch empfand, nicht ganz allein zu bleiben. Ab 1903 stand er unter Polizeiaufsicht; Spitzel folgten ihm auf Schritt und Tritt, und manches aufreizende Flugblatt aus seiner Hand beschäftigte die Justiz. Der Vater mußte dann die Strafbefehle bezahlen.

Mühsams Clinch mit der Macht hat eine Vorgeschichte, die in die Kinderstube zurückreicht und ihn nie ganz aus ihr entließ. Er mußte einfach provozieren und protestieren, denn Autoritäten, die ihn auf seine Untertanenrolle verwiesen, konnte er nicht ertragen. Ungerechtigkeit, Zurücksetzung, die arrogante Rechthaberei der Mächtigen, das waren frühe Demütigungen, die er in der gesellschaftlichen Hierarchie des Kaiserreichs wiederfand und die ihn immer von neuem empörten. Mühsam stritt für die sozial Benachteiligten, weil er mit ihnen litt, er haßte die Staatsgewalt wie die Erziehungsgewalt seines Vaters, aber mehr noch haßte er die Sozialdemokratie, die sich, statt zum Sturm zu blasen, immer offenkundiger dazu hergab, den rebellischen Geist der Ausgebeuteten zu bändigen und in staatsfromme Bahnen zu lenken. »Einmal ... vertraute ich – nur in Andeutungen – meiner Mutter, wie ehrgeizig ich sei, und mir schien damals, als verstände sie mich und glaubte mir. Aber sie war eine schwache Frau, und der Vater führte unbedingtes Regiment im Hause und war ihr selbst absolute Autorität . . .«

Die Sehnsucht nach der Mutter (sie starb, als er neunzehn war) blieb ihm erhalten, wohl auch die Enttäuschung, daß das einzige Wesen, das ihm in der Kindheit nahe war, nicht ihm, sondern dem Vater gehorchte – wie all die Proletarier, die er zur Rebellion führen wollte und die dann doch wählen gingen.

Diese scharfe Ausprägung zeittypischer ödipaler Verstrickungen wäre nicht der Erwähnung wert, hätte Mühsam nicht etwas ganz Besonderes, ja Einzigartiges daraus gemacht. Den Clown spielte er nur aus Verzweiflung, wenn nichts anderes mehr aus seinen Attacken zu machen war. Als Anarchist wollte er mehr, und zwar alles: Eine Welt des friedlichen Miteinanders, ohne Herren und Knechte, ohne Feldwebel und Rekruten. Als Anarchist – und das wußte er stets – haßte er aus Liebe.

Mit schäumender Rhetorik die Hackordnung der sozialen Hierarchie anzuprangern, wie es viele Anarchisten vor ihm getan hatten, befriedigte ihn nicht. Wie Landauer in der Gelehrtenstube von der Gründung anarchistischer Siedlungen zu träumen, lag ihm nicht. Mühsam mußte mitten im Leben sein, dort, wo es am buntesten zuging, wo es gärte und brodelte und das verhaßte System seine Schwachstellen offenbarte. Dort konnte er den Anarchismus, statt ihn in trockene Theorien zu kleiden und auf eine ferne Zukunft zu verschieben, mit Herz und Sinnen praktizieren, schon jetzt, als gelebtes Vorbild für alle, in denen noch ein Funke war.

Während die deutschen Expressionisten die bevorstehende Weltwende mit ihren Schrecken und neuen Hoffnungen in künstlerischer Gestalt vorwegnahmen, betrachtete Mühsam seine Dichtung lediglich als Vehikel der Entäußerung seines Fühlens und Meinens; die künstlerische Gestalt war er selbst. Folgerichtig bemängelte er an den minderen Leistungen seiner expressionistischen Dichterkollegen den Hang zu Pose, zum modisch Aufgedrehten. Umgekehrt wurde der tatenfrohe Mühsam von Johannes R. Becher als kurios belächelt, weil er leibhaftig den »Neuen Menschen« verkörperte, dem Becher eine Existenz nur in Versen zugestehen konnte.

Sicher, Mühsam war zu früh geboren, als daß er noch in die

künstlerische Avantgarde hätte hineinwachsen können. Aber hinter dem Habitus des anarchistischen Tendenzichters aus dem 19. Jahrhundert verbirgt sich der radikale Entwurf einer poetischen Existenz, der seine eigentliche, bis heute nicht übertroffene, geschweige denn erkannte revolutionäre Leistung darstellt. Die ins Lebendige gewandte Verwirklichung der ästhetischen Vision blieb Utopie, ein schöner Traum, den man den Zwängen des Hier und Jetzt zum Opfer bringen muß. Nur Mühsam ließ sich nicht verdrießen, er tat im Vertrauen auf die Wahrhaftigkeit und Gesundheit seiner Empfindungen, was ihm spontan geboten schien, und nahm die Konsequenzen gelassen in Kauf. »Ich kann sagen, daß ich immer für meine Ideale, nie aber von meinen Idealen gelebt habe.«

So, wie seine Dichtungen heute der Gestalt ihres Hervorbringers bedürfen, um ihren eigentümlichen Reiz zu entfalten, so ist sein ganzes Lebenswerk nicht am vorzeigbaren Ertrag zu ermessen, sondern an der exemplarischen Identität von Fühlen und Denken, von Wollen und Tun. Zur Größe war er nicht verpflichtet, nur zur Echtheit, und das war zugleich die Forderung, die er jedem zumuten konnte.

Viele seiner auffälligen Eigenschaften erklären sich aus diesem messianischen Ethos, das er nie reflektierte: Es war ihm eine zugewachsene Lebensnotwendigkeit – und eine äußerst praktische Methode, die kleinen Sünden des Ehrgeizes, der Eitelkeit und der Selbstgerechtigkeit leichten Gewissens gewähren zu lassen. Wie anders auch hätte er den Alleingang gegen die Macht der Verhältnisse bestehen sollen? »Immer, wenn man mich einen Don Quichote nannte, wußte ich, daß ich auf dem rechten Wege bin.«.

Während die Sozialdemokratie ihre Anhänger auf eine wissenschaftlich untermauerte Doktrin verpflichtete und daraus ihre organisatorische Stärke bezog, bekannte sich Mühsam zum radikalen Individualismus, und das aus guten Gründen: Den Anweisungen einer Führung aus Disziplin zu folgen, empfand er als Selbstverrat, der als Massenerscheinung zu Machtmißbrauch und jener Korruptheit führte, die alle politischen Organismen von innen her zerfraß. »Sich fügen heißt lügen« lautet der Refrain eines seiner Gedichte aus der Festungshaft.

Das Schicksal, das er dem diktatorischen Kommunismus prophezeite, hat sich tatsächlich erfüllt – 55 Jahre nach seinem Tod. Allerdings knüpfte er seine Einsicht in die Unvereinbarkeit von Politik und Ethik an den festen Glauben, daß aus dem Zusammenbruch der Alten Welt ein Neuer Mensch hervorgehen müsse: Schließlich hatte der 1. Weltkrieg mit Nachdruck demonstriert, zu welchen Konsequenzen die politische Moral des Kapitalismus führte.

Für die Beseitigung des instituionalisierten Unrechts stand Bakunin mit seiner »Philosophie der Tat«, für die Errichtung einer naturwüchsig-harmonischen Sozialordnung bürgte Kropotkin mit seiner These, daß der Mensch, einmal aus der kapitalistischen Ausbeuterordnung entlassen, gutartig sei, und für die geistig-religiöse Orientierung an den positiven Werten der Menschheitskultur gab Gustav Landauer ein Vorbild.

Mühsam, jeder theoretischen Begriffsanstrengung abhold, entdeckte in den Lehren seiner Vorgänger nicht mehr und nicht weniger als die Bestätigung seiner Wesensart als lebenslustiger, kultivierter und grundgütiger Rebell. Der Einklang von Gefühl und Verstand, der sich in der Rolle des autonomen Revoluzzers genußvoll ausleben ließ, verlieh seiner Agitation die charismatische Leuchtkraft, von der viele, die ihn kannten, berichten, machte ihn aber blind für die inneren Widersprüchlichkeiten seiner Mission und ebenso blind für die Tatsache, daß er mit seiner Befähigung zum praktizierten Idealismus eine seltene Ausnahme war.

Die Naivität, sich in allen Lebenslagen und unter allen Umständen für einen guten Menschen zu halten (selbst als er das von ihm benutzte Zimmermädchen Frieda nach Herrenreitermanier abfertigt), die Naivität, allen Menschen bis zum Beweis des Gegenteils die edelsten Beweggründe zu unterstellen, ist schon schwer nachzuvollziehen – und sie verleiht der Beschreibung seiner Alltagserlebnisse im Tagebuch eine zuweilen haarsträubende Komik.

Mühsams Anarchismus – ein gelebtes Ethos als Kunstwerk – kam ganz ohne ideologische Untermauerung aus und war daher weder gegen Anfechtungen noch gravierende Einbrüche gefeit. Und als völlig hilflos erwies er sich im Umgang mit den Aporien der anarchistischen Gesinnung: Sein Ehrgeiz, mit der

›Gruppe Tat‹ aus eigener Kraft eine anarchistische Bewegung auf die Beine zu stellen, ging ganz selbstverständlich mit einem Führungsanspruch einher, den er ebenso selbstverständlich aus seiner geistig-sittlichen Überlegenheit ableitete. In einem Brief an Landauer bezeichnete er seine subproletarische Kundschaft (die nur mit Freibier zum Zuhören zu bewegen war) als »willfähriges Material«. Immerhin suchte er sich dann Bundesgenossen aus den Schwabinger Bohemekneipen, die ihm helfen sollten, den demoralisierten »Lumpenproletariern« das Rebellentum einzuflößen. Doch diese (Franz Jung, Oskar Maria Graf und der Maler Schrimpf etwa) stellten zuallererst Mühsams Autorität in Frage und vertrieben ihn so aus seiner eigenen Gründung.

Auch beim Versuch, eine Antikriegsbewegung ins Leben zu rufen, oder im Psychoterror der bayerischen Festungshaft stand Mühsams anarchistische Verneinung der Macht im eklatanten Widerspruch zum eigenen, wenn auch rhetorisch verbrämten Führungsanspruch.

Nicht etwa Führer wolle er sein, nur Wortführer, rechtfertigte er sich seinen erbosten Mitgefangenen gegenüber. Jeder müsse seinen eigenen Überzeugungen folgen, aber er sei nun einmal berufen, die gemeinsamen Interessen auf den radikalen Punkt zu bringen. Da folgten die »Genossen« doch schon lieber den Parolen der KPD – oder der NSDAP.

Für Mühsam ein schmerzhaft vertrauter Vorgang, war doch die anarchistische Bewegung selbst fortwährend von Führungsstreitigkeiten beherrscht. Also zog er aus seinen Erfahrungen die Konsequenz, daß sich der Anarchismus durch Spaltung vermehren müsse: Jeder Anarchist ein Zündfunke am Pulverfaß der sozialen Mißstände, jeder sein eigener Herr, seine eigene anarchistische Kampftruppe.

Weitaus peinlichere Folgen hatte sein unreflektiertes Verhältnis zur Macht, als er, der notorische Antimilitarist, bei Kriegsausbruch im August 1914 der Suggestivkraft der deutschen Kriegsbegeisterung erlag und zwar nicht in den allgemeinen Jubel einstimmte, aber für einige Monate am Glauben festhielt, Deutschland sei angegriffen worden und müsse sich daher verteidigen. Später fand er viele gute und schlechte Gründe für diesen »Umfall«, sie sind im Tagebuch nachzulesen. Daß er aber so weit ging, verfängliche Formulierungen in den Eintragungen der ersten drei Monate nachträglich zu retuschieren, läßt darauf schließen, daß seine emotionalen Bindungen an das Kaiserreich fester geknüpft waren, als er sich eingestehen konnte. Das verräterische »Wir« beim Kommentieren deutscher Kriegshandlungen wurde erst im November 1914 in ein distanzierendes »Sie« verwandelt.

Es kann gar keinen Zweifel geben: Dieses »Wir«, das ihm spontan aus der Feder floß, als er Deutschland in Gefahr glaubte, bezeichnete die Symbiose des Anarchisten mit der von ihm bekämpften Macht – eine Konstellation wie zwischen Vater und Sohn, in der er nun die Rolle des kaiserlichen Hofnarren spielte, als staatlich anerkannter Anarchist. Und ein wenig recht hatte der arrogante J. R. Becher dennoch, als er ›Kain‹ ein Kuriosum nannte: Mühsams provokatorischer Radikalkritik am kaiserlichen Polizeistaat wurde dadurch der Boden entzogen, daß ihn die Polizei gewähren ließ, ohne auch nur eine Nummer der Zeitschrift zu konfiszieren. So, als wäre in Schwabing das ganze Jahr über Fasching gewesen.

Erst die Demokratie der Weimarer Republik klärte Mühsam darüber auf, daß Kaiserreich und Anarchismus zueinander gehörten wie der Topf zum Deckel. Als unpolitischer Anarchist in scheinbar unveränderlichen Zeitläuften konnte Mühsam das Leben feiern wie einen ewigen Karneval. Doch kaum bot ihm die Geschichte die Chance, die er viele Jahre lang heraufbeschworen hatte, war es vorbei mit der künstlerischen Personifikation der Anarchie. Der Ausbruch der Novemberrevolution machte ihn zum Politiker, ob er wollte oder nicht, und diesem Geschäft war er nicht gewachsen. Er gehörte zwar zu den Schöpfern der Räterepublik, aber er entzog sich der Rolle eines »Volksbeauftragten«. Viel lieber stieg er auf Parkbänke und hielt befeuernde Reden, um auf diese Weise die verdutzten Münchner zur Revolution zu bekehren: Die Verhältnisse konnten nur verändert werden, wenn er die Menschen veränderte, jeden einzelnen. Das war sein Credo, seine Art der Machtausübung, die ihm Erfüllung brachte, aber leider nicht von nachhaltiger Wirkung war.

Wenigstens entging er so – vorläufig – der Todesstrafe. Das

Standgericht billigte ihm den Status eines psychopathischen, aber im Grunde harmlosen Volksverhetzers zu. Die fünfeinhalb Jahre »Ehrenhaft« in Bayern zerstörten nicht nur Mühsams Gesundheit. Sie schnitten ihn von dem Leben ab, das er wie kein anderer brauchte, um er selbst sein zu können. Und sie belehrten ihn darüber, daß für solche Unzeitgemäßen wie ihn kein Platz mehr war.

Im Glauben, die Niederlage der Münchner Revolutionäre sei nur eine vorübergehende Turbulenz im unaufhaltsamen Fortgang der Weltrevolution, hielt Mühsam in der Festungshaft unverdrossen an seiner anarchistischen Mission fest: kämpferische Solidarität und kultivierte Geselligkeit im Zeichen der kommunistischen Anarchie als Vorübung auf den großen Tag der Befreiung vom Regime der Kriegsgewinnler, Arbeiterverräter, Spartakistenjäger und Kerkermeister. Doch schon nach wenigen Monaten zeigte sich, daß sein Elan (der ihn für sechs Wochen sogar zum Mitglied der KPD machte) ins Leere lief. Die Anarchie hinter Kerkermauern war selbst mit Hungerstreik nicht zu erzwingen. Und seine Kampfgefährten von München suchten lieber Halt bei den großen Parteien als bei einem Idealismus, der doch nicht der Ihre war. Von der Realpolitik war es ein kurzer Weg zur Ausgrenzung des Abweichlers, zur Denunziation und Intrige. Die Bewacher spielten virtuos auf dem Instrument der Zuträgerei, um die Gefangenen aufeinanderzuhetzen und benutzten dazu auch Mühsams Tagebücher. Seine Berichte aus der Hölle des hautnahen, mit Fäusten ausgetragenen Parteienstreits wurden regelmäßig konfisziert, mit dem Rotstift ausgewertet und zur weiteren Zermürbung der Klassenkämpfer verwendet.

Mühsam resignierte nicht; dieser Ausweg war ihm versperrt, seit er sich der Anarchie verschrieben hatte. Aber er warf alle Hoffnung auf eine Elite, die es irgendwo in Deutschland geben mußte, junge, ungebrochene Proletarier, die wie er bereit waren, für eine gerechte Welt zu kämpfen, ohne Wenn und Aber und ohne den korrumpierenden Einfluß der Parteien. Aus dem lebensfrohen Revoluzzer war ein einsamer Prophet geworden, dessen rettende Botschaft mit Füßen getreten wurde – zu seinem Entsetzen auch in der Sowjetunion, wo sich statt der erträumten proletarischen Kultur eine menschenverachtende Parteidiktatur etablierte.

Bei seiner Ankunft in Berlin zu Weihnachten 1924 noch stürmisch begrüßt von einer Menge, die nur mit großem Polizeiaufgebot im Zaum zu halten war, zeigte sich bald, daß er als Symbolfigur der Revolution ausgedient hatte. Vorzeitig gealtert, wirkte er in seiner aus den Zeitungskarikaturen wohlbekannten Erscheinung mit Strubbelhaar, Zwicker und Spazierstock nicht mehr aufrührerisch, sondern schlicht altmodisch. In den blutigen Klassenkriegen der frühen Zwanziger hatten sich athletische Praktiker des Straßenkampfes wie Max Hoelz zu Vorbildhelden profiliert. Die Berliner Künstlerszene schwelgte in Neuer Sachlichkeit, huldigte den zynischen Genies Brecht und Grosz und brachte zwar Mitgefühl, aber kein rechtes Verständnis für Mühsam auf, der unbeirrbar zur Vollendung der proletarischen Revolution aufrief, als gelte es, eine drückende Schuld zu tilgen.

Jahrelang reiste er von Stadt zu Stadt und hielt Vorträge, um die Zustände in den deutschen Gefängissen anzuprangern und für Abhilfe zu sorgen – mit Spenden und mit Revolutionspropaganda. Seine Zeitschrift ›Fanal‹ jedoch blieb ohne Breitenwirkung. Mühsams Zeitanalysen hatten zwar nichts von ihrer alten Schärfe eingebüßt, doch fehlte ihnen das »Kuriose« – das lustvolle, lebensfrohe und karnevalistische Element des Protests gegen Verhältnisse, die doch nicht zu ändern sind.

Die Verhältnisse änderten sich sehr schnell. Die Nazis, ihres Triumphes über die Linke noch nicht ganz sicher, erwählten sich Mühsam als eines ihrer frühen Opfer: Jude, Kommunist, aber eine Institution für sich, ohne den Schutz einer großen Partei. Mühsam hatte den Mut besessen, noch nach der Machtergreifung offen gegen die Nazis zu wettern. Das war er sich schuldig. Ungebrochen durchlitt er 17 Monate der Demütigung und der Folter. Da er sich nicht freiwillig erhängte, wurde ein Selbstmord fingiert. Die Henker waren bayerische SS-Leute, die nun die Gelegenheit ergriffen, ihre Morddrohungen von 1919 wahrzumachen.

Mühsam hatte 1931 geschrieben: »Wir stehen in aller Eindeutigkeit vor der Alternative, ob die proletarische Revolution den Faschismus, und der bedeutet einen Weltkrieg, rechtzeitig verhindern wird, oder ob erst ein grauenhaftes Völkergemetzel bei vollständiger Versklavung der Arbeiter und bei Ausrottung ganzer Bevölkerungen weiter Gebiete durch Giftgas und Verhungern jahrelang wüten muß, um endlich doch die Revolution herbeizuführen, die das Verbrechen verhindern konnte.«

In der Tat: Die Revolution, wie Mühsam sie sich vorstellte, hätte der Welt viele Katastrophen erspart und eine Zukunft eröffnet, die sich im Rückblick immer deutlicher als verpaßte Chance der politisch-ökologischen Neuordnung abzeichnet. Doch daß diese Vorstellung eine Illusion war, eine naiv-hartnäckige Verwechslung der Kraft des Wünschens mit der Macht der Verhältnisse, hat das 20. Jahrhundert hinlänglich bewiesen. Mühsams Lebenswerk wird dadurch aber nicht entwertet. Beim Versuch, die jüdisch-christliche Ethik, statt sie heuchlerisch im Munde zu führen, beim Wort zu nehmen und wirkendes, lebendiges Gesetz werden zu lassen – nichts anderes als das bezweckte seine »proletarische Revolution« – ist er gescheitert, so scheint es. Aber ist nicht vielmehr diese Welt gescheitert, weil sie ihre Propheten nicht verstand?

Zu dieser Ausgabe

Erich Mühsams Tagebücher, bestehend aus 42 eng beschriebenen Quartheften, bilden zusammen mit Briefen und Werkmanuskripten den Teil des schriftlichen Nachlasses, den Zenzl Mühsam vor dem Zugriff der Nazis in die Tschechoslowakei retten konnte. Als sie 1936 in die Sowjetunion reiste, übergab sie das Konvolut dem Moskauer Maxim-Gorki-Institut für internationale Literatur, das ihr eine Veröffentlichung der Werke Mühsams in mehreren Sprachen in Aussicht stellte. Kurz darauf wurde sie verhaftet.

Die Tagebücher und Briefe Mühsams dienten dem sowjetischen Geheimdienst NKWD wahrscheinlich als Erpressungs- und Belastungsmaterial gegen deutsche Emigranten im Zuge der Stalinschen »Säuberungen« (Die Hintergründe werden verdeutlicht in der Dokumentation von Reinhard Müller, ›Die Säuberung‹, Reinbek 1991). So ist zu erklären, daß Teile des Nachlasses aus dem Archiv des Maxim-Gorki-Instituts verschwunden sind, darunter sieben Tagebuchhefte.

Die Textauswahl stellte sich zum Ziel, Mühsams Leben und Wirken als Ausdruck einer anarchistischen Konfession in aller Vielfalt und Widersprüchlichkeit nachzuzeichnen.

Auslassungen wurden mit [...] gekennzeichnet. Orthographische Fehler wurden korrigiert, die Zeichensetzung dem heutigen Gebrauch folgend vereinheitlicht. Beibehalten wurden dagegen Eigentümlichkeiten, die sich lautlich äußern (z.B. »endgiltig« für »endgültig«) oder zeitgeschichtlich bedingt sind (z.B. das Neuwort »Faszisten« für die italienischen Mussolini-Anhänger).

In den Anmerkungen wurde versucht, das Mindestmaß an Hintergrundinformation zu bieten, das zum Verständnis des Textes notwendig erschien. Personennamen wurden nur bei der ersten Erwähnung kommentiert (soweit ihre Daten zu ermitteln waren) und können mit Hilfe des Registers an dieser Stelle aufgesucht werden.

Der Herausgeber dankt allen, die mit Auskünften und Hinweisen geholfen haben.

Anmerkungen

1910

1 1910 Anklage wegen Geheimbündelei und mehrwöchige Untersuchungshaft in Berlin: Mühsam hatte, um das »Lumpenproletariat« für die Ziele
des von Gustav Landauer ins Leben gerufenen Sozialistischen Bundes zu
gewinnen, die Gruppe Tat gegründet. Der Prozeß endete mit Freispruch,
weil ihm konspiratives Vorgehen nicht nachzuweisen war. ›Tagebuch aus
dem Gefängnis‹ in: ›Kain‹, 1911.

2 Siegfried Seligmann Mühsam (1838–1915), Apotheker in Lübeck.

3 Kurort in Niederschlesien.

4 Hans Mühsam (1876–1956?) Bruder von E. M., Arzt in Berlin. Julius Joël
(1867–1933), Schwager Mühsams, Arzt in Lübeck.

5 Johannes Nohl (1882–1963), Publizist, nach 1945 Professor der Philologie
in Weimar. Seit 1903 mit Mühsam befreundet, gemeinsame Reisen bis etwa
1908; Mitbegründer der Gruppe Tat. Mühsam unterstützte ihn finanziell
bis etwa 1914. Ausführlich über Nohl in: ›Ascona‹ (1905) und ›Unpolitische Erinnerungen‹.

6 Johannes Nohl war homosexuell veranlagt. Im Geheimbundprozeß wurde
Mühsam daher »Päderastie« vorgeworfen.

7 Karl August Varnhagen von Ense (1785–1858), liberaler Publizist und Politiker des Vormärz, ›Tagebücher‹ in 14 Bänden, 1861–70.

8 Bezeichnung für Subproletariat. Mühsam rechnete dazu Verelendete, Ob-
dachlose, Landstreicher, Gelegenheitsarbeiter, Kriminelle und Prostitu-
ierte.

9 ›Organ des Sozialistischen Bundes‹, herausgegeben von Gustav Landauer;
erschien halbmonatlich von 1909 bis 1915.

10 Hebr.-jidd. für: Mangel, Geldnot.

11 Eigentlich Sandor Friedrich Rosenfeld, (1872–1945), österr. Schriftsteller;
Reportage und Satire, u.a. für ›Simplicissimus‹, verkehrte in der Münchner
Boheme.

12 Die ›Jugend‹ druckte 1909 häufig Gedichte von Mühsam ab. Er wirkte
auch als Lieferant von Glossen, Aphorismen und Bildtexten. Nach dem
Geheimbundprozeß wurde Mühsam die Mitarbeit bei der ›Jugend‹ und anderen Zeitschriften verweigert, weil der im Prozeß erhobene Vorwurf der
Homosexualität publik geworden war.

13 Uli Trolsch, verbunden mit dem Münchner Maler und Zeichner Richard
Seewald.

14 Ferdinand Hardekopf (1876–1976), Schriftsteller und Publizist des Expressionismus.

15 Emmy Hennings, eigtl. Dagny Lund (1885–1948), Malerin, Schriftstellerin
und Diseuse dänischer Herkunft, emigrierte 1915 in die Schweiz, ab 1916
verheiratet mit Hugo Ball.

16 Lotte Pritzel (1887–1952), auch »Puma« genannt, Puppenkünstlerin und Bildhauerin.

17 Sohn von Otto und Frieda Gross, geb. 1907. In diesem Jahr lebte Mühsam mit Frieda Gross.

18 Gustav Landauer (1870, ermordet 1919 in München), anarchistischer Schriftsteller und Gelehrter, Freund und Mentor Mühsams seit 1901, Gründer des Sozialistischen Bundes, der sich die ethische Erneuerung des Menschen in anarchistischen Siedlungen zur Vorbereitung auf den Sozialismus zum Ziel setzte.

19 Margarete Faas-Hardegger (1892–1963), Schweizer Anarchistin; Beiträge für Landauers ›Sozialist‹, 1909 Zusammenarbeit mit Mühsam in der Gruppe Tat.

20 ›Die Freivermählten. Polemisches Schauspiel in drei Aufzügen‹, entstanden 1909, erschienen 1914 im Kain-Verlag, München.

21 ›Tarnowska‹ in: ›Der Sozialist‹, März 1910.

22 Hugo Caro, Rechtsanwalt Mühsams und Verteidiger im Geheimbundprozeß.

23 Fritz Strich (1883–1963), Philologe, Herausgeber der Werke Heines und Wedekinds.

24 Johannes Nohl.

25 ›Der Krater‹, Mühsams zweiter Gedichtband, Berlin 1909.

26 Maßgebliche Pariser Tageszeitung.

27 Rosalie Mühsam (1849–1899), geb. Cohn.

28 Lübecker Volksfest.

29 Ältere Schwester Mühsams, verh. mit Julius Joël.

30 Sozialethischer Verein in Berlin, gegründet 1900 von Heinrich und Julius Hart und Gustav Landauer. Ausführlich in: ›Unpolitische Erinnerungen‹.

31 2. Internationale Konferenz der sozialistischen Jugendorganisationen.

32 Die These, Kriegsabsichten seien mit (internationalem) Generalstreik zu beantworten, wurde von den führenden deutschen Sozialdemokraten zugunsten einer reformistischen, staatsbejahenden Politik (statt dessen Kampf um ein allgemeines und gleiches Wahlrecht) verworfen. Linke Sozialdemokraten (z.B. Rosa Luxemburg) hielten länger an der Generalstreikthese fest, die dann vor allem von den Syndikalisten bis in die zwanziger Jahre als Hauptinstrument der proletarischen Revolution betrachtet wurde.

33 Filippo Turati (1857–1932), italienischer Sozialistenführer.

34 Georg Ledebour (1850–1947), zentristischer Sozialdemokrat, 1910–14 Mitarbeiter des ›Vorwärts‹, 1917 Mitbegründer der USPD, Mitglied des Reichstags 1920–24.

35 Karl Renner (1870–1950), österr. Sozialdemokrat, Abgeordneter seit 1907, Staatskanzler 1918–20, 1945–50 österr. Bundespräsident.

36 Sitz der Reichsregierung in Berlin.

37 Berliner Kulturverein der Jahrhundertwende, zeitweilig geleitet von Rudolf Steiner. Ausführlich in: ›Unpolitische Erinnerungen‹.

38 August von Parseval konstruierte 1901–03 ein unstarres Luftschiff; Hans Gross war der Erbauer eines halbstarren Militärluftschiffs.

39 Paul Singer (1833–1911), Führer der deutschen Sozialdemokratie, ab 1885 Fraktionsvorsitz im Reichstag.

40 Balder Olden (1882–1949) Schriftsteller und Publizist.
41 Aus einem Lohnstreik der Berlin-Moabiter Kohlenarbeiter entwickelten sich Straßenschlachten mit der Polizei, an denen zeitweise 30000 Demonstranten teilnahmen.
42 Max Reinhardt gastierte mit seinem Ensemble 1909 bis 1911 im Münchner Künstlertheater; die Reinhardt-Schauspieler traf Mühsam nach den Vorstellungen in den Schwabinger Lokalen.
43 Die Berliner Aufführung fand im Zirkus Schumann statt.
44 Wilhelm Diegelmann (1861–1934), Schauspieler.
45 Frank Wedekind (1864–1918), neben G. Hauptmann bedeutendster deutscher Dramatiker der Zeit, bekannt auch für seine Bänkellieder.
46 Albert Steinrück, Schauspieler bei Max Reinhardt, ab 1912 Regisseur am Münchner Hoftheater.
47 Hans von Gumppenberg (1866–1928), Schriftsteller, Kabarettist und Redakteur, Mitglied der ›Elf Scharfrichter‹.
48 Hermann Sinsheimer (1884–1950), Schriftsteller, Redakteur bei ›Jugend‹, ›Simplicissimus‹, später beim ›Berliner Tageblatt‹.
49 ›Von der Ehe‹ in: ›Der Sozialist‹, Oktober 1910.
50 Frieda Gross, geb. Schloffer (1876–1950), vgl. Eintragungen vom 26. August 1910, 7. Juni 1911 und 13. September 1912.
51 Victor Hadwiger (1878–1911), frühexpressionistischer Prager Lyriker.
52 Die Tagebücher zwischen dem 6. Oktober 1910 und dem 6. Mai 1911 (drei Hefte) sind im Nachlaß nicht erhalten.

1911

1 Wiener Schauspielerin aus dem Freundeskreis um Karl Kraus, in dem Mühsam 1906 verkehrte.
2 Karl Schultze (1882–1916), Klavierspieler und Mitorganisator der Gruppe Tat.
3 Kathi Kobus, Wirtin des Simplicissimus.
4 ›Kain. Zeitschrift für Menschlichkeit‹, erschien monatlich von April 1911 bis Juli 1914, als »reines Revolutionsorgan« vierzehntäglich von Dezember 1918 bis April 1919. Alle Beiträge in den Vorkriegsausgaben waren von Mühsam verfaßt.
5 Ernst Moritz Engert (geb. 1892), Graphiker und Silhouettenschneider.
6 Die Kegelgesellschaft ›Unterströmung‹ im Keller der Torggelstube. Max Halbe (1865–1944), Dramatiker und Romancier mit guten Kontakten zum Theater, war eine Zentralfigur der Münchner Boheme seit 1895.
7 Gustav Waldau (1871–1958), Münchner Schauspieler.
8 Mia von Hagen, Münchner Schauspielerin.
9 Auch: Moggerl. Johanna Terwin, jugendliche Charakterdarstellerin am Münchner Residenztheater und im Reinhardt-Ensemble, Erfolge mit ›Lulu‹ und ›Nora‹, verh. mit Alexander Moissi.
10 Lina Woiwode, Schauspielerin.

11 Fritz Basil (1862–1938), Münchner Hofschauspieler.

12 Artur Kutscher (1878–1960), Prof. für Literatur- und Theaterwissenschaft in München, veranstaltete Seminare und Lesungen zur Gegenwartsliteratur.

13 Carl Rößler (1864–1948), österr. Schriftsteller und Lustspielautor.

14 Eröffnungsgedicht in der ersten Nummer des ›Kain‹, in dem Mühsam den biblischen Brudermord als Urform des anarchistischen Rebellentums darstellt.

15 Eliza Ichenhaeuser (geb. 1869), Berliner Schriftstellerin und Frauenrechtlerin.

16 Else Lasker-Schüler (»Tino von Bagdad«, 1876–1945), die bedeutendste Dichterin des Expressionismus.

17 Franz Pfemfert (1879–1954), Publizist und Verleger, Herausgeber der ›Aktion‹ 1911–1932, Förderer des Expressionismus, in den zwanziger Jahren linksradikale Positionen.

18 ›Die Aktion‹, April/Mai 1911. Alfred Kerr (1867–1948) Schriftsteller und einflußreicher Berliner Theaterkritiker bis 1933. Mühsams Beitrag zur Umfrage ist abgedruckt in Nr. 10, 27. April 1911.

19 Richard Dehmel (1863–1920), nachnaturalistischer Lyriker und Schriftsteller.

20 Rudolf Kurtz (1884–1960), Kritiker und Essayist des Expressionismus.

21 Max Oppenheimer (Mopp), geb. 1885 in Wien, Besuch der Akademien Wien und Prag, expressionistischer Zeichner.

22 Oskar Kokoschka (1886–1980), österr. Maler, Zeichner und Schriftsteller.

23 Ludwig »Lulu« Strauß, Rechtsanwalt.

24 Emil Meßthaler (1869–1927), Theaterdirektor in München, Förderer Wedekinds.

25 Drucker und Verleger des ›Kain‹ und anderer Veröffentlichungen Mühsams bis 1919.

26 Österr. Bergwerksbesitzer und Literaturmäzen; Bewunderer und Förderer Peter Altenbergs.

27 Wilhelm Michel, Publizist; Verfasser eines Buches über Max Oppenheimer (1911).

28 Karl Otten (1889–1963), expressionistischer Schriftsteller, Mitarbeiter der ›Aktion‹.

29 Jorma Selim, verh. Benatzky (1884–1929), Kabarettsängerin.

30 Herwarth Walden (1878–1941), Schriftsteller und Herausgeber der expressionist.-avantgardistischen Zeitschrift ›Der Sturm‹; war 1901 kurz mit Else Lasker-Schüler verheiratet.

31 Hans Bolz (1887–1918), expressionist. Maler und Zeichner, befreundet mit H. Walden.

32 Wilhelm Herzog (1884–1960), Dramatiker und Publizist, Herausgeber der Zeitschrift ›Pan‹ 1900–1911.

33 Albert Weisgerber (1878–1915), Vorläufer des Expressionismus in der Malerei.

34 Otto Gross (1877–1920) Dr. med., Privatdozent der Psychiatrie, 1908 Kokainentzug und Analyse bei C. G. Jung, zwischen 1905 und 1911 häufig in Ascona und München, im Kampf gegen die bürgerliche Sexualmoral mit

Mühsam verbunden; gemeinsame Projekte. 1913 in Berlin, als Anarchist ausgewiesen, vom Vater entmündigt und in eine Irrenanstalt verbracht. 1914 Kriegsteilnahme als Arzt; starb an den Folgen der Drogensucht.

35 Im März 1911 Selbstmord der an Psychose erkrankten Malerin Sophie Benz.

36 Ernst Frick (1881–1956), Schweizer Anarchist (bis 1913), Maler und Bildhauer. Ab 1907 mit Frieda Gross lebend (drei weitere Kinder).

37 Albert Reitze (1869–1933), in der Schweiz lebender Anarchist, tätig als Verbindungsmann und Vertreiber anarchistischer Zeitschriften (u. a. ›Kain‹).

38 Im Juni 1911 verschaffte sich Mühsam, auf den baldigen Tod des Vaters spekulierend, bei einem Berner Wucherer einen Kredit von 3000 Franken, um seine Zeitschrift finanzieren zu können. Bei Antritt der Erschaft 1915 waren Mühsams Schulden auf 15 000 Mark angewachsen.

39 Jenny Vallière, Münchner Hofschauspielerin.

40 Unleserlich.

41 Egon Friedell (1878–1938), Wiener Kulturhistoriker und Feuilletonist.

42 August Weigert (geb. 1877), Münchner Schauspieler.

43 In ›Kain‹ führte Mühsam einen hartnäckigen Kampf gegen die bayerische Zensur, die vor allem wegen ihrer Aufführungsverbote für die Stücke von Wedekind Ärgernis erregte. Der Zensurbeirat war ein Gutachtergremium der Zensurbehörde, dem vorübergehend auch Thomas Mann angehörte.

44 ›Totentanz. Drei Szenen‹, 1906, später unter dem Titel: ›Tod und Teufel‹.

45 Gertrud Eysoldt (1870–1955), Schauspielerin des Reinhardt-Ensembles.

46 Kolonialkrieg gegen das geschwächte Osmanenreich, der mit der italienischen Besetzung von Tripolis und 1912 mit dem Balkankrieg von seiten Österreichs fortgesetzt wurde.

47 Im Juli 1911 erhob Deutschland mit der Landung des Kanonenbootes ›Panther‹ im Hafen von Agadir Anspruch auf Teilhabe am französischen Kolonialbesitz in Marokko. Die Aggression (»Panthersprung«) war der Höhepunkt der Marokkokrise, die im November 1911 durch Verhandlungen beigelegt wurde.

48 Leopold Cohn, Onkel Mühsams mütterlicherseits, Mitverwalter der mütterlichen Erbschaft, vermittelte häufig im Konflikt mit dem Vater.

49 Albert Kanders (geb. 1854), Journalist und Musiker.

50 Karl Wolfskehl (1869–1948), Schriftsteller aus dem Stefan-George-Kreis.

51 Franz Baader (1765–1841), Bergrat, katholischer Philosoph, Gesellschaftstheoretiker und Mystiker.

52 Johann Wilhelm Ritter (1776–1810), Physiker und mystischer Naturphilosoph.

53 Als Gegenströmung zum naturwissenschaftlichen Positivismus und zum Marxismus war die Mystik um die Jahrhundertwende eine geistige Mode, die in Bohemekreisen mit parodistischem Ernst zelebriert wurde. Beliebt war das Sammeln von Büchern vergessener und abseitiger Theoretiker. Zugleich bildete die Mystik das religiöse Fundament des intellektuellen Anarchismus, der vor allem von Landauer an Mühsam vermittelt wurde.

54 Jakob Burckhardt (1818–1897), schweiz. Kultur- und Kunsthistoriker.

›Cicerone. Eine Anleitung zum Genuß der Kunstwerke Italiens‹ erschien 1855.

55 Benedict Friedlaender (1866–1908), Zoologe, aktiv in der Bewegung der »Jungen« (anarchistische Abspaltung von der Sozialdemokratie ab 1890) und in der Emanzipationsbewegung der Homosexuellen. Tätig auch als Mäzen und Reiseschriftsteller.

56 Fritz Brupbacher (1874–1945), schweiz. Arzt; einflußreicher Vertreter des Anarchosyndikalismus in der Schweizer Sozialdemokratie.

57 Raphael Friedeberg, Arzt; bis 1904 linker Sozialdemokrat, danach Anarchosyndikalist in Ascona, gest. 1940.

58 ›Kain-Kalender für das Jahr 1912‹, Kain-Verlag München. Enthält neben den 12 Vierzeilern Gedichte, Prosa und Aufsätze.

59 Maximilian Harden (1861–1927), konservativer Publizist (›Die Zukunft‹) mit Sympathien für den ethischen Sozialismus; veröffentlichte Gedichte und Aufsätze von Mühsam.

60 Consuela Diethmann.

61 Brantl, Maximilian, Freund Heinrich Manns.

62 Münchner Satireblatt 1911–12. Mühsam beteiligte sich an der Finanzierung, weil er sich feste Einkünfte davon versprach, verlor aber seinen Einsatz.

63 ›Komet‹ und ›Thekla‹ in: ›Wüste – Krater – Wolken‹.

64 Rudolf Grossmann (1882–1942), Ps. Pierre Ramus; österr. Anarchist mit großem publizistischen Einfluß, in der anarchistischen Bewegung als Intrigant verschrien.

65 Hermann Bahr (1863–1934), österreichischer Schriftsteller.

66 Mühsam verdarb sich die Freundschaft mit Kraus (1905/06), nachdem er in einer öffentlichen Kontroverse um Maximilian Harden dessen Partei ergriffen hatte. Ausführlich in: ›Unpolitische Erinnerungen‹ und ›Die Jagd auf Harden‹, Berlin 1908.

67 Kurt Mühsam (1882–1931), Dramaturg, Mitbegründer des Berliner Hebbeltheaters. ›Der Sonnenbursch‹, 1911.

68 Paul Scheerbart (1863–1915), skurril-phantastischer Erzähler; befreundet mit Mühsam. Ausführlich in: ›Unpolitische Erinnerungen‹.

69 Rolf von Hoerschelmann (1885–1947), Zeichner (›Simplicissimus‹) und Buchillustrator.

70 Paul Cassirer (1871–1926), Berliner Verleger und Kunsthändler, veröffentlichte 1914 Mühsams Gedichtband ›Wüste – Krater – Wolken‹.

71 Philipp Eulenburg, Graf zu (1847–1921), Diplomat und Vertrauter Wilhelms II. Harden hatte 1904 in einer Polemik auf homosexuelle Beziehungen unter den Mitgliedern der preußischen »Hofkamarilla« hingedeutet und damit einen Gesellschaftsskandal ausgelöst.

72 Paul Mühsam (1876–1960), Jurist und Schriftsteller, ein Vetter Mühsams.

73 Ella Barth (Braunschweig), mit der Mühsam in jener Zeit Heiratsabsichten verband.

74 Villany-Affäre: nicht zu ermitteln.

75 Oswald Krobshofer, Prager Maler und Anarchist.

76 Sozialdemokratische Tageszeitung, mit der Mühsam ständig auf Kriegsfuß stand.

77 Mary Irber (geb. 1884), Schauspielerin.

78 Charlotte Landau, geb. Mühsam (1881–1972), Schwester Mühsams.

79 Margarete Beutler (1876–1949), nachnaturalistische Lyrikerin und Erzähle-
rin; Mühsam lernte sie in der Neuen Gemeinschaft kennen (1901–04).

80 Friedrich Freksa (1882–1955), Romancier und Dramatiker, verheiratet mit
Margarete Beutler.

81 Julius Schaumberger (1858–1924), Münchner Schriftsteller aus dem Wedekind-Kreis.

82 Ludwig Scharf (1884–1939), Dichter und Kabarettist (›Elf Scharfrichter‹).

83 Die Ziele des Sozialistischen Bundes waren in einer Satzung niedergelegt
und entsprachen den anarchistischen Auffassungen Landauers: Ausgliederung aus der bürgerlichen Gesellschaft in Siedlungen, in denen freiheitliche
Lebensformen entfaltet werden sollten, um dann »auf Wegen, die die Geschichte anweist« den Sozialismus aufzubauen. Mühsam war allenfalls ein
skeptischer Anhänger der Siedlungtheorie und setzte auf die Revolte der
(sub)proletarischen Massen und deren Bündnis mit der künstlerischen Intelligenz.

84 Michail Alexandrowitsch Bakunin (1814–1876), russischer Revolutionär;
seine »Philosophie der Tat« bildet die Grundlage des kommunistischen
Anarchismus.

85 Gustav Meyrink (1868–1932), österr. Romancier (›Der Golem‹), lebte in
München und war häufiger Gast im Café Stefanie.

86 Der erste Teil der ›Bekenntnisse des Hochstaplers Felix Krull‹ erschien
1911.

87 Herausgegeben von Maximilian Harden, der eine Protestnote gegen Mühsams Boykott durch die Presse veröffentlichte. Neben Thomas Mann unter-
zeichneten Heinrich Mann, Frank Wedekind und Hermann Bahr.

88 Bekannt geworden unter dem Namen Klabund (1890–1928), Lyriker, Dramatiker, Romancier; Lieder fürs Kabarett.

89 Eduard von Keyserling (1855–1918), baltischer Erzähler, ab 1899 in München lebend (Wedekind-Kreis).

90 Lew Tolstoi (1828–1910); auf seine Philosophie der Gewaltlosigkeit berief
sich Landauers Konzept der friedlichen Ausgliederung (Siedlungstheorie).
Mühsams Temperament neigte jedoch dem Aktionismus zu: Rebellion statt
Rückzug.

91 Leonid N. Andrejew (1871–1919), russischer Erzähler und Dramatiker.

92 Obwohl Mühsam für sich selbst jede Form der Gewaltausübung ablehnte,
war er stets fasziniert von Attentaten – sofern ihnen ein geläuterter, wohl-
fundierter Haß zugrunde lag.

93 Vorschuß auf die Veröffentlichung des Theaterstücks ›Glaube, Liebe, Hoffnung‹, entstanden 1911. Es wurde jedoch nicht gedruckt und ist (bis auf den
2. Akt in: ›Kain-Kalender 1912‹) verschollen.

94 Henri Bing (geb. 1888), franz. Maler und Karikaturist; zeichnete für den
›Simplicissimus‹.

95 Ella Barth.

1 Anspielung auf den Dichter Max Bouterweck in Wedekinds Komödie ›Oaha‹ (1908). Wedekind war Mitherausgeber des ›Komet‹.

2 Wurzen – schnorren, anpumpen.

3 Onkel Leopold Cohn.

4 Rosalie Weiss, Schwester des Vaters, verheiratet mit Marcus Weiss, Rabbiner in Graz.

5 Franz Jung (1888–1963), Schriftsteller; nach expressionistischen Anfängen Wegbereiter einer linken Avantgardeliteratur, damals verheiratet mit Margot Jung.

6 Filippo Tommaso Marinetti (1876–1944), italienischer Schriftsteller und Hauptvertreter des Futurismus; ›Technisches Manifest der futuristischen Literatur‹ in: ›Der Sturm‹ 1912, S. 194f.

7 Friedrich Huch (1873–1913), nachnaturalistischer Erzähler, Vetter von Ricarda Huch.

8 Franz Dülberg (1873–1934), Schriftsteller und Übersetzer.

9 Bernhard von Jacobi (1880–1914), Münchner Hofschauspieler.

10 Untergang der Titanic am 14. April 1912; Glosse in ›Kain‹, Mai 1912.

11 Thomas Mann war 1912 für kurze Zeit dem Münchner Zensurbeirat beigetreten, um auf die kunstfeindliche Zensurtätigkeit der bayerischen Polizei einwirken zu können.

12 Münchner Theaterverein, der gegründet wurde, um die Aufführung verbotener Theaterstücke in geschlossener Vorstellung zu ermöglichen.

13 Jacob van Hoddis (1887–1942), expressionistischer Lyriker; berühmt wurde sein Gedicht ›Weltende‹ (ersch. 1911).

14 Jenny Brünn (1892–1928), studierte Nationalökonomie. Die Heirat mit Mühsam scheiterte am Einspruch ihrer Eltern.

15 Pjotr A. Kropotkin (1842–1921), russ. Geograph, Theoretiker des kommunistischen Anarchismus. Sein Hauptwerk ›Gegenseitige Hilfe in der Menschen- und Tierwelt‹ entwarf die Utopie eines klassen- und staatenlosen – und folglich friedlichen – Gemeinwesens. Vgl. Eintragung vom 7. April 1922.

16 Anarchistische Gewerkschaftsbewegung, die auf Proudhon zurückgeht und in Deutschland erst Anfang der zwanziger Jahre vorübergehend an Bedeutung gewann. Die Revolution sollte in »direkter Aktion« (ohne politische Ideologie) erfolgen und den Staat durch die föderalistische Selbstverwaltung der Produzenten ersetzen. Mühsam kritisierte am Syndikalismus das »Abwarten« und versuchte »Sehnsucht, Leidenschaft, Empörung« zu entfachen.

17 Ludwig Thoma (1867–1921), bayerischer Erzähler, Dramatiker, Lyriker. Mitarbeit bei ›Jugend‹ und ›Simplicissimus‹.

18 Lion Feuchtwanger (1884–1958), Schriftsteller; häufig zu Gast in der Torggelstube.

19 Berthold Körting (gest. 1930), Münchner Maler.

20 Olaf Gulbransson (geb. 1873), norwegischer Zeichner, Mitarbeiter des ›Simplicissimus‹ und Kunstprofessor in München.

21 Thomas Theodor Heine (1867–1948), Zeichner und Illustrator, langjähriger Mitarbeiter und Mitherausgeber des ›Simplicissimus‹.

22 Vgl. Eintragung vom 3. 10. 1910.

23 In: ›Kain-Kalender 1913‹

24 Wanderarbeiter, Landstreicher.

25 Mühsam hatte sich wiederholt mit dem Vorwurf auseinanderzusetzen, er ermutige die »Kunden« zum Begehen von Straftaten.

26 Sturz des chinesischen Kaisers in der Xinhai-Revolution 1911.

27 Der getreue Eckart in der deutschen Heldensage, dessen Warnungen nicht gehört werden.

28 Balkankrieg bis 30. Mai 1913: Die Balkanländer befreiten sich von der türkischen Herrschaft. Mühsam stellte sich auf die Seite der Türken, weil er in der Türkei ein Bollwerk gegen die Ausbreitung des Imperialismus sah.

29 Leopold Graf von Berchtold (1863–1942), österreichischer Außenminister 1912–15.

30 Unter Bismarcks Vorsitz wurden die Interessensphären der europäischen Großmächte auf dem Balkan neu geregelt.

31 Die Konflikte in der Gruppe Tat waren ein Resultat der Versuche Mühsams, Subproletariat und Boheme zu einer anarchistischen Plattform zu vereinen. Sein Konzept und sein Führungsanspruch wurden von den intellektuellen Teilnehmern in Frage gestellt, was auch die charismatische Wirkung seiner Agitation untergrub. Die Gruppe Tat (und der Sozialistische Bund, dem sie angehörte) zerfiel 1913.

32 ›Wüste‹, Mühsams erster Gedichtband, Berlin 1904.

33 Heinrich Bachmair, Münchner Verleger expressionistischer Literatur, 1913/14 Herausgeber der Zeitschrift ›Neue Kunst‹.

34 Johannes R. Becher (1891–1958), expressionistischer Lyriker, ab 1919 Mitglied der KPD und Repräsentant der proletarisch-revolutionären Literatur, 1954–58 Kulturminister der DDR.

35 Zwischen dem 22. November 1912 und dem 2. August 1914 hat Mühsam kein Tagebuch geführt.

1914

1 Hans Bötticher, Ps. Joachim Ringelnatz (1883–1934), Lyriker und Kabarettdichter, auch Erzähler und Maler; vormals Matrose.

2 Jean Jaurès (1859–1914), französischer Sozialistenführer; trat vor Ausbruch des Krieges für die Verständigung mit Deutschland ein.

3 Bernhard Köhler (1882–1939), Münchner Bohemien aus Graz, ab 1919 aktiver Nationalsozialist.

4 Carl Georg von Maaßen (1880–1940), vermögender Büchersammler, Herausgeber bibliophiler Drucke; langjährige Freundschaft mit Mühsam.

5 Pressemitteilung und Flugblatt, worin Mühsam mitteilt, daß er sich der Kriegszensur nicht beugen werde und daher ›Kain‹ für die Dauer des Krieges einstelle (vgl. Eintragung vom 24. August 1914).

6 Falschmeldung. Es kam lediglich zu Schießereien an der ostpreußisch-russischen Grenze in der Nähe von Eydtkuhnen. Der Krieg an der Ostfront

begann erst am 19. August. Auf die von der Presse verbreitete Propaganda-behauptung, Deutschland sei zuerst angegriffen worden und müsse sich daher verteidigen, stützte sich auch Mühsams Bewertung der Ereignisse bis etwa zum Jahresende 1914.

7 Max Nonnenbruch (1857–1922), Münchner Maler.

8 Kreszentia Mühsam, geb. Elfinger (1884–1962), lebte mit dem Bildhauer Engler, ab 1915 mit Mühsam verheiratet. Emigrierte 1934 nach Prag, 1936 nach Moskau; verbrachte ca. 18 Jahre in Internierungs- und Straflagern, 1956 Rückkehr nach Ostberlin.

9 Beiname des habsburgischen Kronprinzen Franz-Ferdinand. Seine Ermordung durch serbische Anarchisten in Sarajevo löste den Ersten Weltkrieg aus.

10 Hugo Haase (1863–1919), sozialdemokratischer Politiker, Mitbegründer der USPD.

11 Stefan George (1868–1933), Dichter. Pflegte einen mystisch-aristokratischen Kult, umgab sich mit »Schülern« (u.a. Wolfskehl) und galt als bedeutendster Repräsentant elitärer Dichtung.

12 ›Wüste – Krater – Wolken‹, Berlin 1914.

13 Die Gegenwehr der Bevölkerung beim Einmarsch der deutschen Truppen in Belgien wurde von der Presse zur Greuelpropaganda benutzt.

14 Georg Hirth (1841–1916), Münchner Verleger; Herausgeber der ›Jugend‹.

15 Heigel: nicht zu ermitteln.

16 Pius X. (1835–1914), Papst ab 1903.

17 Presse-Ausschnittdienst.

18 Der fragliche Abschnitt lautete: »Vorerst ruhe im Lande aller Zwist. Das Grundsätzliche meiner Überzeugungen wird durch die gegenwärtigen Ereignisse nicht berührt. Aber ich weiß mich mit allen Deutschen einig in dem Wunsche, daß es gelingen werde, die fremden Horden von unseren Kindern und Frauen, von unseren Städten und Äckern fernzuhalten.« Auf diese Sätze stützt sich der von Franz Pfemfert (in: ›Die Aktion‹) und vielen anderen erhobene Vorwurf, Mühsam sei bei Kriegsbeginn Chauvinist gewesen. Das Tagebuch belegt, daß Mühsam den Chauvinismus verabscheute, jedoch in seinen Grundüberzeugungen wankte und aus einem (allerdings fehlgeleiteten) Gerechtigkeitsgefühl Partei für die deutsche Seite ergriff.

19 Neben Eingaben, Aktionen und Klagen vor Gericht zahlreiche Aufsätze in ›Kain‹.

20 Oscar »Jodocus« Schmitz (1873–1931), konservativer Schriftsteller aus dem George-Kreis.

21 Im August 1914 heiratete Heinrich Mann die Prager Schauspielerin Maria (Mimi) Kahn (Scheidung 1930).

22 Walter Bloem (1868–1951), nationalistischer Schriftsteller; Vorsitz des nazifizierten Schriftstellerverbands 1933.

23 Von Stieler (gest. 1922), Professor an der Kunstakademie München.

24 Karl Hans Strobl (1877–1946), österr. Heimatschriftsteller.

25 Konstantin Ssomow (geb. 1869), russ. Maler des Jugendstils, Mitarbeiter der ›Jugend‹.

26 Ludwig Quidde (1858–1941), Historiker; ab 1900 führend in der deutschen

Friedensbewegung, 1907–1918 Mitglied es bayerischen Landtags, Vorsitzender der Deutschen Friedensgesellschaft 1914–1929, Friedensnobelpreis 1927.

27 Alfred Hermann Fried (1864–1921), österr. Schriftsteller und Pazifist, Herausgeber der ›Friedenswarte‹.

28 Otto Umfrid (geb. 1857), pazifistischer Schriftsteller und Publizist.

29 Alfons Goldschmidt (1879–1940), Nationalökonom, Schriftsteller, linker Journalist.

30 Joachim Friedenthal (geb. 1877), Journalist und Schriftsteller, befreundet mit Wedekind.

31 Karl von Levetzow, Dramatiker; weiteres nicht zu ermitteln.

32 Im Oktober 1914 begann der U-Boot-Krieg mit der Versenkung des englischen Kreuzers Hawke durch U9.

33 Walter Fred (1879–1922), Journalist, Kassenwart des Schutzverbands Deutscher Schriftsteller.

34 Wahrscheinlich nicht veröffentlicht.

35 Richard Haldane (1856–1928), britischer Kriegsminister 1905–1912.

36 Hans Leybold (1892–1914), expressionistischer Lyriker und Publizist, befreundet mit Hugo Ball; Herausgeber der literarischen Zeitschrift ›Revolution‹ (1913).

37 Propagandabezeichnung für den bewaffneten Widerstand der belgischen Bevölkerung bei Kriegsbeginn.

38 Bertha von Suttner (1843–1914), österr. Schriftstellerin und Pazifistin (›Die Waffen nieder!‹ 1889).

39 Richard Elchinger, Theaterkritiker der ›Münchner Neuesten Nachrichten‹.

40 Schlacht bei Tannenberg 23. bis 31. August 1914; Sieg der 8. Armee unter Hindenburg und Ludendorff.

41 Paul Wiegler (1878–1949), Schriftsteller und Publizist.

42 Zentrale These im seinerzeit einflußreichen Buch ›Geschlecht und Charakter‹ (1903) des österreichischen Philosophen Otto Weininger.

43 Romain Rolland (1866–1944), französischer Schriftsteller und Kunstwissenschaftler, ab 1914 in der Schweiz lebend, rief eine internationale Friedensbewegung ins Leben.

44 Jean Richepin (geb. 1849), französischer Schriftsteller.

45 Emile Verhaeren (1855–1916), belgischer Dichter; beschrieb den deutschen Überfall auf Belgien.

46 Maurice Maeterlinck (1862–1949), belgischer Schriftsteller, in Frankreich lebend.

47 Nicht erschienen.

48 Karl Liebknecht (1871–1919), seit 1912 sozialdemokratischer Reichstagsabgeordneter, setzte sich mit seiner Weigerung, der Bewilligung von Kriegskrediten zuzustimmen, in offenen Gegensatz auch zur Politik seiner Partei, die mit den bürgerlichen Parteien einen Burgfrieden geschlossen hatte. Das Nein Liebknechts markierte den Beginn der Antikriegsbewegung in Deutschland und der Spaltung der SPD in eine staatstreue (MSP), eine pazifistische (USPD) und eine revolutionäre Partei. 1918/19 Mitbegründer der KPD und zusammen mit R. Luxemburg ihr Vorsitzender.

49 Liebknecht behielt sein Mandat, wurde aber im Februar 1915 als Armierungssoldat eingezogen.

50 Deutsch-Französischer Krieg 1870/71, der mit der militärischen Niederlage Frankreichs, der Annexion von Elsaß-Lothringen und der Krönung des preußischen Königs Wilhelm I. zum deutschen Kaiser in Versailles endete.

1915

1 Ludwig Engler (geb. 1875), Bildhauer.

2 Siegfried Elfinger (1902–1969), vgl. Einträge 14. Mai und 22. November 1915. Lebte ab 1915 im Haushalt der Mühsams. Wurde Maler; emigrierte Anfang der fünfziger Jahre in die USA.

3 Möglicherweise identisch mit dem General v. d. Tann beim bayerischen Generalkommando, der 1918 Mühsams Verbannung nach Traunstein verfügte.

4 Die belgische Stadt Leuwen wurde im August 1914 in einer Vergeltungsaktion der deutschen Truppen in Brand gesetzt und dabei schwer zerstört. Besonders die Vernichtung der mittelalterlichen Universitätsbibliothek erregte weltweite Empörung.

5 Karl Henckell (1864–1929), sozialistischer Dichter des 19. Jhs. (›Trutznachtigall‹, 1891). Wandte sich später der Naturdichtung zu.

6 Wolfgang Heine (1861–1944), SPD-Politiker des rechten Flügels, Reichstagsabgeordneter 1898–1920, preußischer Innenminister 1919/20.

7 Ludwig Engler.

8 Mühsam wurde wegen der schweren Erkrankung seines Vaters nach Lübeck gerufen, aber nicht von ihm empfangen.

9 Otto Anthes (1867–1954), Lübecker Schriftsteller.

10 Lübecker Gymnasium, aus dem Mühsam 1996 entfernt wurde, weil er im ›Lübecker Volksboten‹ eine patriotische Rede des Direktors glossiert hatte. Schüler des Katharineums waren auch Franziska zu Reventlow, die Brüder Mann und Gustav Radbruch.

11 Walther Ziersch (1874–1943), Schriftsteller, Mitglied der Halbeschen Kegelgesellschaft ›Unterströmung‹.

12 Max Langheinrich (1869–1924), Mitglied der ›Elf Scharfrichter‹, befreundet mit Wedekind.

13 Versenkung des englischen Passagierschiffs Lusitania am 7. Mai 1915 durch ein deutsches U-Boot.

14 Hugo Ball (1886–1927), Schriftsteller. Nach anfänglicher Hinneigung zum Anarchismus Dramaturg bei Max Reinhardt, 1913/14 Mitarbeiter der ›Aktion‹; emigrierte 1915 mit Emmy Hennings in die Schweiz, gründete 1916 das Cabaret Voltaire in Zürich, das die Dada-Bewegung einleitete.

15 1866 Schlacht bei Königgrätz, an der Mühsams Vater auf preußischer Seite teilgenommen hatte.

16 Carlebach, Rabbiner in Lübeck.

17 Vgl. Eintragung 15. Juli 1911.

18 Mühsam trat 1926 aus dem Judentum aus.

19 Hedwig Landauer, geb. Lachmann (1868–1918), Dichterin.

20 Heinrich Ströbel (1869–1944), 1900–1916 Redakteur des ›Vorwärts‹, ab 1917 USPD.

21 René Schickele (1883–1940), expressionistischer Schriftsteller aus dem Elsaß, Herausgeber der ›Weißen Blätter‹ (1914–1920).

22 Karl Helfferich (1872–1924), Wirtschaftspolitiker, als Leiter des Reichsschatzamts ab 1915 verantwortlich für die Finanzierung des Krieges.

23 Eduard David (1863–1930), sozialdemokratischer Politiker des rechten Flügels.

24 Peter Hille (1854–1904), vagabundierender Dichter und Bohemien, eines der Vorbilder des jungen Mühsam.

25 Der gemeinsame Versuch (Berlin 1903) wird in ›Unpolitische Erinnerungen‹ geschildert.

26 Anna Scheerbart.

27 Eduard Bernstein (1850–1932), sozialdemokratischer Politiker und Publizist, leitete in den neunziger Jahren den Revisionismus ein, schloß sich 1916 dem pazifistischen Flügel an und wurde Mitglied der USPD.

1916

1 Edward Grey (1862–1933), britischer Außenminister ab 1905–16, baute nach dem Scheitern seines Versuchs, den Krieg mit diplomatischen Mitteln zu verhindern, das Bündnis mit Frankreich und Rußland aus (Entente) und befürwortete den Kriegseintritt Großbritanniens.

2 Raymond Poincaré (1860–1934), französischer Staatspräsident 1913–1920.

3 Alexander Iswolski (1856–1919), russischer Außenminister 1906–10; als Botschafter in Paris 1910–17 betrieb er das russische Bündnis mit Frankreich gegen Deutschland.

4 Alfred Tirpitz (1849–1930), als Marineoffizier (1911 Großadmiral) einflußreichster Politiker neben dem Reichskanzler; baute die Kriegsflotte aus und betrieb eine aggressive Kolonialpolitik. 1916 durch Hindenburg abgelöst. 1924/25 Mitglied des Reichstags.

5 Stephan Graf von Burian (1851–1922), österreichischer Außenminister 1915/16.

6 Enver Pascha (1881–1922), türkischer General und Politiker, trat an der Seite Deutschlands in den Ersten Weltkrieg ein.

7 Ernst von Aster (1880–1948), Professor der Philosophie in München.

8 Möglicherweise Aloys Fischer (geb. 1880), Professor der Philosophie und Pädagogik in München.

9 Heinrich Wölfflin (1864–1945), Professor der Kunstwissenschaft in München 1912–1924.

10 Lujo Brentano (1844–1931), Professor der Nationalökonomie in München.

11 Edgar Jaffé (1866–1921), Professor der Nationalökonomie in München,

Caféhausbekanntschaft Mühsams. 1918/19 bayerischer Finanzminister (USPD) der Regierung Eisner.

12 Kurt Eisner (1867–1919), Schriftsteller und Journalist, Führer der Münchner USPD, leitete ab 1917 einen pazifistischen Gesprächskreis, aus dem Mühsam wegen seines Eintretens für die Revolution verwiesen wurde.

13 Philipp Scheidemann (1865–1939), Fraktionsvorsitzender der SPD im Reichstag, Exponent des rechten Flügels.

14 Otto Rühle (1874–1943), Pädagoge und Publizist, sozialdemokratischer Reichstagsabgeordneter des linken Flügels, Mitbegründer der KPD, 1919 Ausschluß, danach in linksradikalen und unionistischen Organisationen tätig (vgl. Eintragung vom 24. März 1920).

15 OHL – Oberste Heeresleitung.

16 Ernst Müller (-Meiningen, 1866–1944), als Mitglied der Freisinnigen (Fortschrittliche Volkspartei) im Reichstag (1898–1918) und im bayerischen Landtag (1904–1924). 1919/20 bayerischer Justizminister.

17 Rosa Luxemburg (1870–1919), führende linke Sozialdemokratin, Mitbegründerin des Spartakusbundes und der KPD, im Januar 1919 ermordet.

18 Gerlach, sozialdemokratischer Abgeordneter.

19 Franz Mehring (1846–1919), sozialdemokratischer Publizist und Literaturwissenschaftler, Mitbegründer der USPD, Mitglied des Spartakusbundes.

20 Flugschriften der linken Sozialdemokraten (Gruppe Internationale, dann Spartakus-Gruppe) ab Januar 1916, verfaßt u. a. von K. Liebknecht und R. Luxemburg.

21 Julian Borchardt (1868–1932), linker Sozialdemokrat, Herausgeber der Zeitschrift ›Lichtstrahlen‹, 1918/19 Mitglied der linksradikalen Internationalen Kommunisten Deutschlands, Bremen.

22 Alldeutscher Verband: 1891 gegründete Organisation zur Propagierung einer nationalistischen Eroberungspolitik.

23 Die öffentliche Erörterung der deutschen Kriegsziele (Annexionen, politische Vorherrschaft in Europa, Erweiterung des Kolonialbesitzes) wurde im Dezember 1914 verboten (bis November 1916).

24 Am 1. Mai 1916; nach anderen Quellen mehrere tausend Teilnehmer. Liebknecht wurde verhaftet und im Juni 1916 zu zweieinhalb Jahren Zuchthaus verurteilt. Es folgten Demonstrationen und Proteststreiks in mehreren Städten Deutschlands am 27./28. Juni 1916.

25 ›Ein mutiges Bekenntnis‹, abgedruckt am 8. Juni 1916 in der Zeitung der Bremer Linksradikalen.

26 Zweiteiliges Drama von August Strindberg (1898, dt. 1912).

27 Mit der Ernennung Hindenburgs zum Chef des Generalstabes Ende August 1916 und dem Eintritt von führenden Industriellen in die Militärbehörden tritt das ›Hindenburgprogramm‹ in Kraft, das mit wirtschaftlichen Zwangsmaßnahmen auf einen totalen Krieg hinsteuert.

28 Emil Kirdorf (geb. 1847), Großunternehmer der Montanindustrie in Ruhrgebiet, Saarland und Elsaß-Lothringen.

29 Körting & Co., Rüstungsindustrielle.

30 Ernst Bassermann (1854–1917), nationalliberaler Parteiführer.

31 Gustav Stresemann (1878–1929), nationalliberaler Politiker.

32 Friedrich Adler (1879–1960), linker österr. Sozialist mit Kontakten zu russischen Sozialrevolutionären. Wurde zum Tode verurteilt und nach der Revolution 1918 amnestiert.

33 Karl Graf von Stürgkh (1859–1916), österr. Ministerpräsident des Beamtenkabinetts; verhinderte die Wiedereinsetzung des Parlaments.

34 Viktor Adler (1852–1918), Begründer der österreichischen Sozialdemokratie.

35 Drei Tagebuchhefte – zwischen Oktober 1916 und April 1919 – sind verschollen.

1919

1 Wegen zunehmender Unruhen in München (Januarstreik 1918) wird Mühsam nach Traunstein verbannt und unter militärische Aufsicht gestellt. Am 3. November 1918, kurz vor Ausbruch der Novemberrevolution, kehrt er illegal nach München zurück und propagiert das Rätesystem nach russischem Vorbild. Der am 7. November gegründete Arbeiter- und Soldatenrat unter Leitung von Kurt Eisner (USPD) übernimmt die Führung in Bayern und ruft die Republik aus. Als Eisner eine parlamentarische Demokratie anstrebt (Ankündigung von Wahlen), stößt er auf den Widerstand der radikalisierten Arbeiter und Soldaten, die eine proletarische Räteregierung nach dem von Mühsam unterstützten Programm des Spartakusbundes fordern. Eisners Versuch am 10. Januar 1919, die radikalen Wortführer zu verhaften, wird durch Massenproteste vereitelt; Eisner verliert seinen Rückhalt in der Bevölkerung. Mühsam setzt zusammen mit Max Levien (KPD) die Agitation für das Rätesystem fort. Am 21. Februar, kurz vor seinem Rücktritt zugunsten einer SPD-Regierung, wird Eisner von dem monarchistischen Offizier Arco-Valley erschossen. In die nachfolgende Sitzung des Landtags dringt Alois Lindner ein; er schießt auf den rechtsgerichteten Sozialdemokraten Erhard Auer, weil er ihn für den Drahtzieher des Eisner-Mordes hält. Ein Zentralrat aus Vertretern der Arbeiter-, Bauern- und Soldatenräte Bayerns tritt die Nachfolge des Landtags an; Mühsams Antrag, die Räterepublik auszurufen, wird vom Zentralrat am 28. Februar mit 234 gegen 70 Stimmen abgelehnt. Am 8. März beschließt der Zentralrat die Wiedereinsetzung des Landtages (SPD-USPD-Koalition unter J. Hoffmann). Doch die Popularität des Rätesystems läßt die Regierung um ihren Rückhalt bei der Bevölkerung fürchten, und sie überläßt dem Zentralrat (am 6. April) die Bildung einer Räteregierung unter (scheinbarer) Mitwirkung von SPD-Politikern, um den Noske-Truppen einen Vorwand für militärisches Eingreifen zu schaffen. Eugen Leviné (KPD) durchschaut die Intrige des SPD-Militärministers Schneppenhorst und lehnt die Mitarbeit der Kommunisten ab. Mühsam und Landauer stimmen jedoch, um die Gunst der Stunde zu nutzen, mit den Vertretern der SPD und USPD für die Räterepublik, nachdem sie Programmforderungen der KPD durchgesetzt haben. Der Landtag verlegt seinen Sitz nach Bamberg. Die erste Räterepu-

blik erweist sich schnell als handlungsunfähig. Mühsam versucht »hinter den Kulissen«, die Volksbeauftragten zu revolutionären Maßnahmen zu treiben. In der Nacht zum 13. April werden er und einige andere Aktivisten bei einem Putschversuch der »Republikanischen Schutztruppe« (einer militärischen Formation der SPD-Regierung unter dem Kommandanten Aschenbrenner) verhaftet und nach Ebrach verschleppt. Der Putsch bringt zwar die Räteregierung zu Fall, löst aber Gegenwehr und Massendemonstrationen aus, die die Einsetzung einer neuen Räteregierung unter führender Beteiligung der Kommunisten zur Folge haben. München ist bereits weitgehend militärisch eingekreist. Leviné glaubte nach eigenem Bekunden nicht an einen Sieg, nur an die ehrenvolle Verteidigung der Räteidee. – Die bewaffnete Verteidigung Münchens (u. a. geleitet vom pazifistischen Schriftsteller Ernst Toller) stellte für die weißen Truppen kein ernst zu nehmendes Hindernis dar. Am 1. Mai begann die Treibjagd auf die Spartakisten, der Hunderte von Verteidigern und Unbeteiligten zum Opfer fielen. Geschürt wurde die Mordlust der weißen Truppen von der Nachricht, daß Rotarmisten kurz vor der Niederlage zehn Geiseln erschossen hatten. Alle, die mit dieser Tat in Verbindung gebracht werden konnten, wurden »auf der Flucht« erschossen, hingerichtet bzw. zu langjährigen Zuchthausstrafen verurteilt. – Ausführlich beschrieb Mühsam 1919 seinen Anteil an den Geschehnissen in: ›Von Eisner bis Leviné‹, Berlin 1929.

2 Von der Pfordten (gest. 1923), Überwachungsoffizier in Traunstein, bei dem Mühsam alle drei Stunden vorstellig werden mußte. 1923 Teilnehmer des Hitler-Putsches.

3 Josef Sontheimer (geb. 1876), Kaufmann, Anarchist; am 4. Mai 1919 von weißen Truppen erschossen.

4 Arno Holz (1863–1929), Schriftsteller; Zentralfigur der naturalistischen Bewegung 1890.

5 Ludwig Streit (1884–1938), Schiftsteller.

6 Sack, Paula (1892–1974), Witwe des 1916 gefallenen Expressionisten Gustav Sack.

7 Amtssitz Kurt Eisners.

8 Mila Deutsch, Freundin Mühsams seit Januar 1919.

9 Max Levien (geb. 1885 in Moskau), 1905 Emigration in die Schweiz, Bekanntschaft mit Lenin. Studium der Naturwissenschaften (Promotion), deutsche Staatsbürgerschaft. 1914–18 Soldat. Mitbegründer und Funktionär der Münchner KPD; floh nach Wien. Nach Rußland abgeschoben, 1936 vermutlich erschossen.

10 Eugen Leviné(-Nissen, geb. 1883 in Petersburg), ab 1904 russischer Sozialrevolutionär, Mitglied der SPD ab 1913; ab März 1919 in München als KPD-Funktionär und Redakteur der ›Roten Fahne‹. Führer der 2. Räterepublik; am 5. Juni 1919 hingerichtet.

11 Die bayerische Landesregierung unter Johannes Hoffmann (MSPD).

12 Ernst Toller (geb. 1893), Dramatiker und Lyriker; als USPD-Mitglied und Vorsitzender des Zentralrats führend an der Gründung der Räterepublik beteiligt; Kommandeur der Roten Armee bei Dachau. Zu fünf Jahren Festungshaft verurteilt. 1939 Freitod im New Yorker Exil.

13 Christian Roth (1873–1934), Staatsanwalt. Rechtsradikaler Justizminister der Kahr-Regierung 1920/21, zuständig auch für die Zensur der Festungshäftlinge. Gab im Landtag und in der Presse Erkenntnisse und Zitate aus Mühsams Tagebüchern preis.

14 Am 1. Mai ist München bereits eingeschlossen und teilweise besetzt.

15 Johannes Hoffmann (1867–1930), bayerischer Mehrheitssozialist, 1919 bis 1920 Ministerpräsident.

16 Erich Ludendorff (1865–1937), Generalstabschef im Ersten Weltkrieg, 1920 Teilnehmer am Kapp-Putsch, 1923 am Hitler-Putsch, 1924–28 Reichstagsabgeordneter der NSDAP.

17 Gustav Noske (1868–1946), sozialdemokratischer Politiker, organisierte 1919 mit Hilfe der Reichswehr und von Freikorps die militärische Niederwerfung der proletarischen Revolution. 1919/20 Reichswehrminister.

18 Rudolf Egelhofer (geb. 1896), Matrose (KPD); Stadtkommandant von München und Oberbefehlshaber der Roten Armee in der 2. Räterepublik. Am 3. Mai 1919 ermordet.

19 Heinrich Ritter von Frauendorfer (1855–1921), bayerischer Verkehrsminister 1918–1920.

20 Hildegard Menzi, Ärztin; Mitglied der KPD-Gruppe in München.

21 Karl Gandorfer (1875–1932), Politiker des Bayerischen Bauernbundes, Freund Kurt Eisners; Schriftführer des Arbeiter- und Soldatenrates ab 7. November 1918.

22 Friedrich Muckle (geb. 1883), Berliner Gesandter der Eisner-Regierung.

23 Die Erschießung von zehn Geiseln am 30. April als Vergeltungsakt gegen die Erschießung von Revolutionären im Kampf um München war der einzige militärische Willkürakt der Räteregierung. Die Opfer waren wegen Aktivitäten gegen die Räterepublik (u. a. Mitglieder der präfaschistischen Thule-Gesellschaft) verhaftet, aber nicht verurteilt worden. Da der Geiselmord als Rechtfertigung für die Massaker der weißen Truppen diente und Gegenstand tendenziöser Prozesse gegen die Beschuldigten war, müssen die Vorgänge bis heute als ungeklärt gelten.

24 Gustav Klingelhöfer (geb. 1888), Nationalökonom (USPD), Mitglied des Zentralrats und Stellvertreter Tollers als Kommandierender der Dachauer Armee. Zu fünf Jahren und sechs Monaten Festungshaft verurteilt.

25 Emil Aschenbrenner, Kommandierender der Republikanischen Schutztruppe, der bis März 1919 auch Hitler angehörte; Anführer des Putsches der MSPD-Regierung am 13. April 1919.

26 Fritz Sauber (geb. 1884), Akteur der Revolution in München, Vorsitzender des Landessoldatenrates. Zu zwölf Jahren Festungshaft verurteilt. KPD-Reichstagsabgeordneter ab 1920.

27 Fryatt: nicht zu ermitteln.

28 Edith Cavell (1865–1915), englische Krankenschwester; wurde wegen ihrer Untergrundtätigkeit gegen die deutsche Besetzung Belgiens zum Tode verurteilt und hingerichtet.

29 Ernst Niekisch (1889–1967), Vorsitzender des Zentralrats (MSPD) bis zur Ablösung durch Toller; maßgeblich an der Ausrufung der Räterepublik beteiligt. Zu zwei Jahren Festungshaft verurteilt. Zuchthaus Brandenburg 1937–1945; bis 1955 Professor an der Humboldt-Universität in Berlin.

30 Guido Kopp, 1919 Vorsitzender der KPD-Ortsgruppe und Bürgermeister von Rosenheim.

31 Am 6. Mai 1919 wurden 21 Mitglieder eines katholischen Gesellenvereins während einer Versammlung »irrtümlich« von weißen Truppen verhaftet, gefoltert und ermordet. Zwei der Täter wurden zu je 14 Jahren Zuchthaus verurteilt.

32 Ernst Schneppenhorst (1881–1945), Gewerkschaftsfunktionär; Miltärminister der Regierung Hoffmann (März bis September 1919); drängte zur voreiligen Ausrufung der Räterepublik. 1932/33 im Reichstag; nach dem 20. Juli 1944 verhaftet und hingerichtet. Der Vorwurf Levinés gegen Mühsam (am 6./7. April 1919) bezog sich auf dessen Arglosigkeit im Umgang mit politischen Gegnern. Ausführlich in: ›Von Eisner bis Leviné‹, Berlin 1929, siehe auch Eintragung vom 7. Juni 1919.

33 Ende November 1918; ein Zusammenschluß des radikalen Flügels des Revolutionären Arbeiterrats. Die VRI ging Anfang 1919 in der KPD auf; Mühsam wurde »Hospitant« der von ihm gegründeten Vereinigung. Die politische Abgrenzung der KPD richtete sich nun auch gegen die Anarchisten.

34 Gründungsversammlung der Räterepublik: Eine Abordnung der KPD unter Leviné kritisierte die dilettantische Vorbereitung, erhob den Vorwurf des Verrats gegen Mühsam und verweigerte die Beteiligung an der Räterepublik.

35 Hofmann, Anton (geb. 1897), Mitglied der KPD.

36 Mit der Propagandabehauptung, die Enteignung des Privatbesitzes an Produktionsmitteln (Vergesellschaftung oder Sozialisierung), wie sie von den Revolutionären proklamiert wurde, erstrecke sich auch auf die freie Verfügbarkeit bürgerlicher Ehefrauen, wurden Angst und moralischer Abscheu vor den »vertierten« Spartakisten erzeugt.

37 Bismarcks ›Gesetz gegen die gemeingefährlichen Bestrebungen der Sozialdemokratie‹, 1878–1890 in Kraft.

38 Ironische Umkehrung des verbreiteten Propagandaklischees, die Revolution sei von »landfremden Elementen« nach Bayern eingeschleppt worden.

39 Am 4. April 1919 fuhr Mühsam nach Nürnberg, um dort die Ausrufung der bayerischen Räterepublik zu propagieren. Im selben Abteil saß Schneppenhorst, der sich der Räterepublik zur Verfügung gestellt hatte, aber als Militärminister der derzeit in Nürnberg residierenden bayerischen Landesregierung die weißen Truppen zu Hilfe rief. Leviné leitete aus der gemeinsamen Fahrt den Verratsvorwurf gegen Mühsam ab.

40 Rosa Leviné.

41 Fritz Endres (geb. 1870), sozialdemokratischer Politiker und Gewerkschaftler, bayerischer Justiz- und Innenminister 1919/20.

42 Karl Kautsky (1854–1938), führender sozialdemokratischer Theoretiker des mittleren Flügels (Zentrist); 1917 Mitbegründer der USPD, die eine demokratische Ordnung des friedlichen sozialen und internationalen Interessenausgleichs anstrebte.

43 Emil Barth (1879–1941), zentristischer Gewerkschaftspolitiker, ab 1917 USPD, 1921 Übertritt zur SPD.

44 Mühsams anarchistisches Konzept des Föderalismus zielte auf lokale und individuelle Autonomie und die Abschaffung jeglicher Zentralgewalt. Seine Berufung auf Lenin verkennt jedoch die Machtstrategie der Bolschewiken: Das russische Rätesystem (Sowjets) benötigte die lokalen Räte, um nicht nur die Parteigenossen, sondern alle durch die Räte vertretenen Werktätigen unter die Kontrolle der Partei zu bringen.

45 Auch im zusammengebrochenen Habsburgerreich hatte sich eine starke Rätebewegung entwickelt. Die Hoffnung auf den revolutionären »Brückenschlag« über Österreich und Ungarn nach Rußland und das Scheitern der westlichen Interventionstruppen in Rußland, die gemeinsam mit konterrevolutionären russischen Einheiten (unter Koltschak u. a.) das Sowjetsystem beseitigen wollten, bestärkte die Siegeszuversicht der deutschen Revolutionäre. Die ungarische Räterepublik unter Béla Kun wurde im August 1919 von rumänischen Truppen niedergeschlagen.

46 Franz Xaver Ritter von Epp (1868–1946), Bataillonskommandeur im Ersten Weltkrieg; sein Freikorps war maßgeblich an der Niederschlagung der Münchner Räterepublik beteiligt. Teilnehmer am Hitlerputsch 1923, ab 1933 Reichsstatthalter von Bayern.

47 Ernst von Oven (geb. 1861), Oberbefehlshaber der weißen Truppen in Bayern.

48 Vgl. Eintragung 9. Juni 1919.

49 Moritz Lederer (geb. 1888), linker Verleger und Schriftsteller.

50 Dietrich, d. i. Willy Budich (geb. 1890), KPD-Funktionär in München während der Räterepublik, wurde in Berlin verhaftet. 1938 in der Sowjetunion erschossen.

51 Morten, d. i. Ewald Ochel, Volksbeauftragter für Volksaufklärung in der zweiten Räteregierung (KPD).

52 Hermann Schumann, erster Sekretär der zweiten Räteregierung (KPD).

53 Levien, Leviné, Towia Axelrod u. a. waren linke russische (bzw. deutschrussische) Intellektuelle, die vor dem Zarismus nach Deutschland geflohen waren und als erfahrene »Berufsrevolutionäre« beträchtlichen Einfluß in der KPD ausübten.

54 Anton Graf von Arco auf Valley (1897–1945), Leutnant, tötete Kurt Eisner am 21. Februar 1919 bei einem Attentat. Zum Tode verurteilt, begnadigt und 1924 amnestiert.

55 Arnold Wadler (geb. 1882), Rechtsanwalt; Wohnungskommissar und Mitarbeiter Mühsams in der Räteregierung. Zu acht Jahren Zuchthaus verurteilt, 1924 amnestiert.

56 Toni Waibel (1889–1969), Aktivist der Rätebewegung; floh 1921 auf dem Transport nach Niederschönenfeld.

57 ›1919. Dem Andenken Gustav Landauers‹: vielstrophiges Gedicht auf die Münchner Revolutionszeit. Enstanden am 8./9. Mai 1919, im selben Jahr erschienen im Verlag Leon Hirsch, Berlin.

58 Rolf Gärtner, Schauspieler; an der Inszenierung von Mühsams Drama ›Judas‹ 1922 in Nürnberg beteiligt.

59 Hermann Conradi (1862–1890), Lyriker (Weltschmerz, soziale Anklage und Leidenschaft); übte starken Einfluß auf die frühe Lyrik Mühsams aus.

60 Rudolf Herzog (1869–1943), rechtsgerichteter Unterhaltungsschriftsteller.

61 Ludwig Finckh (1876–1964), nationalistischer Schriftsteller; deutschtümelnde Heimatliteratur, Propagandist der »Ahnenforschung«.

62 Felix Dörmann (1870–1928), österr. impressionistischer Dichter aus dem Freundeskreis Hermann Bahrs.

63 Andreas Latzko (1876–1943), ungarischer Autor deutscher Sprache; pazifistische Novellen ›Menschen im Kriege‹ (1917).

64 Der fünfte Jahrgang des ›Kain‹ erschien von November 1918 und April 1919 in neun Ausgaben.

65 Mühsam hatte der ›Marseillaise‹ einen neuen Text unterlegt; in: ›Brennende Erde‹.

66 Wirthmann, Assessor; Vorstand des Zuchthauses Ebrach.

67 Max Mehrer (geb. 1891), Stadtkommandant von München ab 24. April 1919; Rücktritt am 1. Mai wegen der Geiselerschießungen.

68 Johann Dosch, zu drei Jahren Festungshaft verurteilt.

69 Erich Wollenberg (1892–1973), Führer der Roten Armee an der Dachauer Front, zu zwei Jahren Festungshaft verurteilt. Unterstützte Zenzl Mühsam in ihrem Prager Exil 1934–36.

70 Die im Geiselmordprozeß verhängten Todesurteile wurden sämtlich vollstreckt.

71 Mühsam hält an diesem Irrtum fest, um sein Revolutionskonzept darauf zu errichten. Er verstand die russische Oktoberrevolution als originär anarchistische Aktion, die mit kommunistischen Maßnahmen (Diktatur des Proletariats) gesichert werden müsse und daher die vorübergehende Koordination durch die Kommunistische Partei benötige.

72 Abgedruckt in: ›Die Aktion‹, 18. Oktober 1919.

73 ›Die Einigung des revolutionären Proletariats im Bolschewismus‹. Fertiggestellt im März 1920 in Ansbach, im September 1920 aus der Haftanstalt geschmuggelt, nachdem die erste Fassung beschlagnahmt worden war. Das 3. Kapitel erschien im Februar 1921 in ›Die Aktion‹, weitere Kapitel in loser Folge von Januar bis Oktober 1922. Die Aufforderung zur revolutionären Offensive, verknüpft mit scharfer Kritik an der gemäßigten Politik der KPD, entsprach noch dem Programm der AAU, der die ›Aktion‹ nahestand, hatte aber ihre Aktualität weitgehend eingebüßt (vgl. Eintragung vom 23. März 1920).

74 Hans Vollmann, Vorstand der Festungshaftanstalt Ansbach, dann Niederschönenfeld bis zu seiner Ablösung 1921.

75 August Hagemeister (geb. 1879), als Würzburger Vertreter des Landessoldatenrats im Zentralrat zu zehn Jahren Festungshaft verurteilt, starb in der Haft am 16. Januar 1923 (siehe dort).

76 August Westrich (geb. 1891), sechs Jahre Festungshaft wegen Hochverrats.

77 Gustav Riedinger (geb. 1895), Kommandant der Roten Armee, zu zwei Jahren Festungshaft verurteilt.

78 Josef Renner (geb. 1889), wegen Hochverrats zu vier Jahren Festungshaft verurteilt.

79 Rudolf Hartig (geb. 1893) oder sein Bruder Valtin Hartig (geb. 1889), zu zwei bzw. sieben Jahren Festungshaft verurteilt.

80 Wilhelm Olschewski (geb. 1871), zu sieben Jahren Festungshaft verurteilt.
81 Gustav Radbruch (1878–1949), Jurist und SPD-Politiker, Schulfreund Mühsams, Reichsjustizminister 1921/22 und 1923.
82 Wiederkehrende Bezeichnung für die willfährigen Häftlinge, die zum Teil Zuträgerdienste leisteten, um Vergünstigungen zu erwirken.
83 Ernst Ringelmann (geb. 1887), zu sechs Jahren Festungshaft verurteilt.
84 ›Brennende Erde‹, Gedichtsammlung 1912–1919, erschienen 1920.
85 Nach dem 2. Parteitag der KPD im Oktober 1919 wurden die ›Heidelberger Leitsätze‹ verkündet, die unter anderem eine Abkehr von der revolutionären Offensive und ein Bekenntnis zum Parlamentarismus beinhalteten. Der radikale Flügel der Partei wurde damit faktisch ausgeschlossen und sammelte sich ab April 1920 in der Kommunistischen Arbeiterpartei (KAPD) und der mit ihr verbundenen Gewerkschaft Allgemeine Arbeiterunion (AAU). Mühsam wahrte kritische Distanz auch zu diesen Formationen, obwohl in ihnen viele seiner Forderungen vertreten wurden, und näherte sich in der Folge anarchosyndikalistischen Positionen an. Damit hoffte er eine Revolutionsbewegung der »wirklichen Revolutionäre« unter Ausschluß der linken Parteien ins Leben zu rufen.
86 Paul Grassl (geb. 1894), als Mitarbeiter der Münchner Polizeidirektion zu einem Jahr und zehn Monaten Festungshaft verurteilt.
87 Grete Weisgerber (1878–1968), Malerin und Graphikerin, in erster Ehe verheiratet mit Albert Weisgerber.
88 Die Schreibweise »Baiern« wurde in der 1. Räterepublik amtlich eingeführt und von Mühsam bis 1921 beibehalten.
89 Martin Andersen Nexö (1869–1954), linker dänischer Schriftsteller, befreundet mit Erich und Zenzl Mühsam; unterstützte sie mit Geldspenden.
90 Grigori Sinowjew (1883–1936), 1. Vorsitzender des Exekutivkomitees der Kommunistischen (auch: Dritten) Internationale (Komintern). Sinowjew hoffte, die von der KPD ausgeschlossenen Linksradikalen einzubinden und so die Spaltung der Linken in »rechte und linke Opportunisten« zugunsten einer leninistischen »Partei neuen Typus« zu überwinden. Der Konflikt um die »Offensivpolitik« (direkte Anbahnung der Revolution) hatte die KPD-Führung seit 1919 gespalten. Der rechte Flügel (bis 1921 Levi), der für den Aufbau einer Wahlpartei plädierte, setzte sich gegen den linken durch, versagte aber in den nachrevolutionären Unruhen bis 1923.

1920

1 Paul Levi (geb. 1883), Mitbegründer der KPD, ab Frühjahr 1919 ihr Vorsitzender; Gegner der »Offensivstrategie«. Die Feindseligkeiten gegen Mühsam resultierten aus Levis Politik der Mäßigung und Konsolidierung (Aufbau einer legalen Massenpartei) und der Ausgrenzung der Linksradikalen auf dem 2. Parteitag. Levi wurde 1921 wegen Rechtsopportunismus aus der KPD ausgeschlossen. Übertritt zur USPD, 1922 zur SPD. Freitod 1930.

2 Johann Kain (geb. 1887), Festungsgefangener (KPD), wurde durch das Gebot der Parteidisziplin ebenfalls zum Mühsam-Gegner.

3 Rudolf Grossmann, Ps. Pierre Ramus, Wortführer einer anarchistischen Kampagne gegen Mühsam, die mit dessen KPD-Beitritt einsetzte, vor allem das Bekenntnis zu leninistischen Prinzipien des Klassenkampfes angriff und 1925 im Ausschluß Mühsams aus dem anarchistischen Dachverband FKAD gipfelte.

4 Der Kapp-Putsch wurde nach wenigen Tagen durch eine landesweite Streikbewegung zum Scheitern gebracht. In Bayern trat das Kabinett Hoffmann (SPD) zurück, und eine rechte Koalition unter Kahr, gestützt von den Putschisten, übernahm die Regierungsgewalt: Bayern wurde zur »Ordnungszelle«.

5 Friedrich Ebert (1871–1925), 1913–19 Parteivorsitzender der SPD, 1919–25 Reichspräsident.

6 ›Die Einigung des revolutionären Proletariats im Bolschewismus‹.

7 Alexander Herzen (1812–1870), russischer Schriftsteller und Publizist, Wegbereiter der revolutionären Bewegung in Rußland.

8 Nikolai Ogarjow (1813–1877), russischer Lyriker und Publizist, mit Herzen befreundet. Mitbegründer der Geheimgesellschaft ›Land und Freiheit‹.

9 Otto Rühle trat für eine proletarische Sammelbewegung links von den Parteien ein und entsprach damit Mühsams Einigungskonzept. 1921 trat er aus der AAU aus und gründete mit Pfemfert die strikt föderalistische AAU (Einheitsorganisation), danach zog er sich aus der Politik zurück.

10 ›Judas. Ein Arbeiterdrama‹. 1921 erschienen im Malik-Verlag Berlin und uraufgeführt in Mannheim.

11 Nachdem der Kapp-Putsch zum Generalstreik und zur Bildung einer »Roten Ruhrarmee« geführt hatte, marschierte Anfang April die Reichswehr ins Ruhrgebiet ein und zerschlug die Arbeiterarmee in blutigen Kämpfen.

12 Katharina Karreman de Haan, niederländische Linkssozialistin.

13 Ewald Ochel (Ps. Morten), Mühsam-Gegner in der DKP, sechs Jahre Festungshaft in Lichtenau.

14 Karl Radek (1885–1941?), deutsch-polnischer Bolschewik; Vertreter der sowjetischen KP in Deutschland, versuchte mit wechselndem Geschick einen leninistischen Kurs in der KPD durchzusetzen.

15 Alexej Brussilow (1853–1926), russischer General des Ersten Weltkriegs; stellte sich 1920 der Sowjetregierung zur Verfügung.

16 Der Generalstreik gegen den Kapp-Putsch wurde Ende März von den Arbeiterparteien und Gewerkschaften nach der Niederlage der Putschisten für beendet erklärt, um einen Bürgerkrieg zu vermeiden.

17 Wahrscheinlich identisch mit ›Rotgardisten-Marsch‹ nach der Melodie ›Ich bin ein Preuße‹, entstanden im Januar 1920. In: ›Revolution. Marsch-, Kampf- und Spottlieder‹, Berlin 1925.

18 Rose Witcop (1890–1932), englische Anarchistin ukrainischer Herkunft, Schwester von Milly Witkop, die mit dem deutschen Anarchisten Rudolf Rocker verheiratet war. Ab 1926 enge Zusammenarbeit Mühsams mit Rokker.

19 Guy Aldred (1886–1963), linker Aktivist und Propagandist; lebte mit Rose Witcop.

20 Auf dem 2. Kongreß der Komintern Juli/August 1920 wurde die Aufnahme kommunistischer Parteien von der Anerkennung der Leninschen Bedingungen (Moskauer Beschlüsse) abhängig gemacht, die vor allem der Einbindung der Linksradikalen in die Leninsche Strategie dienen sollten.

21 Max Weber, Aktivist der Münchner Rätebewegung, trat nach seiner Entlassung aus der Festungshaft von der KPD zur NSDAP über (vgl. Eintragung vom 25. November 1922).

22 Siegfried Jacobsohn (1881–1926), Publizist und Herausgeber der ›Weltbühne‹.

23 Josef Schwab (geb. 1897), Mitglied des Arbeiter- und Soldatenrats und der KPD in München, vier Jahre Festungshaft.

24 Eugen Karpf (geb. 1893), Adjutant Egelhofers, zu zwölf Jahren Festungshaft verurteilt.

25 Georg Murböck (geb. 1887), zu vier Jahren Festungshaft verurteilt.

26 Hans Graf von Pestalozza, Rechtsanwalt Mühsams und anderer Festungsgefangener.

27 Peter Nikolajewitsch Wrangel (1878–1928), russischer General, befehligte eine konterrevolutionäre Armee und wurde im November 1920 auf der Krim besiegt.

1921

1 Satirischer Roman (unvollendet) über einen Karriere-Sozialisten, entstanden zwischen 1921 und 1923, abgedruckt in: ›Streitschriften/Literarischer Nachlaß‹, Berlin 1984.

2 Wegen verbotswidrigen Tragens eines Sowjetsterns wurden Mühsam und andere Häftlinge unter Waffengewalt in Einzelhaft abgeführt.

3 Michael Gruber (geb. 1895), zu drei Jahren und sechs Monaten Festungshaft verurteilt.

4 Sigmund Wiedenmann (geb. 1885), zu zwei Jahren und sechs Monaten Festungshaft verurteilt.

5 Es handelte sich um eine der Spenden anarchistischer Gruppen, die Mühsam auf Anweisung der Verwaltung an alle Häftlinge verteilen mußte, auch an solche, die ihn als Anarchisten bekämpften.

6 Karl Götz (geb. 1893), in der 2. Räterepublik Mitglied einer Geheimkommission zur Bekämpfung der Konterrevolution, verurteilt zu einem Jahr und drei Monaten Festungshaft.

7 Joseph Wittmann (1899–1927), zu zwei Jahren und sechs Monaten Festungshaft verurteilt; zeitweilig einziger Vertreter Mühsams in Niederschönenfeld.

8 Friedrich Schröder, Vorstand der Festungshaftanstalt Niederschönenfeld.

9 Menzel, Oberstaatsanwalt in Augsburg.

10 Kühlewein, bayerischer Justizminister.

11 Gustav Ritter von Kahr (1862–1934), rechter bayerischer Ministerpräsident 1920/21; setzte unter Berufung auf bayerische Reservatrechte eine reaktionäre Landespolitik gegen die Reichsregierung durch.

12 Erich Koch (-Weser, geb. 1875), Politiker, 1919 Mitbegründer der Deutschen Demokratischen Partei, Reichsinnenminister 1919–21.

13 Die Mörder Karl Liebknechts wurden vom Gericht gedeckt und gingen straffrei aus.

14 Ermordung eines kommunist. Untersuchungsgefangenen im Dezember 1920; die Mörder wurden strafversetzt.

15 Max Hoelz (1889–1933), Führer einer proletarischen Kampfgruppe; spektakuläre militärische Aktionen während der nachrevolutionären Unruhen. 1920 aus der KPD ausgeschlossen, 1921 als Anführer des Mitteldeutschen Aufstands zum Tode verurteilt. 1928 amnestiert, kam in der Sowjetunion ums Leben. Mühsam verehrte Hoelz als beispielhaften Revolutionär (›Max-Hoelz-Lied‹) und veröffentlichte 1926 die Verteidigungsschrift ›Gerechtigkeit für Max Hoelz!‹.

16 Vereinigte Kommunistische Partei. Bezeichnung für die KPD nach der Vereinigung mit dem linken Flügel der USPD im Dezember 1921. Die Vereinigung bestärkte den Kurs auf die politische Konsolidierung und die Abkehr von revolutionären Aktionen.

17 Kommunistische Arbeiterpartei Deutschlands, linke Abspaltung der KPD, die anfänglich den Beitritt zur Komintern erwog, ab 1921 als sektiererisch verurteilt wurde. Nach 1922 bedeutungslos.

18 Die anarchosyndikalistische Gewerkschaft FAUD, die 1921 nach der Spaltung der mit der KAPD verbundenen AAU großen Zulauf hatte, bald aber in rivalisierende Fraktionen zerfiel und bedeutungslos wurde.

19 Betriebsorganisationen: kommunistische Betriebszellen seit 1919, die die Arbeiterschaft dem Einfluß der (sozialdemokratischen) Gewerkschaften entziehen sollten. 1920 Massenabwanderung der B. O.-Mitglieder in die unionistischen und syndikalistischen Gewerkschaften. Ab 1924 etwa setzte sich die Leninsche Politik der »Eroberung der reformistischen Gewerkschaften« durch.

20 Oskar Dürr (1877–1959), von November 1918 bis 13. April 1919 sozialdemokratischer Stadtkommandant von München.

21 Seyffertitz, Führer der Republikanischen Schutztruppe; verhaftete Mühsam und andere Führer der Rätebewegung im Auftrag Eisners am 10. Januar 1919, um Proteste gegen die anberaumte Landtagswahl zu unterbinden.

22 Uraufführung ›Judas‹.

23 Die Regierung Kahr widersetzte sich im Frühjahr 1921 der Forderung der Reichsregierung, die bewaffneten Einwohnerwehren in Bayern aufzulösen. Der Konflikt führte zum Rücktritt Kahrs.

24 Auf der Londoner Konferenz der Siegermächte im März 1921 lehnte Deutschland die geforderten Reparationszahlungen von 226 Mrd. Goldmark ab. Die Entente antwortete mit der Besetzung von Teilen des Ruhrgebiets.

25 Anspielung auf Lenins Durchreise durch Deutschland im plombierten Waggon aus dem Schweizer Exil nach Rußland 1917. Die deutschen Militärbehörden hatten die Durchfahrt genehmigt, um Rußlands Destabilisierung zu befördern. Es folgte die Oktoberrevolution.

26 Wolffs Telegraphen-Büro, deutsche Nachrichtenagentur.

27 Der Mitteldeutsche Aufstand im März 1921 unter Führung von Max Hoelz
   schürte neue Hoffnungen auf eine proletarische Revolution. Bevor er auf
   andere Teile Deutschlands übergreifen konnte, wurde er mit großem militärischen Aufgebot niedergeschlagen.

28 Vergleiche Eintragung vom 22. Juni 1921.

29 ›Max-Hoelz-Marsch‹ in: ›Revolution. Kampf-, Marsch- und Spottlieder‹,
   Berlin 1925.

30 Pöhner, Polizeipräsident in München.

31 Adolf Schmidt (geb. 1886), drei Jahre Festungshaft.

32 Clemens Schreiber (geb. 1884), Korbmacher.

33 Fritz Walter (geb. 1899), drei Jahre Festungshaft.

34 Josef Weigand (geb. 1900), drei Jahre Festungshaft.

35 Ernst Günther (geb. 1893).

36 Ludwig Egensperger (geb. 1886), zu sieben Jahren Festungshaft verurteilt.

37 Hermann Kraus, Staatsanwalt, Festungsvorstand in Niederschönenfeld.

38 Honorar für »Einigungsbroschüre«.

39 Nestor Machno (1889–1934), ukrainischer anarchistischer Bauernführer;
   kämpfte gegen die weißen Garden, unterwarf sich aber nicht der Kommunistischen Partei; Emigration 1921.

40 Moldawien und Bessarabien, seit Jahrhunderten zwischen Rumänien, der
   Türkei und Rußland umstritten, wurden im Zuge der Interventionskriege
   von Sowjetrußland (teilweise) zurückerobert und der Ukraine angeschlossen.

41 Lew Trotzki (geb. 1879) und Nikolai Bucharin (geb. 1888), der politische
   Organisator der Roten Armee und der führende Theoretiker der Bolschewiki, werden hier des militärischen Expansionismus bezichtigt, weil sie für die
   Machtstellung der Kommunistischen Partei (u. a. gegen die Anarchisten)
   und nicht für die Weltrevolution (im Verbund mit den Anarchisten) tätig
   seien. Tatsächlich trat Trotzki für die (auch militärische) Ausweitung der
   russischen Revolution zur Weltrevolution und für die rücksichtslose Bekämpfung der Parteigegner ein, geriet damit aber in Widerspruch zur Par-
   teiführung und verlor nach Stalins Machtantritt seine Ämter. Ermordet
   1940 vom sowjetischen Geheimdienst in Mexiko. Bucharin wurde 1938
   hingerichtet.

42 Wilhelm Ertl (geb. 1877), zu drei Jahren Festungshaft verurteilt.

43 Fritz Weigel (geb. 1890), Mitglied der KPD-Stadtvertretung in München;
   lebte im Haushalt Zenzl Mühsams.

44 Karl Gareis (geb. 1889), Vorsitzender der USPD-Fraktion im bayerischen
   Landtag, wurde am 10. Juni 1921 von Angehörigen der bayerischen Einwohnerwehr ermordet. Die Täter wurden nicht ermittelt.

45 Franz Xaver Schweyer (1868–1935), Innenminister der Regierung Lerchenfeld ab September 1921.

46 Emil Gumbel (1891–1966), Statistiker und Publizist, dokumentierte die politische Rechtsbeugung in der Weimarer Republik (Klassenjustiz) und legte
   die Organisationsstrukturen der faschistischen Geheimbünde offen. ›Vier
   Jahre politischer Mord‹ (1922).

47 Philipp Löwenfeld, Rechtsanwalt.

48 Nicht erhalten.

49 Rolf von Xylander, bayerischer Oberst, führend in der frühen Hitler-Bewegung.

50 Ironische Erwiderung auf die Bezeichnung »Schein-Räterepublik« für die erste Phase der Münchner Räterepublik von seiten der KPD. Mühsam stellt fest, daß nicht die Sowjets (dt.: Räte), sondern die Parteibürokraten die Macht in Sowjetrußland ausüben.

51 Georgij Tschitscherin (1872–1936), Volkskommissar des Äußeren 1918–29.

52 Josef Zäuner (geb. 1890), zu drei Jahren und sechs Monaten Festungshaft verurteilt.

53 August Sandtner (1893–1944), zu drei Jahren und sechs Monaten Festungshaft verurteilt; KPD-Politiker.

54 Heim, rechtsradikaler bayerischer Bauernführer. Mit Ludwig Thoma hatte Mühsam vor dem Ersten Weltkrieg eine Boheme-Freundschaft verbunden.

55 Heinz Hoffmann, Oberregierungsrat, Vorsteher der Festungshaftanstalt Niederschönenfeld 1921 bis 1924.

56 Josef Schlaffer (geb. 1891), 1921 zu drei Jahren Festungshaft verurteilt.

57 Otto Landsberg (geb. 1869), sozialdemokratischer Politiker, 1919 Reichsjustizminister.

58 Eugen Schiffer (geb. 1860), Politiker, 1919/20 und 1921 demokratischer Reichsjustizminister.

59 Joseph Wirth (geb. 1879), linker Zentrumspolitiker, 1921 und 1922 Reichskanzler und Außenminister; begann gegen den heftigen Widerstand der Rechtsparteien mit den Reparationszahlungen (»Erfüllungspolitik«).

60 ›Das Standrecht in Bayern‹, Berlin 1923. Eine Klageschrift an den Reichsjustizminister und den Reichspräsidenten, betreffend den Verrat bayerischer Politiker (u.a. Müller-Meiningen, Auer und Schneppenhorst) an der Novemberrevolution und der Weimarer Verfassung. Mühsam hoffte mit seiner Denkschrift Prozesse gegen die Beschuldigten auszulösen.

61 Zenzl Mühsam betrieb in München eine Nähstube zur Unterstützung der Betroffenen der russischen Hungerkatastrophe von 1921/22.

62 Vermutlich: Schweyer.

63 Mit Beiträgen von Ernst Niekisch erschien 1920: ›Unserm Kurt Eisner zu Ehren und Gedächtnis‹, zus. gest. v. Wendelin Thomas unter Mithilfe der bayerischen Festungsgefangenen.

64 Die Kampagne gegen Mühsam begann bereits in Ansbach und ging von der bayerischen KPD aus, die Mühsam und andere Anarchisten des politischen Dilettantismus und des Verrats an der Arbeiterklasse bezichtigte (z.B. Paul Werner, ›Die Bayrische Räte-Republik. Tatsachen und Kritik‹, Leipzig 1920). Die kommunistischen Mithäftlinge mußten sich (oft gegen ihre Überzeugung) von Mühsam distanzieren. Einige von ihnen verbreiteten gezielte Diffamierungen in der Presse (Mühsam habe Spenden unterschlagen und Anhänger gekauft), während Mühsam von den bayerischen Justizbehörden daran gehindert wurde, öffentlich Stellung zu nehmen.

65 Wilhelm Duske (geb. 1883), zwei Jahre Festungshaft.

66 Albert Weidner (1871–1948), anarchistischer Publizist, seit 1901 mit Müh-

sam befreundet; Redakteur der linksliberalen ›Welt am Montag‹, Berlin, in der Mühsam ab 1925 regelmäßig Artikel und Gedichte veröffentlichte.

1922

1 Max Eberlein (1887–1944), Mitglied des Zentralkomitees der KPD, im sowjetischen Exil hingerichtet; Wilhelm Pieck (1867–1960), Zentralkomitee der KPD, Vorsitzender der Roten Hilfe (in der Mühsam 1925 bis 1929 mit Pieck zusammenarbeitete), bis zu seinem Tod Präsident der DDR. Ihr »Wink« folgte der Anweisung der Komintern, die Radikalen nicht auszugrenzen, sondern in die »Partei neuen Typus« einzubinden (vgl. Eintragung vom 11. Dezember 1919).

2 Regie E. L. Schön. 1928 wurde das Stück an der Piscator-Bühne Berlin unter der Regie von Leopold Lindtberg aufgeführt.

3 ›Abrechnung‹. 1916/17 entstandene Abhandlung über die »Kriegsschuldfrage« und die Vorgeschichte des Ersten Weltkriegs (unvollendet). In: Streitschriften/Literarischer Nachlaß, Berlin 1984.

4 Dr. Arthur Mayer, sechs Jahre Festungshaft.

5 In der Ansbacher Festung hatte Vollmann den Häftlingen ein Stillhalteabkommen vorgeschlagen, das vorwiegend von den Mitgliedern der USPD unterzeichnet wurde und so zur Spaltung unter den Häftlingen führte.

6 Fridtjof Nansen (1861–1930), norwegischer Polarforscher und Friedenspreisträger.

7 Der 1919 auf Anregung des US-Präsidenten Wilson gegründete Völkerbund mit Sitz in Genf sollte in internationalen Krisen und Konflikten vermitteln, wurde aber von den wirtschaftshegemonialen Interessen der Großmächte beherrscht.

8 Die Komintern verkündete im Dezember 1921 ›Leitsätze über die Einheitsfront der Arbeiter‹, die die 1920 gestellten Aufnahmebedingungen weiter verschärften.

9 Neue Ökonomische Politik (NÖP). Um den ökonomischen Zusammenbruch der Sowjetunion abzuwenden, beschloß Lenin die begrenzte Wiedereinführung der Marktwirtschaft.

10 Fiume (Rijeka), zwischen Italien und Jugoslawien umstrittene Provinz mit der gleichnamigen Hafenstadt an der Adria. Gewaltsame Besetzung 1919 durch d'Annunzio, ab 1920 Freistaat, der von Mussolinis Faschistenpartei bedroht und 1924 von Italien einverleibt wurde. 1945 Rückgabe an Kroatien.

11 Der langjährige irische Unabhängigkeitskampf führte 1921 zur Abspaltung Nordirlands, das unter britischer Herrschaft mit Selbstverwaltung (Homerule) blieb. In Irland wurde die Home-rule abgelehnt und 1922 nach blutigem Bürgerkrieg die staatliche Unabhängigkeit hergestellt.

12 Ägypten, seit 1914 britisches Protektorat, wurde im März 1922 nach wiederholten Unruhen ein unabhängiges Königreich.

13 Die indische Unabhängigkeitsbewegung unter der Führung Gandhis wurde

nach der Einigung der Hindus mit den Moslems 1921 entscheidend gestärkt und zum gewaltlosen (von Aufständen begleiteten) Boykott der bri-
tischen Kolonialherrschaft ausgebaut.

14 Hermann Taubenberger (geb. 1895), drei Jahre Festungshaft, und Seffert,
Mithäftlinge (KPD).

15 Auftritt der KPD-Abordnung bei der Gründungsversammlung der 1. Räterepublik (s. Eintragung vom 7. Juni 1919).

16 Gruppe Krach – Mühsams Bezeichnung für die Gruppe der »entschieden-
sten« KPD-Genossen (Mittelgang), s. die nachfolgenden Namen.

17 Matthias Erzberger (geb. 1875). Zentrumspolitiker, setzte sich für die Annahme des Versailler Vertrags ein; 1919/20 Reichsfinanzminister, mußte
nach einer Diffamierungskampagne der Rechtsparteien zurücktreten, wurde 1921 vor Wiedereintritt in den Reichstag von nationalistischen Offizieren ermordet.

18 Kurt Tucholsky (1890–1935) war Mitarbeiter der ›Weltbühne‹ 1913 bis
1933.

19 Leo Jogiches (geb. 1867), Führer der polnischen Arbeiterbewegung, Mitbegründer der KPD, am 10. März 1919 im Gefängnis Moabit ermordet.

20 Albert Einstein (1879–1955), trat mit Aufsätzen, Vorträgen und Aktionen
für den Pazifismus ein.

21 In Erwiderung auf die öffentlichen Proteste gegen die Zustände in den
bayerischen Festungshaftanstalten bezeichnete die bayerische Regierung
die Wachmannschaften als die eigentlichen Märtyrer.

22 François Babeuf (1760–1797), französischer Jakobiner und Frühkommu-
nist; nach Aufstandsvorbereitungen (1796) hingerichtet.

23 Heinrich Laufenberg (1872–1932) und Fritz Wolffheim (1888–1942),
Hamburger Gründungsmitglieder der KPD, auf dem Heidelberger Parteitag 1919 wegen Linkssektierertum (Aufruf zur revolutionären Offensive;
Vorschlag eines deutsch-sowjetischen Militärbündnisses gegen die En-
tentestaaten) ausgeschlossen, Gründer einer links-nationalistischen Split-
tergruppe.

24 Walter Rathenau (1867–1922), Industrieller und Politiker der Deutschen
Demokratischen Partei; 1922 Außenminister. Wegen Unterzeichnung des
Rapallo-Vertrags mit Sowjet-Rußland von der rechtsradikalen ›Organisation Consul‹ ermordet. Protestdemonstrationen in vielen deutschen Städten.

25 Im Mai 1922 fanden eine Reihe von Mordanschlägen auf prominente Gegner der Nationalsozialisten statt, u. a. auf Scheidemann, Thälmann, Harden.

26 Steindl, Anstaltsarzt.

27 Sowjetrußland nahm an der Weltwirtschaftskonferenz in Genua (April/
Mai 1922) teil, um politische Verständigung und wirtschaftliche Zusammenarbeit mit dem Westen zu suchen.

28 Heinrich Brandler (geb. 1881), Führer des rechten Flügels der KPD; Ausschluß 1928.

29 Alexander Kerenski (1881–1970), Sozialrevolutionär; Ministerpräsident der
Provisorischen Regierung Rußlands von Juli 1917 bis zu seinem Sturz

durch die Oktoberrevolution. Seine Truppen wurden von den Bolschewiki geschlagen, Flucht nach England.

30 Boris Sawinkow (1879–1924), Sozialrevolutionär und Schriftsteller, zahlreiche Attentate gegen den Zarismus. Bekämpfte die Bolschewiki nach deren Sieg und nahm sich im Gefängnis das Leben. Sozialrevolutionäre Gruppierungen und Truppen, auch solche, die anfänglich die Oktoberrevolution unterstützt hatten, bekämpften in den Jahren darauf die Alleinherrschaft der Bolschewiki und verbündeten sich teilweise mit weißen Truppen oder zogen als bewaffnete Banden umher. Das unklare Feindbild trug dazu bei, daß die Sowjetmacht unterschiedslos alle ihre Gegner verfolgte. Mühsam konnte sich in der Haft kein genaues Bild von den Vorgängen machen, nahm aber Partei für die russischen Anarchisten und Maximalisten, weil sie für die Anarchie bzw. einen »reinen« Kommunismus kämpften.

31 Die Februarrevolution in Rußland 1905 war spontan entstanden und wurde nach wenigen Tagen niedergeschlagen.

32 Gollwitzer, Zensor der Festung Niederschönenfeld.

33 Albert Roßhaupter (1878–1949), rechtssozialistischer Politiker, 1907–1933 im bayerischen Landtag, Minister für militärische Angelegenheiten im Kabinett Eisner.

34 Erhard Auer (1874–1945), bayerischer Rechtssozialist, Landessekretär der SPD 1907 bis 1918, Innenminister der Regierung Eisner.

35 Der bayerische Ministerpräsident Lerchenfeld (September 1921 bis Oktober 1922) verfolgte mit seiner Mitte-Rechts-Koalition einen gemäßigteren Obstruktionskurs gegen die Reichsregierung als sein Vorgänger Kahr und wurde von bayerischen Rechtsgruppierungen einschließlich der NSDAP zu einem offenen Konfrontationskurs gedrängt. Zahlreiche Aufmärsche, Hetzkundgebungen und antisemitische Drohungen gipfelten vorerst im Hitlerputsch, November 1923.

36 Hermann Esser (geb. 1890), Mitbegründer der NSDAP.

37 Johann Elbert (geb. 1889), zwei Jahre Festungshaft.

38 Mussolinis Machtergreifung, der »Marsch auf Rom« am 28. Oktober 1922.

39 Militärische Terroreinheit unter der ungarischen Horthy-Regierung (seit 1920).

40 Hermann Fischer und Erwin Korn, Mitglieder der rechtsterroristischen ›Organisation Consul‹; Mörder Walther Rathenaus.

41 Albrecht von Gräfe (geb. 1868), preußischer Offizier und deutschnationaler Politiker, Reichstag ab 1912. Gründete 1922 die Deutschvölkische Freiheitspartei, 1924 vorübergehender Anschluß an die NSDAP.

42 Oskar Hergt (geb. 1869), Gründer der Deutschnationalen Volkspartei; ab 1920 im Reichstag, 1927/28 Reichsjustizminister.

1 Vorstufe des 1930 abgeschlossenen Schauspiels ›Alle Wetter‹.

2 In: ›Sammlung 1898–1928‹, Berlin 1928.

3 Ferdinand Luttner (geb. 1887), 1921 wegen Beteiligung an der Münchner Räterepublik zu drei Jahren Festungshaft verurteilt; gehörte zu den wenigen mit Mühsam befreundeten KPD-Mitgliedern.

4 Albert Daudistel (1890–1955), Schriftsteller (KPD); verfaßte in Niederschönenfeld Erzählungen und einen Roman.

5 Hagemeister (KPD), Sauber (KPD) und Toller (USPD) waren von ihren Parteien als Landtagsabgeordnete aufgestellt worden.

6 Die französische Besetzung des Ruhrgebiets wegen ausbleibender Reparationsleistungen verschärfte die wirtschaftliche und politische Krise in Deutschland und verhalf den Nationalsozialisten zu rasch wachsender Popularität.

7 Eugen von Knilling (1865–1927), Politiker der Bayerischen Volkspartei, Ministerpräsident 1922–24. Übertrug die Vollzugsgewalt im September 1923 auf Kahr.

8 Der rechtswidrige Vollzug der bayerischen Festungshaft beschäftigte immer wieder den Reichstag und den bayerischen Landtag und war ein wichtiger Streitpunkt im Konflikt Bayerns mit der Reichsregierung. Untersuchungsausschüsse des Reichstags wurden daher abgewiesen oder nicht zu den Häftlingen vorgelassen.

9 Mühsam ließ seinen Romanhelden Bröschke eine Tapeziererlehre machen und hatte sich daher ein entsprechendes Lehrbuch besorgt.

10 Leonhard Frank (1882–1961), Schriftsteller (›Die Räuberbande‹), emigrierte als Kriegsgegner 1915 in die Schweiz, 1918/19 Mitglied des Münchner Zentralrats.

11 Harry Graf Keßler (geb. 1868), Diplomat und pazifistischer Schriftsteller.

12 Seppl Wittmann.

13 Vgl. Ernst Tollers in der Haft entstandene Gedichtsammlung ›Das Schwalbenbuch‹ (erschienen 1924).

14 Die Parteigruppe der KPD in der Festung, gab ihre feindselige Haltung auf, nachdem die Komintern (Sinowjew) die KPD wegen ihrer Passivität in den nachrevolutionären Kämpfen gerügt hatte. Die Ermunterung deutscher Radikaler wie Hoelz und Mühsam sollte die KPD auf einen kämpferischen Kurs im Sinne des Leninismus bringen (Kombinierung legaler und illegaler, parlamentarischer und offensiver Kampfmethoden). Max Hoelz trat 1928 erneut in die KPD ein.

15 ›Die Einigung des revolutionären Proletariats im Bolschewismus‹.

16 Ernst Graf zu Reventlow (geb. 1869), nationalistischer Publizist, Bruder der Boheme-Schriftstellerin Franziska zu R., 1927 Eintritt in die NSDAP.

17 Boykott des Anstaltsarztes Dr. Steindl.

18 Im Juli 1919 trat Mühsam als Zeuge im Schneppenhorst-Prozeß auf, um dessen Mitwirkung bei der Vorbereitung der Räterepublik zu bestätigen. Schneppenhorst bestritt das unter Eid.

19 Richard Oestreich, Bruder des Rudolf Oestreich (1878–1963, Redakteur der

anarchistischen Zeitung ›Der freie Arbeiter‹, führend in der Föderation kommunistischer Anarchisten FKAD).

20 Willi Münzenberg (geb. 1889), KPD-Politiker; 1924–33 im Reichstag, ab 1927 Mitglied des ZK der KPD. Baute in den zwanziger Jahren ein kommunistisches Verlags- und Pressewesen auf; 1940 auf der Flucht in Frankreich wahrscheinlich vom sowjetischen Geheimdienst ermordet.

1924

1 Im September 1923 von Reichspräsident Ebert verhängter militärischer Ausnahmezustand zur Eindämmung der revolutionären Krise, die im Oktober u. a. zum Hamburger Aufstand führte und den Charakter einer Militärdiktatur unter General Seeckt annahm.

2 Hugo Stinnes (1870–1924), Industrieller, 1920–24 im Reichstag (Deutsche Volkspartei). Setzte den unter militärischem Druck erzwungenen Sozialabbau in einen wirtschaftlichen Aufschwung um (»Stinnes-Konzern«), der die Inflation und die revolutionären Unruhen in Deutschland beendete.

3 Rentenbank: Im Oktober 1923 gegründete Kreditbank zur Sanierung der deutschen Währung.

4 Rosa Luxemburgs Buch ›Die Akkumulation des Kapitals‹ (1913) stieß bei den Marxisten auf Ablehnung, weil sie nicht die Warenproduktion, sondern die Warenzirkulation in den Mittelpunkt ihrer Kapitalismusanalyse stellte.

5 ›Der »linke Radikalismus«, die Kinderkrankheit im Kommunismus‹; wichtigste Programmschrift Lenins zur revolutionären Strategie und Taktik der kommunistischen Parteien, veröffentlicht aus Anlaß der 2. Konferenz der Kommunistischen Internationale 1920.

6 Einige Festungshäftlinge hatten ihre Protesthaltung aufgegeben und sich für Holzarbeiten zur Verfügung gestellt.

7 Stalin gab die flexible weltpolitische Revolutionsstrategie Lenins und Trotzkis auf, orientierte auf den Aufbau des Kommunismus in *einem* Land, beendete die NÖP und errichtete sein diktatorisches Regime.

8 Lew Kamenew (geb. 1883), führender Bolschewik und Vertrauter Lenins, unterlag im Machtkampf gegen Stalin, 1938 hingerichtet.

9 Silvio Gesell (1862–1930), Wirtschaftstheoretiker, Volksbeauftragter für Finanzen in der 1. Räterepublik. Seine »Freigeldtheorie« zur Aufhebung der Zinsknechtschaft galt unter Anarchisten als verlockende Alternative zur marxistischen Lehre.

10 Im Januar 1924 veröffentlichte die Komintern einen Beschluß ›Lehren der deutschen Ereignisse 1923‹, in dem die bisherige KPD-Führung (Brandler und Thalheimer) erneut wegen Passivität und Rechtsopportunismus gerügt wurde. Damit gewann der linke Flügel (Fischer-Maslow-Gruppe) an Einfluß, bis sich Mitte 1925 – wiederum auf Drängen der Komintern – die zunehmend vom Stalinismus beherrschte Thälmann-Richtung durchsetzte.

11 Im sog. Hitlerprozeß wurden die Teilnehmer des Hitlerputsches zum Teil zu mehrjährigen Haftstrafen verurteilt. Der Amnestierung der Putschisten

im Dezember 1924 (Hitler-Amnestie) hatten auch die gefangenen Räterevolutionäre Bayerns ihre Freilassung zu verdanken.

12 Im September 1923 übernahm Kahr die Regierungsgewalt in Bayern, brach mit dem Reich und berief General Lossow zum Oberhaupt einer bayerischen Reichswehr. Der »Marsch auf Berlin« war mit der NSDAP gemeinsam geplant worden, wurde aber kurz vor dem Hitlerputsch von Kahr aufgegeben und zum Scheitern gebracht. Rücktritt Kahrs am 18. Februar 1924.

13 Einzug des »Völkischen Blocks« in den bayerischen Landtag am 6. April 1924.

14 Rudolf Schollenbruch, (1856–1938), Münchner Armenarzt, Volksbeauftragter für Gesundheitswesen (Freispruch vorm Standgericht), Mitglied der KPD.

15 Minna Mühsam, Frau von Hans Mühsam, tätig in der jüdischen Sozialfürsorge in Berlin.

16 Vermutlich Rudolf von Valentin (geb. 1885), Professor in Berlin; Bücher zur Zeitgeschichte.

17 Hans Delbrück (1848–1929), prominenter Militärhistoriker und Politiker.

18 Paul Löbe (geb. 1975), SPD-Politiker, Reichstagspräsident ab 1920.

19 Hermann Müller (-Franken, 1876–1931), SPD-Politiker, Reichsaußenminister 1919, Reichskanzler 1920, danach Fraktionsvorsitz. 1928–30 erneut Reichskanzler.

20 Friedrich Stampfer (1874–1957), Publizist; ab 1902 einer der Wortführer des Revisionismus in der Sozialdemokratie.

21 Maria Spiridonowa, russische Sozialrevolutionärin.

22 In: ›Sammlung 1898–1928‹, Berlin 1928.

23 Expressionistisches Revolutionsdrama, entstanden 1921 in Niederschönenfeld.

24 Ernst Müller-Meiningen, ›Aus Bayerns schwersten Tagen‹ (1923).

25 Deutschland wurde im Versailler Vertrag (1919) zur Anerkennung der Alleinschuld am Ersten Weltkrieg gezwungen, worauf sich die Reparationsforderungen der Entente gründeten. Die »Kriegsschuldlüge«, ein zentrales Streitthema der Weimarer Politik, wurde einhellig bekämpft, doch neigten die Linken und die Mitte zum Kompromiß, um Deutschlands Isolierung zu verhindern, während die Rechten zum Bruch des Versailler Vertrags aufriefen.

26 Ab Mai 1924 Kabinett Held (Bayerische Volkspartei) mit Stützel als Innenminister.

27 Gedicht ›Lenin‹ in: ›Sammlung 1898–1928‹, Berlin 1928.

28 Eugenio Pacelli (geb. 1876), katholischer Nuntius in München 1917–20 und Berlin 1920–29, danach Kardinal in Rom.

29 Leonid Krassin (1870–1926), sowjetischer Politiker, ab 1920 Volkskommissar für Außenhandel, 1924 Botschafter in Paris.

Lebensdaten

1878 Am 6. April als viertes Kind des Apothekers Siegfried Seligmann Mühsam und seiner Frau Rosalie geb. Cohn in Berlin geboren.

1879 Übersiedlung der Familie nach Lübeck.

1896 Mühsam veröffentlicht eine Glosse über den Direktor des Katharineums im sozialdemokratischen ›Lübecker Volksboten‹ und wird wegen »sozialistischer Umtriebe« relegiert. Er beendet die Schule mit Untersekunda und Reifezeugnis in Parchim; Apothekerlehre.

1898 Erste Aufsätze und Gedichte werden veröffentlicht.

1899 Tod der Mutter. Arbeit als Apothekergehilfe in Lübeck und in Blomberg/Lippe.

1900 Übersiedlung nach Berlin.

1901 Mühsam wird freier Schriftsteller und Bohemien; Anschluß an die Neue Gemeinschaft, Beginn der Freundschaft mit Gustav Landauer.

1902 Nimmt Quartier in Friedrichshagen bei Berlin, Redakteur des ›Armen Teufel‹. Auftritte als Kabarettist in Berlin, erste Kontakte zu anarchistischen Gruppen.

1903 Lebt in Berlin-Charlottenburg; wird als anarchistischer Agitator unter ständige Polizeiaufsicht gestellt.
Erste selbständige Veröffentlichung: ›Die Homosexualität. Ein Beitrag zur Sittengeschichte unserer Zeit‹, Singer Verlag Berlin.

1904 Beginn der »Wanderjahre«. Reisen mit Johannes Nohl in die Schweiz (Zürich, Ascona) und durch Norditalien. Zusammen mit Hans Heinz Ewers: ›Billys Erdengang. Eine Elephantengeschichte für artige Kinder. Verse von Onkel Franz‹, Globus Verlag Berlin. Erster Gedichtband: ›Die Wüste‹, Eißelt Verlag Berlin.

1905 Längerer Aufenthalt in Ascona.
›Ascona. Eine Broschüre‹, Verlag Birger Carlson, Locarno.
›Die Psychologie der Erbtante. Eine Tantologie aus 25 Einzeldarstellungen als Beitrag zur Lösung der Unsterb-

lichkeitsfrage‹, Schweizer Druck- und Verlagshaus Zürich.

1906 Wegen Verbreitung eines Flugblatts in Berlin zu 500 Mark Geldstrafe verurteilt. Aufenthalt in Wien. Bekanntschaft mit Karl Kraus.
›Die Hochstapler. Lustspiel in vier Aufzügen‹, Piper Verlag München.

1907 Aufenthalte in Paris, München, in Italien und der Schweiz. Liebesbeziehung zu Frieda Gross.

1908 ›Die Jagd auf Harden‹ (Streitschrift), Neuer biographischer Verlag Berlin.

1909 Mühsam wird in München seßhaft. Gründung der Gruppe Tat zur Propagierung der Ideen des Sozialistischen Bundes.
›Der Krater‹ (Gedichte), Morgen Verlag Berlin.

1910 Verhaftung unter Anklage der Geheimbündelei; Freispruch. Kuraufenthalt in der Schweiz.

1911 ›Kain. Zeitschrift für Menschlichkeit‹, Kain-Verlag München. Erscheint monatlich von April 1911 bis Juli 1914.

1912 ›Kain-Kalender für das Jahr 1912‹, Kain-Verlag München.

1913 ›Kain-Kalender für das Jahr 1913‹, Kain-Verlag München.

1914 ›Die Freivermählten. Polemisches Schauspiel in drei Aufzügen‹, Kain-Verlag München.
›Wüste – Krater – Wolken. Die Gedichte von Erich Mühsam‹, Verlag Paul Cassirer Berlin.
Nach Kriegsausbruch nur noch gelegentliche Presseveröffentlichungen.

1915 Mühsam nimmt Kontakte zu Pazifisten und linken Sozialdemokraten auf, um einen Aktionsbund gegen den Krieg zu gründen.
Juli: Tod des Vaters.
September: Hochzeit mit Kreszentia Elfinger.

1916 Teilnahme an Hunger- und Protestdemonstrationen in München. Mühsam propagiert die revolutionäre Beendigung des Krieges; Annäherung an die Spartakus-Gruppe.

Beginn der Niederschrift von ›Abrechnung‹ (Abhandlung zur Kriegsschuldfrage).

1917 Mitarbeit im Gesprächskreis Kurt Eisners (USPD). Nach der Oktoberrevolution in Rußland tritt Mühsam in linke Opposition zu Eisner.

1918 Im Münchner Januarstreik der Munitionsarbeiter ruft Mühsam zur Revolution auf.

März: Einberufung zum »Vaterländischen Hilfsdienst«. Nach Verweigerung Zwangsaufenthalt in Traunstein.

3. November: Rückkehr nach München.

7. November: Ausrufung der Revolution in München durch Eisner.

Führende Mitwirkung im Revolutionären Arbeiterrat (RAR), Kampf um die Durchsetzung des Rätesystems.

18. November: Mit einem Flugblatt beginnt das Wiedererscheinen von ›Kain‹ (9 Nummern bis 25. April 1919).

30. November: Mühsam gründet die Vereinigung Revolutionärer Internationalisten (VRI) zur Radikalisierung der Rätebewegung. Zusammenarbeit mit der Spartakusgruppe.

1919 28. Februar: Mühsam fordert auf dem Münchner Rätekongreß die Schaffung einer bayerischen Räterepublik, erlangt aber keine Mehrheit.

7. April: führend an der Gründung der 1. Räterepublik beteiligt. Mühsam versucht, revolutionäre Dekrete durchzusetzen.

13. April: bei einem Putschversuch der Republikanischen Schutztruppe verhaftet (Zuchthaus Ebrach).

7. bis 12. Juli: Hochverratsprozeß vor dem Münchner Standgericht; Verurteilung zu 15 Jahren Festungshaft. Haftantritt in Ansbach.

September bis November: Mitglied der KPD. Austritt nach Verkündigung der »Heidelberger Leitsätze«. Mühsam wird Opfer einer mehrjährigen Diffamierungskampagne kommunistischer Mithäftlinge.

›1919. Dem Andenken Gustav Landauers‹ (Dichtung), Verlag Leon Hirsch, Berlin.

1920 Überführung in die Festungshaftanstalt Niederschönenfeld.

›Brennende Erde. Verse eines Kämpfers‹, Kurt Wolff Verlag, München.

Mühsam verfaßt ›Judas. Ein Arbeiterdrama‹ (Der Malik Verlag Berlin 1921), ›Die Einigung des revolutionären Proletariats im Bolschewismus‹ (1920/22 in: ›Die Aktion‹) und ›Von Eisner bis Leviné‹ (1929 im Fanal-Verlag Berlin).

1921   März: Uraufführung ›Judas‹ in Mannheim.
Drei Monate Gefängnishaft wegen Beleidigung des bayerischen Justizministers Müller-Meiningen.
Beginn der Niederschrift des Romans ›Ein Mann des Volkes‹.

1923   ›Das Standrecht in Bayern‹ (Streitschrift), Vereinigung internationaler Verlagsanstalten Berlin.

1924   20. Dezember: Haftentlassung auf Bewährung. Wohnsitz in Berlin-Charlottenburg.

1925   Intensive Vortrags- und Reisetätigkeit für die Rote Hilfe Deutschlands (RHD), Häftlingsbetreuung; Kampf gegen Klassenjustiz und um Verbesserung der Haftbedingungen.
Ausschluß aus der Föderation kommunistischer Anarchisten Deutschlands (FKAD) wegen seiner Zusammenarbeit mit der KPD, danach Wortführer der Anarchistischen Vereinigung Berlin.
›Revolution. Kampf-, Marsch- und Spottlieder‹, Verlag Der Freie Arbeiter, Berlin.
›Alarm. Manifeste aus 20 Jahren‹, Verlag Der Syndikalist, Berlin.
›Seenot‹ (Dichtung), Verlag der Schriften, Wien.

1926   Die Monatszeitschrift ›Fanal‹, Fanal-Verlag Berlin, erscheint ab Oktober (bis Juli 1931). Kritik an Politik und Kultur der Weimarer Republik, Propagierung eines revolutionären Bündnisses »links von den Parteien«, Warnung vor dem Faschismus.
›Gerechtigkeit für Max Hoelz!‹ (Streitschrift), Verlag Rote Hilfe, Berlin.

1927   Mitglied im künstlerischen Beirat der Piscator-Bühne. Umzug in die »Hufeisensiedlung« Berlin-Britz.
Ab September Veröffentlichung der ›Unpolitischen

Erinnerungen‹ in der ›Vossischen Zeitung‹ (25 Folgen bis April 1929).

1928 Aufführung ›Judas‹ an der Piscator-Bühne
›Sammlung 1898–1928‹, J. M. Spaeth Verlag Berlin.
›Staatsräson. Ein Denkmal für Sacco und Vanzetti‹, Verlag Gilde freiheitlicher Bücherfreunde, Berlin.

1929 Austritt aus der Roten Hilfe.
April: Uraufführung ›Staatsräson‹ in Berlin.
›Von Eisner bis Leviné‹, Fanal-Verlag Berlin.

1930 Niederschrift des Theaterstücks ›Alle Wetter‹.

1931 Intensive antifaschistische Agitation als Publizist und Redner.
Befristetes Verbot von ›Fanal‹.
Ausschluß aus dem Schriftstellerverband SDS.

1933 ›Die Befreiung der Gesellschaft vom Staat‹ (Programmschrift), Fanal-Sonderheft, Fanal-Verlag Berlin.
28. Februar: Verhaftung durch SA. Gefängnis Lehrter Straße, KZ Sonnenburg, Plötzensee, KZ Brandenburg. Folterungen und Mißhandlungen.
In Plötzensee entstehen ›Verse und Bilder für Zenzl‹.

1934 Ab 2. Februar KZ Oranienburg. In der Nacht zum 10. Juli von SS ermordet.
16. Juli: Beisetzung auf dem Waldfriedhof Berlin-Dahlem.

15. Juli: Zenzl Mühsam emigriert nach Prag.

1936 Reise in die Sowjetunion auf Einladung der Internationalen Roten Hilfe. Zenzl Mühsam veräußert den schriftlichen Nachlaß (Tagebücher, Briefe, Manuskripte) an das Maxim-Gorki-Institut Moskau.
Verhaftung und Aufenthalt in verschiedenen Straf- und Internierungslagern (mit Unterbrechungen) bis 1956.

1956 Rückkehr Zenzl Mühsams nach Berlin-Pankow.

1962 Am 10. März 1962 verstorben.

Personenregister

417

Heinrich Mann
im dtv

Der Untertan

»Dieses Buch Heinrich Manns, heute, gottseidank, in aller Hände, ist das Herbarium des deutschen Mannes. Hier ist er ganz: in seiner Sucht, zu befehlen und zu gehorchen, in seiner Roheit und in seiner Religiosität, in seiner Erfolganbeterei und in seiner namenlosen Zivilfeigheit . . .« (Kurt Tucholsky) dtv 256

Eine wohltätige Frau
Sechs Novellen

In diesen 1894 bis 1897 entstandenen Fin-de-siècle-Novellen, in denen es um Jugend, Tod und Vergänglichkeit geht, zeigt sich bereits der große Erzähler und der satirisch scharfe Gesellschaftskritiker der späteren Jahre. dtv 10366

Die Unschuldige
Sieben Novellen

Mit treffsicherer Ironie, kühl und leidenschaftlich zugleich zeichnet Heinrich Mann in diesen zwischen 1892 und 1916 entstandenen Novellen die oberflächlich-dekadente Welt der Wilhelminischen Ära. dtv 10778

Die roten Schuhe
Sechs Novellen

In diesen witzig-ironischen, phantastisch-gruseligen und pointiert-gesellschaftskritischen Novellen Heinrich Manns – veröffentlicht in den Jahren 1916 bis 1926 – entfaltet sich das ganz Spektrum seines erzählerischen Könnens. dtv 10829

Oskar Maria Graf
im dtv

Die Chronik von Flechting
Kraftvoller Dorfroman, erzählt
aus dem 19. Jahrhundert
dtv 1425

Die gezählten Jahre
Packende Zeitgeschichte,
1934 im Exil entstanden
dtv 1545

Wir sind Gefangene
Ein Bekenntnis
Grafs Erlebnisse 1905 bis 1918
dtv 1612

Das Leben meiner Mutter
Grafs Mutter, eine einfache Frau
aus dem Volke
dtv 10044

Gelächter von außen
Aus meinem Leben 1918 bis 1933
dtv 10206

Kalendergeschichten
dtv 11434

Der harte Handel
Kriminalfall aus der bayrischen
Heimat
dtv 11480

Anton Sittinger
Politische Enthaltsamkeit gerät
zum Duckmäusertum
dtv 11855

Die Erben des Untergangs
Roman einer Zukunft
dtv 11880

An manchen Tagen
Reden, Gedanken und
Zeitbetrachtungen
dtv 11898

Jedermanns Geschichten
dtv 11899

Reise in die Sowjetunion 1934
dtv 71012

Erich Kästner
im dtv

Foto: Süddeutscher Verlag

Doktor Erich Kästers
Lyrische Hausapotheke
dtv 11001

Bei Durchsicht meiner Bücher
Gedichte · dtv 11002

Herz auf Taille · Gedichte
dtv 11003

Lärm im Spiegel · Gedichte
dtv 11004

Ein Mann gibt Auskunft
»Linke Melancholie« nannte
Walter Benjamin diese Verse.
dtv 11005

Fabian
Die Geschichte eines Moralisten
Berlin 1930. Ein arbeitsloser
Reklamefachmann erlebt den
Niedergang der Republik.
dtv 11006

Gesang zwischen den Stühlen
Gedichte · dtv 11007

Drei Männer im Schnee
Ein vergnügliches »Märchen für
Erwachsene«, das durch seine
Verfilmung weltberühmt wurde.
dtv 11008

Die verschwundene Miniatur
Die nicht ganz ernstgemeinte
Kriminalgeschichte um einen
Schlachtermeister im Urlaub.
dtv 11009

Der kleine Grenzverkehr
Die Salzburger Festspiele lieferten
den Stoff für diese heitere Liebesgeschichte · dtv 11010

Der tägliche Kram
Chansons und Prosa 1945 – 1948
dtv 11011

Die kleine Freiheit
Chansons und Prosa 1949 – 1952
dtv 11012

Kurz und bündig · Epigramme
dtv 11013

Die 13 Monate · Gedichte
dtv 11014

Die Schule der Diktatoren
Eine Komödie
dtv 11015

Notabene 45 · Ein Tagebuch
dtv 11016